HAVÉRE 19 65

À conserver

ŒUVRES
DE MOLIÈRE.

TOME SECOND.

DE L'IMPRIMERIE DE FIRMIN DIDOT,
IMPRIMEUR DU ROI ET DE L'INSTITUT, RUE JACOB, N° 24.

ŒUVRES
DE MOLIÈRE,

AVEC UN COMMENTAIRE,

UN DISCOURS PRÉLIMINAIRE, ET UNE VIE DE MOLIÈRE,

Par M. AUGER,

DE L'ACADÉMIE FRANÇOISE.

TOME II.

A PARIS,

CHEZ TH. DESOER, LIBRAIRE,

RUE CHRISTINE, N° 2.

1819.

LES PRÉCIEUSES
RIDICULES,

COMÉDIE EN UN ACTE.

1659.

PRÉFACE.

C'est une chose étrange qu'on imprime les gens malgré eux. Je ne vois rien de si injuste, et je pardonnerois toute autre violence plutôt que celle-là.

Ce n'est pas que je veuille faire ici l'auteur modeste, et mépriser par honneur ma comédie. J'offenserois mal à propos tout Paris, si je l'accusois d'avoir pu applaudir à une sottise : comme le public est le juge absolu de ces sortes d'ouvrages, il y auroit de l'impertinence à moi de le démentir; et quand j'aurois eu la plus mauvaise opinion du monde de mes *Précieuses ridicules* avant leur représentation, je dois croire maintenant qu'elles valent quelque chose, puisque tant de gens ensemble en ont dit du bien. Mais comme une grande partie des graces qu'on y a trouvées dépendent de l'action et du ton de voix, il m'importoit qu'on ne les dépouillât pas de ces ornemens, et je trouvois que le succès qu'elles avoient eu dans la représentation, étoit assez beau pour en demeurer là. J'avois résolu, dis-je, de ne les faire voir qu'à la chandelle, pour ne point donner lieu à quelqu'un de dire le proverbe [1]; et je ne voulois pas qu'elles sautassent du théâtre de Bourbon dans la galerie du Palais [2]. Cependant, je n'ai pu l'éviter, et je suis tombé dans la disgrace de voir une copie dérobée de ma pièce entre les mains des libraires, accompagnée d'un privilége obtenu par surprise. J'ai eu beau crier, ô temps! ô mœurs! on m'a fait voir une nécessité pour moi d'être imprimé, ou d'avoir un procès; et le dernier mal est encore pire que le premier. Il faut donc se laisser aller

---

[1] On dit proverbialement d'une femme, *elle est belle à la chandelle; mais le grand jour gâte tout.* On pourroit dire la même chose d'une pièce qui, ayant réussi à la représentation ou, pour parler comme Molière, *à la chandelle,* ne soutiendroit pas ce qu'on est convenu d'appeler le *grand jour de l'impression.* Molière craignoit trop modestement qu'on ne fît à ses *Précieuses ridicules* cette application détournée du proverbe.

[2] *Je ne voulois pas qu'elles sautassent du théâtre de Bourbon dans la galerie du Palais.* — Manière vive et piquante de dire qu'il ne vouloit pas que sa pièce fût imprimée. A cette époque, les libraires étoient fort nombreux dans la galerie du Palais: celui qui imprima *les Précieuses ridicules,* nommé Guillaume de Luynes, y avoit sa boutique à l'enseigne de la Justice. La galerie du Palais, ornée alors de boutiques très-brillantes pour le temps, étoit un lieu de promenade et de rendez-vous pour la bonne compagnie, comme pourroient être aujourd'hui les galeries du Palais-Royal, si la mauvaise ne s'en étoit tout-à-fait emparée. Corneille a fait une comédie intitulée *la Galerie du Palais,* dans laquelle il retrace quelques-uns des petits événemens dont cette galerie étoit le théâtre.

Le théâtre de Bourbon, plus ordinairement nommé le Petit-Bourbon, étoit situé sur l'emplacement qu'occupe aujourd'hui la colonnade du Louvre. Depuis 1658, Molière partageoit cette salle avec les comédiens italiens. Il y fit jouer ses quatre premières pièces.

PRÉFACE.

à la destinée, et consentir à une chose qu'on ne laisseroit pas de faire sans moi. (1)

Mon dieu! l'étrange embarras qu'un livre à mettre au jour, et qu'un auteur est neuf la première fois qu'on l'imprime! Encore si l'on m'avoit donné du temps, j'aurois pu mieux songer à moi, et j'aurois pris toutes les précautions que messieurs les auteurs, à présent mes confrères, ont coutume de prendre en semblables occasions. Outre quelque grand seigneur que j'aurois été prendre malgré lui pour protecteur de mon ouvrage, et dont j'aurois tenté la libéralité par une épître dédicatoire bien fleurie, j'aurois tâché de faire une belle et docte préface, et je ne manque point de livres qui m'auroient fourni tout ce qu'on peut dire de savant sur la tragédie et la comédie, l'étymologie de toutes deux, leur origine, leur définition, et le reste.

J'aurois parlé aussi à mes amis, qui, pour la recommandation de ma pièce, ne m'auroient pas refusé ou des vers françois, ou des vers latins. J'en ai même qui m'auroient loué en grec; et l'on n'ignore pas qu'une louange en grec est d'une

---

(1) Molière disoit sûrement la vérité, lorsqu'il se plaignoit qu'on l'eût forcé à faire imprimer sa pièce, en lui en dérobant une copie. Mais, depuis, tant d'auteurs qui étoient à l'abri du larcin ont allégué cette excuse, que, si quelqu'un osoit encore s'en servir, il ne se trouveroit plus personne pour y croire.

merveilleuse efficace à la tête d'un livre[1]. Mais on me met au jour sans me donner le loisir de me reconnoître; et je ne puis même obtenir la liberté de dire deux mots pour justifier mes intentions sur le sujet de cette comédie. J'aurois voulu faire voir qu'elle se tient partout dans les bornes de la satire honnête et permise; que les plus excellentes choses sont sujettes à être copiées par de mauvais singes, qui méritent d'être bernés; que ces vicieuses imitations de ce qu'il y a de plus parfait, ont été de tout temps la matière de la comédie; et que, par la même raison, les véritables savans* et les vrais braves ne se sont point encore avisés de s'offenser du Docteur de

VARIANTE. * *Et que par la même raison que les véritables savans.*

---

(1) *Efficace* pour *efficacité*. Le dernier qui est seul en usage aujourd'hui, étoit alors moins usité que le premier.

Il appartenoit à Molière de se moquer de tout ce qui étoit ridicule. L'occasion s'offrant à lui, il ne pouvoit épargner ni ces fades épîtres dédicatoires où l'on demandoit quelquefois si bassement l'aumône, ni ces longues préfaces où l'on étaloit souvent un savoir si déplacé, ni ces vers à la louange de l'auteur, presque toujours mendiés par l'auteur lui-même. Molière mettoit de la comédie jusque dans ses préfaces.

Furetière, dans sa satire intitulée, *le Jeu de boule des Procureurs*, dit:

> Je tâchois d'achever un sonnet de commande,
> Qu'un auteur, dans le goût de se faire estimer,
> Au-devant de son livre alloit faire imprimer;
> Car on a maintenant cette sotte coutume,
> Par des vers mendiés de grossir son volume,
> De quêter de l'encens chez des amis flatteurs,
> D'avoir diversité de langues et d'auteurs,
> Et de vouloir prétendre une gloire authentique
> Qu'on ne devroit chercher que dans la voix publique.

PRÉFACE.

la comédie, et du Capitan, non plus que les juges, les princes et les rois, de voir Trivelin [1], ou quelque autre sur le théâtre, faire ridiculement le juge, le prince ou le roi : aussi les véritables précieuses auroient tort de se piquer, lorsqu'on joue les ridicules qui les imitent mal [2]. Mais enfin, comme j'ai dit, on ne me laisse pas le temps de respirer, et M. de Luynes veut m'aller relier* de ce pas : à la bonne heure, puisque Dieu l'a voulu.

VARIANTE. * *Faire relier.*

[1] Le *Docteur*, le *Capitan* et *Trivelin* étoient trois personnages ou caractères, appartenant à la farce italienne. Le Capitan étoit une copie du militaire fanfaron (*miles gloriosus*) dont Plaute a fait le principal personnage d'une de ses comédies, et qu'il a placé accessoirement dans plusieurs autres.

[2] L'apologie que Molière fait ici de son sujet suffiroit seule pour prouver de quelle considération, de quel crédit jouissoient les précieuses, avant que, par sa pièce, il les eût toutes rendues *ridicules*, les *véritables* comme les autres, et qu'il eût ainsi porté un coup mortel à l'influence pernicieuse qu'elles exerçoient sur l'esprit de la société et celui de la littérature. On sait que le chef-d'ordre des précieuses étoit l'hôtel de Rambouillet, où présidoient la marquise de ce nom et sa fille, Julie d'Angennes, depuis duchesse de Montausier. L'hôtel de Rambouillet étoit situé rue Saint-Thomas-du-Louvre, près de ce fameux hôtel de Longueville, qu'on peut appeler le quartier-général de la Fronde. Ainsi, à la même époque, ces deux hôtels, si voisins l'un de l'autre, étoient deux points de réunion, où s'agitoient des intérêts fort séparés, et où dominoient des personnages très-différens. Tandis qu'ici l'on complottoit contre le gouvernement, là on conspiroit plus innocemment contre le bon goût; et de ces deux conjurations, l'une avoit pour meneurs La Rochefoucauld et le coadjuteur de Retz, de même que l'autre avoit pour chefs Voiture et l'abbé Ménage.

ACTEURS.

LA GRANGE,
DU CROISY, } amans rebutés. [1]
GORGIBUS, bon bourgeois. [2]
MADELON, fille de Gorgibus,
CATHOS [3], nièce de Gorgibus, } précieuses ridicules.
MAROTTE, servante des précieuses ridicules.
ALMANZOR, laquais des précieuses ridicules.
Le Marquis de MASCARILLE, valet de La Grange.
Le Vicomte de JODELET, valet de Du Croisy.
Deux porteurs de chaise.
Voisines.
Violons.

(1) La Grange et Du Croisy étoient deux acteurs de la troupe de Molière; c'étoit un usage assez commun alors, que le nom d'un personnage dans une pièce fût le nom même du comédien qui le représentoit. C'étoit un nom de famille et plus souvent de théâtre, qui devenoit un nom de caractère, et figuroit successivement dans plusieurs ouvrages. C'est ainsi qu'à l'hôtel de Bourgogne l'acteur nommé ou plutôt surnommé Jodelet donna son nom aux rôles que firent pour lui Scarron, Th. Corneille et autres.

(2) *Gorgibus* n'est point un nom d'invention; c'est celui d'un homme qui, dans une des affaires de la Fronde, déposa contre le coadjuteur, depuis cardinal de Retz, avec quelques autres individus dont les noms n'étoient guère moins bizarres. « Je ne crois pas, dit le cardinal dans ses « *Mémoires*, que vous ayez vu dans les petites lettres de Port-Royal (*les* « *Provinciales*) des noms plus saugrenus que ceux-là, et Gorgibus vaut « bien Tambourin. » Il faut que Molière ait trouvé aussi ce nom de Gorgibus plaisant; il l'a employé une seconde fois dans *le Cocu imaginaire*.

(3) *Cathos*, malgré sa terminaison à la grecque, est le diminutif populaire de *Catherine*, et doit se prononcer comme *Catau*, qui est la manière dont ce nom s'orthographie ordinairement.

JODELET *découvrant sa Poitrine.*
Voici un coup qui me perça de part en part......
MASCARILLE
Je vais vous montrer une furieuse plaie.

Précieuses ridicules, Scène XII.

LES PRÉCIEUSES RIDICULES,

COMÉDIE.

SCÈNE PREMIÈRE.

LA GRANGE, DU CROISY.

DU CROISY.

Seigneur La Grange.

LA GRANGE.

Quoi?

DU CROISY.

Regardez-moi un peu sans rire.

LA GRANGE.

Hé bien?

DU CROISY.

Que dites-vous de notre visite? En êtes-vous fort satisfait?

LA GRANGE.

A votre avis, avons-nous sujet de l'être tous deux?

DU CROISY.

Pas tout-à-fait, à dire vrai.

LA GRANGE.

Pour moi, je vous avoue que j'en suis tout scandalisé. A-t-on jamais vu, dites-moi, deux pecques [1] provinciales faire plus les renchéries que celles-là, et deux hommes traités avec plus de mépris que nous? A peine ont-elles pu se résoudre à nous faire donner des siéges. Je n'ai jamais vu tant parler à l'oreille qu'elles ont fait entre elles, tant bâiller, tant se frotter les yeux, et demander tant de fois, quelle heure est-il? Ont-elles répondu que, oui et non, à tout ce que nous avons pu leur dire [2]? Et ne m'avouerez-vous pas enfin que, quand nous aurions été les dernières personnes du monde, on ne pouvoit nous faire pis qu'elles ont fait?

DU CROISY.

Il me semble que vous prenez la chose fort à cœur.

LA GRANGE.

Sans doute, je l'y prends, et de telle façon, que je me veux venger de cette impertinence. Je connois ce qui nous a fait mépriser. L'air précieux n'a pas seulement infecté Paris, il s'est aussi répandu dans les provinces, et nos donzelles ridicules en ont humé leur bonne part. En un mot, c'est un ambigu de précieuse et de coquette que leur personne [3]. Je vois ce qu'il faut

---

(1) *Pecque,* sotte, impertinente. On fait venir ce mot, avec assez de vraisemblance, du latin *pecus, pecoris* (*bétail*), d'où nous avons également tiré le mot de *pécore*. Scarron s'est servi aussi du mot de *pecque*, dans *les Ennemis généreux,* acte II, scène II.

(2) *Ont-elles répondu que, oui et non, à tout ce que nous avons pu leur dire?* — Du temps de Molière, on employoit fréquemment cette tournure elliptique. Depuis, l'usage a rétabli les mots qu'autrefois il avoit retranchés; on diroit aujourd'hui: *ont-elles répondu autre chose que oui et non?*

(3) *C'est un ambigu de précieuse et de coquette que leur personne.* —

être pour en être bien reçu; et, si vous m'en croyez, nous leur jouerons tous deux une pièce qui leur fera voir leur sottise, et pourra leur apprendre à connoître un peu mieux leur monde.

DU CROISY.

Et comment, encore?

LA GRANGE.

J'ai un certain valet, nommé Mascarille, qui passe, au sentiment de beaucoup de gens, pour une manière de bel-esprit; car il n'y a rien à meilleur marché que le bel-esprit maintenant. C'est un extravagant qui s'est mis dans la tête de vouloir faire l'homme de condition. Il se pique ordinairement de galanterie et de vers, et dédaigne les autres valets, jusqu'à les appeler brutaux.

DU CROISY.

Hé bien! qu'en prétendez-vous faire?

LA GRANGE.

Ce que j'en prétends faire? Il faut... Mais sortons d'ici auparavant. (1)

Regnard a rimé cette phrase, dans *le Joueur*, acte I, scène VI:
 C'est, dans son caractère, une espèce parfaite,
 Un ambigu nouveau de prude et de coquette,
 Qui croit mettre les cœurs à contribution, etc.

(1) On n'aime guère au théâtre ces sorties de deux personnages qui, sans motif valable et exprimé, quittent la scène pour aller, hors de la vue du spectateur, concerter quelque projet auquel il s'intéresse. Il eût fallu peut-être que La Grange s'aperçût de l'arrivée du père, ou bien fît l'observation que l'appartement même des deux précieuses étoit un lieu peu sûr pour concerter la pièce qu'il veut leur jouer.

On ne sauroit trop blâmer la négligence ou plutôt l'irrévérence des comédiens, quand, par hasard, ils s'avisent de jouer *les Précieuses ridicules*. Les rôles de La Grange et de Du Croisy sont dédaignés par les bons acteurs, et les acteurs secondaires qui s'en chargent, se permettent de passer plus de la moitié de cette première scène. Elle est cependant jolie et, de plus, nécessaire. Le sujet de la pièce n'est autre chose qu'une mystifica-

SCENE II.

GORGIBUS, DU CROISY, LA GRANGE.

GORGIBUS.

Hé bien! vous avez vu ma nièce et ma fille? Les affaires iront-elles bien? Quel est le résultat de cette visite?

LA GRANGE.

C'est une chose que vous pourrez mieux apprendre d'elles que de nous. Tout ce que nous pouvons vous dire, c'est que nous vous rendons grace de la faveur que vous nous avez faite, et demeurons vos très-humbles serviteurs.

DU CROISY.

Vos très-humbles serviteurs. [1]

---

tion, faite, non pas, comme dans *Pourceaugnac*, *le Bourgeois gentilhomme*, etc. à dessein de rompre un mariage projeté et d'en opérer un autre, mais seulement dans la vue de punir deux personnages ridicules de leur impertinence. Ce but, cet unique but de l'action doit être motivé, et il l'est parfaitement dans la première scène. Supprimez-la, La Grange et Du Croisy ne sont plus deux honnêtes gens qui exercent une vengeance légitime, mais deux hommes grossiers qui font à des femmes un outrage impardonnable.

[1] Dans aucune des éditions faites du vivant de Molière, Du Croisy ne répète, comme ici, les derniers mots de La Grange : *vos très-humbles serviteurs*. Cette répétition se trouve, pour la première fois, dans l'édition de 1682. Peut-être le comédien La Grange, l'un des deux éditeurs, l'a-t-il ajoutée comme une tradition de théâtre, autorisée par Molière lui-même. Cette conjecture est d'autant plus vraisemblable, que le rôle qui porte son nom dans la pièce fut fait pour lui, et qu'il devoit savoir mieux que personne comment la pièce avoit été jouée. Quoi qu'il en soit, la répétition affectée de, *vos très-humbles serviteurs*, exprime fort bien et en très-peu de paroles le mécontentement des deux amans rebutés, et il n'y a pas moyen que Gorgibus s'y méprenne.

SCÈNE IV.

GORGIBUS, *seul*.

Ouais! il semble qu'ils sortent mal satisfaits d'ici. D'où pourroit venir leur mécontentement? Il faut savoir un peu ce que c'est. Holà!

SCÈNE III.

GORGIBUS, MAROTTE.

MAROTTE.

Que desirez-vous, monsieur?

GORGIBUS.

Où sont vos maîtresses?

MAROTTE.

Dans leur cabinet.

GORGIBUS.

Que font-elles?

MAROTTE.

De la pommade pour les lèvres.

GORGIBUS.

C'est trop pommadé : dites-leur qu'elles descendent.

SCÈNE IV.

GORGIBUS, *seul*.

Ces pendardes-là, avec leur pommade, ont, je pense, envie de me ruiner. Je ne vois partout que blancs d'œufs, lait virginal, et mille autres brimborions que je ne connois point. Elles ont usé, depuis que nous sommes ici, le lard d'une douzaine de cochons, pour le moins, et quatre valets vivroient tous les jours des pieds de mouton qu'elles emploient. [1]

---

[1] Pour Gorgibus, il ne doit y avoir, dans de la pommade, que du

SCÈNE V.

MADELON, CATHOS, GORGIBUS.

GORGIBUS.

Il est bien nécessaire, vraiment, de faire tant de dépense pour vous graisser le museau! Dites-moi un peu ce que vous avez fait à ces messieurs, que je les vois sortir avec tant de froideur [1]? Vous avois-je pas commandé [2] de les recevoir comme des personnes que je voulois vous donner pour maris?

---

lard, de la graisse de *cochon;* et l'humeur qu'il a de voir gaspiller une chose si utile en ménage, lui permet bien d'exagérer un peu la consommation que ces demoiselles en ont faite. Il seroit fâcheux que l'on trouvât de la grossièreté dans ces idées et dans ces expressions si bien appropriées à la condition et au caractère du personnage. Nous apprenons ici que les *pieds de mouton* entroient alors dans la composition de quelque cosmétique, sans doute à cause de la matière glaireuse qu'ils contiennent en abondance, et que l'on croyoit favorable à la peau. Scarron, dans sa comédie de *l'Héritier ridicule,* fait une énumération toute semblable des drogues que les femmes employoient dans ce temps-là pour entretenir ou pour recouvrer la fraîcheur de leur teint:

   Blanc, perles, coques d'œufs, lard et pieds de mouton,
   Baume, lait virginal et cent mille autres drogues.

(1) *Dites-moi un peu ce que vous avez fait à ces messieurs, que je les vois sortir avec tant de froideur?* — Il y a ici une de ces ellipses que le désir naturel d'abréger, d'aller au fait, a rendues fort communes dans le langage de la conversation. *Ce que vous avez fait à ces messieurs* (sous-entendu, *qui est cause* ou *qui peut être cause*) *que je les voir sortir avec tant de froideur?*

(2) *Vous avois-je pas commandé?...* — Dans ses comédies en vers, Molière, contraint par la mesure, a quelquefois retranché le *ne*, partie essentielle de la négative; mais cette suppression, qui est une licence en poésie, est une faute en prose où rien ne la motive. Il est vrai qu'on se la permet souvent dans la négligence du langage familier. Peut-être Molière a-t-il cru par-là imiter avec plus de vérité le style de la conversation.

SCÈNE V.

MADELON.

Et quelle estime, mon père, voulez-vous que nous fassions du procédé irrégulier de ces gens-là?

CATHOS.

Le moyen, mon oncle, qu'une fille un peu raisonnable se pût accommoder de leur personne?

GORGIBUS.

Et qu'y trouvez-vous à redire?

MADELON.

La belle galanterie que la leur! Quoi! débuter d'abord par le mariage?

GORGIBUS.

Et par où veux-tu donc qu'ils débutent? par le concubinage [1]? N'est-ce pas un procédé dont vous avez sujet de vous louer toutes deux aussi-bien que moi? Est-il rien de plus obligeant que cela? Et ce lien sacré où ils aspirent [2], n'est-il pas un témoignage de l'honnêteté de leurs intentions?

MADELON.

Ah! mon père, ce que vous dites-là est du dernier bourgeois! Cela me fait honte de vous ouïr parler de la sorte, et vous devriez un peu vous faire apprendre le bel air des choses.

---

(1) *Et par où veux-tu donc qu'ils débutent? par le concubinage?* — Voilà un de ces traits dont Molière est rempli, un de ces traits où le simple bon sens, renforcé par la situation, produit le comique le plus vif, et s'élève jusqu'à une sorte de sublime.

(2) *Ce lien sacré où ils aspirent.* — *Où* pour *auquel*. La substitution de l'adverbe de lieu au pronom relatif convient particulièrement ici, parce que le verbe exprime une tendance et que l'idée de lieu en résulte naturellement. Du reste, l'emploi d'*où* pour *auquel* et *dans lequel* étoit beaucoup plus familier aux écrivains du dix-septième siècle, qu'il ne l'a été à ceux du siècle suivant.

GORGIBUS.

Je n'ai que faire ni d'air, ni de chanson [1]. Je te dis que le mariage est une chose sainte et sacrée*, et que c'est faire en honnêtes gens, que de débuter par-là.

MADELON.

Mon dieu! que si tout le monde vous ressembloit, un roman seroit bientôt fini! La belle chose que ce seroit, si d'abord Cyrus épousoit Mandane, et qu'Aronce de plain-pied fût marié à Clélie! [2]

GORGIBUS.

Que me vient conter celle-ci ?

MADELON.

Mon père, voilà ma cousine qui vous dira aussi-bien que moi, que le mariage ne doit jamais arriver qu'après les autres aventures. Il faut qu'un amant, pour être agréable, sache débiter les beaux sentimens, pousser le

VARIANTE. * *Une chose sacrée.*

---

(1) *Je n'ai que faire ni d'air ni de chanson.* — Les gens du peuple et de la petite bourgeoisie ont assez l'habitude, dans leurs altercations, de s'attacher aux derniers mots les uns des autres, de les répéter en s'en moquant et quelquefois en les détournant de leur véritable signification. Madelon parle à Gorgibus d'*air* dans le sens de *manières*, et il lui répond en prenant le même mot dans le sens de *musique*. C'est ainsi que madame Jourdain répond à Dorante qui lui demande ce qu'elle *a : J'ai la tête plus grosse que le poing ;* comment *se porte sa fille : Ma fille se porte sur ses deux jambes.*

(2) *Cyrus* et *Mandane* sont les deux personnages principaux du roman d'*Artamène* ou *le grand Cyrus. Clélie* et *Aronce* tiennent le même rang dans le roman de *Clélie.* Ces deux romans qui ont chacun dix volumes in-8°, portent le nom de *M. de Scudéry,* gouverneur de Notre-Dame de la Garde; mais ils sont de mademoiselle de Scudéry, sa sœur, qui apparemment craignoit de manquer aux bienséances de son sexe, en publiant des ouvrages sous son nom. Madame de La Fayette fit de même paroître, sous celui de Segrais, ses romans de *Zaïde* et de *la Princesse de Clèves.*

doux, le tendre et le passionné [1], et que sa recherche soit dans les formes. Premièrement, il doit voir au temple, ou à la promenade, ou dans quelque cérémonie publique, la personne dont il devient amoureux : ou bien être conduit fatalement chez elle par un parent ou un ami, et sortir de là tout rêveur et mélancolique. Il cache un temps sa passion à l'objet aimé, et cependant lui rend plusieurs visites, où l'on ne manque jamais de mettre sur le tapis une question galante qui exerce les esprits de l'assemblée. Le jour de la déclaration arrive, qui se doit faire ordinairement dans une allée de quelque jardin, tandis que la compagnie s'est un peu éloignée : et cette déclaration est suivie d'un prompt courroux qui paroît à notre rougeur, et qui, pour un temps, bannit l'amant de notre présence. Ensuite il trouve moyen de nous appaiser, de nous accoutumer* insensiblement au discours de sa passion, et de tirer de nous cet aveu qui fait tant de peine. Après cela viennent les aventures, les rivaux qui se jettent à la traverse d'une inclination établie, les persécutions des pères, les jalousies conçues sur de fausses apparences, les plaintes, les désespoirs, les enlèvemens, et ce qui s'ensuit. Voilà comme les choses se traitent dans les belles manières, et ce sont des règles dont, en bonne galanterie, on ne

VARIANTE. * *Et de nous accoutumer.*

---

(1) *Pousser le doux, le tendre et le passionné.* — Scarron qui, dans son burlesque effronté, péchoit quelquefois par excès de grossièreté, comme les précieuses par excès de raffinement, s'est moqué aussi de leur jargon. Prêt à faire pour sa santé un voyage en Amérique, que pourtant il ne fit pas, il prétendoit qu'il y étoit surtout *poussé* par l'incommode engeance des *pousseurs de beaux sentimens.* Molière a dit plus tard, dans *l'École des Femmes* :

Héroïnes du temps, mesdames les savantes,
Pousseuses de tendresse et de beaux sentimens.

sauroit se dispenser [1]. Mais en venir de but en blanc à l'union conjugale, ne faire l'amour qu'en faisant le contrat du mariage*, et prendre justement le roman par la queue [2]; encore un coup, mon père, il ne se peut rien de plus marchand que ce procédé; et j'ai mal au cœur de la seule vision que cela me fait. [3]

GORGIBUS.

Quel diable de jargon entends-je ici? Voici bien du haut style.

CATHOS.

En effet, mon oncle, ma cousine donne dans le vrai de la chose. Le moyen de bien recevoir des gens qui sont tout-à-fait incongrus en galanterie! Je m'en vais gager qu'ils n'ont jamais vu la carte de Tendre, et que Billets-doux, Petits-soins, Billets-galans et Jolis-vers, sont des terres inconnues pour eux. [4] Ne voyez-vous

VARIANTE. * De mariage.

---

(1) Cette théorie de l'amour ou plutôt de la galanterie, tracée d'après les grands romans du temps et mise en pratique par quelques folles dont ils avoient gâté l'esprit, est d'un ridicule d'autant plus piquant, qu'elle est présentée sérieusement, de bonne foi et comme la chose du monde la plus raisonnable. Une satire en forme n'auroit ni le même sel ni le même agrément.

(2) *Prendre le roman par la queue* est une de ces expressions devenues proverbiales, dont la prose même de Molière a enrichi la langue. Je ne crois pas que celle-ci lui fût antérieure: avant lui, les romans de La Calprenède et de mademoiselle de Scudéry étoient en trop grande vénération pour qu'on osât s'en moquer ainsi.

(3) *J'ai mal au cœur de la seule vision que cela me fait.* — Cette façon de parler, inusitée et bizarre, étoit familière aux précieuses. On la trouve dans le *Dictionnaire des Précieuses*, de Somaise: « Les choses que vous « me dites, me font une vision ridicule. » *Vision* est expliqué par *idée*.

(4) *Billets-doux, Petits-soins, Billets-galans* et *Jolis-vers* sont réellement des noms de villages inscrits sur la carte de Tendre, placée dans le pre-

pas que toute leur personne marque cela, et qu'ils n'ont point cet air qui donne d'abord bonne opinion des gens? Venir en visite amoureuse avec une jambe toute unie [1], un chapeau désarmé de plumes, une tête irrégulière en cheveux, et un habit qui souffre une indigence de rubans; mon dieu! quels amans sont-ce là! Quelle frugalité d'ajustement, et quelle sécheresse de conversation! On n'y dure point, on n'y tient pas. J'ai remarqué encore que leurs rabats ne sont pas de la bonne faiseuse, et qu'il s'en faut plus d'un grand demi-pied, que leurs hauts-de-chausses ne soient assez larges. [2]

---

mier livre du roman de *Clélie*. On sera peut-être bien aise de prendre ici une idée de cette ridicule invention. Trois fleuves coupent le pays de Tendre: l'un s'appelle *Reconnoissance*, l'autre *Estime*, le troisième, qui est le plus considérable et qui occupe le milieu, se nomme *Inclination*. Sur ces trois fleuves, non loin de leur embouchure commune dans la mer *Dangereuse*, sont situées trois villes de Tendre, qui joignent à ce nom celui du fleuve qui les traverse: *Tendre-sur-Inclination*, *Tendre-sur-Estime*, *Tendre-sur-Reconnoissance*. A gauche du fleuve *d'Inclination*, se trouve la *mer d'Inimitié*, et à droite le *lac d'Indifférence*. De nombreux villages, semés sur la carte, sont dénommés et placés de manière à figurer les différens degrés par où l'on arrive aux divers sentimens que ce lac, cette mer et ces villes représentent. Au-delà de la *mer Dangereuse*, sont situées des *terres inconnues*; et, pour compléter l'imitation, on aperçoit, à un des coins de la carte, une *échelle* divisée en *lieues d'amitié*.

(1) *Une jambe toute unie* est une jambe sans canons. On verra plus loin ce que c'étoit que cette partie de l'ajustement des hommes à cette époque.

(2) Tout le monde sait que le *haut-de-chausses* est ce que nous nommons *culotte* aujourd'hui. — Anciennement, le *rabat* n'étoit autre chose que le col de la chemise, *rabattu* en dehors sur le vêtement; et c'est de là qu'il a pris son nom. Plus tard, on eut des rabats postiches, d'une toile fine et empesée, qui étoient quelquefois garnis de dentelle, et que l'on nouoit par-devant avec deux cordons à glands. Tous les hommes, dans la jeunesse de Louis XIV, portoient le rabat. Les laïcs l'ayant quitté

GORGIBUS.

Je pense qu'elles sont folles toutes deux, et je ne puis rien comprendre à ce baragouin. Cathos, et vous, Madelon...

MADELON.

Hé! de grace, mon père, défaites-vous de ces noms étranges, et nous appelez autrement.

GORGIBUS.

Comment, ces noms étranges ? Ne sont-ce pas vos noms de baptême ?

MADELON.

Mon dieu! que vous êtes vulgaire! Pour moi un de mes étonnemens, c'est que vous ayez pu faire une fille si spirituelle que moi. A-t-on jamais parlé dans le beau style, de Cathos ni de Madelon, et ne m'avouerez-vous pas que ce seroit assez d'un de ces noms, pour décrier le plus beau roman du monde?

CATHOS.

Il est vrai, mon oncle, qu'une oreille un peu délicate pâtit furieusement à entendre prononcer ces mots-là; et le nom de Polixène que ma cousine a choisi, et celui d'Aminte que je me suis donné, ont une grace dont il faut que vous demeuriez d'accord. (1)

---

pour la cravate, les gens d'église et ceux de robe en ont seuls conservé l'usage, en lui donnant la forme que nous lui voyons maintenant. Il en est de même de la calotte qui, jusqu'au milieu du dix-septième siècle, étoit portée par des hommes du monde, et qui, depuis, a été affectée exclusivement aux ecclésiastiques.

(1) Ce changement de nom pourroit bien être une allusion maligne à madame la marquise de Rambouillet, à qui les poëtes de sa cour avoient donné le nom d'*Arthénice*, anagramme de son nom de Catherine qui leur paroissoit trop vulgaire. Quant à sa fille, Julie d'Angennes, elle fut célébrée sous son véritable nom qu'on voulut bien trouver assez noble et

SCÈNE V.

GORGIBUS.

Écoutez : il n'y a qu'un mot qui serve. Je n'entends point que vous ayez d'autres noms que ceux qui vous ont été donnés par vos parrains et marraines *; et pour ces messieurs dont il est question, je connois leurs familles et leurs biens, et je veux résolument que vous vous disposiez à les recevoir pour maris. Je me lasse de vous avoir sur les bras, et la garde de deux filles est une charge un peu trop pesante pour un homme de mon âge.

CATHOS.

Pour moi, mon oncle, tout ce que je puis vous dire, c'est que je trouve le mariage une chose tout-à-fait choquante. Comment est-ce qu'on peut souffrir la pensée de coucher contre un homme vraiment nu ? (1)

MADELON.

Souffrez que nous prenions un peu haleine parmi le beau monde de Paris, où nous ne faisons que d'arriver. Laissez-nous faire à loisir le tissu de notre roman, et n'en pressez point tant la conclusion.

GORGIBUS, *à part.*

Il n'en faut point douter, elles sont achevées. (*haut.*) Encore un coup, je n'entends rien à toutes ces bali-

VARIANTE. * *Par vos parrains et vos marraines.*

---

assez poétique. Furetière, dans son *Roman bourgeois*, dit d'un nom semblable, qu'il est *au poil et à la plume, passant partout, bon en vers et bon en prose.*

(1) Les précieuses qui avoient pu se résoudre à terminer le roman et à prendre un mari, se familiarisoient avec cette *pensée* qui effarouche si fort la pudeur de mademoiselle Cathos. « Si vous voulez savoir, dit Saint-« Évremond, en quoi les précieuses font consister leur plus grand mérite, « je vous dirai que c'est à aimer tendrement leurs amans sans jouissance, « et à jouir solidement de leurs maris avec aversion. »

vernes : je veux être maître absolu ; et, pour trancher toutes sortes de discours, ou vous serez mariées toutes deux avant qu'il soit peu, ou, ma foi! vous serez religieuses ; j'en fais un bon serment. (1)

SCÈNE VI.

CATHOS, MADELON.

CATHOS.

Mon dieu! ma chère (2), que ton père a la forme enfoncée dans la matière! que son intelligence est épaisse, et qu'il fait sombre dans son ame!

MADELON.

Que veux-tu, ma chère? j'en suis en confusion pour

---

(1) Gorgibus, dans toute cette scène, étale un gros bon sens qui contraste plaisamment avec les ridicules subtilités de sa fille et de sa nièce. Il n'entend rien, dieu merci, à ce qu'il appelle leur *jargon*, leur *baragouin*, et il commence à craindre tout de bon que ce ne soit une espèce de folie. Le poëte n'avoit pas un moyen plus vif et plus comique pour faire justice d'un absurde galimatias : les railleries les plus amères seroient d'un effet moins sûr et moins piquant.

Cette scène est comme le prélude de la fameuse scène des *Femmes savantes*, entre Chrysale, Philaminte et Bélise. Celle-ci ne pouvoit manquer d'être supérieure à l'autre. Un mari, tremblant devant sa femme et hardi seulement contre sa sœur, est bien autrement comique qu'un père et un oncle, parlant ferme à sa fille et à sa nièce. Gorgibus n'en est pas moins un excellent personnage. En tout, on peut considérer *les Précieuses ridicules* comme une esquisse chaude et spirituelle, d'après laquelle Molière a exécuté par la suite son admirable tableau des *Femmes savantes*. J'indiquerai à mesure les rapports assez nombreux qu'ont entre elles les deux pièces, en ce qui regarde le dessin et l'action réciproque des caractères.

(2) Ce nom de *ma chère* n'a rien d'extraordinaire aujourd'hui, que beaucoup de femmes se le donnent mutuellement, pour peu qu'il existe de liaison entre elles ; mais, à l'époque où la pièce fut jouée, c'étoit une qualification que les précieuses affectoient, et qui servoit même à les désigner dans le monde : on disoit, *une chère*, comme on disoit, *une précieuse*.

lui. J'ai peine à me persuader que je puisse être véritablement sa fille, et je crois que quelque aventure, un jour, me viendra développer une naissance plus illustre.[1]

CATHOS.

Je le croirois bien ; oui, il y a toutes les apparences du monde ; et, pour moi, quand je me regarde aussi...

SCÈNE VII.

CATHOS, MADELON, MAROTTE.

MAROTTE.

Voilà un laquais qui demande si vous êtes au logis, et dit que son maître vous veut venir voir.

MADELON.

Apprenez, sotte, à vous énoncer moins vulgairement. Dites : Voilà un nécessaire qui demande si vous êtes en commodité d'être visibles.[2]

---

[1] Dans *les Femmes savantes*, Bélise dit de même, au sujet du bonhomme Chrysale, son frère :

>   Est-il de petits corps un plus lourd assemblage ?
>   Un esprit composé d'atomes plus bourgeois ?
>   Et de ce même sang se peut-il que je sois ?

Le doute est encore plus insolent et plus comique dans la bouche d'une fille. Cet espoir, ce vœu formé par Madelon, de découvrir, un jour, qu'elle est d'une naissance plus illustre, est aussi un trait d'une justesse parfaite. Un des plus pernicieux effets de tous ces romans à grandes aventures, est de dégoûter les jeunes personnes de leur condition naturelle, et de leur inspirer des idées chimériques de grandeur et de félicité.

[2] *Voilà un nécessaire qui demande si vous êtes en commodité d'être visibles.* — Nos démagogues, par un autre motif que les précieuses, ont témoigné la même aversion qu'elles pour le mot de *laquais* ou de *domestique*. On peut se rappeler qu'ils ont voulu le remplacer par celui d'*officieux*, comme elles par celui de *nécessaire*.

MAROTTE.

Dame! je n'entends point le latin, et je n'ai pas appris, comme vous, la filophie dans le grand Cyre.* (1)

MADELON.

L'impertinente! Le moyen de souffrir cela! Et qui est-il, le maître de ce laquais?

MAROTTE.

Il me l'a nommé le marquis de Mascarille.

MADELON.

Ah! ma chère! un marquis! ** Oui, allez dire qu'on nous peut voir. C'est sans doute un bel-esprit qui aura ouï parler de nous. ***

CATHOS.

Assurément, ma chère.

MADELON.

Il faut le recevoir dans cette salle basse, plutôt qu'en notre chambre. Ajustons un peu nos cheveux au moins, et soutenons notre réputation. Vîte, venez nous tendre ici dedans le conseiller des graces.

MAROTTE.

Par ma foi! je ne sais point quelle bête c'est-là; il faut parler chrétien, si vous voulez que je vous entende.

CATHOS.

Apportez-nous le miroir, ignorante que vous êtes,

VARIANTES. * *Dans le Cyre.* — ** *Un marquis! un marquis!* — *** *Qui a ouï parler de nous.*

---

(1) La Marotte des *Précieuses ridicules* estropie, de la même manière que la Martine des *Femmes savantes*, les mots qui ne lui sont pas familiers. *Le grand Cyre* est le roman d'*Artamène ou le grand Cyrus*, de mademoiselle de Scudéry, dont il a été parlé plus haut, dans une note.

et gardez-vous bien d'en salir la glace, par la communication de votre image. (1) (*Elles sortent.*)

SCÈNE VIII.

MASCARILLE, DEUX PORTEURS.

MASCARILLE.

Holà! porteurs, holà! Là, là, là, là, là, là. Je pense que ces marauds-là ont dessein de me briser à force de heurter contre les murailles et les pavés.

PREMIER PORTEUR.

Dame! c'est que la porte est étroite. Vous avez voulu aussi que nous soyons entrés jusqu'ici. (2)

MASCARILLE.

Je le crois bien. Voudriez-vous, faquins, que j'exposasse l'embonpoint de mes plumes aux inclémences de la saison pluvieuse, et que j'allasse imprimer mes souliers en boue? Allez, ôtez votre chaise d'ici.

---

(1) La scène reste vide en cet endroit. Tout ce qui regarde l'action dans cette petite pièce est peu soigné; mais avec quel talent la peinture des mœurs y est déjà traitée!

(2) *Vous avez voulu aussi que nous soyons entrés jusqu'ici.* — Ces deux temps de verbes, de modes différens, faute de correspondre exactement entre eux, produisent un faux sens. On croiroit que l'action d'*entrer* a précédé celle de *vouloir*, tandis que, au contraire, elle l'a nécessairement suivie. Quand le premier verbe est au prétérit, le second, s'il exprime, par rapport à lui, une action présente ou future, doit être à l'imparfait du subjonctif. Ainsi, il falloit: *vous avez voulu que nous entrassions*. Molière fait assez souvent cette espèce de faute; il a mis, dans *l'École des maris* :

J'ai souffert *qu'elle ait vu* les bonnes compagnies.

Et dans *les Amans magnifiques* : « La princesse, ma nièce, a eu la bonté « de souffrir *que j'aie reculé* toujours ce choix qui doit m'engager. »

DEUXIÈME PORTEUR.

Payez-nous donc, s'il vous plaît, monsieur.

MASCARILLE.

Hein?

DEUXIÈME PORTEUR.

Je dis, monsieur, que vous nous donniez de l'argent, s'il vous plaît.

MASCARILLE, *lui donnant un soufflet.*

Comment, coquin! demander de l'argent à une personne de ma qualité!

DEUXIÈME PORTEUR.

Est-ce ainsi qu'on paye les pauvres gens ; et votre qualité nous donne-t-elle à dîner?

MASCARILLE.

Ah! ah! je vous apprendrai à vous connoître! Ces canailles-là s'osent jouer à moi!

PREMIER PORTEUR, *prenant un des bâtons de sa chaise.*

Ça, payez-nous vîtement.

MASCARILLE.

Quoi?

PREMIER PORTEUR.

Je dis que je veux avoir de l'argent, tout-à-l'heure.

MASCARILLE.

Il est raisonnable. *

PREMIER PORTEUR.

Vîte donc.

MASCARILLE.

Oui-dà! tu parles comme il faut, toi; mais l'autre est un coquin qui ne sait ce qu'il dit. Tiens, es-tu content?

VARIANTE. * *Il est raisonnable, celui-là.*

SCÈNE IX.

PREMIER PORTEUR.

Non, je ne suis pas content; vous avez donné un soufflet à mon camarade, et... (*levant son bâton.*)

MASCARILLE.

Doucement; tiens, voilà pour le soufflet. On obtient tout de moi quand on s'y prend de la bonne façon. Allez, venez me reprendre tantôt pour aller au Louvre, au petit coucher. [1]

SCÈNE IX.

MAROTTE, MASCARILLE.

MAROTTE.

Monsieur, voilà mes maîtresses qui vont venir tout-à-l'heure.

MASCARILLE.

Qu'elles ne se pressent point; je suis ici posté commodément pour attendre.

MAROTTE.

Les voici.

---

[1] Ce n'est là qu'une bien petite scène; mais elle est charmante. De quels traits piquans elle est semée! *Comment, coquin! demander de l'argent à une personne de ma qualité!... Oui-dà! tu parles comme il faut, toi; mais l'autre est un coquin qui ne sait ce qu'il dit... On obtient tout de moi quand on s'y prend de la bonne façon.* Vraiment, on le voit bien. Mascarille, donnant des soufflets au porteur qui lui demande poliment son dû, et payant libéralement celui qui le menace de son bâton, fait penser à cette sorte de lâcheté si commune dans le monde, qui consiste à ménager, à bien traiter les méchans que l'on redoute, tandis qu'on réserve toutes ses froideurs, tous ses refus pour les bonnes gens dont le caractère inoffensif n'inspire aucune crainte.

SCÈNE X.

MADELON, CATHOS, MASCARILLE, ALMANZOR.

MASCARILLE, *après avoir salué.*

Mesdames, vous serez surprises, sans doute, de l'audace de ma visite ; mais votre réputation vous attire cette méchante affaire, et le mérite a pour moi des charmes si puissans, que je cours partout après lui.

MADELON.

Si vous poursuivez le mérite, ce n'est pas sur nos terres que vous devez chasser.

CATHOS.

Pour voir chez nous le mérite, il a fallu que vous l'y ayez amené.

MASCARILLE.

Ah! je m'inscris en faux contre vos paroles. La renommée accuse juste en contant ce que vous valez; et vous allez faire pic, repic et capot tout ce qu'il y a de galant dans Paris.

MADELON.

Votre complaisance pousse un peu trop avant la libéralité de ses louanges ; et nous n'avons garde, ma cousine et moi, de donner de notre sérieux dans le doux de votre flatterie.

CATHOS.

Ma chère, il faudroit faire donner des siéges.

MADELON.

Holà! Almanzor. (1)

---

(1) Ce nom moresque d'*Almanzor* a sûrement été donné à ce laquais

SCÈNE X.

ALMANZOR.

Madame.

MADELON.

Vîte, voiturez-nous ici les commodités de la conversation.

MASCARILLE.

Mais, au moins, y a-t-il sûreté ici pour moi ?

(*Almanzor sort.*)

CATHOS.

Que craignez-vous ?

MASCARILLE.

Quelque vol de mon cœur, quelque assassinat de ma franchise [1]. Je vois ici des yeux* qui ont la mine d'être de fort mauvais garçons, de faire insulte aux libertés, et de traiter une ame de Turc à More [2]. Comment, diable ! D'abord qu'on les approche, ils se mettent sur leur garde meurtrière [3]. Ah ! par ma foi, je m'en défie !

VARIANTE. * *Je vois ici deux yeux.*

---

par nos précieuses, dont la délicatesse ne peut s'accommoder des noms vulgaires, même dans la personne de leurs valets. Il est presque surprenant qu'elles aient laissé à Marotte son nom villageois et grossier.

(1) *Quelque assassinat de ma franchise.* — *Franchise* étoit alors synonyme de *liberté*, particulièrement dans le langage de la galanterie. Il ne signifie plus guère que *sincérité*, *candeur*, ou bien *immunité*, *exemption*.

(2) Ce proverbe *traiter de Turc à More*, qui signifie, *traiter avec la dernière rigueur*, est sans doute fondé sur ce que les Turcs et les Mores, dans leurs anciennes guerres, ne se faisoient point de quartier.

(3) *Garde meurtrière* étoit, selon toute apparence, un terme d'escrime, qui signifioit la position du corps et de l'épée, au moyen de laquelle un homme avoit le plus d'avantage sur son adversaire, et étoit le plus sûr de le frapper.

34   LES PRÉCIEUSES RIDICULES.

et je m'en vais gagner au pied, ou je veux caution bourgeoise [1] qu'ils ne me feront point de mal.

MADELON.

Ma chère, c'est le caractère enjoué.

CATHOS.

Je vois bien que c'est un Amilcar. [2]

MADELON.

Ne craignez rien : nos yeux n'ont point de mauvais desseins, et votre cœur peut dormir en assurance sur leur prud'homie.

CATHOS.

Mais de grace, monsieur, ne soyez pas inexorable à ce fauteuil qui vous tend les bras il y a un quart-d'heure [3]; contentez un peu l'envie qu'il a de vous embrasser.

MASCARILLE, *après s'être peigné, et avoir ajusté ses canons.*

Hé bien! mesdames, que dites-vous de Paris?

MADELON.

Hélas! qu'en pourrions-nous dire? Il faudroit être l'antipode de la raison, pour ne pas confesser que Paris

---

(1) *Caution bourgeoise* signifie *caution solvable, caution valable*. Molière a employé une seconde fois cette expression dans *la Critique de l'École des Femmes* : « La caution n'est pas bourgeoise. »

(2) *Amilcar* est un personnage du roman de *Clélie*, que l'auteur désigne comme un *homme de qualité*, attaché au prince de Carthage. Cet Amilcar a de grandes prétentions à l'enjouement; mais sa gaîté n'est guère moins insipide que la tristesse amoureuse des autres personnages.

(3) *Ce fauteuil qui vous tend les bras* est un rébus que de mauvais plaisans de société répètent tous les jours, sans savoir à qui ils en ont l'obligation.

est le grand bureau des merveilles, le centre du bon goût, du bel-esprit et de la galanterie.

MASCARILLE.

Pour moi, je tiens que hors de Paris, il n'y a point de salut pour les honnêtes gens.

CATHOS.

C'est une vérité incontestable.

MASCARILLE.

Il y fait un peu crotté; mais nous avons la chaise.

MADELON.

Il est vrai que la chaise est un retranchement merveilleux contre les insultes de la boue et du mauvais temps. (1)

MASCARILLE.

Vous recevez beaucoup de visites? Quel bel-esprit est des vôtres?

MADELON.

Hélas! nous ne sommes pas encore connues; mais nous sommes en passe de l'être; et nous avons une amie particulière qui nous a promis d'amener ici tous ces messieurs du Recueil des pièces choisies. (2)

---

(1) On faisoit alors un grand usage de la *chaise à porteurs*. Furetière, dans son *Roman bourgeois*, prétend que la chaise étoit préférée au carrosse par les gens qui se piquoient d'une grande propreté. Il n'est pas éloigné de croire que l'ancien proverbe qui, pour désigner un homme propre, dit qu'*il semble sortir d'une boîte*, a donné lieu à l'invention de ces boîtes portatives. Quoi qu'il en soit, la mode en fut apportée d'Angleterre en France, sous le règne de Louis XIII, par un nommé Monbrun-de-Sous-Carrière, bâtard de M. de Bellegarde, grand écuyer.

(2) Il est probable que Molière fait allusion ici au *Recueil* publié, en 1653, par de Sercy, sous le titre de *Poésies choisies de MM. Corneille, Benserade, de Scudéry, Boisrobert, Sarrazin, Desmarets, Baraud, Saint-*

3.

CATHOS.

Et certains autres qu'on nous a nommés aussi pour être les arbitres souverains des belles choses.

MASCARILLE.

C'est moi qui ferai votre affaire mieux que personne; ils me rendent tous visite; et je puis dire que je ne me lève jamais sans une demi-douzaine de beaux-esprits.

MADELON.

Hé! mon dieu! nous vous serons obligées de la dernière obligation, si vous nous faites cette amitié; car enfin il faut avoir la connoissance de tous ces messieurs-là, si l'on veut être du beau monde. Ce sont eux qui donnent le branle à la réputation dans Paris, et vous savez qu'il y en a tel dont il ne faut que la seule fréquentation pour vous donner bruit de connoisseuse, quand il n'y auroit rien autre chose que cela. Mais, pour moi, ce que je considère particulièrement, c'est que, par le moyen de ces visites spirituelles, on est instruite de cent choses* qu'il faut savoir de nécessité, et qui sont de l'essence d'un bel-esprit**. On apprend par-là chaque jour les petites nouvelles galantes, les jolis commerces de prose et de vers***. On sait à point nommé,

VARIANTES. * *On est instruit de cent choses.* — ** *Et qui sont de l'essence du bel-esprit.* — *** *De prose ou de vers.*

Laurent, Colletet, Lamesnardière, Montreuil, Viguier, Chevreau, Malleville, Tristan, Testu, Maucroy, de Prade, Girard, et de l'Age. Ce recueil, qui n'étoit d'abord qu'en un volume, est arrivé jusqu'au nombre de cinq, et, en cet état, il occupe encore une place dans les bibliothèques. Si Molière en a défiguré le titre, en substituant *pièces choisies* à *poésies choisies*, c'est que sa mémoire ne l'a peut-être pas fidèlement servi en cette circonstance, ou qu'il a craint de désigner trop exactement un livre où figuroient les noms de plusieurs hommes dignes d'estime.

SCÈNE X.

un tel a composé la plus jolie pièce du monde sur un tel sujet; une telle a fait des paroles sur un tel air: celui-ci a fait un madrigal sur une jouissance; celui-là a composé des stances sur une infidélité [1]: monsieur un tel écrivit hier au soir un sixain à mademoiselle une telle, dont elle lui a envoyé la réponse ce matin sur les huit heures; un tel auteur a fait un tel dessein [2]; celui-là en est à la troisième partie de son roman *; cet autre met ses ouvrages sous la presse. C'est là ce qui vous fait valoir dans les compagnies; et si l'on ignore ces choses, je ne donnerois pas un clou de tout l'esprit qu'on peut avoir.

CATHOS.

En effet, je trouve que c'est renchérir sur le ridicule, qu'une personne se pique d'esprit, et ne sache pas jusqu'au moindre petit quatrain qui se fait chaque jour; et pour moi, j'aurois toutes les hontes du monde, s'il falloit qu'on vînt à me demander si j'aurois vu quelque chose de nouveau que je n'aurois pas vu. [3]

VARIANTE. * *Celui-là est à la troisième partie de son roman.*

---

(1) Beaucoup de pièces de poésie de ce temps-là avoient pour sujet et portoient pour titre une *Jouissance*, une *Infidélité*, une *Rupture*, un *Raccommodement*, etc. Les vieux recueils en sont pleins. Corneille lui-même abaissa son génie mâle et élevé à ce genre de galanterie froide et alambiquée; il a des pièces sur *une absence en cas de pluie*, sur *un prompt amour*, etc.

(2) On ne diroit plus aujourd'hui, *un tel auteur a fait un tel dessein;* on diroit, *a conçu l'idée, a fait le plan d'un tel ouvrage.*

(3) *Et pour moi, j'aurois toutes les hontes du monde, s'il falloit qu'on vînt à me demander si j'aurois vu quelque chose de nouveau que je n'aurois pas vu.* — Les deux *si* embarrassent un peu la phrase, et la triple répétition du conditionnel *j'aurois* produit un effet désagréable. Prétendre

38 LES PRÉCIEUSES RIDICULES.

MASCARILLE.

Il est vrai qu'il est honteux de n'avoir pas des premiers tout ce qui se fait; mais ne vous mettez pas en peine : je veux établir chez vous une académie de beaux-esprits, et je vous promets qu'il ne se fera pas un bout de vers dans Paris, que vous ne sachiez par cœur avant tous les autres. Pour moi, tel que vous me voyez, je m'en escrime un peu quand je veux; et vous verrez courir de ma façon, dans les belles ruelles de Paris [1], deux cents chansons, autant de sonnets, quatre cents épigrammes et plus de mille madrigaux, sans compter les énigmes et les portraits.

MADELON.

Je vous avoue que je suis furieusement pour les portraits [2]; je ne vois rien de si galant que cela.

---

que Molière l'a fait exprès pour mieux imiter le style amphigourique et entortillé des précieuses, ce seroit, je crois, imiter beaucoup plus sûrement le ridicule tant reproché aux commentateurs, de voir des beautés jusque dans les défauts de leur auteur.

(1) *Les belles ruelles de Paris.* — Ces assemblées où l'on s'occupoit de bel-esprit et de galanterie, s'appeloient *ruelles*, parce qu'elles se tenoient autour du lit de la maîtresse de la maison. Il est probable que les précieuses affectoient d'avoir une foible santé, et que, sous ce prétexte, elles restoient au lit une grande partie de la journée. On appeloit *alcovistes* les hommes qui formoient habituellement le cercle d'une précieuse. Les *alcovistes* servoient par quartier, c'est-à-dire qu'ils se relayoient pour faire les honneurs de la *ruelle*.

(2) *Je vous avoue que je suis furieusement pour les portraits.* — Les *portraits* étoient fort à la mode dans ce temps-là. Mademoiselle de Montpensier en fit imprimer un recueil de près de soixante-dix dont plusieurs avoient été faits par elle. On peignoit ses amis et souvent on se peignoit soi-même. Madame de Tarente et mademoiselle de La Trimouille, amies de MADEMOISELLE, passent pour avoir donné le premier signal de cet ingénieux amusement. On n'y avoit pas encore renoncé dans le dernier siècle, et l'on connoît de madame du Deffant de fort jolis portraits, plus flatteurs qu'on ne devoit l'attendre d'elle.

SCÈNE X.

MASCARILLE.

Les portraits sont difficiles, et demandent un esprit profond : vous en verrez de ma manière qui ne vous déplairont pas.

CATHOS.

Pour moi, j'aime terriblement les énigmes. [1]

MASCARILLE.

Cela exerce l'esprit, et j'en ai fait quatre encore ce matin, que je vous donnerai à deviner.

MADELON.

Les madrigaux sont agréables, quand ils sont bien tournés.

MASCARILLE.

C'est mon talent particulier; et je travaille à mettre en madrigaux toute l'histoire romaine. [2]

MADELON.

Ah! certes, cela sera du dernier beau; j'en retiens un exemplaire au moins, si vous le faites imprimer.*

MASCARILLE.

Je vous en promets à chacune un, et des mieux reliés. Cela est au-dessous de ma condition; mais je le fais seulement pour donner à gagner aux libraires qui me persécutent.

VARIANTE. * *Si vous les faites imprimer.*

---

[1] *Pour moi, j'aime terriblement les énigmes.* — Les énigmes étoient aussi fort en vogue. Les précieuses s'en envoyoient mutuellement le matin, afin de commencer à s'aiguiser l'esprit. L'abbé Cotin, pour la facilité de ce commerce, publia, en 1646, un *Recueil d'énigmes*, dans la préface duquel il se donne pour le *père de l'énigme parmi les poëtes françois.*

[2] *Je travaille à mettre en madrigaux toute l'histoire romaine.* — Il est difficile de ne pas voir ici une allusion au roman de *Clélie* qui est qualifié d'*histoire romaine,* et qui est un tissu de fades madrigaux.

MADELON.

Je m'imagine que le plaisir est grand de se voir imprimé !

MASCARILLE.

Sans doute. Mais, à propos, il faut que je vous die [1] un impromptu que je fis hier chez une duchesse de mes amies que je fus visiter [2] ; car je suis diablement fort sur les impromptus.

CATHOS.

L'impromptu est justement la pierre de touche de l'esprit.

MASCARILLE.

Écoutez donc.

MADELON.

Nous y sommes de toutes nos oreilles.

MASCARILLE.

Oh ! oh ! je n'y prenois pas garde :
Tandis que sans songer à mal, je vous regarde,
Votre œil en tapinois me dérobe mon cœur ;
Au voleur ! au voleur ! au voleur ! au voleur ! [3]

---

(1) *Il faut que je vous die.* — Cet exemple prouve qu'on disoit alors indifféremment, en prose comme en vers, *que je vous die* et *que je vous dise.*

(2) *Que je fus visiter.* — Le verbe *être* s'emploie souvent pour le verbe *aller* dans les temps composés : *j'ai été, j'avois été, j'aurois été chez vous,* etc. Il n'en est pas de même des temps simples ; on ne diroit pas, *je suis, j'étois, je serai,* pour, *je vais, j'allois, j'irai.* Beaucoup de personnes cependant disent *je fus,* pour *j'allai.* Les grammairiens sévères pensent que c'est une faute, et Voltaire est de leur avis. Les Italiens disent *fui a visitarlo, je fus* (pour *j'allai*) *le visiter.* Il est probable que cet italianisme s'est introduit dans notre langue, comme beaucoup d'autres, à l'époque où deux reines du nom de Médicis sont venues successivement s'asseoir sur le trône de France.

(3) L'impromptu de Mascarille pourroit bien être l'imitation d'un ma-

SCÈNE X.

CATHOS.

Ah! mon dieu! voilà qui est poussé dans le dernier galant.

MASCARILLE.

Tout ce que je fais a l'air cavalier; cela ne sent point le pédant.

MADELON.

Il en est éloigné de plus de deux mille lieues. (1)

MASCARILLE.

Avez-vous remarqué ce commencement? *oh! oh!* voilà qui est extraordinaire, *oh! oh!* comme un homme qui s'avise tout d'un coup, *oh! oh!* La surprise, *oh! oh!*

MADELON.

Oui, je trouve ce *oh! oh!* admirable.

MASCARILLE.

Il semble que cela ne soit rien.

CATHOS.

Ah! mon dieu! que dites-vous? Ce sont-là de ces sortes de choses qui ne se peuvent payer.

MADELON.

Sans doute; et j'aimerois mieux avoir fait ce *oh! oh!* qu'un poëme épique.

---

drigal inséré dans ce recueil de Sercy, dont j'ai fait plus haut mention. Voici ce madrigal:

<pre>
        Je sens une extrême douleur,
        Et je souffre un cruel martyre.
Depuis assez de temps je possédois un cœur
        Que depuis peu je trouve à dire :
        Soit dit sans vous mettre en courroux,
        L'auriez-vous pas pris par mégarde?
        Faites du moins qu'on y regarde;
Je crois, sans y penser, l'avoir laissé chez vous.
</pre>

(1) *Il en est éloigné de plus de deux mille lieues.* — *Il* ne s'emploie plus pour *cela* dans cette espèce de locutions. Voir *le Dépit amoureux*, page 194, note 1.

MASCARILLE.

Tudieu! vous avez le goût bon.

MADELON.

Hé! je ne l'ai pas tout-à-fait mauvais.

MASCARILLE.

Mais n'admirez-vous pas aussi? *je n'y prenois pas garde; je n'y prenois pas garde*, je ne m'apercevois pas de cela; façon de parler naturelle, *je n'y prenois pas garde*. *Tandis que, sans songer à mal*, tandis qu'innocemment, sans malice, comme un pauvre mouton, *je vous regarde*, c'est-à-dire, je m'amuse à vous considérer, je vous observe, je vous contemple; *votre œil en tapinois...* Que vous semble de ce mot *tapinois?* N'est-il pas bien choisi?

CATHOS.

Tout-à-fait bien.

MASCARILLE.

Tapinois, en cachette; il semble que ce soit un chat qui vienne de prendre une souris, *tapinois*.

MADELON.

Il ne se peut rien de mieux.

MASCARILLE.

Me dérobe mon cœur, me l'emporte, me le ravit; *au voleur! au voleur! au voleur! au voleur!* Ne diriez-vous pas que c'est un homme qui crie et court après un voleur pour le faire arrêter? *Au voleur! au voleur! au voleur! au voleur!*

MADELON.

Il faut avouer que cela a un tour spirituel et galant. [1]

---

[1] Mascarille, lisant son impromptu pour une duchesse de ses amies, fait tout de suite penser à Trissotin, lisant son sonnet pour la princesse

SCÈNE X.

MASCARILLE.

Je veux vous dire l'air que j'ai fait dessus.

CATHOS.

Vous avez appris la musique?

MASCARILLE.

Moi? Point du tout.

CATHOS.

Et comment donc cela se peut-il?

MASCARILLE.

Les gens de qualité savent tout sans avoir jamais rien appris. (1)

MADELON.

Assurément, ma chère.

MASCARILLE.

Écoutez si vous trouverez l'air à votre goût: *hem, hem, la, la, la, la, la.* La brutalité de la saison a furieuse-

---

Uranie. C'est absolument la même situation; mais Molière, dont on peut dire qu'il crée de nouveau les choses plutôt qu'il ne les répète, a marqué chacune des deux scènes d'un trait particulier qui la distingue et la différencie. Mascarille commente et développe lui-même les beautés de son impromptu, avec l'intrépide vanité d'un homme de cour qui dédaigne les timides artifices de la fausse modestie. Trissotin, bel-esprit de profession, jouit en silence, avec un orgueil sournois et hypocrite, des ridicules témoignages d'admiration qu'excite son génie.

(1) *Les gens de qualité savent tout sans avoir jamais rien appris.* — Ici, Mascarille saisit parfaitement l'esprit de son rôle: ce qu'il dit, beaucoup de grands seigneurs le pensoient de la meilleure foi du monde. De là, parmi eux, ces amateurs frivoles et tranchans qui avoient la prétention d'inspirer, de diriger les écrivains et les artistes, jugeoient souverainement leurs productions, et quelquefois même entroient en lice avec eux, croyant leur donner des modèles à suivre, qui étoient au moins des modèles à éviter. J.-B. Rousseau, dans sa comédie des *Aïeux chimériques,* a mis dans un vers la pensée de Mascarille:

Un grand seigneur sait tout sans avoir rien appris.

ment outragé la délicatesse de ma voix; mais il n'importe, c'est à la cavalière. (*Il chante.*)

Oh! oh! je n'y prenois pas garde, etc.

CATHOS.

Ah! que voilà un air qui est passionné! Est-ce qu'on n'en meurt point?

MADELON.

Il y a de la chromatique là-dedans. (1)

MASCARILLE.

Ne trouvez-vous pas la pensée bien exprimée dans le chant? *Au voleur!...* * Et puis, comme si l'on crioit bien fort, *au, au, au, au, au voleur!* Et tout d'un coup, comme une personne essoufflée, *au voleur!*

MADELON.

C'est là savoir le fin des choses, le grand fin, le fin du fin. Tout est merveilleux, je vous assure; je suis enthousiasmée de l'air et des paroles.

CATHOS.

Je n'ai encore rien vu de cette force-là.

MASCARILLE.

Tout ce que je fais me vient naturellement, c'est sans étude.

MADELON.

La nature vous a traité en vraie mère passionnée, et vous en êtes l'enfant gâté.

VARIANTE. * *Au voleur! au voleur!*

---

(1) *Il y a de la chromatique là-dedans.* — Autrefois, *chromatique*, qu'on n'employoit que substantivement, étoit du genre féminin; le dictionnaire de l'Académie, édition de 1694, en fait foi. Aujourd'hui, il est du genre masculin : *il y a du chromatique.*

SCÈNE X.

MASCARILLE.

A quoi donc passez-vous le temps ?*

CATHOS.

A rien du tout.

MADELON.

Nous avons été jusqu'ici dans un jeûne effroyable de divertissemens.

MASCARILLE.

Je m'offre à vous mener l'un de ces jours à la comédie, si vous voulez; aussi-bien on en doit jouer une nouvelle que je serai bien aise que nous voyions ensemble.

MADELON.

Cela n'est pas de refus.

MASCARILLE.

Mais je vous demande d'applaudir comme il faut, quand nous serons là; car je me suis engagé de faire valoir la pièce, et l'auteur m'en est venu prier encore ce matin. C'est la coutume ici, qu'à nous autres gens de condition, les auteurs viennent lire leurs pièces nouvelles, pour nous engager à les trouver belles, et leur donner de la réputation [1] : et je vous laisse à penser, si, quand nous disons quelque chose, le parterre ose nous contredire! Pour moi, j'y suis fort exact; et quand

VARIANTE. * *A quoi donc passez-vous le temps, mesdames?*

---

[1] *Pour les engager à les trouver belles et leur donner de la réputation.* — L'absence d'une préposition quelconque devant le verbe *donner* laisse presque indécis le sens des derniers mots. Les auteurs viennent-ils lire leurs pièces aux gens de condition, *pour les engager à les trouver belles et* (à) *leur donner de la réputation;* ou bien, *pour les engager à les trouver belles et* (pour) *leur donner de la réputation?* Le premier sens est le plus vraisemblable; il n'y auroit aucune équivoque, si Molière eût répété, comme il le devoit faire, la préposition *à : et à leur donner,* etc.

j'ai promis à quelque poëte, je crie toujours, Voilà qui est beau! devant que les chandelles soient allumées. (1)

MADELON.

Ne m'en parlez point : c'est un admirable lieu que Paris; il s'y passe cent choses tous les jours, qu'on ignore dans les provinces, quelque spirituelle qu'on puisse être.

CATHOS.

C'est assez : puisque nous sommes instruites, nous ferons nôtre devoir de nous écrier comme il faut sur tout ce qu'on dira.

MASCARILLE.

Je ne sais si je me trompe; mais vous avez toute la mine d'avoir fait quelque comédie. (2)

MADELON.

Hé! il pourroit être quelque chose de ce que vous dites.

MASCARILLE.

Ah! ma foi! il faudra que nous la voyions. Entre nous, j'en ai composé une que je veux faire représenter.

CATHOS.

Hé! à quels comédiens la donnerez-vous?

MASCARILLE.

Belle demande! Aux grands comédiens*; il n'y a

VARIANTE. * *Aux comédiens de l'Hôtel de Bourgogne.*

---

(1) *Devant que les chandelles soient allumées.* — *Devant que*, pour, *avant que*. Du temps de Vaugelas, tous les deux étoient *bons;* mais le dernier étoit *plus de la cour et plus en usage :* aujourd'hui, c'est le seul dont il soit permis de se servir.

(2) *Vous avez toute la mine d'avoir fait quelque comédie.* — On ne voit pas sur quoi Mascarille peut fonder cette conjecture; mais on va voir pourquoi Molière amène ici le mot de *comédie.*

qu'eux qui soient capables de faire valoir les choses; les autres sont des ignorans qui récitent comme l'on parle; ils ne savent pas faire ronfler les vers, et s'arrêter au bel endroit : et le moyen de connoître où est le beau vers, si le comédien ne s'y arrête, et ne vous avertit par-là qu'il faut faire le brouhaha ? [1]

CATHOS.

En effet, il y a manière de faire sentir aux auditeurs les beautés d'un ouvrage; et les choses ne valent que ce qu'on les fait valoir.

MASCARILLE.

Que vous semble de ma petite oie [2] ? La trouvez-vous congruante à l'habit ?

CATHOS.

Tout-à-fait.

---

[1] Lorsqu'en 1658, Molière joua, pour la première fois, devant Louis XIV, avec sa troupe, il lui adressa un discours de remerciement dans lequel il fit entrer un éloge adroit et délicat des comédiens de l'Hôtel de Bourgogne, dont plusieurs étoient présens. Mais, après avoir flatté leur vanité, il nuisit à leur intérêt, en leur enlevant ou du moins en partageant avec eux les spectateurs. On ignore s'ils s'attirèrent par quelque mauvais procédé la critique que Molière fait ici de leur jeu : ce qui est certain, c'est que cette critique étoit fondée, c'est que leur déclamation étoit fausse, outrée et ridiculement emphatique. On peut croire, au contraire, que des comédiens, dirigés par un homme d'un esprit aussi juste et d'un goût aussi sûr que Molière, avoient un débit naturel, et méritoient le reproche flatteur que leur fait Mascarille, de *réciter comme l'on parle*.

[2] *Que vous semble de ma petite oie ?* — On appeloit *petite oie* les rubans, les plumes, les dentelles, les bas, les gants, enfin toutes les garnitures et toutes les menues parties de l'habillement. On trouve, dans *la Galerie du Palais*, comédie de Corneille :

    Ne vous vendrai-je rien, monsieur ? des bas de soie,
    Des gants en broderie, ou quelque petite oie ?

Cette expression figurée, qui s'applique aussi aux faveurs légères de l'amour, se disoit au propre de ce qu'on nomme aujourd'hui *abattis de volaille*, c'est-à-dire du cou, des ailerons, etc.

MASCARILLE.

Le ruban est bien choisi. *

MADELON.

Furieusement bien. C'est Perdrigeon tout pur. (1)

MASCARILLE.

Que dites-vous de mes canons ? (2)

MADELON.

Ils ont tout-à-fait bon air.

VARIANTE. * Le ruban en est bien choisi.

---

(1) *C'est Perdrigeon tout pur.* — Perdrigeon étoit un fameux marchand mercier de ce temps-là, comme l'attestent ces vers de *l'Académie des Femmes*, comédie jouée au théâtre du Marais, en 1661 :

> ...... Qu'en dis-tu ? La seule petite oie
> Me coûte cinq cents francs, tout en belle monnoie;
> Car je paye comptant; demande à Perdrigeon.

Il faut que ce marchand ait gardé long-temps son commerce et sa vogue, ou qu'un homme de son nom (son fils sans doute) ait hérité de l'un et de l'autre; car, dans un recueil de fables, publié par Le Noble, en 1697, c'est-à-dire trente-huit ans après *les Précieuses ridicules*, on trouve ce vers :

> Grosse dragonne d'or par *Perdrigeon* vendue.

Une lettre de Scarron, de la même année que *les Précieuses*, offre ce passage qui a un rapport singulier avec celui dont je viens de donner l'explication : « Ah! ma chère (c'est une précieuse qui parle), à quoi avez-« vous passé le jour ? Ah! ma chère, répond une autre, *Bastonneau tout* « *pur.* » Scarron ajoute : « C'est un terme de précieuse, pour dire, acheter « des étoffes. » Il est clair que Bastonneau, dans son genre, étoit un marchand à la mode, comme Perdrigeon dans le sien, et que *Perdrigeon* ou *Bastonneau tout pur*, étoit une locution familière aux précieuses.

(2) *Que dites-vous de mes canons ?* — Les *canons* étoient une large bande d'étoffe, que l'on attachoit au-dessous du genou, et qui couvroit la moitié de la jambe en l'entourant. Ils étoient ordinairement plissés avec soin et quelquefois garnis de dentelle. Les petits-maîtres affectoient de les porter d'une ampleur démesurée. On raconte qu'un traducteur allemand des *Précieuses ridicules*, ne connoissant pas le mot de *canons* dans cette acception, avoit mis de grands pistolets dans la poche de Mascarille qui devoit les montrer ici, en disant : *Que dites-vous de mes canons ?*

SCÈNE X.

MASCARILLE.

Je puis me vanter au moins qu'ils ont un grand quartier plus que tous ceux qu'on fait.

MADELON.

Il faut avouer que je n'ai jamais vu porter si haut l'élégance de l'ajustement.

MASCARILLE.

Attachez un peu sur ces gants la réflexion de votre odorat.

MADELON.

Ils sentent terriblement bon.

CATHOS.

Je n'ai jamais respiré une odeur mieux conditionnée.

MASCARILLE.

Et celle-là?

(*Il donne à sentir les cheveux poudrés de sa perruque.*)

MADELON.

Elle est tout-à-fait de qualité; le sublime en est touché délicieusement.

MASCARILLE.

Vous ne me dites rien de mes plumes! Comment les trouvez-vous?

CATHOS.

Effroyablement belles. (1)

---

(1) *Effroyablement belles.* — On pourroit soupçonner que ces expressions *furieusement bien*, *terriblement bon* et *effroyablement belles*, sont de l'invention de Molière. Nous avons un sûr garant qu'elles avoient été créées par les précieuses elles-mêmes, et que Molière n'a fait que les répéter d'après elles. Ce garant, c'est l'abbé Cotin. « *Furieusement*, dit-il, « est un mot de nos précieuses; elles disoient dernièrement, en leur lan- « gage de la belle cour, qu'une femme étoit *furieusement agréable*. » Il faut être juste, l'abbé Cotin lui-même trouvoit cette manière de parler un

MASCARILLE.

Savez-vous que le brin me coûte un louis d'or [1] ? Pour moi, j'ai cette manie de vouloir donner généralement sur tout ce qu'il y a de plus beau.

MADELON.

Je vous assure que nous sympathisons vous et moi. J'ai une délicatesse furieuse pour tout ce que je porte; et, jusqu'à mes chaussettes, je ne puis rien souffrir qui ne soit de la bonne ouvrière. *[2]

MASCARILLE, *s'écriant brusquement.*

Ahi! ahi! ahi! doucement. Dieu me damne! mesdames, c'est fort mal en user; j'ai à me plaindre de votre procédé; cela n'est pas honnête.

CATHOS.

Qu'est-ce donc ? Qu'avez-vous ?

VARIANTE. * *Qui ne soit de la bonne faiseuse.*

---

peu affectée. Boileau s'est aussi moqué de ces grands adverbes, dans son *Dialogue des héros de roman*; Sapho, commençant le portrait de Tisiphone, dit : « L'illustre fille dont j'ai à vous entretenir, a, en toute sa « personne, je ne sais quoi de si *furieusement* extraordinaire, et de si « *terriblement* merveilleux, que je ne suis pas médiocrement embarrassée « quand je songe à vous en tracer le portrait. »

(1) *Savez-vous que le brin me coûte un louis d'or?* — A cette époque, le louis d'or, pesant 126 grains, comptoit pour dix francs, et il vaudroit, en monnoie actuelle, vingt-un francs. Le beau brin de plume, aujourd'hui, coûte vingt-quatre francs. Le prix de cet objet de luxe n'a donc pas beaucoup augmenté; c'est seulement la valeur du marc d'argent qui a presque doublé.

(2) *Et jusqu'à mes chaussettes, je ne puis rien souffrir qui ne soit de la bonne ouvrière.* — On portoit alors sur la chair des *chaussettes* de toile, comme on porte aujourd'hui des bas de fil; et ces chaussettes étoient ordinairement *à étrier*, apparemment pour ne point grossir le pied.

SCÈNE X.

MASCARILLE.

Quoi! toutes deux contre mon cœur, en même temps! M'attaquer à droite et à gauche! Ah! c'est contre le droit des gens : la partie n'est pas égale; et je m'en vais crier au meurtre.

CATHOS.

Il faut avouer qu'il dit les choses d'une manière particulière.

MADELON.

Il a un tour admirable dans l'esprit.

CATHOS.

Vous avez plus de peur que de mal, et votre cœur crie avant qu'on l'écorche.

MASCARILLE.

Comment, diable! il est écorché depuis la tête jusqu'aux pieds. (1)

---

(1) *Comment, diable! il est écorché depuis la tête jusqu'aux pieds.* — Le premier commentateur de Molière, Bret, remarque avec raison que Marivaux a mis quelquefois dans la bouche de ses personnages, sans vouloir par-là les rendre ridicules, des métaphores aussi extravagantes, aussi burlesques que celle dont se sert ici Mascarille; et il cite cette phrase : *Frappez fort, mon cœur a bon dos.* Il est certain qu'un *cœur qui a bon dos*, vaut bien un *cœur écorché depuis la tête jusqu'aux pieds.* Doit-on s'étonner après cela que Marivaux ne trouvât point d'esprit à Molière? car on prétend qu'il avoit ce travers.

Cette scène dixième forme à elle seule presque le tiers de la pièce, et elle n'est autre chose qu'un entretien privé d'action; mais le ridicule des trois personnages, quoique le même au fond, est si plaisamment varié dans ses détails, que la scène, toute longue qu'elle est, n'a point de longueurs, et qu'elle fait rire d'un bout à l'autre.

SCÈNE XI.

CATHOS, MADELON, MASCARILLE, MAROTTE.

MAROTTE.

Madame, on demande à vous voir.

MADELON.

Qui ?

MAROTTE.

Le vicomte de Jodelet.

MASCARILLE.

Le vicomte de Jodelet?

MAROTTE.

Oui, monsieur.

CATHOS.

Le connoissez-vous?

MASCARILLE.

C'est mon meilleur ami.

MADELON.

Faites entrer vîtement.

MASCARILLE.

Il y a quelque temps que nous ne nous sommes vus, et je suis ravi de cette aventure.

CATHOS.

Le voici.

SCÈNE XII.

CATHOS, MADELON, JODELET, MASCARILLE,
MAROTTE, ALMANZOR.

MASCARILLE.

Ah! vicomte!

JODELET, *s'embrassant l'un l'autre.*

Ah! marquis!

MASCARILLE.

Que je suis aise de te rencontrer!

JODELET.

Que j'ai de joie de te voir ici!

MASCARILLE.

Baise-moi donc encore un peu, je te prie. (1)

MADELON, *à Cathos.*

Ma toute bonne, nous commençons d'être connues (2), voilà le beau monde qui prend le chemin de nous venir voir.

---

(1) Dans ce temps-là, les hommes de la cour, surtout les jeunes gens, avoient la ridicule habitude, lorsqu'ils se rencontroient, de s'embrasser à plusieurs reprises, avec de grands gestes et des paroles fort bruyantes. C'est ce que Molière appeloit avec tant de vérité *la fureur de leurs embrassemens.*

(2) *Nous commençons d'être connues.* — « Commencer, dit Vaugelas, « dans la pureté de notre langue, demande toujours la préposition *à* « après soi. » Ménage, Bouhours, et Th. Corneille étoient d'avis qu'on peut dire aussi, *commencer de,* surtout lorsque le verbe est à la troisième personne du singulier du prétérit indéfini, afin d'éviter la cacophonie des deux ou trois *a*, telle qu'elle existe dans, *il commença à parler, il commença à avouer.* Leur opinion a été généralement adoptée depuis, malgré l'opposition de l'abbé Girard.

LES PRÉCIEUSES RIDICULES.

MASCARILLE.

Mesdames, agréez que je vous présente ce gentilhomme-ci : sur ma parole, il est digne d'être connu de vous.

JODELET.

Il est juste de venir vous rendre ce qu'on vous doit; et vos attraits exigent leurs droits seigneuriaux sur toutes sortes de personnes. (1)

MADELON.

C'est pousser vos civilités jusqu'aux derniers confins de la flatterie.

CATHOS.

Cette journée doit être marquée dans notre almanach comme une journée bien heureuse.

MADELON, *à Almanzor.*

Allons, petit garçon, faut-il toujours vous répéter les choses ? Voyez-vous pas qu'il faut le surcroît d'un fauteuil ?

MASCARILLE.

Ne vous étonnez pas de voir le vicomte de la sorte; il ne fait que sortir d'une maladie qui lui a rendu le visage pâle comme vous le voyez. (2)

---

(1) *Et vos attraits exigent leurs droits seigneuriaux sur toutes sortes de personnes.* — On ne dit pas, *exiger une chose sur quelqu'un*, mais *de quelqu'un.* Il n'est pas vrai grammaticalement, comme le pensoit d'Alembert, qu'ici la préposition *sur* se rapporte au mot *droits* qui la précède, et non pas au verbe *exigent.* Il eût été plus correct, mais aussi moins énergique de dire, *exercent leurs droits seigneuriaux sur toutes sortes de personnes.* La faute de Molière est peut-être préférable.

(2) *Il ne fait que sortir d'une maladie qui lui a rendu le visage pâle comme vous le voyez.* — Plus loin, à la fin de la treizième scène, Jodelet lui-même dit : *je ne fais que sortir de maladie.* Il falloit, *je ne fais que*

SCÈNE XII.

JODELET.

Ce sont fruits des veilles de la cour, et des fatigues de la guerre.

MASCARILLE.

Savez-vous, mesdames, que vous voyez dans le vicomte un des vaillans hommes du siècle? C'est un brave à trois poils. (1)

---

de sortir, il ne fait que de sortir d'une maladie, etc. Quand on veut exprimer une action souvent répétée ou continue, on ne met point *de* devant le verbe : *il ne fait qu'aller et venir, il ne fait qu'étudier*. Mais quand on veut parler d'une chose faite depuis très-peu de temps, *de* doit précéder le verbe : *il ne fait que d'arriver*. Peut-être cette distinction utile n'étoit-elle pas encore établie à cette époque; car Thomas Corneille, écrivain correct et grammairien de profession, a dit, dans *le Galant doublé* :

Don Dionis *ne fait que sortir* de ce lieu.

Brécourt qui jouoit dans la troupe de Molière les rôles de Jodelet, espèce de bouffon mis à la mode par Scarron, étoit *extrémement pâle*, à ce que nous apprend l'*Histoire du Théâtre françois*. Molière tire parti de cette pâleur de l'acteur, pour mettre dans la bouche du personnage ce trait de fanfaronnerie ridicule : *ce sont fruits des veilles de la cour et des fatigues de la guerre*. Ce n'est pas la seule fois qu'il ait fait allusion dans une pièce à l'extérieur d'un comédien qui y remplissoit un rôle. Harpagon dit, en parlant de La Flèche, valet de son fils : *Je ne me plais point à voir ce chien de boiteux-là*. C'est que Béjart, qui jouoit La Flèche, étoit devenu boiteux quelque temps auparavant.

(1) *C'est un brave à trois poils.* — Il est assez difficile d'expliquer cette expression figurée et proverbiale. Comme, dans tous les temps, la barbe a été le signe de la virilité, de la force, et que, dans les temps modernes, elle est devenue, sinon l'emblème de la bravoure, du moins l'insigne particulier de ceux qui en font profession, on a peut-être dit, *brave à trois poils*, par allusion à ces trois bouquets de barbe, dont deux, placés au-dessus de la lèvre supérieure, forment ce qu'on appelle la moustache, et dont le troisième, nommé *la royale*, étoit placé au-dessous de la lèvre inférieure. Voici une autre conjecture. On distingue les différentes qualités de velours par le nombre de brins de soie dont se compose la chaîne appelée *poil*, qui en recouvre la toile ou le tissu, et l'on dit du velours

JODELET.

Vous ne m'en devez rien, marquis; et nous savons ce que vous savez faire aussi.

MASCARILLE.

Il est vrai que nous nous sommes vus tous deux dans l'occasion.

JODELET.

Et dans des lieux où il faisoit fort chaud.

MASCARILLE, *regardant Cathos et Madelon.*

Oui; mais non pas si chaud qu'ici. Hai, hai, hai.

JODELET.

Notre connoissance s'est faite à l'armée; et la première fois que nous nous vîmes, il commandoit un régiment de cavalerie sur les galères de Malte.

MASCARILLE.

Il est vrai : mais vous étiez pourtant dans l'emploi avant que j'y fusse; et je me souviens que je n'étois que petit officier encore, que vous commandiez deux mille chevaux. [1]

JODELET.

La guerre est une belle chose; mais, ma foi, la cour

à *deux poils*, à *trois poils*, etc. Le velours *à trois poils* étant d'une qualité fort estimée, on a pu dire d'un homme recommandable par sa bravoure, que c'étoit *un brave à trois poils*, comme on dit d'un homme remarquable par sa sottise ou son impertinence, qu'il est *sot*, *impertinent à vingt-quatre carats*. Cette seconde origine du proverbe me paroît la plus vraisemblable.

(1) Voici encore le germe d'une scène des *Femmes savantes*. Mascarille présente Jodelet à nos précieuses, de même que Trissotin produit Vadius dans la maison de Philaminte; et les deux prétendus gentilshommes se complimentent réciproquement sur leurs exploits, de même que les deux auteurs s'adressent mutuellement les plus magnifiques éloges sur leurs ouvrages.

SCÈNE XII.

récompense bien mal aujourd'hui les gens de service comme nous.

MASCARILLE.

C'est ce qui fait que je veux pendre l'épée au croc.

CATHOS.

Pour moi, j'ai un furieux tendre pour les hommes d'épée.

MADELON.

Je les aime aussi; mais je veux que l'esprit assaisonne la bravoure.

MASCARILLE.

Te souvient-il, vicomte, de cette demi-lune que nous emportâmes sur les ennemis au siége d'Arras?

JODELET.

Que veux-tu dire, avec ta demi-lune? C'étoit bien une lune toute entière. (1)

MASCARILLE.

Je pense que tu as raison.

JODELET.

Il m'en doit bien souvenir, ma foi! j'y fus blessé à la jambe d'un coup de grenade, dont je porte encore les marques. Tâtez un peu, de grace : vous sentirez quel coup c'étoit là.

CATHOS, *après avoir touché l'endroit.*

Il est vrai que la cicatrice est grande.

MASCARILLE.

Donnez-moi un peu votre main, et tâtez celui-ci; là, justement au derrière de la tête. Y êtes-vous?

---

(1) *Que veux-tu dire, avec ta demi-lune? C'étoit bien une lune toute entière.* — L'ignorance, unie à la fanfaronnerie, ne s'est jamais trahie par une bévue plus comique.

MADELON.

Oui : je sens quelque chose.

MASCARILLE.

C'est un coup de mousquet que je reçus la dernière campagne que j'ai faite. (1)

JODELET, *découvrant sa poitrine.*

Voici un autre coup qui me perça de part en part à l'attaque de Gravelines. (2)

MASCARILLE, *mettant la main sur le bouton de son haut-de-chausse.*

Je vais vous montrer une furieuse plaie. (3)

MADELON.

Il n'est pas nécessaire : nous le croyons sans y regarder.

MASCARILLE.

Ce sont des marques honorables qui font voir ce qu'on est.

---

(1) *C'est un coup de mousquet que je reçus la dernière campagne que j'ai faite.* — On a vu des acteurs porter le manque de respect envers Molière jusqu'à dire : *c'est un coup de cotret*, etc. et le public ne pas répondre par des coups de sifflet à cette impertinente bouffonnerie.

(2) *L'attaque de Gravelines* étoit un événement récent à l'époque où fut jouée la pièce, c'est-à-dire en 1659. L'année précédente, le maréchal de La Ferté avoit pris cette ville sur les Espagnols. *Le siége d'Arras*, dont Mascarille parle plus haut, remontoit à 1654. Turenne avoit fait lever ce siége au prince de Condé, qui servoit alors dans l'armée espagnole.

(3) On peut, je crois, sans affecter un rigorisme outré, et tout en déplorant le ridicule excès de notre délicatesse actuelle, dire que ce propos de Mascarille, rendu si clair par le geste qui l'accompagne, est indigne d'une scène régulière, dont les jeux sont destinés à l'amusement des honnêtes gens. Il est vrai que les comiques auxquels succédoit Molière, avoient accoutumé le public à ne pas se scandaliser aisément.

SCÈNE XII.

CATHOS.

Nous ne doutons pas de ce que vous êtes.

MASCARILLE.

Vicomte, as-tu là ton carrosse?

JODELET.

Pourquoi?

MASCARILLE.

Nous menerions promener ces dames hors des portes, et leur donnerions un cadeau. (1)

MADELON.

Nous ne saurions sortir aujourd'hui.

MASCARILLE.

Ayons donc les violons pour danser.

JODELET.

Ma foi! c'est bien avisé.

MADELON.

Pour cela, nous y consentons : mais il faut donc quelque surcroît de compagnie.

MASCARILLE.

Holà! Champagne, Picard, Bourguignon, Cascaret, Basque, la Verdure, Lorrain, Provençal, la Violette! Au diable soient tous les laquais! Je ne pense pas qu'il

---

(1) *Nous menerions promener ces dames-hors des portes, et leur donnerions un cadeau.* — On disoit alors, *se promener hors des portes*, parce que Paris, encore entouré de remparts et de fossés, avoit des portes auxquelles aboutissoient les principales rues qui vont du centre à la circonférence. C'est sur l'emplacement de ces remparts et de ces fossés, que Louis XIV fit ensuite planter la promenade que nous nommons *boulevards*. — *Donner un cadeau*. On se tromperoit sur le sens de cette expression, si l'on ne consultoit que l'usage actuel. Aujourd'hui, *cadeau* signifie présent; du temps de Molière, il signifioit *repas donné à des femmes*, et c'est dans ce sens que Mascarille l'emploie.

y ait gentilhomme en France plus mal servi que moi. Ces canailles me laissent toujours seul.

MADELON.

Almanzor, dites aux gens de monsieur* qu'ils aillent querir des violons, et nous faites venir ces messieurs et ces dames d'ici près, pour peupler la solitude de notre bal.

(*Almanzor sort.*)

MASCARILLE.

Vicomte, que dis-tu de ces yeux?

JODELET.

Mais, toi-même, marquis, que t'en semble?

MASCARILLE.

Moi, je dis que nos libertés auront peine à sortir d'ici les braies nettes. Au moins, pour moi, je reçois d'étranges secousses, et mon cœur ne tient plus qu'à un filet.**

MADELON.

Que tout ce qu'il dit est naturel! Il tourne les choses le plus agréablement du monde. (1)

CATHOS.

Il est vrai qu'il fait une furieuse dépense en esprit.

MASCARILLE.

Pour vous montrer que je suis véritable, je veux faire un impromptu là-dessus. (*Il médite.*)

VARIANTES. * *Dites aux gens de monsieur le marquis.* — ** *Ne tient qu'à un filet.*

---

(1) *Des libertés qui auront peine à sortir d'ici les braies nettes, et un cœur qui ne tient plus qu'à un filet*, sont assurément des images dignes de Mascarille; mais il est bien plaisant d'entendre Madelon se récrier sur le *naturel* et l'*agrément* de ses discours, au moment même où il se sert d'expressions plus affectées et plus basses que jamais.

SCÈNE XII.

CATHOS.

Hé! je vous en conjure de toute la dévotion de mon cœur, que nous oyions [1] quelque chose qu'on ait fait pour nous.

JODELET.

J'aurois envie d'en faire autant; mais je me trouve un peu incommodé de la veine poétique, pour la quantité des saignées que j'y ai faites ces jours passés. *

MASCARILLE.

Que diable est-ce là! Je fais toujours bien le premier vers; mais j'ai peine à faire les autres. Ma foi! ceci est un peu trop pressé; je vous ferai un impromptu à loisir, que vous trouverez le plus beau du monde. [2]

JODELET.

Il a de l'esprit comme un démon.

VARIANTE. * *Pour la quantité de saignées que j'y ai faites ces jours passés.*

---

[1] *Que nous oyions*, pour, *que nous entendions.* Le verbe *ouïr* (*audire*), dont on se servoit beaucoup autrefois, n'est plus d'usage que dans quelques phrases faites, où entrent les temps composés : *j'ai ouï dire, j'avois ouï dire telle chose, je n'ai rien ouï dire.* Partout ailleurs, le verbe *entendre* l'a remplacé. Voltaire le regrette et avec raison. *Ouïr* étoit le mot propre; le mot nécessaire, pour désigner l'action de percevoir les sons par l'oreille. *Entendre*, fait pour exprimer l'action de l'intelligence et non celle de l'organe, a été étendu, de la première de ces acceptions, à la seconde; la langue s'est appauvrie par la perte du mot *ouïr*, auquel *entendre* a été substitué, et le mot *entendre*, lui-même, servant à deux usages différens, donne lieu à de fréquentes équivoques.

[2] *Je fais toujours bien le premier vers; mais j'ai peine à faire les autres... Je vous ferai un impromptu à loisir.* — Ces excellentes plaisanteries, devenues proverbiales, sont tout ce qu'il y avoit à dire de plus piquant contre les prétendus faiseurs d'impromptu. Molière, avec raison, faisoit peu de cas de ces sornettes rimées qui ont souvent coûté plus de temps qu'on ne dit, et qui presque toujours en ont coûté plus qu'elles ne valent. Il pensoit, comme Alceste, que *le temps ne fait rien à l'affaire.*

MADELON.

Et du galant, et du bien tourné.

MASCARILLE.

Vicomte, dis-moi un peu, y a-t-il long-temps que tu n'as vu la comtesse?

JODELET.

Il y a plus de trois semaines que je ne lui ai rendu visite.

MASCARILLE.

Sais-tu bien que le duc m'est venu voir ce matin, et m'a voulu mener à la campagne courir un cerf avec lui?

MADELON.

Voici nos amies qui viennent.

SCÈNE XIII.

LUCILE, CÉLIMÈNE, CATHOS, MADELON, MASCARILLE, JODELET, MAROTTE, ALMANZOR, Violons.

MADELON.

Mon dieu! mes chères, nous vous demandons pardon. Ces messieurs ont eu fantaisie de nous donner les ames des pieds; et nous vous avons envoyé quérir pour remplir les vides de notre assemblée.

LUCILE.

Vous nous avez obligées, sans doute.

MASCARILLE.

Ce n'est ici qu'un bal à la hâte; mais l'un de ces jours nous vous en donnerons un dans les formes. Les violons sont-ils venus?

ALMANZOR.

Oui, monsieur; ils sont ici.

SCÈNE. XIII.

CATHOS.

Allons donc, mes chères, prenez place.

MASCARILLE, *dansant lui seul comme par prélude.*

La, la, la, la, la, la, la, la.

MADELON.

Il a tout-à-fait la taille élégante. *

CATHOS.

Et a la mine de danser proprement.

MASCARILLE, *ayant pris Madelon pour danser.*

Ma franchise va danser la courante aussi bien que mes pieds. En cadence, violons, en cadence. Oh! quels ignorans! Il n'y a pas moyen de danser avec eux. Le diable vous emporte! ne sauriez-vous jouer en mesure? La, la, la, la, la, la, la, la. Ferme. O violons de village!

JODELET, *dansant ensuite.*

Holà! ne pressez pas si fort la cadence: je ne fais que sortir de maladie. (1)

VARIANTE. * *Il a la taille tout-à-fait élégante.*

---

(1) Mascarille reproche aux violons de ne pas jouer en mesure, parce qu'il ne danse pas en mesure lui-même, et Jodelet se plaint de ce qu'ils pressent trop la cadence, parce qu'il n'est pas assez leste pour la suivre: tous ces détails sont vrais, sont comiques, et prouvent que Molière ne négligeoit pas le moindre trait dans la peinture de ses moindres personnages.

SCÈNE XIV.

DU CROISY, LA GRANGE, CATHOS, MADELON, LUCILE, CÉLIMÈNE, JODELET, MASCARILLE, MAROTTE, Violons.

LA GRANGE, *un bâton à la main.*

Ah! ah! coquins! que faites-vous ici? Il y a trois heures que nous vous cherchons.

MASCARILLE, *se sentant battre.*

Ahi! ahi! ahi! vous ne m'aviez pas dit que les coups en seroient aussi.

JODELET.

Ahi! ahi! ahi!

LA GRANGE.

C'est bien à vous, infâme que vous êtes, à vouloir faire l'homme d'importance!

DU CROISY.

Voilà qui vous apprendra à vous connoître. (1)

---

(1) Quand on devroit me taxer d'une pitié ridicule, je dirai que je ne puis m'empêcher de plaindre Mascarille et Jodelet du traitement qu'on leur fait subir ici. Ce n'est pas un semblant de coups de bâton, ce sont des coups de bâton véritables; car la douleur arrache à Mascarille cette plainte qui pourroit découvrir tout le stratagême : *Vous ne m'aviez pas dit que les coups en seroient aussi.* Battre tout de bon ces pauvres gens, afin de rendre plus vraisemblable et plus mortifiant pour les précieuses le dénouement d'une pièce où ils n'ont pris un rôle que d'après l'ordre et pour la satisfaction particulière de leurs maîtres, c'est témoigner un peu trop de mépris pour une classe d'hommes, qui en méritercit peut-être moins, si nous ne lui en montrions pas tant; mais alors les gens les mieux élevés avoient l'odieuse habitude de frapper leurs valets, et l'on voyoit sans répugnance au théâtre, ce que chaque jour on voyoit avec indifférence dans le monde.

SCÈNE XV.

CATHOS, MADELON, LUCILE, CÉLIMÈNE, MASCARILLE, JODELET, MAROTTE, Violons.

MADELON.

Que veut donc dire ceci?

JODELET.

C'est une gageure.

CATHOS.

Quoi! vous laisser battre de la sorte!

MASCARILLE.

Mon dieu! je n'ai pas voulu faire semblant de rien; car je suis violent, et je me serois emporté.

MADELON.

Endurer un affront comme celui-là, en notre présence! (1)

MASCARILLE.

Ce n'est rien : ne laissons pas d'achever. Nous nous connoissons il y a long-temps ; et entre amis, on ne va pas se piquer pour si peu de chose.

---

(1) On voit éclater ici ce mépris que les femmes ont naturellement pour les hommes lâches, et qui est fondé sur le besoin qu'elles ont d'être défendues.

SCÈNE XVI.

DU CROISY, LA GRANGE, MADELON, CATHOS, CÉLIMÈNE, LUCILE, MASCARILLE, JODELET, MAROTTE, Violons.

LA GRANGE.

Ma foi! marauds, vous ne vous rirez pas de nous, je vous promets. Entrez, vous autres. (1)

(*Trois ou quatre spadassins entrent.*)

MADELON.

Quelle est donc cette audace, de venir nous troubler de la sorte dans notre maison!

DU CROISY.

Comment! mesdames, nous endurerons que nos laquais soient mieux reçus que nous; qu'ils viennent vous faire l'amour à nos dépens, et vous donnent le bal?*

MADELON.

Vos laquais?

LA GRANGE.

Oui, nos laquais : et cela n'est ni beau ni honnête de nous les débaucher comme vous faites.

VARIANTE. * *Et vous donner le bal?*

---

(1) Que dire de ces deux personnages, La Grange et Du Croisy, qu'on voit entrer, sortir et rentrer coup sur coup? Tant d'allées et venues si rapprochées appartiennent à la farce, à la parade, plus qu'à la comédie. Je le répète, l'action de cette petite pièce est foible pour le moins; mais le dialogue en est excellent, et jamais des mœurs ridicules ne furent peintes plus spirituellement.

SCÈNE XVI.

MADELON.

O ciel! quelle insolence!

LA GRANGE.

Mais ils n'auront pas l'avantage de se servir de nos habits pour vous donner dans la vue; et si vous les voulez aimer, ce sera, ma foi, pour leurs beaux yeux. Vîte, qu'on les dépouille sur-le-champ.

JODELET.

Adieu notre braverie. (1)

MASCARILLE.

Voilà le marquisat et la vicomté à bas.

DU CROISY.

Ah! ah! coquins! vous avez l'audace d'aller sur nos brisées! vous irez chercher autre part de quoi vous rendre agréables aux yeux de vos belles, je vous en assure.

LA GRANGE.

C'est trop que de nous supplanter*, et de nous supplanter avec nos propres habits.

MASCARILLE.

O fortune! quelle est ton inconstance!

VARIANTE. * C'est trop de nous supplanter.

---

(1) *Adieu notre braverie.* — Le mot de *braverie*, signifiant, *parure, magnificence d'habits*, étoit bas du temps de Molière, et ne convenoit qu'à des gens du peuple ou à des valets. Le Jodelet du *Geôlier de soi-même*, de Th. Corneille, dit à des hommes qu'il prend pour des voleurs :

Ah! je m'en doutois bien, vous êtes des filoux,
Et pour mieux m'escroquer toute ma *braverie*...

Montaigne a employé le même mot dans le sens de *bravade*. Aujourd'hui il n'est plus d'usage ni dans l'une ni dans l'autre acception.

DU CROISY.

Vîte, qu'on leur ôte jusqu'à la moindre chose. (1)

LA GRANGE.

Qu'on emporte toutes ces hardes, dépêchez. Maintenant, mesdames, en l'état qu'ils sont, vous pouvez continuer vos amours avec eux tant qu'il vous plaira; nous vous laissons* toute sorte de liberté pour cela, et nous vous protestons, monsieur et moi, que nous n'en serons aucunement jaloux.

SCÈNE XVII.

MADELON, CATHOS, JODELET, MASCARILLE, VIOLONS.

CATHOS.

Ah! quelle confusion!

MADELON.

Je crève de dépit.

UN DES VIOLONS, *à Mascarille.*

Qu'est-ce donc que ceci? Qui nous paiera, nous autres?

MASCARILLE.

Demandez à monsieur le vicomte.

UN DES VIOLONS, *à Jodelet.*

Qui est-ce qui nous donnera de l'argent?

JODELET.

Demandez à monsieur le marquis.

VARIANTE. * *Nous vous laisserons.*

---

(1) Cet endroit est encore une occasion de bouffonnerie pour les comédiens, et une cause de scandale pour les vrais admirateurs de Moliere. L'acteur qui joue le rôle de Jodelet, se fait ôter douze ou quinze vestes l'une après l'autre, et il croit être plaisant douze ou quinze fois de suite.

SCÈNE XVIII.

GORGIBUS, MADELON, CATHOS, JODELET, MASCARILLE, Violons.

GORGIBUS.

Ah! coquines que vous êtes, vous nous mettez dans de beaux draps blancs, à ce que je vois, et je viens d'apprendre de belles affaires, vraiment, de ces messieurs qui sortent! *

MADELON.

Ah! mon père, c'est une pièce sanglante qu'ils nous ont faite!

GORGIBUS.

Oui, c'est une pièce sanglante, mais qui est un effet de votre impertinence, infâmes! Ils se sont ressentis du traitement que vous leur avez fait, et cependant, malheureux que je suis, il faut que je boive l'affront.

MADELON.

Ah! je jure que nous en serons vengées, ou que je mourrai en la peine (1). Et vous, marauds, osez-vous vous tenir ici après votre insolence?

MASCARILLE.

Traiter comme cela un marquis! Voilà ce que c'est que du monde (2), la moindre disgrace nous fait mépriser

VARIANTE. * *De ces messieurs et de ces dames qui sortent.*

---

(1) *Je mourrai en la peine.* — On diroit aujourd'hui, *je mourrai à la peine.*

(2) *Voilà ce que c'est que du monde.* — La grammaire voudroit, *voilà ce qui est du monde*, ou mieux, *voilà ce que c'est que le monde.* L'usage

de ceux qui nous chérissoient. Allons, camarade, allons chercher fortune autre part, je vois bien qu'on n'aime ici que la vaine apparence, et qu'on n'y considère point la vertu toute nue.

SCÈNE XIX.

GORGIBUS; MADELON, CATHOS, Violons.

UN DES VIOLONS.

Monsieur, nous entendons que vous nous contentiez à leur défaut, pour ce que nous avons joué ici.

GORGIBUS, *les battant.*

Oui, oui, je vous vais contenter, et voici la monnoie dont je vous veux payer [1]. Et vous, pendardes, je ne sais qui me tient que je ne vous en fasse autant [2] ; nous allons servir de fable et de risée à tout le monde, et voilà ce que vous vous êtes attiré par vos extravagances. Allez vous cacher, vilaines; allez vous cacher pour jamais. (*seul.*) Et vous, qui êtes cause de leur folie, sottes

---

autorise, *voilà ce que c'est que du monde.* C'est un gallicisme qu'on retrouve dans plusieurs autres phrases : *ce que c'est que de nous; si j'étois que de vous.*

[1] Encore des coups de bâton. C'est un moyen comique qui divertit beaucoup le peuple, et que ne manquent jamais de lui offrir ceux qui travaillent pour son amusement particulier, témoin les parades des tréteaux et les farces de Polichinelle. Molière vouloit aussi faire rire ceux qu'Horace appeloit de son temps des mangeurs de noix et de pois chiches : *fricti ciceris et nucis emptores.*

[2] *Je ne sais qui me tient que je ne vous en fasse autant.* — *Je ne sais qui me tient,* c'est-à-dire, je ne sais qui me retient, qui m'empêche. On dit plus ordinairement : *je ne sais à quoi il tient que je ne fasse telle chose.*

billevesées, pernicieux amusemens des esprits oisifs, romans, vers, chansons, sonnets et sonnettes (1), puissiez-vous être à tous les diables!

---

(1) *Sonnets et sonnettes.* — Gorgibus à qui ce quolibet échappe dans son humeur, ne se doute pas qu'il ne fait guère que répéter un mot de Malherbe. Ce grand poëte avoit fait un sonnet où la règle qui fixe le mélange des rimes n'étoit point observée. *Ce n'est pas là un sonnet,* lui dit quelqu'un, *on ne le recevra pas pour tel. Eh bien!* répondit-il, *si ce n'est pas un sonnet, ce sera une sonnette.*

Toute la fin de cette petite pièce étoit outrageusement mutilée par les comédiens, quand ils daignoient la jouer. Les voisins et les voisines n'étoient pas appelés pour danser; ainsi la punition des précieuses n'avoit pas de témoins, et l'effet comique en étoit fort affoibli. Gorgibus même ne reparoissoit pas, et par conséquent on étoit privé d'entendre cette excellente boutade qui termine si bien la pièce, et qui en est, pour ainsi dire, la moralité. Presque tout l'ouvrage étoit réduit aux deux grandes scènes de Mascarille et de Jodelet avec les précieuses : il est vrai que, par forme de compensation, on y ajoutoit force lazzis et facéties de mauvais goût.

FIN DES PRÉCIEUSES RIDICULES.

NOTICE
HISTORIQUE ET LITTÉRAIRE
sur les Précieuses ridicules.

La comédie des *Précieuses ridicules* ne fut point jouée d'abord en province, comme Voltaire l'a répété d'après Grimarest, auteur d'une Vie de Molière. Elle fut représentée pour la première fois à Paris, sur le théâtre du Petit-Bourbon, le 18 novembre 1659. Elle eut un succès extraordinaire; dès la seconde représentation, les comédiens furent obligés de doubler le prix des places, pour diminuer l'affluence des spectateurs qui étoit excessive, et cette vogue se soutint pendant quatre mois de suite. Molière jouoit le rôle de Mascarille; il se servit d'un masque aux premières représentations; mais ensuite il le quitta, persuadé avec raison que sa figure, dont le jeu étoit singulièrement comique, valoit mieux, pour exciter le rire, que l'immobilité du masque le plus grotesque.

Ce que Ménage a dit de la pièce, à laquelle il avoit assisté, mérite qu'on le rapporte en entier et sans altérer la naïveté du récit original, tel qu'il se trouve dans le *Ménagiana*. « J'étois, « dit-il, à la première représentation des *Précieuses ridicules*. « Mademoiselle de Rambouillet y étoit, madame de Grignan (1), « tout l'hôtel de Rambouillet, M. Chapelain, et plusieurs au-

---

(1) Cette madame de Grignan étoit l'une des filles de la marquise de Rambouillet, et la première femme du comte de Grignan, qui épousa en troisièmes noces la fille de madame de Sévigné.

SUR LES PRÉCIEUSES RIDICULES.

« tres de ma connoissance. La pièce fut jouée avec un applau-
« dissement général, et j'en fus si satisfait en mon particulier,
« que je vis dès-lors l'effet qu'elle alloit produire. Au sortir de
« la comédie, prenant M. Chapelain par la main : *Monsieur,*
« lui dis-je, *nous approuvions, vous et moi, toutes les sottises*
« *qui viennent d'être critiquées si finement et avec tant de bon*
« *sens; mais, pour me servir de ce que saint Remi dit à Clovis,*
« *il nous faudra brûler ce que nous avons adoré, et adorer ce*
« *que nous avons brûlé.* Cela arriva comme je l'avois prédit;
« et, dès cette première représentation, l'on revint du galima-
« tias et du style forcé. »

Un vieillard s'écria du milieu du parterre : *Courage, cou-*
rage, Molière, voilà la bonne comédie. Ce vieillard étoit homme
de grand sens, puisqu'il étoit ainsi frappé de la supériorité du
nouveau genre tenté par Molière, sur celui dans lequel ses
devanciers et lui-même jusqu'alors s'étoient renfermés; mais
Ménage fit preuve d'une candeur plus admirable encore, lorsqu'il reconnut de si bonne grace une longue erreur de son
esprit, et qu'il fit si complètement le sacrifice de son amour-
propre à la vérité qui venoit le désabuser. Le triomphe obtenu
par Molière sur le ridicule qu'il avoit attaqué, n'a rien de plus
glorieux, à mon avis, que cette victoire remportée par Ménage sur ses préventions et sur ses habitudes.

Lorsque Gorgibus, à la fin de la pièce, dit aux deux folles
qui font sa honte, après avoir fait son tourment : *Allez vous*
cacher, vilaines; allez vous cacher pour jamais, cette fou-
droyante apostrophe sembloit s'adresser au corps entier des
précieuses, et annoncer d'avance sa dispersion totale. En effet,
si le faux bel-esprit ne fut pas anéanti du coup que lui avoit
porté Molière, du moins il cessa de dominer, de triompher,
d'insulter publiquement à la raison et au bon goût, enfin, de
former un parti puissant devant lequel celui du véritable esprit

NOTICE

osoit à peine se montrer. La comédie seroit le plus grand des bienfaits pour la société, si ses sorties contre les vices et les ridicules avoient toujours un résultat aussi prompt et aussi sûr; mais il est des défauts et des travers qui résistent davantage, et, depuis long-temps, il n'y a plus de Molière pour les combattre.

Molière s'étoit moqué d'une classe trop nombreuse, et il avoit obtenu un trop brillant succès, pour ne pas être en butte à beaucoup de critiques injurieuses. On l'accusa d'avoir copié *les Précieuses* de l'abbé de Pure, jouées quelque temps auparavant par les comédiens italiens, quoiqu'il y eût presque autant de différence entre les deux ouvrages, que de distance entre les deux auteurs. Somaise, écrivain obscur et bien fait pour l'être, fit une comédie des *Véritables Précieuses*, en tête de laquelle il mit une préface fort insultante pour Molière, et ensuite, comme pour le maltraiter plus sûrement encore, il traduisit en méchans vers ses *Précieuses ridicules*.

Si Molière avoit eu recours à quelque ouvrage pour composer le sien, ce n'est pas dans *les Précieuses* de l'abbé de Pure qu'il en auroit pris l'idée, mais dans *le Cercle des Femmes, ou les Secrets du lit nuptial, entretiens comiques*, que l'auteur, Samuel Chappuzeau, avoit publiés en 1656, et qu'il fit représenter, arrangés pour la scène, sous le titre d'*Académie des Dames*, deux ans après *les Précieuses ridicules*. Il est certain que les deux comédies ont une grande ressemblance pour le fond et la conduite du sujet. Dans la pièce de Chappuzeau, comme dans celle de Molière, c'est un homme dont la déclaration d'amour est fort mal reçue par une femme infatuée du bel-esprit, et qui, pour se venger, introduit auprès d'elle son valet travesti en marquis magnifique et ridicule, dont les galanteries sont beaucoup mieux accueillies que celles de son maître : ce valet, démasqué et laissant sa dupe couverte de confusion, forme le dénouement commun aux deux ouvrages.

Mais qu'est-il besoin d'aller chercher dans l'œuvre ignoré d'un auteur inconnu le germe d'une pièce dont Molière trouvoit le sujet dans les mœurs de son temps et le comique dans son génie? S'il doit à Chappuzeau son intrigue qui n'est rien, il ne doit qu'à lui-même son dialogue qui est tout. Le vieillard du parterre avoit raison, *voilà la bonne comédie*, celle qui retrace des caractères et des mœurs véritables, qui fronde des vices et des travers réels. Molière, dans ses deux premiers ouvrages, avoit suivi, comme tous ses devanciers et ses contemporains, la route tracée par les comiques italiens et espagnols; dans celui-ci, il s'ouvrit une carrière nouvelle, où il n'eut d'autre guide que la nature, et qu'il semble avoir fermée, après l'avoir parcourue toute entière. Il lui fallut sans doute du courage, pour substituer à des peintures fantastiques qui ne pouvoient offenser personne, puisque personne ne pouvoit s'y reconnoître, les tableaux ou plutôt les miroirs fidèles qui devoient répéter l'image des êtres pervers ou ridicules dont il étoit environné. Son début en ce genre paroît un acte de témérité, lorsque, se reportant à l'époque, on considère combien l'association des précieuses étoit formidable par le nombre, le rang, la fortune et le crédit des personnes qui en étoient les membres ou les appuis. Aussi Molière, pour donner le change à leur fureur, crut-il devoir faire une distinction entre les précieuses *véritables* et les précieuses *ridicules*, et mettre toutes les sottises de l'hôtel de Rambouillet sur le compte de deux provinciales fraîchement débarquées. Personne toutefois n'y fut trompé, ni parmi les spectateurs, ni parmi les modèles. Ceux-ci se dispersèrent et disparurent; mais l'ouvrage est resté et il restera toujours, parce que la peinture d'une folie passagère y est l'ouvrage d'un pinceau immortel. C'est ainsi à peu près qu'un beau portrait de Vandick, représentant un

76. NOTICE SUR LES PRÉCIEUSES RIDICULES.

personnage qui depuis long-temps n'est plus et dont le souvenir même n'excite aucun intérêt, est toujours d'un grand prix aux yeux des connoisseurs, qui savent y admirer la correction et la fermeté du dessin, l'éclat et la vérité de la couleur, l'air de nature et de vie, enfin l'art et la main d'un grand maître.

SGANARELLE,

ou

LE COCU IMAGINAIRE,

COMÉDIE EN UN ACTE.

1660.

ACTEURS.

GORGIBUS, bourgeois de Paris. [1]
CÉLIE, sa fille.
LÉLIE, amant de Célie.
GROS-RENÉ, valet de Lélie. [2]
SGANARELLE, bourgeois de Paris, et cocu imaginaire. [3]
SA FEMME. [4]
VILLEBREQUIN, père de Valère.
LA SUIVANTE de Célie.
UN PARENT de la femme de Sganarelle.

---

(1) Voir, sur ce nom, les *Précieuses ridicules*, liste des acteurs.

(2) Voir, sur ce nom, *le Dépit amoureux*, liste des acteurs, tome I.

(3) Les auteurs de l'*Histoire du Théâtre François* disent ne pas savoir par quel acteur ce caractère de Sganarelle fut d'abord pris en France, ni, par conséquent, à quelle époque on l'y vit paroître pour la première fois sur la scène. Il semble être d'origine italienne, comme Polichinelle, Briguelle, Covielle, etc., et Molière pourroit bien être le premier qui l'eût mis chez nous au théâtre. Quoi qu'il en soit, il l'employa dans six comédies, *le Cocu imaginaire*, *l'École des Maris*, *le Mariage forcé*, *le Festin de Pierre*, *l'Amour médecin*, et *le Médecin malgré lui*. C'étoit lui-même qui, dans toutes ces pièces, jouoit le rôle de Sganarelle. Thomas Corneille a mis un valet nommé Sganarelle, dans sa comédie de *Don César d'Avalos*; il est, je crois, le seul qui ait employé ce personnage après Molière.

(4) On remarquera que la *femme* de Sganarelle, le *parent* de cette femme, et la *suivante* de Célie n'ont pas de noms. Il est probable que Molière, selon l'usage, leur en avoit donné à chacun un dans la liste des acteurs; mais comme, dans la pièce, ces noms ne sont prononcés par aucun des personnages, ils auront sans doute été ignorés de l'éditeur qui a fait imprimer *le Cocu imaginaire*, après l'avoir appris par cœur aux représentations. (Voyez la notice à la fin de la pièce.)

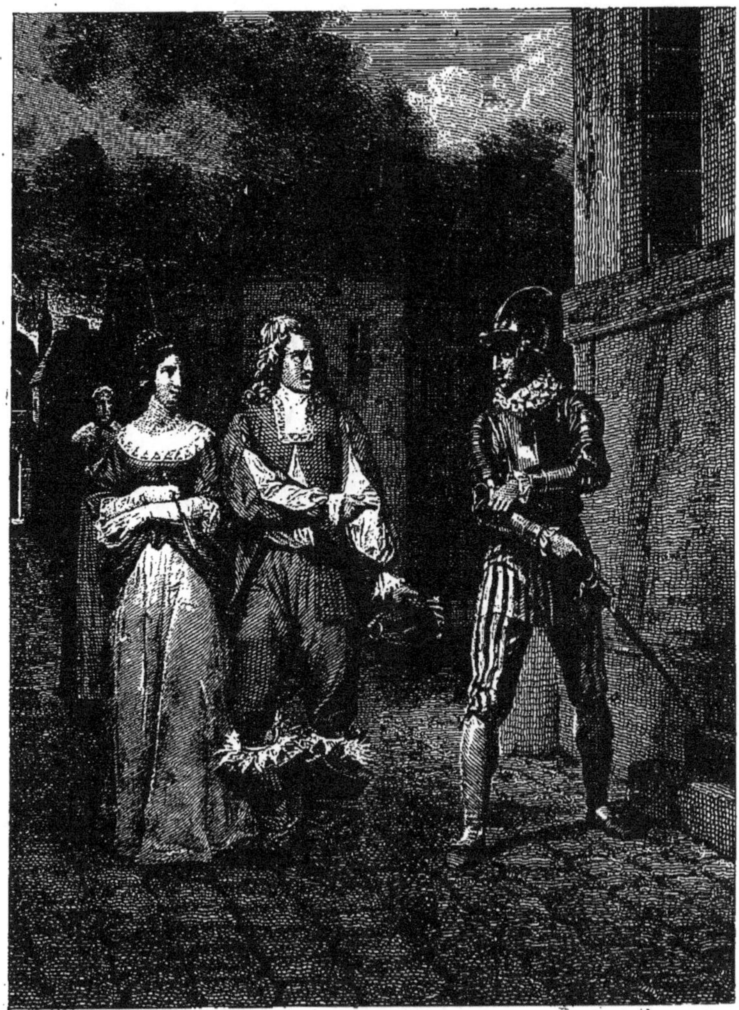

Vernet pinxit. *Bain sculpsit*

LELIE

Pourquoi ces armes là ?

SGANARELLE

C'est un habillement

Que j'ai pris pour la pluie . . . .

Cocu imaginaire, Acte III. Scène IV.

SGANARELLE,

OU

LE COCU IMAGINAIRE,[1]

COMÉDIE.

SCÈNE PREMIÈRE.

GORGIBUS, CÉLIE, LA SUIVANTE *de Célie*.

CÉLIE, *sortant toute éplorée, et son père la suivant.*

Ah! n'espérez jamais que mon cœur y consente.
GORGIBUS.
Que marmottez-vous là, petite impertinente?
Vous prétendez choquer ce que j'ai résolu?[2]
Je n'aurai pas sur vous un pouvoir absolu?
Et, par sottes raisons, votre jeune cervelle

---

(1) *Sganarelle, ou le Cocu imaginaire.* De ces deux titres, l'un est insignifiant; mais il est expliqué par l'autre qui seul auroit suffi. Cet usage des doubles titres étoit suivi par nos anciens auteurs dramatiques. Les pièces par lesquelles débuta Corneille en offrent la preuve : *Mélite ou les Fausses lettres*; *Clitandre ou l'Innocence délivrée*; *la Veuve ou le Traître trahi*; *la Galerie du Palais ou l'Amie rivale*; *la Place Royale ou l'Amoureux extravagant*. Voltaire, dans son Corneille commenté, a supprimé, on ne sait pourquoi, tous ces seconds titres, et son exemple a été imité par tous les éditeurs qui sont venus après lui.

(2) Vous prétendez choquer ce que j'ai résolu.
Bien qu'on dise, *heurter l'opinion de quelqu'un*, on ne dit pas, *choquer ce qu'il a résolu*, parce que *choquer*, au figuré, signifie seule-

LE COCU IMAGINAIRE.

Voudroit régler ici la raison paternelle?
Qui de nous deux à l'autre a droit de faire loi? (1)
A votre avis, qui mieux, ou de vous, ou de moi,
O sotte! peut juger ce qui vous est utile?
Par la corbleu! gardez d'échauffer trop ma bile;
Vous pourriez éprouver, sans beaucoup de longueur, (2)
Si mon bras sait encor montrer quelque vigueur.
Votre plus court sera, madame la mutine,
D'accepter sans façon l'époux qu'on vous destine.
J'ignore, dites-vous, de quelle humeur il est,
Et dois, auparavant, consulter s'il vous plaît : *

VARIANTE. * Dans toutes les éditions, hors dans celle de 1734, ces deux vers sont imprimés en caractères italiques ou avec des guillemets, comme si Célie elle-même eût dit: *j'ignore de quelle humeur il est*, etc., et que son père ne fît que répéter son propos. Il n'en est pas ainsi; c'est Gorgibus qui est le sujet de la phrase, et ces mots : *j'ignore, dites-vous*, sont l'équivalent de ceux-ci : *vous dites que j'ignore*.

---

ment, offenser, blesser, comme dans ces phrases, *choquer le bon sens, le goût, l'oreille*, etc., et qu'on n'offense ni ne blesse une résolution: on la contrarie, on l'attaque, on la combat. Cette distinction, établie par l'usage moderne, n'existoit point autrefois; car Rotrou a dit, dans sa tragi-comédie de *la Pélerine amoureuse* :

Dès-lors que je la vis *choquer votre dessein*.

(1) Qui de nous deux à l'autre a droit de faire loi?

On ne dit pas, *faire loi*, pour, *faire la loi*, c'est-à-dire, commander, dominer. *Faire loi*, signifie, tenir lieu de la loi, et ne s'emploie que dans ces façons de parler, *l'usage fait loi, son opinion fait loi*.

(2) *Sans beaucoup de longueur*, pour, sans beaucoup de retard, de délai. Autrefois, le mot *longueur* s'employoit souvent dans cette acception. Corneille, dans sa comédie de *la Galerie du Palais*, a dit, en parlant des sentimens amoureux:

Qu'on en voit s'affoiblir pour un peu de longueur!

Aujourd'hui, *longueur*, appliqué à la durée, n'est plus guère que le synonyme de *lenteur : il ne finit pas, quelle longueur!*

SCÈNE I.

Informé du grand bien, qui lui tombe en partage,
Dois-je prendre le soin d'en savoir davantage?
Et cet époux, ayant vingt mille bons ducats,
Pour être aimé de vous, doit-il manquer d'appas?
Allez, tel qu'il puisse être [1], avecque cette somme
Je vous suis caution qu'il est très-honnête homme.

CÉLIE.

Hélas!

GORGIBUS.

Hé bien, hélas! Que veut dire ceci?
Voyez le bel hélas qu'elle nous donne ici!
Hé! que si la colère une fois me transporte,
Je vous ferai chanter hélas de belle sorte!
Voilà, voilà le fruit de ces empressemens
Qu'on vous voit nuit et jour à lire vos romans;
De quolibets d'amour votre tête est remplie,
Et vous parlez de Dieu bien moins que de Clélie. [2]
Jetez-moi dans le feu tous ces méchans écrits
Qui gâtent tous les jours tant de jeunes esprits;
Lisez-moi, comme il faut, au lieu de ces sornettes,

---

[1] *Tel qu'il puisse être.* Il falloit, *quel qu'il puisse être.* Cette faute étant assez commune, il ne doit pas être inutile de faire remarquer en quoi *tel que* et *quel que* diffèrent. *Tel que* sert à déterminer la manière d'être réelle ou possible de celui dont on parle, et il doit être suivi de l'indicatif, qui est le mode de l'affirmation: *tel qu'il est, tel qu'il peut être.* Quel que, au contraire, laisse dans l'indécision la qualité, l'état, la manière d'être de la personne, et, par cette raison, il régit le subjonctif qui est le mode affecté au doute: *quel qu'il soit, quel qu'il puisse être.* On employoit souvent autrefois *tel que,* pour, *quel que.* Thomas Corneille a dit, dans sa comédie du *Charme de la voix:*

Tel qu'il soit, à mes yeux il faut qu'il soit aimable.

[2] *Clélie,* roman de mademoiselle de Scudéry. (Voir *les Précieuses ridicules,* page 20, note 2.)

Les Quatrains de Pibrac, et les doctes Tablettes
Du conseiller Matthieu (1); l'ouvrage est de valeur, *

VARIANTE. * Toutes les anciennes éditions, jusqu'à celle de 1682 inclusivement, portent :
Et les doctes Tablettes
Du conseiller Matthieu, ouvrage de valeur, etc.

Quelque négligée que fût encore à cette époque la versification de Molière, il n'est pas du tout probable qu'il ait laissé échapper l'hiatus de *Matthieu* et *ouvrage*. Il est plus naturel de croire que ce passage a été altéré dans la copie faite de mémoire, sur laquelle la pièce a été imprimée d'abord. Je crois donc pouvoir déroger ici, et plus loin, dans un autre endroit, à la loi que je me suis faite de rétablir partout le texte des éditions originales, même lorsqu'il a été corrigé avec le plus de raison et de bonheur dans les éditions posthumes. Mon respect pour le véritable texte de Molière, publié par lui-même, a dû s'étendre jusqu'aux fautes que ce texte renferme, mais non pas jusqu'aux altérations évidentes qui sont du fait d'un éditeur étranger.

---

(1) Les Quatrains de Pibrac et les doctes Tablettes
Du conseiller Matthieu.

On trouve, dans ce passage de *la Comtesse d'Orgueil*, comédie de Thomas Corneille, une nouvelle preuve que les Quatrains de Pibrac étoient employés à l'éducation des jeunes filles :

Du moins, je vous réponds d'une fille fort sage,
Modeste, accorte, douce, à qui, dès son bas âge,
Où l'esprit est toujours de fadaises rempli,
Les Quadrains (*sic*) de Pibrac ont donné le bon pli.
Elle les savoit tous, sur chacun bonne glose.

Guy du Faur de Pibrac, né à Toulouse en 1528, et mort à Paris en 1584, rendit de grands services à l'État comme négociateur, et obtint pour récompense les premiers emplois de la magistrature. Il auroit, dit-on, été chancelier, si un de ses ennemis n'eût fait remarquer à Catherine de Médicis ce quatrain qui fait partie de son recueil :

Je hais ces mots de puissance absolue,
De plein pouvoir, de propre mouvement ;
Aux saints décrets ils ont premièrement,
Puis à nos lois, la puissance tollue. (*enlevée.*)

Comme s'il eût voulu se faire pardonner cette petite sortie contre le despotisme, il composa une apologie de la Saint-Barthélemy. Ses *Quatrains*,

SCÈNE I.

Et plein de beaux dictons à réciter par cœur.
La Guide des pécheurs est encore un bon livre; [1]
C'est là qu'en peu de temps on apprend à bien vivre;
Et si vous n'aviez lu que ces moralités,
Vous sauriez un peu mieux suivre mes volontés.

CÉLIE.

Quoi! vous prétendez donc, mon père, que j'oublie
La constante amitié que je dois à Lélie?
J'aurois tort, si, sans vous, je disposois de moi;
Mais vous-même à ses vœux engageâtes ma foi.

GORGIBUS.

Lui fût-elle engagée encore davantage,

---

le plus connu de ses ouvrages, ont été souvent réimprimés avec les *Quatrains ou Tablettes de la vie et de la mort*, de Pierre Matthieu, historiographe de France, mort à Toulouse en 1621, à cinquante-huit ans: on y joignoit ordinairement les quatrains du président Favre, père du fameux Vaugelas. Pendant long-temps on mit dans les mains des enfans et on leur fit apprendre par cœur ce recueil de *moralités* excellentes sans doute, mais dont le style, barbare même pour le siècle où elles furent écrites, ne donnoit point à la morale ce charme dont elle a principalement besoin. Il faut avouer que les Fables de La Fontaine ont avantageusement remplacé les Quatrains de Pibrac et autres dans les mains et dans la mémoire des enfans.

(1) La Guide des pécheurs est encore un bon livre.
La Guide des pécheurs est un ouvrage ascétique, composé par Louis de Grenade, dominicain espagnol, mort en 1588. Régnier en fait mention dans sa fameuse satire de *Macette :*

Elle lit saint Bernard, la Guide des pécheurs.

Nous avons rapporté de nos anciennes guerres en Italie plusieurs mots appartenant tous à l'art militaire, qui, quoique du genre féminin, servoient à désigner des personnes du sexe masculin, tels que *sentinella*, *vedetta*, *guardia*, *guida*, etc. *Guide*, traduction de ce dernier mot, a fini par perdre son genre originel, en s'étendant à d'autres usages, et il n'est plus féminin que lorsqu'il signifie cette espèce de rêne dont on se sert pour conduire un cheval attelé à une voiture.

Un autre est survenu, dont le bien l'en dégage. (1)
Lélie est fort bien fait; mais apprends qu'il n'est rien
Qui ne doive céder au soin d'avoir du bien ;
Que l'or donne aux plus laids certain charme pour plaire, (2)
Et que sans lui le reste est une triste affaire.
Valère, je crois bien, n'est pas de toi chéri ;
Mais, s'il ne l'est amant, il le sera mari.
Plus que l'on ne le croit, ce nom d'époux engage,
Et l'amour est souvent un fruit du mariage.
Mais suis-je pas bien fat de vouloir raisonner, (3)
Où de droit absolu j'ai pouvoir d'ordonner?
Trêve donc, je vous prie, à vos impertinences.
Que je n'entende plus vos sottes doléances.
Ce gendre doit venir vous visiter ce soir,
Manquez un peu, manquez à le bien recevoir;
Si je ne vous lui vois faire un fort bon visage,

---

(1) Lui fût-elle engagée encore davantage,
Un autre est survenu, dont le bien l'en dégage.

L'en dégage, c'est-à-dire, la dégage de Lélie à qui elle fut engagée. On ne dit point, *dégager sa foi de quelqu'un*. Il suffisoit de mettre, *dont le bien la dégage*.

(2) ... L'or donne aux plus laids certain charme pour plaire.

Corneille a dit, dans *Mélite :*

L'argent dans le ménage a certaine splendeur,
Qui donne un teint d'éclat à la même laideur.

Et Boileau, dans sa huitième satire :

L'or même à la laideur donne un teint de beauté.

(3) Mais suis-je pas bien fat de vouloir raisonner, etc.

Suis-je pas? pour, *ne suis-je pas?* — *Fat*, de *fatuus*, sot, insensé, étourdi, etc. Molière emploie ici, dans son acception primitive, ce mot qui ne sert plus guère qu'à désigner un homme vain, suffisant, plein d'une ridicule complaisance pour lui-même.

Je vous... Je ne veux pas en dire davantage. (1)

SCÈNE II.

CÉLIE, LA SUIVANTE *de Célie*.

LA SUIVANTE.

Quoi! refuser, madame, avec cette rigueur,
Ce que tant d'autres gens voudroient de tout leur cœur!
A des offres d'hymen répondre par des larmes,
Et tarder tant à dire un oui si plein de charmes!
Hélas! que ne veut-on aussi me marier!
Ce ne seroit pas moi qui se feroit prier : (2)
Et, loin qu'un pareil oui me donnât de la peine,
Croyez que j'en dirois bien vite une douzaine.
Le précepteur qui fait répéter la leçon
A votre jeune frère, a fort bonne raison

---

(1) Bonne, excellente scène d'exposition, où se montre toute la franchise, toute l'abondance, toute la verve du style de Molière. Seulement, Gorgibus y est un peu trop prodigue de menaces envers Célie. Dans *le Tartuffe*, on n'est point choqué, on trouve plaisant qu'Orgon s'apprête à donner *un revers de sa main* à sa servante Dorine; mais on n'aime pas que même un petit bourgeois de ce temps-là parle deux fois de battre sa fille, une fille jolie, douce, bien élevée et bonne à marier. La première menace au moins est de trop, d'autant qu'elle est la plus brutalement exprimée des deux.

(2)   Ce ne seroit pas moi qui se feroit prier.

Il auroit fallu, *qui me ferois prier*. Il est de règle que le sujet du verbe en détermine la personne et le nombre. Dans le vers de Molière, *qui* est grammaticalement le sujet de *se feroit prier;* mais *qui* n'ayant point de personne par lui-même, c'est la personne du nom ou du pronom auquel il se rapporte, qui doit déterminer celle du verbe. Or, ce pronom est *moi*; donc le verbe doit être à la première personne. Telle est la règle dans sa rigueur; on y a souvent dérogé autrefois et de nos jours encore.

Lorsque, nous discourant des choses de la terre, (1)
Il dit que la femelle est ainsi que le lierre,
Qui croît beau, tant qu'à l'arbre il se tient bien serré,
Et ne profite point s'il en est séparé.
Il n'est rien de plus vrai, ma très-chère maîtresse,
Et je l'éprouve en moi, chétive pécheresse !
Le bon Dieu fasse paix à mon pauvre Martin,
Mais j'avois, lui vivant, le teint d'un chérubin,
L'embonpoint merveilleux, l'œil gai, l'ame contente,
Et je suis maintenant ma commère dolente.
Pendant cet heureux temps, passé comme un éclair,
Je me couchois sans feu dans le fort de l'hiver ;
Sécher même les draps me sembloit ridicule,
Et je tremble à présent dedans la canicule.
Enfin il n'est rien tel, madame, croyez-moi,
Que d'avoir un mari la nuit auprès de soi.
Ne fût-ce que pour l'heur d'avoir qui vous salue
D'un : Dieu vous soit en aide, alors qu'on éternue. (2)

---

(1) *Lorsque, nous discourant des choses de la terre.*
On ne dit point aujourd'hui, *discourir d'une chose à quelqu'un*, mais on le disoit autrefois, témoin ce vers de la tragi-comédie d'*Amélie*, de Rotrou :
   Elle m'a *discouru* de votre affection.

(2) La fin de ce couplet et particulièrement les deux derniers vers sont une imitation de ce passage de Sabadino, auteur de Nouvelles, foible imitateur de Boccace dont il étoit le contemporain : *Sapi, se prendi moglie, che l'invernata te tenerà le rene calde e la state fresco il stomaco. E poi, quando ancora stranuti, haverai almeno chi te dirà : Dio te aiuti.*
« Sache que, si tu prends femme, l'hiver elle te tiendra les reins chauds,
« et l'été, l'estomac frais. De plus, quand tu éternueras, tu auras au
« moins quelqu'un pour te dire : Dieu vous assiste. »
   Cette tirade de la suivante est fort comique ; mais, après la scène du père, ne falloit-il pas plutôt une scène dialoguée entre la jeune fille et la suivante ? et Molière n'a-t-il pas ici un peu trop sacrifié au goût du temps, qui étoit pour les tirades ?

SCÈNE II.

CÉLIE.

Peux-tu me conseiller de commettre un forfait?
D'abandonner Lélie, et prendre ce mal fait? [1]

LA SUIVANTE.

Votre Lélie aussi n'est, ma foi, qu'une bête,
Puisque si hors de temps son voyage l'arrête; [2]
Et la grande longueur de son éloignement [3]
Me le fait soupçonner de quelque changement.

CÉLIE, *lui montrant le portrait de Lélie.*

Ah! ne m'accable point par ce triste présage,
Vois attentivement les traits de ce visage,
Ils jurent à mon cœur d'éternelles ardeurs;
Je veux croire, après tout, qu'ils ne sont pas menteurs,
Et que, comme c'est lui que l'art y représente, *

VARIANTE. * On lit, dans toutes les anciennes éditions, y compris celle de 1682:

>Et comme c'est celui que l'art y représente.

Ce vers n'offre absolument aucun sens, et ne peut être de Molière: aussi je n'ai pas cru devoir l'admettre dans le texte, ni même le rapporter comme *variante*.

---

(1) Peux-tu me conseiller de commettre un forfait?
D'abandonner Lélie, et prendre ce mal fait?

Quelque exagération que les amans aient le droit de mettre dans leurs discours, l'expression de *forfait* semble un peu trop forte. — On ne dit pas substantivement *un mal fait*, comme on dit *un mal bâti*. On verra plus loin pourquoi il est fait ici mention de la vilaine taille du mari qu'on veut donner à Célie.

(2) Puisque si hors de temps son voyage l'arrête.

On dit, *hors de propos, hors de saison, à contre-temps*, mais non pas, *hors de temps*.

(3) Et la grande longueur de son éloignement.

La longueur d'un éloignement sembleroit devoir s'entendre de l'espace plutôt que de la durée. *La grande* ou *la longue durée de son éloignement* étoit l'expression propre.

Il conserve à mes feux une amitié constante.

LA SUIVANTE.

Il est vrai que ces traits marquent un digne amant,
Et que vous avez lieu de l'aimer tendrement.

CÉLIE.

Et cependant il faut... Ah! soutiens-moi.
(*Laissant tomber le portrait de Lélie.*)

LA SUIVANTE.

Madame,
D'où vous pourroit venir... Ah! bons dieux! elle pâme![1]
Hé! vîte, holà! quelqu'un.

SCÈNE III.

CÉLIE, SGANARELLE, LA SUIVANTE *de Célie.*

SGANARELLE.

Qu'est-ce donc? me voilà.

LA SUIVANTE.

Ma maîtresse se meurt.

SGANARELLE.

Quoi! ce n'est que cela? *[2]

VARIANTE. * *Quoi! n'est-ce que cela?*

---

(1) Cet évanouissement ressemble au faux pas que fait la Clarice du *Menteur;* il est le fondement de toute la pièce, qui n'existeroit pas sans la pâmoison de Célie. Un amour contrarié par un père, et la vue du portrait d'un amant qu'on craint de perdre, ne sont pas plus au théâtre que dans le monde, des motifs suffisans pour tomber en syncope. D'ailleurs, ces accidens qui, dans une comédie, doivent rarement être justifiés par l'état moral du personnage, sentent toujours trop l'auteur qui n'a pas su de quelle autre manière nouer son intrigue ou se tirer d'une situation compliquée.

(2)   Ma maîtresse se meurt. — Quoi! ce n'est que cela?
C'est une chose assez commune parmi les hommes d'un étage inférieur,

SCÈNE III.

Je croyois tout perdu, de crier de la sorte; (1)
Mais approchons pourtant. Madame, êtes-vous morte?
Hays!* Elle ne dit mot.

LA SUIVANTE.

Je vais faire venir
Quelqu'un pour l'emporter, veuillez la soutenir.**

VARIANTES. * *Ouais!* — Je ne rapporte ce léger changement, que parce que le sens s'y trouve intéressé. *Hays*, que porte l'édition originale, est l'imitation du bruit qu'on fait pour appeler ou réveiller quelqu'un. *Ouais* est une interjection qui marque la surprise. L'un et l'autre est conforme à la situation de Sganarelle.

** Hélas! daignez me l'apporter;
Il lui faut du vinaigre, et j'en cours apprêter.

Cette leçon, fort plate, qui ne se trouve que dans l'édition de 1682, du comédien La Grange, est sans doute une tradition de théâtre, qui avoit pour objet de supprimer l'intervention assez inutile du personnage que la suivante *fait venir pour emporter Célie.*

---

que de tenir peu de compte de la vie des femmes, et de voir avec une indifférence grossière les accidens qu'elles éprouvent. Cette espèce d'insensibilité qui paroît tenir à l'orgueil brutal de la force, se remarque également chez les sauvages. Les hommes des classes élevées y participent à leur manière:

Ils ne sont pas de ceux qui disent: ce n'est rien;
C'est une femme qui se noie.

LA FONTAINE.

mais ils savent fort bien le dire quand elle ne fait qu'être déshonorée et avilie.

(1) Je croyois tout perdu, de crier de la sorte.

Construction irrégulière, où l'on ne peut voir une ellipse, puisqu'il n'y a pas moyen de suppléer les mots sous-entendus sans rien changer aux mots exprimés, et qu'on ne peut considérer comme un gallicisme, attendu que l'usage ne l'a point consacrée. Il faudroit, *je croyois tout perdu, à vous entendre crier de la sorte.*

LE COCU IMAGINAIRE.

SCÈNE IV.

CÉLIE, SGANARELLE, LA FEMME DE SGANARELLE.

SGANARELLE, *en passant la main sur le sein de Célie.* (1)

Elle est froide partout, et je ne sais qu'en dire.
Approchons-nous pour voir si sa bouche respire.
Ma foi! je ne sais pas; mais j'y trouve encor, moi,
Quelque signe de vie.

LA FEMME DE SGANARELLE, *regardant par la fenêtre.*

Ah! qu'est-ce que je vois?
Mon mari dans ses bras... Mais je m'en vais descendre.
Il me trahit, sans doute, et je veux le surprendre.

SGANARELLE.

Il faut se dépêcher de l'aller secourir;
Certes, elle auroit tort de se laisser mourir.
Aller en l'autre monde est très-grande sottise,
Tant que dans celui-ci l'on peut être de mise.

(*Il la porte chez elle avec un homme que la suivante amène.*)

---

(1) Ce geste de Sganarelle, qui est indiqué d'après la pantomime de Molière lui-même, et qui sert à motiver la jalousie de la femme, ne seroit pas permis aujourd'hui à la scène : notre comédie est devenue beaucoup plus décente qu'elle ne l'étoit dans les temps anciens.

SCÈNE V.

LA FEMME DE SGANARELLE, *seule.*

Il s'est subitement éloigné de ces lieux,
Et sa fuite a trompé mon desir curieux :
Mais de sa trahison je ne fais plus de doute, *
Et le peu que j'ai vu me la découvre toute.
Je ne m'étonne plus de l'étrange froideur
Dont je le vois répondre à ma pudique ardeur;
Il réserve, l'ingrat, ses caresses à d'autres,
Et nourrit leurs plaisirs par le jeûne des nôtres.
Voilà de nos maris le procédé commun;
Ce qui leur est permis, leur devient importun.
Dans les commencemens ce sont toutes merveilles;
Ils témoignent pour nous des ardeurs non pareilles;
Mais les traîtres bientôt se lassent de nos feux,
Et portent autre part ce qu'ils doivent chez eux. (1)
Ah! que j'ai de dépit que la loi n'autorise
A changer de mari comme on fait de chemise!
Cela seroit commode ; et j'en sais telle ici

VARIANTE. * *Je ne suis plus en doute.*

---

(1) Ces regrets, dont l'objet est assez cruement énoncé, sont tout-à-fait dans la manière de sentir et de s'exprimer des femmes de cette classe, qui ne raffinent point sur l'amour, n'y voient que ce que la nature y a mis, et ne réclament si hautement les redevances conjugales, que parce qu'elles n'ont pas appris aussi bien que d'autres à les remplacer. Cléanthis, la femme de Sosie, ne se montre pas de meilleure composition sur cet article, que la femme de Sganarelle.

Qui, comme moi, ma foi, le voudroit bien aussi. [1]

(*En ramassant le portrait que Célie avoit laissé tomber.*)
Mais quel est ce bijou que le sort me présente?
L'émail en est fort beau, la gravure charmante, [2]
Ouvrons.

---

(1)   Cela seroit commode; et j'en sais telle ici
        Qui, comme moi, ma foi, le voudroit bien aussi.

L'actrice qui, en débitant ces deux vers, promeneroit d'un air de finesse ses regards sur les loges, si elle ne prêtoit gratuitement une faute à Molière, auroit du moins le tort de se conformer à une intention qui n'est pas de celles qu'on est tenu de respecter. La femme de Sganarelle doit avoir en vue les commères de son quartier, et non les dames qui sont dans la salle : celles-ci sauront bien se faire elles-mêmes, si elles veulent, l'application de son propos. La scène et la salle ne doivent avoir rien de commun entre elles; établir une relation de l'une à l'autre, soit dans le dialogue, soit dans le jeu, c'est détruire toute illusion. Le rideau qui les sépare est comme un mur qui disparoît par enchantement, et qui nous laisse voir et entendre, à l'insu des personnages, ce qu'ils font et ce qu'ils disent.

(2) *La gravure charmante.* Ciselure étoit le mot qui convenoit ici, ou du moins celui qui rendoit exactement l'idée. *Gravure* ne s'entend ordinairement que des ouvrages destinés à produire une empreinte quelconque. Mais il paroît qu'autrefois *graver* se prenoit souvent pour *ciseler;* on trouve, dans *le Coquet trompé,* comédie de Baron : *cette tabatière est bien gravée.*

Dans *Bajazet,* l'évanouissement d'Atalide, un peu mieux motivé, pour le dire en passant, que celui de Célie, fait tomber entre les mains de Roxane la lettre qui la rend furieuse en lui découvrant sa rivale, comme ici tombe entre les mains de Sganarelle le portrait qui va si fort exciter sa jalousie et celle de Lélie. Ce n'est pas la seule fois que la tragédie et la comédie aient employé les mêmes incidens pour produire le même effet.

SCÈNE VI.

SGANARELLE, LA FEMME DE SGANARELLE.

SGANARELLE, *se croyant seul.*

On la croyoit morte, et ce n'étoit rien. (1)
Il n'en faut plus qu'autant, elle se porte bien. (2)
Mais j'aperçois ma femme.

LA FEMME DE SGANARELLE, *se croyant seule.*

O ciel! c'est miniature! (3)
Et voilà d'un bel homme une vive peinture!

SGANARELLE, *à part, et regardant par-dessus l'épaule de sa femme.*

Que considère-t-elle avec attention?
Ce portrait, mon honneur, ne nous dit rien de bon.
D'un fort vilain soupçon je me sens l'ame émue.

LA FEMME DE SGANARELLE, *sans apercevoir son mari.*

Jamais rien de plus beau ne s'offrit à ma vue;

---

(1) Ce vers manque absolument de césure.

(2) Il n'en faut plus qu'autant, elle se porte bien.
Dans plusieurs provinces, on dit encore d'une personne parfaitement remise d'une maladie ou d'un accident : *il ne lui en faut plus qu'autant.* C'est comme si l'on disoit : *elle est absolument dans le même état qu'auparavant; elle n'a plus qu'à recommencer.* Les femmes qui viennent d'accoucher et à qui l'on demande de leurs nouvelles, répondent comme les autres : *il ne m'en faut plus qu'autant.*

(3) *C'est miniature*, pour, *c'est une miniature*, sent un peu trop la gêne du vers. *Miniature*, qu'on prononce ordinairement *mignature*, vient, dit-on, de *minium*, vermillon, parce que c'est la couleur qu'on emploie ou, pour mieux dire, qu'on employoit le plus dans ce genre de peinture.

LE COCU IMAGINAIRE.

Le travail plus que l'or s'en doit encor priser.
Oh! que cela sent bon! (1)

SGANARELLE, à part.

Quoi! peste, le baiser!
Ah! j'en tiens!

LA FEMME DE SGANARELLE poursuit.

Avouons qu'on doit être ravie
Quand d'un homme ainsi fait on se peut voir servie.
Et que, s'il en contoit avec attention, (2)
Le penchant seroit grand à la tentation.
Ah! que n'ai-je un mari d'une aussi bonne mine!
Au lieu de mon pelé, de mon rustre... (3)

SGANARELLE, lui arrachant le portrait.

Ah! mâtine! (4)

---

(1) On peut remarquer ici avec quel soin, avec quelle adresse Molière a motivé la jalousie réciproque de Sganarelle et de sa femme. Tout à l'heure celle-ci a surpris son mari approchant sa bouche de celle de Célie pour s'assurer si elle respiroit encore; maintenant le mari surprend sa femme flairant un portrait qui sent bon, action qui ressemble beaucoup à celle de le baiser. La jalousie, entre des personnages aussi peu délicats en amour, ne peut être produite que par des preuves ou des apparences en quelque sorte palpables.

(2) Et que, s'il en contoit avec attention, etc.
Avec attention, c'est-à-dire, un peu sérieusement, autrement que pour s'amuser. L'expression manque de justesse.

(3) Dans la bouche de la femme de Sganarelle, ces témoignages si vifs et si nombreux d'admiration pour la *beauté* de l'homme que représente le portrait, sont encore une preuve de l'attention que Molière mettoit à saisir et à rendre les nuances de sentiment et de langage, qui distinguent les conditions diverses. Les femmes du peuple sont et se montrent particulièrement sensibles aux agrémens extérieurs des hommes: les autres femmes, sans en être moins touchées peut-être, évitent du moins de trop laisser apercevoir l'impression qu'ils font sur elles.

(4) *Ah! mâtine!* Cette expression et celles de *carogne, truande*, etc.;

SCÈNE VI.

Nous vous y surprenons en faute contre nous,
En diffamant l'honneur de votre cher époux.
Donc, à votre calcul, ô ma trop digne femme!
Monsieur, tout bien compté, ne vaut pas bien madame?
Et, de par Belzébut, qui vous puisse emporter!
Quel plus rare parti pourriez-vous souhaiter?
Peut-on trouver en moi quelque chose à redire?
Cette taille, ce port que tout le monde admire,
Ce visage, si propre à donner de l'amour,
Pour qui mille beautés soupirent nuit et jour;
Bref, en tout et partout, ma personne charmante
N'est donc pas un morceau dont vous soyez contente? (1)
Et, pour rassasier votre appétit gourmand,
Il faut joindre au mari le ragoût d'un galant?

LA FEMME DE SGANARELLE.

J'entends à demi-mot où va la raillerie.
Tu crois par ce moyen...

SGANARELLE.

A d'autres, je vous prie:

---

que nous verrons plus loin, sont grossières sans doute; mais on ne peut nier qu'elles ne soient parfaitement assorties à la condition du personnage. Molière devoit-il les écarter, au risque d'affoiblir la vérité de l'imitation? ou bien devoit-il renoncer à prendre des modèles d'une nature si basse? L'examen de ces deux questions excéderoit les bornes d'une simple note; mais, de quelque manière qu'on doive les résoudre, on peut dire que, si nos pères n'étoient pas tout-à-fait assez scrupuleux sur certains points de bienséance, nous le sommes devenus beaucoup trop; que l'excès de notre rigorisme est bien plus nuisible à l'art que ne pouvoit l'être l'excès de leur facilité, et que notre délicatesse dédaigneuse tend à nous priver d'un grand nombre de plaisirs.

(1) Un malôtru qui se pavane en vantant les perfections et les graces de sa personne, est un tableau comique qu'on a mis vingt fois au théâtre depuis Molière, et qui a toujours excité le rire.

La chose est avérée, et je tiens dans mes mains
Un bon certificat du mal dont je me plains.

LA FEMME DE SGANARELLE.

Mon courroux n'a déja que trop de violence,
Sans le charger encor d'une nouvelle offense. (1)
Écoute, ne crois pas retenir mon bijou,
Et songe un peu...

SGANARELLE.

Je songe à te rompre le cou.
Que ne puis-je, aussi bien que je tiens la copie,
Tenir l'original!

LA FEMME DE SGANARELLE.

Pourquoi?

SGANARELLE.

Pour rien, ma mie.
Doux objet de mes vœux, j'ai grand tort de crier,
Et mon front de vos dons vous doit remercier.

(*Regardant le portrait de Lélie.*)

Le voilà! le beau fils, le mignon de couchette! (2)
Le malheureux tison de ta flamme secrète,
Le drôle avec lequel...

---

(1)   Mon courroux n'a déja que trop de violence,
       Sans le charger encor d'une nouvelle offense.

Charger un courroux d'une nouvelle offense, pour dire, l'augmenter par une nouvelle offense, est une de ces expressions hardiment et énergiquement figurées que Molière a créées en grand nombre avec plus ou moins de bonheur. Il a dit dans *le Misanthrope*:

De protestations, d'offres et de sermens,
Vous *chargez* la fureur de vos embrassemens.

(2) *Mignon de couchette* est une expression que Molière semble avoir empruntée à Scarron, comme plusieurs autres de cette pièce. Dans *Jodelet ou le Maître valet*, Béatrix dit:

Il s'en est donc allé, le mignon de couchette?

SCÈNE VI.

LA FEMME DE SGANARELLE.

Avec lequel?... Poursui.

SGANARELLE.

Avec lequel, te dis-je... et j'en crève d'ennui. (1)

LA FEMME DE SGANARELLE.

Que me veut donc conter par-là ce maître ivrogne?

SGANARELLE.

Tu ne m'entends que trop, madame la carogne.
Sganarelle est un nom qu'on ne me dira plus,
Et l'on va m'appeler seigneur Cornelius : (2)

---

(1) Le drôle avec lequel... — Avec lequel?... Poursui.
— Avec lequel, te dis-je... et j'en crève d'ennui.

Avec lequel est peu supportable en vers, et il feroit ici une mauvaise césure, sans la réticence embarrassée de Sganarelle, qui en reste là, faute de savoir comment achever ; sa femme lui dit de poursuivre, et il répète fort plaisamment, *avec lequel*, sans pouvoir davantage finir sa phrase. Ainsi, ce qui seroit une faute ailleurs, est ici une beauté, ou du moins une suspension des plus comiques. — *J'en crève d'ennui*, qui signifie, en cet endroit, j'en crève de dépit, ne se diroit plus aujourd'hui que dans le sens de, s'ennuyer excessivement. *Ennui* étoit un mot d'une signification vague et indéterminée, que les poëtes, surtout ceux du genre noble, employoient comme synonymes de *peine*, *chagrin*, *douleur*, *souci*, etc.

(2) Sganarelle est un nom qu'on ne me dira plus,
Et l'on va m'appeler seigneur Cornelius.

Il y a dans l'*Amphitryon* de Plaute une plaisanterie qui ressemble fort à celle-ci, et qui pourroit bien en avoir donné l'idée à Molière. Sosie, entendant Mercure parler de quatre hommes qu'il a assommés, dit : « Je « crains bien d'avoir à changer ici de nom, et de devenir Quintus (le « cinquième), au lieu de Sosie. »

Formido malè
Ne hic ego nomen meum commutem et Quintus fiam è Sosiâ.

Molière n'est pas le premier qui ait joué sur ce mot de *Cornelius*, à cause de sa ressemblance avec *cornes* et *cornard*. Camus, évêque de Belley, disoit à un mari qui se plaignoit tout haut d'une mésaventure que l'on tait d'ordinaire : *J'aimerois mieux être Cornelius Tacitus que Publius Cornelius.*

J'en suis pour mon honneur; mais à toi, qui me l'ôtes,
Je t'en ferai du moins pour un bras ou deux côtes. (1)

LA FEMME DE SGANARELLE.

Et tu m'oses tenir de semblables discours?

SGANARELLE.

Et tu m'oses jouer de ces diables de tours?

LA FEMME DE SGANARELLE.

Et quels diables de tours? Parle donc sans rien feindre.

SGANARELLE.

Ah! cela ne vaut pas la peine de se plaindre!
D'un panache de cerf sur le front me pourvoir:
Hélas! voilà vraiment un beau venez-y-voir!

LA FEMME DE SGANARELLE.

Donc, après m'avoir fait la plus sensible offense
Qui puisse d'une femme exciter la vengeance,
Tu prends d'un feint courroux le vain amusement
Pour prévenir l'effet de mon ressentiment? (2)
D'un pareil procédé l'insolence est nouvelle!
Celui qui fait l'offense, est celui qui querelle. (3)

---

(1)   Je t'en ferai du moins pour un bras ou deux côtes.

On diroit bien à quelqu'un, par forme de menace : *tu en seras au moins pour un bras, pour une côte; mais je t'en ferai pour un bras*, n'est pas françois.

(2)   Tu prends d'un feint courroux le vain amusement,
      Pour prévenir l'effet de mon ressentiment.

Prendre l'amusement d'un feint courroux, pour, *s'amuser à feindre du courroux*, est une phrase un peu embarrassée, qui n'a pas toute la clarté nécessaire.

(3)   Celui qui fait l'offense est celui qui querelle.

Ce vers rappelle celui du *Misanthrope*, acte IV, scène III :

C'est moi qui viens me plaindre, et c'est moi qu'on querelle.

C'est le même sens, exprimé avec la même précision et la même énergie.

SCÈNE VII.

SGANARELLE.

Hé! la bonne effrontée! A voir ce fier maintien,
Ne la croiroit-on pas une femme de bien?

LA FEMME DE SGANARELLE.

Va, poursuis ton chemin, cajole tes maîtresses,
Adresse-leur tes vœux, et fais-leur des caresses:
Mais rends-moi mon portrait sans te jouer de moi.

(*Elle lui arrache le portrait et s'enfuit.*)

SGANARELLE, *courant après elle.*

Oui, tu crois m'échapper, je l'aurai malgré toi. (1)

SCÈNE VII.

LÉLIE, GROS-RENÉ.

GROS-RENÉ.

Enfin nous y voici. Mais, monsieur, si je l'ose,
Je voudrois vous prier de me dire une chose. (2)

LÉLIE.

Hé bien! parle.

GROS-RENÉ.

Avez-vous le diable dans le corps
Pour ne pas succomber à de pareils efforts?
Depuis huit jours entiers, avec vos longues traites,

---

(1) Ici, la scène reste vide. C'est une faute que Molière a faite trois fois dans cette pièce, et qu'il n'a plus faite dans aucune autre. Il avoit déja tout son talent; mais il n'avoit pas encore la science et l'expérience de son art.

(2)   Enfin nous y voici. Mais, monsieur, si je l'ose,
    Je voudrois vous prier de me dire une chose.

Si je l'ose, je voudrois... Si je l'osois eût été plus correct, à cause du conditionnel qui vient après.

Nous sommes à piquer de chiennes de mazettes, *
De qui le train maudit nous a tant secoués,
Que je m'en sens pour moi tous les membres roués;
Sans préjudice encor d'un accident bien pire,
Qui m'afflige un endroit que je ne veux pas dire : (1)
Cependant, arrivé, vous sortez bien et beau,
Sans prendre de repos, ni manger un morceau.

LÉLIE.

Ce grand empressement n'est point digne de blâme;
De l'hymen de Célie on alarme mon ame;
Tu sais que je l'adore; et je veux être instruit,
Avant tout autre soin, de ce funeste bruit. (2)

GROS-RENÉ.

Oui; mais un bon repas vous seroit nécessaire,
Pour s'aller éclaircir, monsieur, de cette affaire; (3)

VARIANTE. * *Des chiennes de mazettes.*

---

(1) Sans préjudice encor d'un accident bien pire,
  Qui m'afflige un endroit que je ne veux pas dire.

Gros-René, avec sa délicatesse, réussiroit mal aujourd'hui. Ce n'est pas assez de *ne pas dire* certaines choses, il ne faut pas même y faire penser. On étoit moins scrupuleux autrefois. Carlin, dans *le Distrait*, de Regnard, dit :

  En très-bonne santé j'arriverois ici,
  Si je n'étois porteur d'une large écorchure.

Et Lisette lui répond :

  Bon! c'est des postillons l'ordinaire aventure.

(2) Et je veux être instruit,
  Avant tout autre soin, de ce funeste bruit.

Il en est *instruit*, puisqu'il en parle. Ce qu'il ignore et ce qu'il veut savoir, c'est si ce bruit est fondé. Il n'exprime pas sa pensée.

(3) Oui; mais un bon repas vous seroit nécessaire,
  Pour s'aller éclaircir, monsieur, de cette affaire.

Il faudroit au moins *pour vous aller éclaircir*. La phrase ne seroit pas

SCÈNE VII.

Et votre cœur, sans doute, en deviendroit plus fort
Pour pouvoir résister aux attaques du sort ;
J'en juge par moi-même ; et la moindre disgrace,
Lorsque je suis à jeun, me saisit, me terrasse ;
Mais quand j'ai bien mangé, mon ame est ferme à tout,
Et les plus grands revers n'en viendroient pas à bout.
Croyez-moi, bourrez-vous, et sans réserve aucune,
Contre les coups que peut vous porter la fortune ;
Et, pour fermer chez vous l'entrée à la douleur,
De vingt verres de vin entourez votre cœur. [1]

LÉLIE.

Je ne saurois manger.

GROS-RENÉ, *bas, à part.*

Si ferai bien, je meure. *[2]

(*haut.*)

Votre dîné pourtant seroit prêt tout à l'heure.

VARIANTE. * *Si fait bien moi, je meure.*

---

encore parfaitement correcte ; mais il y auroit accord de personnes entre les deux parties de la proposition.

Gros-René est de l'avis du parasite Curculion, dans la comédie de Plaute qui porte son nom. Ce parasite, avant d'entreprendre une affaire, veut bien manger et bien boire, parce que cela, dit-il, *porte conseil :*

> *Atque aliquid priùs obtrudamus, pernam, sumen, glandium ;*
> *Hæc sunt ventri stabilimenta, panem et assa bibula,*
> *Poculum grande, aula magna : ut satis consilia suppetant.*

(1)   De vingt verres de vin entourez votre cœur.

Expression fort énergique, qui termine le couplet de Gros-René par un trait tout-à-fait digne de lui.

(2)   Je ne saurois manger. — Si ferai bien, je meure.

Je meure, pour, *que je meure.* Ici, la forme de cette expression et la place qu'elle occupe, pourroient induire en erreur les personnes inattentives ou peu instruites, en leur faisant croire que *je meure,* signifie, je meurs de faim.

LÉLIE.

Tais-toi, je te l'ordonne.

GROS-RENÉ.

Ah! quel ordre inhumain!

LÉLIE.

J'ai de l'inquiétude, et non pas de la faim.

GROS-RENÉ.

Et moi, j'ai de la faim, et de l'inquiétude
De voir qu'un sot amour fait toute votre étude.

LÉLIE.

Laisse-moi m'informer de l'objet de mes vœux,
Et, sans m'importuner, va manger si tu veux.

GROS-RENÉ.

Je ne réplique point à ce qu'un maître ordonne. [1]

SCÈNE VIII.

LÉLIE, seul.

Non, non, à trop de peur mon ame s'abandonne;
Le père m'a promis, et la fille a fait voir
Des preuves d'un amour qui soutient mon espoir.

---

(1) Le personnage de Gros-René, qui reste étranger à toute l'action, ne paroît que dans cette seule scène, et ne s'y montre que pour dire qu'il est las, qu'il a faim, et qu'il va manger, semble d'abord être un hors-d'œuvre de la plus parfaite inutilité. Cependant nous sommes informés par sa conversation avec Lélie, que celui-ci vient de courir la poste à franc-étrier pendant huit jours, et qu'il ne veut prendre ni repos ni nourriture; ce qui nous dispose à être moins surpris de le voir s'évanouir, lorsqu'il apprendra la prétendue infidélité de Célie.

SCÈNE IX.

SGANARELLE, LÉLIE,

SGANARELLE, *sans voir Lélie, et tenant dans ses mains le portrait.*

Nous l'avons, et je puis voir à l'aise la trogne
Du malheureux pendard qui cause ma vergogne; [1]
Il ne m'est point connu.

LÉLIE, *à part.*

Dieux! qu'aperçois-je ici?
Et, si c'est mon portrait, que dois-je croire aussi? [2]

SGANARELLE, *sans voir Lélie.*

Ah! pauvre Sganarelle! à quelle destinée
Ta réputation est-elle condamnée!
Faut...

(*Apercevant Lélie qui le regarde, il se tourne d'un autre côté.*)

LÉLIE, *à part.*

Ce gage ne peut, sans alarmer ma foi,
Être sorti des mains qui le tenoient de moi.

SGANARELLE, *à part.*

Faut-il que désormais à deux doigts l'on te montre,

---

(1) *Vergogne*, ancien mot qui signifioit également, honte et pudeur. Il n'est plus d'usage que dans ces façons de parler familières : *il est sans vergogne, il n'a pas de vergogne.*

(2) Dieux! qu'aperçois-je ici?
Et, si c'est mon portrait, que dois-je croire aussi?

Aussi n'a aucun sens; il est évidemment pour remplir la mesure et fournir la rime.

Qu'on te mette en chansons, et qu'en toute rencontre,
On te rejette au nez le scandaleux affront
Qu'une femme mal née imprime sur ton front?

LÉLIE, *à part.*

Me trompé-je?

SGANARELLE, *à part.*

    Ah! truande [1]! as-tu bien le courage
De m'avoir fait cocu dans la fleur de mon âge?
Et femme d'un mari qui peut passer pour beau,
Faut-il qu'un marmouset, un maudit étourneau...

LÉLIE, *à part, et regardant encore le portrait que tient Sganarelle.*

Je ne m'abuse point; c'est mon portrait lui-même.

SGANARELLE *lui tourne le dos.*

Cet homme est curieux.

LÉLIE, *à part.*

    Ma surprise est extrême!

SGANARELLE, *à part.*

A qui donc en a-t-il?

LÉLIE, *à part.*

    Je le veux acoster.
(*haut.*) (*Sganarelle veut s'éloigner.*)
Puis-je?... Hé! de grace, un mot.

---

[1] *Truand, truande,* signifie, mendiant, mendiante, dans une acception de mépris. Ce n'est ici qu'un mot purement injurieux où il ne faut point chercher, où il ne doit point y avoir de justesse. L'état de mendiant étant fort décrié, à cause de la fainéantise et de la filouterie qui trop souvent s'y unissent, les mots qui le désignent, sont devenus des termes insultans où le sens primitif n'entre plus pour rien. Ainsi, Sganarelle appelle *truande* sa femme qui ne mendie pas plus que lui, et tous les jours on donne le nom de *gueux* et de *gueuse* à des gens qui ne font rien moins que *gueuser.*

SCÈNE IX.

SGANARELLE, *à part, s'éloignant encore.*

Que me veut-il conter?

LÉLIE.

Puis-je obtenir de vous de savoir l'aventure
Qui fait dedans vos mains trouver cette peinture? [1]

SGANARELLE, *à part.*

D'où lui vient ce desir? Mais je m'avise ici...
(*Il examine Lélie et le portrait qu'il tient.*)
Ah! ma foi! me voilà de son trouble éclairci!
Sa surprise à présent n'étonne plus mon ame;
C'est mon homme; ou plutôt, c'est celui de ma femme. [2]

LÉLIE.

Retirez-moi de peine, et dites d'où vous vient... [3]

SGANARELLE.

Nous savons, dieu merci, le souci qui vous tient;
Ce portrait qui vous fâche est votre ressemblance;
Il étoit en des mains de votre connoissance;
Et ce n'est pas un fait qui soit secret pour nous
Que les douces ardeurs de la dame et de vous.

---

(1) Qui fait dedans vos mains trouver cette peinture?
Dedans vos mains, pour, *dans vos mains;* plus loin, on trouvera, *dessus ses grands chevaux*, au lieu de, *sur ses grands chevaux*. La règle qui veut que, *dessus, dessous, dedans*, ne s'emploient qu'adverbialement, n'étoit point encore établie.

(2) C'est mon homme; ou plutôt, c'est celui de ma femme.
Voilà le vrai comique d'expression, comique sans recherche et sans effort, qui résulte moins de l'énergie du style que de la force de la situation, qui est une saillie d'humeur plutôt qu'un trait d'esprit, et qui fait rire du personnage avant de faire admirer l'auteur.

(3) Retirez-moi de peine, et dites d'où vous vient...
Retirer quelqu'un de peine est une petite faute contre l'usage; on dit, *tirez-moi de peine, d'embarras,* etc.

Je ne sais pas si j'ai, dans sa galanterie,
L'honneur d'être connu de votre seigneurie;
Mais faites-moi celui de cesser désormais
Un amour qu'un mari peut trouver fort mauvais;
Et songez que les nœuds du sacré mariage...

LÉLIE.

Quoi! celle, dites-vous, dont vous tenez ce gage...

SGANARELLE.

Est ma femme, et je suis son mari.

LÉLIE.

Son mari?

SGANARELLE.

Oui, son mari, vous dis-je, et mari très-marri, [1]
Vous en savez la cause, et je m'en vais l'apprendre
Sur l'heure à ses parens.

SCÈNE X.

LÉLIE, *seul.*

Ah! que viens-je d'entendre!
On me l'avoit bien dit, et que c'étoit de tous
L'homme le plus mal fait qu'elle avoit pour époux. [2]

---

(1)   Oui, son mari, vous dis-je, et mari très-marri.
Les gens de la condition et de l'humeur de Sganarelle sont grands faiseurs de quolibets et de jeux de mots. *Marri,* est un vieux mot qui signifie, fâché, chagrin. Plus anciennement, on se servoit du substantif *marrisson,* tristesse, affliction. Ils viennent de *marritus* et *marritio,* mots de la basse latinité.

(2)   On me l'avoit bien dit, et que c'étoit de tous
        L'homme le plus mal fait qu'elle avoit pour époux.
On a entendu Célie se plaindre de ce qu'on vouloit lui donner *un mal fait* pour époux, et l'on a dit à Lélie que son rival étoit *l'homme le plus mal*

SCÈNE XI.

Ah! quand mille sermens de ta bouche infidèle
Ne m'auroient point promis une flamme éternelle,
Le seul mépris d'un choix si bas et si honteux
Devoit bien soutenir l'intérêt de mes feux,
Ingrate! et quelque bien... Mais ce sensible outrage,
Se mêlant aux travaux d'un assez long voyage,
Me donne tout-à-coup un choc si violent,
Que mon cœur devient foible, et mon corps chancelant.[1]

SCÈNE XI.

LÉLIE, LA FEMME DE SGANARELLE.

LA FEMME DE SGANARELLE, *se croyant seule.*
(*apercevant Lélie.*)
Malgré moi, mon perfide... Hélas! quel mal vous presse?

---

fait de tous. Molière n'a insisté sur ce point, que pour rendre plus vraisemblable la méprise de Lélie qui croit voir dans Sganarelle le mari destiné à sa maîtresse.

(1) La maîtresse s'est trouvée mal; l'amant se trouve mal à son tour. L'évanouissement d'une femme intéresse, parce qu'il tient à la foiblesse naturelle du sexe; mais l'évanouissement d'un homme a quelque chose de ridicule; et celui de Lélie, quelque soin que Molière ait pris de le motiver, n'en est pas moins contraire à la bienséance théâtrale. D'ailleurs, ces pamoisons sympathiques et symétriques laissent trop apercevoir la main de l'auteur. Des accidens ne sont pas des incidens; dans une action dramatique, les choses de nature fortuite sont nécéssairement l'ouvrage du poëte, et ne peuvent faire aucune illusion. Elles paroissent toutes naturelles dans la réalité; elles semblent trop artificielles dans l'imitation, et, quelque effet qu'elles produisent, on n'en tient aucun compte à l'auteur, parce qu'elles ne lui ont coûté aucune peine. La difficulté et le mérite de l'art consistent à former une intrigue dont toutes les parties naissent les unes des autres, et soient comme le développement spontané du jeu des caractères et des intérêts mis en scène.

Je vous vois prêt, monsieur, à tomber en foiblesse.
LÉLIE.
C'est un mal qui m'a pris assez subitement.
LA FEMME DE SGANARELLE.
Je crains ici pour vous l'évanouissement ;
Entrez dans cette salle, en attendant qu'il passe.
LÉLIE.
Pour un moment ou deux j'accepte cette grace. (1)

SCÈNE XII.

SGANARELLE, UN PARENT DE LA FEMME DE SGANARELLE.

LE PARENT.
D'un mari sur ce point j'approuve le souci ;
Mais c'est prendre la chèvre un peu bien vîte aussi : (2)
Et tout ce que de vous je viens d'ouïr contre elle,
Ne conclut point, parent, qu'elle soit criminelle :
C'est un point délicat ; et de pareils forfaits,
Sans les bien avérer, ne s'imputent jamais.

---

(1) La scène reste encore vide en cet endroit.

(2) Mais c'est prendre la chèvre un peu bien vite aussi.
Ménage donne l'étymologie de ce proverbe, *prendre la chèvre.* Selon lui, c'est faire la chèvre, imiter la chèvre, animal vif et impatient, dont tous les mouvemens sont brusques, inégaux et irréguliers. Quoiqu'il soit difficile d'expliquer comment le verbe *prendre* fait ici l'office du verbe *imiter*, l'interprétation de Ménage est d'autant plus vraisemblable, que nous avons une autre expression, *chevroter*, qui veut dire également, se mettre en colère sans motif suffisant, et dont le sens propre est évidemment *faire* ou *imiter la chèvre.* On sait d'ailleurs que les mots *caprice* et *capricieux*, qui ont une signification analogue, ont été formés du nom de cet animal, par allusion à l'humeur qu'on lui suppose d'après son allure.

SCÈNE XIII.

SGANARELLE.

C'est-à-dire qu'il faut toucher au doigt la chose.

LE PARENT.

Le trop de promptitude à l'erreur nous expose.
Qui sait comme en ses mains ce portrait est venu,
Et si l'homme, après tout, lui peut être connu?
Informez-vous-en donc; et, si c'est ce qu'on pense,
Nous serons les premiers à punir son offense. [1]

SCÈNE XIII.

SGANARELLE, *seul*.

On ne peut pas mieux dire; en effet, il est bon
D'aller tout doucement. Peut-être, sans raison,
Me suis-je en tête mis ces visions cornues, [2]

---

[1] Ce parent de la femme de Sganarelle, qu'on ne voit que dans cette courte scène, vient assurément y dire les choses les plus sensées; mais moins de douze vers forment un rôle qui n'est guère en proportion avec l'espèce d'importance que lui donne sa qualité de *parent*. Dans les comédies les plus régulières, on voit des rôles accessoires de valets chargés de quelque message; mais, en général, les poëtes s'interdisent de créer et de mettre en jeu pour trop peu de chose des personnages épisodiques d'une condition plus relevée. Il semble que Sganarelle, dans le monologue qui va suivre, auroit pu se dire à lui-même tout ce que lui dit le parent de sa femme.

[2]   Peut-être, sans raison,
  Me suis-je en tête mis ces visions cornues.

Visions cornues, se dit généralement des idées folles et chimériques. L'application particulière que Molière en fait ici, est tout-à-fait heureuse et plaisante.

Voltaire explique quelque part pourquoi les cornes sont l'emblème du cocuage. « Ceux qui veulent s'instruire à fond, dit-il, doivent savoir que
« nos cornes viennent des cornettes des dames. Un mari qui se laissoit
« tromper et gouverner par son insolente femme, étoit réputé porteur de
« cornes, cornu, cornard, par les bons bourgeois. » Il faut remarquer que *cornettes* est le diminutif de *cornes* qui, dans le quinzième siècle, étoit le nom de la coiffure ordinaire des femmes.

Et les sueurs au front m'en sont trop tôt venues.
Par ce portrait enfin dont je suis alarmé,
Mon déshonneur n'est pas tout-à-fait confirmé.
Tâchons donc par nos soins...

SCÈNE XIV.

SGANARELLE, LA FEMME de Sganarelle, *sur la porte de sa maison, reconduisant Lélie;* LÉLIE.

SGANARELLE, *à part, les voyant.*

Ah! que vois-je? Je meure!
Il n'est plus question de portrait à cette heure,
Voici, ma foi, la chose en propre original.

LA FEMME DE SGANARELLE.

C'est par trop vous hâter, monsieur; et votre mal,
Si vous sortez sitôt, pourra bien vous reprendre.

LÉLIE.

Non, non, je vous rends grace, autant qu'on puisse rendre,
De l'obligeant secours* que vous m'avez prêté.

SGANARELLE, *à part.*

La masque encore après lui fait civilité![1]

(*La femme de Sganarelle rentre dans sa maison.*)

VARIANTE. * *Du secours obligeant.*

---

(1)   La masque encore après lui fait civilité!
Y a-t-il rien de plus plaisant que ce vers? Le mari a l'air d'être moins fâché de l'accident qu'il suppose lui être arrivé, que de la politesse de sa femme envers l'homme qu'il croit être son amant heureux.

SCÈNE XV.
SGANARELLE, LÉLIE.

SGANARELLE, *à part.*
Il m'aperçoit; voyons ce qu'il me pourra dire.
LÉLIE, *à part.*
Ah! mon ame s'émeut, et cet objet m'inspire...
Mais je dois condamner cet injuste transport,
Et n'imputer mes maux qu'aux rigueurs de mon sort.
Envions seulement le bonheur de sa flamme.
(*En s'approchant de Sganarelle.*)
Oh! trop heureux d'avoir une si belle femme! (1)

SCÈNE XVI.
SGANARELLE, CÉLIE, *à sa fenêtre, voyant Lélie qui s'en va.*

SGANARELLE, *seul.*
Ce n'est point s'expliquer en termes ambigus.
Cet étrange propos me rend aussi confus
Que s'il m'étoit venu des cornes à la tête! (2)

---

(1)   Oh! trop heureux d'avoir une si belle femme!

Ce mot si naturel qu'arrache à Lélie le dépit qu'il a, dans son erreur, de voir sa belle maîtresse destinée à un malotru tel que Sganarelle, renforce singulièrement la situation. Sganarelle, vu l'erreur où il est aussi, ne peut douter que Lélie ne lui parle de sa femme qu'il quitte à l'instant même, et ce dernier coup est fait pour l'achever. Il paroit que cet excellent vers de situation a été senti, dès le principe, comme il méritoit de l'être. Neufvillenaine nous apprend que « jamais pièce entière n'a fait tant « d'éclat que ce vers seul. »

(2)   Cet étrange propos me rend aussi confus
        Que s'il m'étoit venu des cornes à la tête!

Molière tire encore ici un parti fort plaisant de cette autre expression

112   LE COCU IMAGINAIRE.
(*Regardant le côté par où Lélie est sorti.*)
Allez, ce procédé n'est point du tout honnête. (1)

CÉLIE, *à part, en entrant.*

Quoi! Lélie a paru tout à l'heure à mes yeux!
Qui pourroit me cacher son retour en ces lieux? (2)

SGANARELLE, *sans voir Célie.*

Oh! trop heureux d'avoir une si belle femme!
Malheureux bien plutôt de l'avoir, cette infâme!
Dont le coupable feu, trop bien vérifié,
Sans respect ni demi nous a cocufié. (3)
Mais je le laisse aller après un tel indice,
Et demeure les bras croisés comme un jocrisse! (4)
Ah! je devois du moins lui jeter son chapeau,

---

proverbiale, *les cornes m'en sont venues à la tête.* Elle veut dire simplement qu'on a été surpris, confondu; mais on sent combien elle a d'à-propos et de sel dans la situation particulière où croit être Sganarelle.

(1) Sganarelle a tout juste ce qu'il faut de courage pour dire aux gens leur fait, quand ils ne sont plus là.

(2)   Qui pourroit me cacher son retour en ces lieux?
Célie veut dire, *quel motif pourroit-il avoir de me cacher son retour?* Le vers ne rend pas heureusement sa pensée.

(3)   Sans respect ni demi nous a cocufié.
Sans respect ni demi. Cette locution n'est plus en usage. Elle signifie littéralement sans respect et même sans ce qui seroit la moitié du respect; elle est ici l'équivalent de ces mots, *sans le moindre égard.* — *Cocufié*, est au singulier, quoique précédé d'un régime direct au pluriel, qui est *nous*, parce que *nous* est ici pour *moi*, et que, dans ce cas, le nombre du participe ne se détermine pas d'après la règle de la grammaire, mais suivant la loi de la raison. C'est ainsi que l'adjectif ou le participe qui se rapporte au pronom *vous*, accordé par civilité à une personne seule, se met au singulier.

(4) *Jocrisse.* J'ai vainement tâché de découvrir l'origine de ce mot. Les étymologistes n'ont pas daigné s'en occuper; c'est qu'ils ne prévoyoient

SCÈNE XVI.

Lui ruer quelque pierre, ou crotter son manteau, (1)
Et sur lui hautement, pour contenter ma rage,
Faire, au larron d'honneur, crier le voisinage. (2)

(Pendant le discours de Sganarelle, Célie s'approche peu à peu, et attend, pour lui parler, que son transport soit fini.)

CÉLIE, *à Sganarelle.*

Celui qui maintenant devers vous est venu,
Et qui vous a parlé, d'où vous est-il connu?

SGANARELLE.

Hélas! ce n'est pas moi qui le connois, madame:
C'est ma femme.

---

pas l'étonnante et scandaleuse fortune qu'il devoit faire de nos jours, en devenant le nom d'un personnage de farce, pour lequel on a long-temps abandonné Tartuffe, Alceste et Harpagon. Dans *les Fous divertissans*, de R. Poisson, donnée en 1680, il y a un valet niais, nommé *Jocrisse*.

(1) Ah! je devois au moins lui jeter son chapeau,
Lui ruer quelque pierre, ou crotter son manteau.

Molière, en faisant ces deux vers, paroît s'être souvenu d'une phrase du paysan Gareau, dans *le Pédant joué*, de Cyrano de Bergerac: « Si j'a- « voüas trouvé queuque ribaud licher le morviau à ma femme, comme « cet affront-là frappe bian au cœur, peut-être que dans le désespoir je « m'emporteroüas à *jeter son chapiau* par les frenêtres. » — *Ruer*, verbe actif, signifiant, jeter, commence à n'être plus d'usage. On l'emploie encore comme verbe pronominal réfléchi: *se ruer sur quelqu'un. Ruer* se dit neutralement de l'action des animaux qui jettent leurs pieds de derrière en l'air avec force. — Du temps de Molière, les hommes, jeunes et vieux, portoient habituellement le manteau. Depuis long-temps, on y a renoncé dans le monde, et au théâtre il n'est plus porté que par les vieillards de nos vieilles comédies: ces rôles en ont pris le nom de *rôles à manteau*.

(2) Faire, au larron d'honneur, crier le voisinage.

Larron d'honneur. Encore une expression empruntée à Scarron. On lit, dans sa comédie du *Marquis ridicule*:

Elle croira venir tirer de sa cachette
Mon frère, et me prendra pour ce *larron d'honneur*.

CÉLIE.
Quel trouble agite ainsi votre ame?
SGANARELLE.
Ne me condamnez point d'un deuil hors de saison, [1]
Et laissez-moi pousser des soupirs à foison.
CÉLIE.
D'où vous peuvent venir ces douleurs non communes?
SGANARELLE.
Si je suis affligé, ce n'est pas pour des prunes;
Et je le donnerois à bien d'autres qu'à moi,
De se voir sans chagrin au point où je me voi.
Des maris malheureux vous voyez le modèle:
On dérobe l'honneur au pauvre Sganarelle;
Mais c'est peu que l'honneur dans mon affliction,
L'on me dérobe encor la réputation. [2]
CÉLIE.
Comment?
SGANARELLE.
Ce damoiseau, parlant par révérence,

---

[1]   Ne me condamnez point d'un deuil hors de saison.
Deuil est pour, chagrin, douleur. *Condamner quelqu'un d'une douleur hors de saison*, pour, *lui reprocher de s'affliger sans motif*, est une expression forcée et peu françoise.

[2]   On dérobe l'honneur au pauvre Sganarelle;
Mais c'est peu que l'honneur dans mon affliction,
L'on me dérobe encor la réputation.

Sganarelle établit ici, entre l'*honneur* et la *réputation*, une distinction fondée sur celle qui existe entre le fait dont il se croit victime et la divulgation de ce même fait. La chose en elle-même le blesse dans son *honneur*, et la publicité qu'on y donne l'attaque dans sa *réputation*. Il se conforme en cela aux idées communes; mais, plus loin, il se révolte contre le joug de l'opinion, lorsqu'il maudit celui qui s'avisa le premier

... D'attacher l'honneur de l'homme le plus sage
Aux choses que peut faire une femme volage.

SCÈNE XVI.

Me fait cocu, madame, avec toute licence;
Et j'ai su par mes yeux avérer aujourd'hui
Le commerce secret de ma femme et de lui.

CÉLIE.

Celui qui maintenant...

SGANARELLE.

Oui, oui, me déshonore;
Il adore ma femme, et ma femme l'adore.

CÉLIE.

Ah! j'avois bien jugé que ce secret retour
Ne pouvoit me couvrir que quelque lâche tour;
Et j'ai tremblé d'abord, en le voyant paroître,
Par un pressentiment de ce qui devoit être.

SGANARELLE.

Vous prenez ma défense avec trop de bonté,
Tout le monde n'a pas la même charité;
Et plusieurs qui tantôt ont appris mon martyre,
Bien loin d'y prendre part, n'en ont rien fait que rire.

CÉLIE.

Est-il rien de plus noir que ta lâche action?
Et peut-on lui trouver une punition? (1)
Dois-tu ne te pas croire indigne de la vie,
Après t'être souillé de cette perfidie?
O ciel! est-il possible?

SGANARELLE.

Il est trop vrai pour moi.

---

(1)   Et peut-on lui trouver une punition?

Lui, se rapportant à *ta lâche action*, est une faute. *Lui* et *leur*, ne se disent point des choses; on les remplace ordinairement par *y*. On dit, en parlant d'une affaire ou de plusieurs : *j'y donnerai mes soins*, et non pas, *je lui* ou *je leur donnerai mes soins*. On est cependant obligé assez souvent de déroger à cette règle ou de donner un autre tour à son idée.

CÉLIE.

Ah! traître! scélérat! ame double et sans foi!

SGANARELLE.

La bonne ame!

CÉLIE.

Non, non, l'enfer n'a point de gêne
Qui ne soit pour ton crime une trop douce peine.

SGANARELLE.

Que voilà bien parler!

CÉLIE.

Avoir ainsi traité
Et la même innocence et la même bonté! (1)

SGANARELLE *soupire haut*.

Hai!

CÉLIE.

Un cœur qui jamais n'a fait la moindre chose
A mériter l'affront où ton mépris l'expose! (2)

SGANARELLE.

Il est vrai.

CÉLIE.

Qui bien loin... Mais c'est trop, et ce cœur
Ne sauroit y songer sans mourir de douleur.

---

(1) *La même innocence et la même bonté, pour, l'innocence et la bonté même* : c'est un italianisme : *l'istessa innocenza e l'istessa bontà.* On en trouve mille exemples dans les poëtes de la première moitié du dix-septième siècle. Tout le monde connoît le vers du Cid :

Sais-tu que ce vieillard fut la même vertu ?

(2)   ... Un cœur qui jamais n'a fait la moindre chose
A mériter l'affront où ton mépris l'expose.

L'usage ne permet pas de dire, *je n'ai rien fait, je n'ai pas fait la moindre chose à mériter cet affront*; on dit, *je n'ai rien fait pour mériter*, ou, *qui mérite cet affront*.

SCÈNE XVII.

SGANARELLE.

Ne vous fâchez pas tant, ma très-chère madame;
Mon mal vous touche trop, et vous me percez l'ame. (1)

CÉLIE.

Mais ne t'abuse pas jusqu'à te figurer
Qu'à des plaintes sans fruit j'en veuille demeurer :
Mon cœur, pour se venger, sait ce qu'il te faut faire,
Et j'y cours de ce pas; rien ne m'en peut distraire.

SCÈNE XVII.

SGANARELLE, seul.

Que le ciel la préserve à jamais de danger!
Voyez quelle bonté de vouloir me venger!
En effet, son courroux, qu'excite ma disgrace,
M'enseigne hautement ce qu'il faut que je fasse;
Et l'on ne doit jamais souffrir, sans dire mot,
De semblables affronts, à moins qu'être un vrai sot. (2)
Courons donc le chercher, ce pendard qui m'affronte;

---

(1) Il n'y a peut-être pas au théâtre un quiproquo plus plaisant et plus naturel à la fois que celui-ci qui remplit cette scène. Sganarelle, préoccupé du sujet de son affliction, est persuadé que tout le monde doit y prendre part, quoique déja *plusieurs n'en aient rien fait que rire.* Entendant Célie exhaler son courroux contre l'amant qu'elle croit infidèle, il imagine bonnement que c'est contre le prétendu suborneur de sa femme qu'elle s'emporte; et, afin que rien ne manque au ridicule de sa méprise, il la supplie de prendre un peu moins feu pour ses intérêts auxquels elle ne songe nullement. L'idée de cette scène originale a été fort souvent imitée et presque toujours affoiblie.

(2) *A moins qu'être un vrai sot.* La phrase complète est, *à moins que d'être.* Du temps de Molière, on retranchoit quelquefois le *de;* aujourd'hui c'est le *que* que l'on supprime : ainsi l'on diroit, *à moins d'être un vrai sot.*

Montrons notre courage à venger notre honte.
Vous apprendrez, maroufle, à rire à nos dépens,
Et, sans aucun respect, faire cocus les gens. (1)

(*Il revient après avoir fait quelques pas.*)

Doucement, s'il vous plaît; cet homme a bien la mine
D'avoir le sang bouillant et l'ame un peu mutine;
Il pourroit bien, mettant affront dessus affront,
Charger de bois mon dos comme il a fait mon front.
Je hais de tout mon cœur les esprits colériques,
Et porte grand amour aux hommes pacifiques;
Je ne suis point battant, de peur d'être battu, (2)
Et l'humeur débonnaire est ma grande vertu.
Mais mon honneur me dit que d'une telle offense
Il faut absolument que je prenne vengeance:
Ma foi! laissons-le dire autant qu'il lui plaira, (3)
Au diantre qui pourtant rien du tout en fera!
Quand j'aurai fait le brave, et qu'un fer, pour ma peine,
M'aura d'un vilain coup transpercé la bedaine,
Que par la ville ira le bruit de mon trépas,

---

(1)   Vous apprendrez, maroufle, à rire à nos dépens,
           Et, sans aucun respect, faire cocus les gens.

Il falloit, *et à faire cocus les gens;* la répétition de la préposition étoit indispensable.

(2)   Je ne suis point battant, de peur d'être battu.

Ce vers est devenu proverbe. Voltaire en a fait un précepte dans une pièce de vers de sa première jeunesse, où il dit:

         Et ne sois point battant, de peur d'être battu.

(3)   Ma foi! laissons-le dire autant qu'il lui plaira.

Ici, le verbe *dire*, étant employé neutralement et dans le sens de *parler*, semble pouvoir se passer de régime direct et avoir pour complément ces mots, *autant qu'il lui plaira*. Dans tout autre cas, se seroit une faute; un homme *dit tout ce qu'il lui plaît*, et *parle autant qu'il lui plaît*.

SCÈNE XVII.

Dites-moi, mon honneur, en serez-vous plus gras?
La bière est un séjour par trop mélancolique,
Et trop mal-sain pour ceux qui craignent la colique. (1)
Et quant à moi, je trouve, ayant tout compassé, (2)
Qu'il vaut mieux être encor cocu que trépassé.
Quel mal cela fait-il? La jambe en devient-elle
Plus tortue, après tout, et la taille moins belle? (3)

---

(1) La bière est un séjour par trop mélancolique,
Et trop mal-sain pour ceux qui craignent la colique.

Cette plaisanterie, mauvaise même pour Sganarelle, est visiblement imitée de ce vers de Scarron, dans *Jodelet duelliste* :

La bière
Qu'on dit être un séjour mal-sain et catarrheux.

Molière choisit ordinairement mieux ses modèles, ou du moins ce qu'il daigne emprunter d'eux.

(2) Et quant à moi, je trouve, ayant tout compassé.

On lit *compassé* dans les éditions antérieures à celle de M. Petitot (1812), qui propose *compensé*. *Compensé* est le mot dont on se serviroit aujourd'hui; mais *compassé* ne manque pas de justesse. *Ayant tout compassé*, signifie, ayant tout mesuré au compas, ce qui, sous une autre figure, donne absolument le même sens que, *ayant tout compensé*, qui veut dire, ayant tout mis en balance. D'ailleurs, on doit respecter le texte de Molière.

(3) Quel mal cela fait-il? La jambe en devient-elle
Plus tortue, après tout, et la taille moins belle?

La Fontaine dit aux maris travaillés de la même inquiétude que Sganarelle :

... Ce mal, dont la peur vous mine et vous consume,
N'est mal qu'en votre idée, et non point dans l'effet.
En mettez-vous votre bonnet
Moins aisément que de coutume?

Le même La Fontaine, dans sa comédie de *la Coupe enchantée*, imprimée sous le nom et dans les œuvres du comédien Champmeslé, fait dire à un paysan qui ne veut pas faire l'essai de la coupe : « Je suis mal-« adroit de ma nature; quand je saurois ça, en serois-je plus gras? en « aurois-je la jambe plus droite? en dormirois-je plus que des deux yeux? « en mangerois-je autrement que par la bouche? Non, pargué; c'est « pourquoi, frère, je suis votre serviteur, je ne boirai point. »

LE COCU IMAGINAIRE.

Peste soit qui premier trouva l'invention [1]
De s'affliger l'esprit de cette vision,
Et d'attacher l'honneur de l'homme le plus sage
Aux choses que peut faire une femme volage ! [2]
Puisqu'on tient, à bon droit, tout crime personnel,
Que fait-là notre honneur pour être criminel ?
Des actions d'autrui l'on nous donne le blâme :
Si nos femmes sans nous ont un commerce infâme,
Il faut que tout le mal tombe sur notre dos :
Elles font la sottise, et nous sommes les sots. [3]
C'est un vilain abus, et les gens de police
Nous devroient bien régler une telle injustice.
N'avons-nous pas assez des autres accidens
Qui nous viennent happer en dépit de nos dents ?
Les querelles, procès, faim, soif et maladie,
Troublent-ils pas assez le repos de la vie,
Sans s'aller, de surcroît, aviser sottement
De se faire un chagrin qui n'a nul fondement ?

---

(1)   Peste soit qui premier trouva l'invention, etc.

On ne dit pas, *peste soit qui*, mais, *peste soit de celui qui*, *peste soit de l'homme*, ou simplement, *peste de l'homme*.

(2)   Et d'attacher l'honneur de l'homme le plus sage
         Aux choses que peut faire une femme volage.

Dans *le Mariage de Figaro*, le comte Almaviva, qui est pourtant un peu plus délicat et un peu plus fier que Sganarelle, pense exactement comme lui sur ce bizarre et absurde préjugé. *Mon honneur...* dit-il ; *où diable on l'a placé !*

(3)   Elles font la sottise, et nous sommes les sots.

Le jeu de ces deux mots, *sots* et *sottise*, fait plaisamment ressortir la contradiction morale renfermée dans ce vers. *Sot* étoit autrefois synonyme de *cocu*; Molière a dit, dans *l'École des femmes*:

     Épouser une sotte est pour n'être point sot.

Et La Fontaine, dans *la Coupe enchantée*:

     Il veut, à toute force, être au nombre des sots.

SCÈNE XVII.

Moquons-nous de cela, méprisons les alarmes,
Et mettons sous nos pieds les soupirs et les larmes.
Si ma femme a failli, qu'elle pleure bien fort;
Mais pourquoi, moi, pleurer, puisque je n'ai point tort?
En tout cas, ce qui peut m'ôter ma fâcherie,
C'est que je ne suis pas seul de ma confrérie.
Voir cajoler sa femme, et n'en témoigner rien,
Se pratique aujourd'hui par force gens de bien. (1)
N'allons donc point chercher à faire une querelle,
Pour un affront qui n'est que pure bagatelle.
L'on m'appellera sot, de ne me venger pas;
Mais je le serois fort, de courir au trépas.

(*Mettant la main sur sa poitrine.*)

Je me sens là pourtant remuer une bile
Qui veut me conseiller quelque action virile :
Oui, le courroux me prend; c'est trop être poltron :
Je veux résolument me venger du larron.
Déjà pour commencer, dans l'ardeur qui m'enflamme,
Je vais dire partout qu'il couche avec ma femme. (2)

---

(1)   En tout cas, ce qui peut m'ôter ma fâcherie,
        C'est que je ne suis pas seul de ma confrérie.
        Voir cajoler sa femme, et n'en témoigner rien,
        Se pratique aujourd'hui par force gens de bien.

Le sens de ces quatre vers se retrouve tout entier dans ceux-ci de La Fontaine :

. . . . Consolons-nous pourtant;
Nous avons des pareils, c'est un grand avantage.
. . . .
Qu'est-ce enfin que ce mal dont tant de gens de bien
         Se moquent avec juste cause?

(2)   Je vais dire partout qu'il couche avec ma femme.

Sganarelle ne pouvoit pas mieux terminer ce monologue, où sa poltronnerie, aux prises avec sa colère, obtient d'elle au moins qu'elle n'éclate pas de manière à le mettre en péril, et où son bon sens grossier, luttant

SCÈNE XVIII.

GORGIBUS, CÉLIE, LA SUIVANTE DE CÉLIE.

CÉLIE.

Oui, je veux bien subir une si juste loi :
Mon père, disposez de mes vœux et de moi ;
Faites, quand vous voudrez, signer cet hyménée :
A suivre mon devoir je suis déterminée ;
Je prétends gourmander mes propres sentimens,
Et me soumettre en tout à vos commandemens.

GORGIBUS.

Ah! voilà qui me plaît, de parler de la sorte. [1]
Parbleu ! si grande joie à l'heure me transporte,
Que mes jambes sur l'heure en caprioleroient, [2]

---

contre un préjugé qui le révolte, lui fournit de si bonnes raisons pour ne point exposer sa vie, en cherchant à venger ce qu'on veut qu'il nomme son honneur. Ce monologue est long sans doute ; mais le nombre, la variété, et la vivacité des mouvemens contraires qui s'élèvent dans l'ame du personnage, le rendent suffisamment vraisemblable : il y a un peu de charge et de bouffonnerie ; mais le vrai comique y domine. Dans la nouveauté de la pièce, on l'appelait *la belle scène*.

Le théâtre reste vide pour la troisième fois. Comme je l'ai remarqué à propos de *l'Étourdi*, ce défaut, plus excusable dans une comédie dont l'action se passe sur la place publique, y est aussi moins sensible ; et le choix d'un pareil lieu de scène, répréhensible dans les pièces de haut comique, ne l'est pas autant, à beaucoup près, dans celles qui se rapprochent de la farce.

(1)   Ah! voilà qui me plaît, de parler de la sorte.

Ce qui lui plaît, ce n'est pas *de parler*, mais, *d'entendre parler de la sorte*. Le sens n'est pas douteux ; mais l'expression est insuffisante.

(2)   Parbleu ! si grande joie à l'heure me transporte,
            Que mes jambes sur l'heure en caprioleroient !

A l'heure et *sur l'heure*, dans la même phrase, sont une négligence que

SCÈNE XIX.

Si nous n'étions point vus de gens qui s'en riroient!
Approche-toi de moi; viens-çà, que je t'embrasse.
Une telle action n'a pas mauvaise grace;
Un père, quand il veut, peut sa fille baiser,
Sans que l'on ait sujet de s'en scandaliser.
Va, le contentement de te voir si bien née,
Me fera rajeunir de dix fois une année.

SCÈNE XIX.

CÉLIE, LA SUIVANTE DE CÉLIE.

LA SUIVANTE.

Ce changement m'étonne.

CÉLIE.

    Et lorsque tu sauras
Par quel motif j'agis, tu m'en estimeras.

LA SUIVANTE.

Cela pourroit bien être.

CÉLIE.

    Apprends donc que Lélie
A pu blesser mon cœur par une perfidie;
Qu'il étoit en ces lieux sans...

LA SUIVANTE.

    Mais il vient à nous.

Molière auroit peut-être fait disparoître, ainsi que plusieurs autres, s'il eût donné lui-même des soins à l'édition de sa pièce.

SCÈNE XX.

LÉLIE, CÉLIE, LA SUIVANTE DE CÉLIE.

LÉLIE.
Avant que pour jamais je m'éloigne de vous,
Je veux vous reprocher au moins en cette place...
CÉLIE.
Quoi! me parler encore? Avez-vous cette audace?
LÉLIE.
Il est vrai qu'elle est grande; et votre choix est tel,
Qu'à vous rien reprocher je serois criminel. (1)
Vivez, vivez contente, et bravez ma mémoire,
Avec le digne époux qui vous comble de gloire.
CÉLIE.
Oui, traître! j'y veux vivre; et mon plus grand desir,
Ce seroit que ton cœur en eût du déplaisir. (2)

---

(1) Et votre choix est tel,
Qu'à vous rien reprocher je serois criminel.

On n'est point *criminel à faire une chose*, mais *de faire une chose*. On peut observer, en général, que Molière, dans le choix des diverses prépositions qui régissent un infinitif, paroît souvent maîtrisé par la forme du vers, et que, quand il ne l'est pas, il se décide moins suivant la règle et l'usage, que d'après certaines analogies qui l'en écartent. Ainsi, il dit, *je serois criminel à vous rien reprocher*, parce qu'on dit, *il y auroit du crime à faire telle chose*. Rien, au reste, n'est plus fréquent parmi nous que cette espèce de faute. Nos prépositions ayant une infinité d'emplois assez peu distincts, il n'est pas toujours facile de discerner celle que demande après lui tel verbe ou tel adjectif, et souvent on met à la place celle qui convient au terme synonyme ou analogue.

(2) On voit, par les comédies de Corneille, entre autres, qu'avant Molière, les amans au théâtre se tutoyoient habituellement, c'est-à-dire hors même des cas où quelque mouvement passionné fait sortir un per-

LÉLIE.
Qui rend donc contre moi ce courroux légitime?
CÉLIE.
Quoi! tu fais le surpris et demandes ton crime?

SCÈNE XXI.

CÉLIE, LÉLIE, SGANARELLE, *armé de pied en cap*, LA SUIVANTE DE CÉLIE.

SGANARELLE.
Guerre! guerre mortelle à ce larron d'honneur!
Qui, sans miséricorde, a souillé notre honneur.
CÉLIE, *à Lélie, lui montrant Sganarelle.*
Tourne, tourne les yeux, sans me faire répondre.
LÉLIE.
Ah! je vois...
CÉLIE.
    Cet objet suffit pour te confondre.
LÉLIE.
Mais pour vous obliger bien plutôt à rougir.
SGANARELLE, *à part.*
Ma colère à présent est en état d'agir;
Dessus ses grands chevaux est monté mon courage;
Et, si je le rencontre, on verra du carnage.
Oui, j'ai juré sa mort; rien ne peut l'empêcher :*

VARIANTE. * *Rien ne peut m'empêcher.*

---

sonnage du cercle des bienséances ordinaires. Il n'est pas probable qu'en cela l'usage de la scène répondît à celui de la société. Quoi qu'il en soit, ce fut Molière qui bannit le tutoiement entre les amans. Ici, à la vérité, Célie se le permet, mais c'est dans un accès de fureur jalouse; et, dans aucune des pièces suivantes, les amans ne se tutoient l'un l'autre, à quelque point que soit portée entre eux la bonne ou la mauvaise intelligence.

Où je le trouverai, je veux le dépêcher.
(*Tirant son épée à demi, il approche de Lélie.*)
Au beau milieu du cœur il faut que je lui donne...

LÉLIE, *se retournant.*

A qui donc en veut-on ?

SGANARELLE.

Je n'en veux à personne.

LÉLIE.

Pourquoi ces armes-là ?

SGANARELLE.

C'est un habillement
(*à part.*)
Que j'ai pris pour la pluie. Ah ! quel contentement
J'aurois à le tuer ! Prenons-en le courage.

LÉLIE, *se retournant encore.*

Hai ?

SGANARELLE.

Je ne parle pas.
(*à part, après s'être donné des soufflets pour s'exciter.*)
Ah ! poltron ! dont j'enrage,
Lâche ! vrai cœur de poule !

CÉLIE, *à Lélie.*

Il t'en doit dire assez,
Cet objet dont tes yeux nous paroissent blessés.

LÉLIE.

Oui, je connois par-là que vous êtes coupable
De l'infidélité la plus inexcusable,
Qui jamais d'un amant puisse outrager la foi.

SGANARELLE, *à part.*

Que n'ai-je un peu de cœur !

CÉLIE.

Ah ! cesse devant moi,
Traître ! de ce discours l'insolence cruelle !

SCÈNE XXI.

SGANARELLE, *à part*.

Sganarelle, tu vois qu'elle prend ta querelle :
Courage, mon enfant, sois un peu vigoureux.
Là, hardi ! tâche à faire un effort généreux,
En le tuant tandis qu'il tourne le derrière.

LÉLIE, *faisant deux ou trois pas sans dessein, fait retourner Sganarelle qui s'approchoit pour le tuer.*

Puisqu'un pareil discours émeut votre colère,
Je dois de votre cœur me montrer satisfait,
Et l'applaudir ici du beau choix qu'il a fait.

CÉLIE.

Oui, oui, mon choix est tel qu'on n'y peut rien reprendre.

LÉLIE.

Allez, vous faites bien de le vouloir défendre.

SGANARELLE.

Sans doute, elle fait bien de défendre mes droits. [1]
Cette action, monsieur, n'est point selon les lois :
J'ai raison de m'en plaindre ; et, si je n'étois sage,
On verroit arriver un étrange carnage.

LÉLIE.

D'où vous naît cette plainte, et quel chagrin brutal?...

---

[1] Sganarelle, qui n'a guère été que bouffon dans la première partie de la scène, redevient ici véritablement comique. En tout, il y a, dans cette scène, un grand comique de situation, résultant de l'erreur où est chacun des trois personnages. Célie voit toujours dans Sganarelle l'homme dont Lélie a suborné la femme ; Lélie continue d'y voir l'homme que Célie a épousé au mépris de ses sermens ; et Sganarelle, qui partage l'erreur de Célie, a de plus le travers de voir en elle une personne qui, sans autre intérêt que l'amour du bien et l'horreur du désordre, *défend ses droits* avec chaleur contre le prétendu galant de sa femme. Tout cela fait une complication de méprises fort plaisante et en même temps fort naturelle.

SGANARELLE.

Suffit. Vous savez bien où le bât me fait mal;
Mais votre conscience et le soin de votre ame
Vous devroient mettre aux yeux que ma femme est ma femme
Et vouloir, à ma barbe, en faire votre bien,
Que ce n'est pas du tout agir en bon chrétien. [1]

LÉLIE.

Un semblable soupçon est bas et ridicule.
Allez, dessus ce point n'ayez aucun scrupule :
Je sais qu'elle est à vous; et, bien loin de brûler...

CÉLIE.

Ah! qu'ici tu sais bien, traître, dissimuler!

LÉLIE.

Quoi! me soupçonnez-vous d'avoir une pensée
De qui son ame ait lieu de se croire offensée?
De cette lâcheté voulez-vous me noircir?

CÉLIE.

Parle, parle à lui-même, il pourra t'éclaircir.

SGANARELLE, *à Célie*.

Vous me défendez mieux que je ne saurois faire,
Et du biais qu'il faut vous prenez cette affaire.

---

(1)   Et vouloir, à ma barbe, en faire votre bien,
        Que ce n'est pas du tout agir en bon chrétien.

Cette construction est tout-à-fait vicieuse. Il falloit, *et que vouloir en faire votre bien, ce n'est pas du tout agir*, etc.

SCÈNE XXII.

CÉLIE, LÉLIE, SGANARELLE, LA FEMME
DE SGANARELLE, LA SUIVANTE DE CÉLIE.

LA FEMME DE SGANARELLE.

Je ne suis point d'humeur à vouloir contre vous
Faire éclater, madame, un esprit trop jaloux;
Mais je ne suis point dupe, et vois ce qui se passe :
Il est de certains feux de fort mauvaise grace;
Et votre ame devroit prendre un meilleur emploi,
Que de séduire un cœur qui doit n'être qu'à moi.

CÉLIE.

La déclaration est assez ingénue.

SGANARELLE, *à sa femme.*

L'on ne demandoit pas, * carogne, ta venue :
Tu la viens quereller lorsqu'elle me défend,
Et tu trembles de peur qu'on t'ôte ton galant. (1)

CÉLIE.

Allez, ne croyez pas que l'on en ait envie.
(*Se tournant vers Lélie.*)
Tu vois si c'est mensonge; et j'en suis fort ravie.

LÉLIE.

Que me veut-on conter?

VARIANTE. * *L'on ne demande pas.*

---

(1)   Et tu trembles de peur qu'on t'ôte ton galant.

Il faudroit, *qu'on ne t'ôte ton galant;* mais j'ai déja remarqué que, du temps de Molière, les poëtes ne faisoient pas scrupule de retrancher, en pareil cas, la négation, et je l'ai prouvé par des exemples. (Voyez *l'Étourdi*, page 20, note 1.)

LA SUIVANTE.

Ma foi, je ne sais pas
Quand on verra finir ce galimatias ;
Déja depuis long-temps * je tâche à le comprendre,
Et si, plus je l'écoute, et moins je puis l'entendre. (1)
Je vois bien à la fin que je m'en dois mêler.

(*Elle se met entre Lélie et sa maîtresse.*)

Répondez-moi par ordre, et me laissez parler.

(*à Lélie.*)

Vous, qu'est-ce qu'à son cœur peut reprocher le vôtre?

LÉLIE.

Que l'infidèle a pu me quitter pour un autre ;
Que lorsque, sur le bruit de son hymen fatal,

VARIANTE. * *Depuis assez long-temps.*

---

(1) Et si, plus je l'écoute, et moins je puis l'entendre.
D'après l'exemple de beaucoup d'écrivains et l'opinion de beaucoup de critiques, la conjonction *et* dans ce vers ne seroit pas une faute. L'abbé d'Olivet est d'un avis contraire, et la raison me semble être de son côté. Voici la petite dissertation qu'il fait à ce sujet : « *Plus on lit Racine,*
« *plus on l'admire.* Il y a dans cette phrase deux propositions simples,
« *on lit Racine, on l'admire,* lesquelles, prises séparément, n'ont point
« encore de rapport ensemble. Pour les unir et n'en faire qu'une phrase,
« je n'ai qu'à dire, *on lit Racine et on l'admire.* Mais si je veux faire en-
« tendre que l'une est à l'autre ce qu'est la cause à l'effet, ou l'antécé-
« dent au conséquent, alors il ne s'agit plus de les unir ; il faut marquer
« le rapport qu'elles ont ensemble. Or, c'est à quoi nous servent ces ad-
« verbes comparatifs, *plus, moins* et *mieux,* dont l'un est toujours né-
« cessaire à la tête de chaque proposition, sans pouvoir céder sa place,
« ni souffrir un autre mot avant lui. Il y a cependant un cas où la con-
« jonction *et* doit précéder l'article comparatif, c'est lorsqu'au lieu d'une
« seule proposition simple, plusieurs sont réunies pour former ou l'anté-
« cédent ou le conséquent, comme dans cette phrase : *plus je lis Racine*
« *et plus je l'étudie, plus je l'admire.* Ici, la conjonction porte, non sur
« la dernière proposition qui est corrélative, mais sur les deux premières
« qui sont copulatives. »

SCÈNE XXII.

J'accours tout transporté d'un amour sans égal,
Dont l'ardeur résistoit à se croire oubliée,
Mon abord en ces lieux la trouve mariée.

LA SUIVANTE.

Mariée! à qui donc?

LÉLIE, *montrant Sganarelle.*

A lui.

LA SUIVANTE.

Comment, à lui?

LÉLIE.

Oui-dà!

LA SUIVANTE.

Qui vous l'a dit?

LÉLIE.

C'est lui-même, aujourd'hui.

LA SUIVANTE, *à Sganarelle.*

Est-il vrai?

SGANARELLE.

Moi? J'ai dit que c'étoit à ma femme
Que j'étois marié.

LÉLIE.

Dans un grand trouble d'ame,
Tantôt de mon portrait je vous ai vu saisi.

SGANARELLE.

Il est vrai : le voilà.

LÉLIE, *à Sganarelle.*

Vous m'avez dit aussi
Que celle aux mains de qui vous avez pris ce gage,
Étoit liée à vous des nœuds du mariage.

SGANARELLE.

(*Montrant sa femme.*)
Sans doute. Et je l'avois de ses mains arraché;

Et n'eusse pas sans lui découvert son péché. (1)
LA FEMME DE SGANARELLE.
Que me viens-tu conter par ta plainte importune?
Je l'avois sous mes pieds rencontré par fortune; (2)
Et même, quand, après ton injuste courroux,
  (*montrant Lélie.*)
J'ai fait dans sa foiblesse entrer monsieur chez nous,
Je n'ai pas reconnu les traits de sa peinture.
CÉLIE.
C'est moi qui du portrait ai causé l'aventure;
Et je l'ai laissé choir en cette pamoison,
  (*à Sganarelle.*)
Qui m'a fait par vos soins remettre à la maison.
LA SUIVANTE.
Vous voyez que sans moi * vous y seriez encore,
Et vous aviez besoin de mon peu d'ellébore. (3)

VARIANTE. * *Vous le voyez, sans moi.*

---

(1)   Et n'eusse pas sans lui découvert son péché.
Péché est un terme dogmatique qui convient peu à la comédie. *Faute* ou *crime* eût été préférable.

(2)   Je l'avois sous mes pieds rencontré par fortune.
Par fortune, par hasard, par cas fortuit. La Fontaine a dit, *de fortune: le loup, de fortune, passe.* Ces expressions commencent à n'être plus d'usage.

(3) C'est une idée comique et morale, que de faire débrouiller en peu de mots tout ce mal-entendu qui divisoit deux époux et deux amans, par le simple bon sens d'une suivante qui a sur eux tous l'avantage d'être de sang-froid et de n'avoir ni amour ni jalousie. On aperçoit là le germe de la charmante scène du *Tartuffe*, dans laquelle Dorine, après s'être quelque temps amusée de la querelle de Valère et de Mariane, les remet bien ensemble, en leur prouvant qu'ils n'ont pas le sens commun l'un et l'autre, et qu'ils s'aiment plus que jamais.

SCÈNE XXII.

SGANARELLE, *à part.*

Prendrons-nous tout ceci pour de l'argent comptant?
Mon front l'a, sur mon ame, eu bien chaude pourtant! (1)

LA FEMME DE SGANARELLE.

Ma crainte toutefois n'est pas trop dissipée,
Et, doux que soit le mal, je crains d'être trompée. (2)

SGANARELLE, *à sa femme.*

Hé! mutuellement, croyons-nous gens de bien;
Je risque plus du mien que tu ne fais du tien;
Accepte sans façon le marché qu'on propose.

LA FEMME DE SGANARELLE.

Soit. Mais gare le bois si j'apprends quelque chose! (3)

CÉLIE, *à Lélie, après avoir parlé bas ensemble.*

Ah! dieux! s'il est ainsi, qu'est-ce donc que j'ai fait?

---

(1)   Prendrons-nous tout ceci pour de l'argent comptant?
       Mon front l'a, sur mon ame, eu bien chaude pourtant!

La véritable expression proverbiale est, *prendre pour argent comptant*, et non, *pour de l'argent comptant*. Prendre une chose pour une autre, c'est s'y méprendre, s'y tromper; ce qui n'est pas le sens du proverbe. *Prendre une chose pour argent comptant*, c'est proprement l'accepter à défaut et en place d'argent comptant. Le besoin d'une syllabe de plus dans le vers a contraint Molière à faire cette faute. — Dans ces locutions proverbiales, *l'avoir bien chaude*, *la donner bien chaude*, le mot *alarme* est sous-entendu.

(2)   Et, doux que soit le mal, je crains d'être trompée.

Ce vers, dont le sens ne se présente peut-être pas assez clairement à l'esprit, signifie, *quelque doux qu'il soit d'être trompée, je crains de l'être*. *Doux que soit le mal*, pour, *quelque doux que soit le mal*, est une ellipse dont l'usage est à regretter.

(3)   Soit. Mais gare le bois si j'apprends quelque chose!

Il est bien entendu que la femme de Sganarelle ne le menace pas ici de coups de bâton. Le *bois* dont elle parle, est celui dont on suppose que l'infidélité des femmes décore le front des maris. On appelle *bois*, dans ce sens, ce qu'on appelle autrement *cornes* : c'est une allusion à la ramure du cerf, qui se nomme *bois* également.

Je dois de mon courroux appréhender l'effet.
Oui, vous croyant sans foi, j'ai pris, pour ma vengeance,
Le malheureux secours de mon obéissance,
Et, depuis un moment, mon cœur vient d'accepter
Un hymen que toujours j'eus lieu de rebuter.
J'ai promis à mon père; et ce qui me désole...
Mais je le vois venir.

LÉLIE.

Il me tiendra parole.

SCÈNE XXIII.

GORGIBUS, CÉLIE, LÉLIE, SGANARELLE,
LA FEMME DE SGANARELLE, LA SUIVANTE
DE CÉLIE.

LÉLIE.

Monsieur, vous me voyez en ces lieux de retour,
Brûlant des mêmes feux; et mon ardent amour
Verra, comme je crois, la promesse accomplie
Qui me donna l'espoir de l'hymen de Célie. (1)

GORGIBUS.

Monsieur, que je revois en ces lieux de retour,
Brûlant des mêmes feux, et dont l'ardent amour
Verra, que vous croyez, la promesse accomplie

---

(1)   Verra, comme je crois, la promesse accomplie
    Qui me donna l'espoir de l'hymen de Célie.

Verra la promesse accomplie qui me donna, pour, *verra accomplir la promesse qui me donna,* est une tournure surannée que nos poëtes n'oseroient plus employer. *Qui me donna l'espoir de l'hymen de Célie,* ne dit, ni avec assez de netteté ni avec assez d'élégance, qui me fit espérer que j'épouserois Célie.

SCÈNE XXIII.

Qui vous donna l'espoir * de l'hymen de Célie,
Très-humble serviteur à votre seigneurie. (1)

LÉLIE.

Quoi! monsieur, est-ce ainsi qu'on trahit mon espoir?

GORGIBUS.

Oui, monsieur, c'est ainsi que je fais mon devoir:
Ma fille en suit les lois.

CÉLIE.

    Mon devoir m'intéresse,
Mon père, à dégager vers lui votre promesse. (2)

GORGIBUS.

Est-ce répondre en fille à mes commandemens?
Tu te démens bientôt de tes bons sentimens.

VARIANTE. * *Qui vous donne l'espoir.*

---

(1)   Verra, que vous croyez, la promesse accomplie
     Qui vous donna l'espoir de l'hymen de Célie,
     Très-humble serviteur à votre seigneurie.

Ce n'est pas la seule fois que, dans une comédie en vers alexandrins à rimes plates, on ait fait plus de deux vers de suite sur la même rime. Raymond Poisson, dans *le Fou de qualité*, a mis cinq vers masculins de suite:

    Demandez qui je suis à tous les Lydiens,
    A tous les Cypriots, à tous les Phrygiens,
    Aux Mèdes, aux Persans, aux Paphlagoniens,
    Scythes et Bactriens et Babyloniens,
    A tous ceux dont le nom se termine en *iens*.

Les poëtes anglois font souvent rimer ensemble trois vers de suite, et ils les unissent par une accolade.

(2)   Mon devoir m'intéresse,
    Mon père, à dégager vers lui votre promesse.

On doit dire, *dégager sa promesse envers*, et non pas, *vers quelqu'un*. *Vers* est uniquement une préposition de lieu et de temps. Néanmoins, comme je l'ai déja remarqué, Racine a dit dans *Bajazet:*

    Et m'acquitter vers vous de mes respects profonds.

Pour Valère, tantôt... Mais j'aperçois son père:
Il vient assurément pour conclure l'affaire.

SCÈNE XXIV.

VILLEBREQUIN, GORGIBUS, CÉLIE, LÉLIE, SGANARELLE, LA FEMME de Sganarelle, LA SUIVANTE de Célie.

GORGIBUS.

Qui vous amène ici, seigneur Villebrequin?

VILLEBREQUIN.

Un secret important que j'ai su ce matin,
Qui rompt absolument ma parole donnée.
Mon fils, dont votre fille acceptoit l'hyménée,
Sous des liens cachés trompant les yeux de tous,
Vit depuis quatre mois avec Lise en époux;
Et, comme des parens le bien et la naissance
M'ôtent tout le pouvoir d'en casser l'alliance, *
Je vous viens...

GORGIBUS.

    Brisons là. Si, sans votre congé,
Valère votre fils ailleurs s'est engagé,
Je ne vous puis celer que ma fille Célie
Dès long-temps par moi-même est promise à Lélie;
Et que, riche en vertu, son retour aujourd'hui
M'empêche d'agréer un autre époux que lui. (1)

VARIANTE. * *De casser l'alliance.*

---

(1) Voltaire blâme ce dénouement qui lui paroît *un des moins bien ménagés et des moins heureux de l'auteur.* Il est certain qu'il ne sort point du sujet, qu'il est imprévu et fortuit, enfin qu'il est de ceux dont

SCÈNE XXIV.

VILLEBREQUIN.

Un tel choix me plaît fort.

LÉLIE.

Et cette juste envie
D'un bonheur éternel va couronner ma vie...

GORGIBUS.

Allons choisir le jour pour se donner la foi.

---

on dit qu'ils tombent des nues; mais l'imperfection n'en est point choquante, parce que, l'action ayant été très-légèrement nouée, peu de chose doit suffire pour la dénouer. La double ou plutôt la quadruple méprise sur laquelle est fondée toute l'intrigue, venant à cesser, la pièce est terminée, et dès lors il importe fort peu de quelle manière Gorgibus est amené à donner son consentement à l'union des deux amans.

On a beaucoup reproché à Molière le défaut d'art ou de vraisemblance de plusieurs de ses dénouemens. Il faut distinguer dans une pièce deux sortes de dénouemens, celui de la comédie, c'est-à-dire du sujet que l'auteur s'est proposé de traiter, et celui de l'action, c'est-à-dire de la fable qu'il a imaginée pour développer son sujet. Molière excelle toujours dans les dénouemens de la première espèce; souvent, il est foible, il pèche dans ceux de la seconde; quelquefois (et c'est alors le comble de la perfection) il parvient à réunir en un seul le dénouement de la comédie et celui de l'action : en d'autres termes, il trouve, il place, dans la fin même de son intrigue, le but comique ou moral de sa pièce. Passons à l'application. Dans *le Cocu imaginaire*, le sujet est cette promptitude à juger d'après les apparences, qui nous expose à toutes les erreurs que la jalousie peut enfanter; et le dénouement de ce sujet est nécessairement l'explication qui vient dissiper toutes les chimères dont les divers personnages ont eu la cervelle troublée. Quant à la fable, c'est la main de Célie promise par Gorgibus à Valère, et engagée par Célie elle-même à Lélie; et le dénouement de cette fable est l'arrivée imprévue de Villebrequin qui vient redemander et rendre à Gorgibus la parole mutuelle qu'ils se sont donnée. Ce dernier dénouement n'a rien de commun avec celui du sujet, et il pourroit être tout différent de ce qu'il est. Il était facile à Molière de le faire meilleur; et, pour qu'il fût entièrement bon, il auroit fallu que tout à la fois il désabusât les deux amans de leurs erreurs, et changeât la résolution que le père de Célie avoit prise contre leurs intérêts.

SGANARELLE, *seul.*

A-t-on mieux cru jamais être cocu que moi !
Vous voyez qu'en ce fait la plus forte apparence
Peut jeter dans l'esprit une fausse créance.
De cet exemple-ci ressouvenez-vous bien ;
Et, quand vous verriez tout, ne croyez jamais rien. [1]

---

[1] Voilà une moralité bien digne du personnage, et surtout très-analogue au ton plaisant et presque bouffon qui domine dans cette pièce.

FIN DU COCU IMAGINAIRE.

NOTICE

HISTORIQUE ET LITTÉRAIRE

SUR LE COCU IMAGINAIRE.

SCANARELLE ou *le Cocu imaginaire* fut joué à Paris le 28 mai 1660. Malgré la beauté de la saison et le mariage du roi qui retenoit toute la cour hors de Paris, cette pièce fut très-suivie : elle eut plus de quarante représentations consécutives.

Un particulier, nommé Neufvillenaine, ayant été la voir plusieurs fois, s'aperçut qu'elle étoit restée presque en entier dans sa mémoire ; il y retourna encore une fois pour achever de la savoir, la mit par écrit, et l'envoya en province à un de ses amis. Il en courut bientôt dans Paris des copies incomplètes et défigurées. Neufvillenaine alors prit le parti de la faire imprimer pour n'être point gagné de vîtesse, et il la dédia à Molière lui-même.

Il falloit qu'à cette époque la législation et l'usage n'eussent pas encore bien établi les droits de la propriété littéraire, du moins quant à l'impression des ouvrages dramatiques ; car Neufvillenaine, en faisant imprimer, à son profit sans doute, la pièce d'un autre, crut faire la chose du monde la plus simple et la moins sujette à contestation. « Je m'y suis résolu d'autant
« plus volontiers, écrivoit-il à Molière, que j'ai vu que cela ne
« vous pouvoit apporter aucun dommage, non plus qu'à votre
« troupe, puisque votre pièce a été jouée près de cinquante

« fois. » On ne voit pas que Molière ait trouvé le raisonnement mauvais, et se soit plaint de son officieux éditeur.

Il faut tout dire : Neufvillenaine ne s'était pas borné à faire imprimer l'ouvrage de Molière; il avoit mis du sien dans le volume, et s'étoit associé, comme écrivain, à l'auteur de la pièce qu'il mettoit au jour. Charmé du mérite de cette pièce, ainsi que du jeu de Molière dans le rôle de Sganarelle, il avoit placé, en tête de chaque scène, des argumens destinés à faire valoir le talent du poëte et celui du comédien. Ces argumens, qui ne contiennent pas une seule remarque, une seule indication utile, sont purement admiratifs, et l'insipidité du genre n'y est relevée par aucune finesse d'observation, par aucune grace de style. Néanmoins cette édition de Neufvillenaine *avec argumens* est celle que, du vivant de Molière et long-temps encore après sa mort, ont reproduite toutes les presses de Paris et de l'étranger. L'insouciance de Molière à cet égard n'a peut-être pas été sans inconvénient; car Neufvillenaine lui-même avoue qu'*il peut s'être glissé dans sa copie quantité de mots les uns pour les autres.*

Dans cette édition, qu'il faut bien considérer comme originale, la pièce est en un seul acte; et cependant les éditeurs de 1734 l'ont donnée en trois. Ils ont apparemment fondé cette division sur ce que la scène reste vide aux deux endroits où ils ont placé des entr'actes. La raison n'est pas suffisante. Molière, dans *l'Étourdi*, avoit violé plusieurs fois la règle qui veut que les scènes soient liées entre elles par la continuité du dialogue, et, dans *le Dépit amoureux*, il avoit plutôt éludé cette règle qu'il ne s'y étoit conformé. Ensuite, la coupure en trois actes, qui fait disparoître la faute en deux endroits, la laisse subsister dans un troisième, ce qui diminue beaucoup le mérite de ce changement et la force du motif qui a porté les éditeurs à le faire. Enfin, si la mémoire de Neufvillenaine a pu le tromper pour quelques expressions, il n'est pas du tout probable qu'elle lui eût fait confondre en un seul acte trois actes d'une pièce qu'il avoit vue plusieurs fois et avec assez d'attention pour la retenir en entier. Toute foi sur ce point est donc due à son édition que Molière a rendue authentique au moins par son silence.

Suivant Riccoboni, Molière a pris le sujet du *Cocu imaginaire* dans un canevas italien, joué à l'impromptu et intitulé *il Ritratto* ou *Arlichino cornuto per opinione*. De ces deux titres, en effet, l'un indique la fable et l'autre le caractère principal de la pièce françoise. Nous n'avons aucun motif pour repousser le témoignage de Riccoboni. L'auteur du canevas a indiqué le sujet du *Cocu imaginaire*; Molière l'a traité. Ce sujet avoit fourni à la vivacité italienne quelques saillies bouffonnes et quelques lazzis plaisans; le génie de Molière y a trouvé une suite de situations comiques qu'il a développées dans un dialogue plein de verve, et sa pièce, quoique éloignée aujourd'hui du théâtre, est restée en possession d'exciter le rire et de dérider les fronts les plus mélancoliques.

Un ouvrage dramatique qui a réussi, lorsqu'il est marqué d'un certain caractère d'originalité, éveille l'instinct des imitateurs qui s'en emparent aussitôt comme d'une proie, les uns pour le défigurer avec une sacrilége audace, les autres pour le copier avec une timidité servile. *Le Cocu imaginaire* ne put échapper à ce sort. Doneau composa, sous le titre de *la Cocue imaginaire*, une comédie en un acte et en vers. La différence des deux titres explique toute celle qui existe entre les deux pièces : le sujet de l'une est celui de l'autre, et il n'y a de changé que le sexe des personnages. Je ne parle pas de la différence du mérite : celle-là est énorme; mais la gloire de Molière n'a pas besoin qu'on lui offre en sacrifice l'obscur Doneau, qui du moins, par l'admiration dont il se montre pénétré pour ce grand homme, fait regretter qu'il n'ait pas été plus digne de l'imiter.

Le Cocu imaginaire n'est pas et ne doit pas être compté parmi les chefs-d'œuvre de Molière. Ce n'est point une pièce de caractère; la jalousie de Sganarelle n'est qu'accidentelle et momentanée. Ce n'est pas non plus une pièce d'intrigue; les ressorts de l'action ne sont ni nombreux, ni compliqués. C'est donc simplement un badinage; mais c'est celui d'un homme supérieur. Quoique l'ouvrage n'ait pas de but moral, et ne prétende pas même offrir une peinture de mœurs, on ne peut au moins s'empêcher de voir, dans le petit rôle de Gorgibus, une esquisse fidèle des opinions, des manières et du langage des petits bourgeois de ce temps-là. Ce Gorgibus du *Cocu imaginaire* est dessiné absolument sur le même modèle que celui des *Précieuses ridicules*; c'est, pour dire vrai, le même personnage dans deux situations différentes, et, ce qui le rend digne d'observation dans les deux pièces, c'est qu'il montre quelque chose de ce bon sens naturel, de cette raison populaire que nous verrons développée avec plus de force, mais non avec plus de vérité, dans l'admirable rôle du Chrysale des *Femmes savantes*.

Quant à Sganarelle, c'est un de ces personnages, moitié réels, moitié imaginaires, dont le caractère et le langage sont convenus, ainsi que le nom et le costume, et qui, d'ordinaire, sont plus bouffons que véritablement comiques. Les personnages de ce genre, empruntés à l'Italie, avoient encore la vogue sur nos théâtres : le Jodelet surtout y avoit obtenu de prodigieux succès dont la jeunesse de Molière avoit été témoin. Sganarelle, quoique appartenant à la classe des bourgeois, rappelle, en plusieurs endroits de son rôle, l'humeur de ce valet poltron, fanfaron et facétieux. Jodelet duelliste, armé de pied en cap et s'excitant à avoir du cœur sans pouvoir en venir à bout, a certainement inspiré la scène où Sganarelle, couvert de fer et ayant tout ce qu'il faut pour se battre, hormis le courage, recule devant l'ennemi qu'il avoit cherché. Des injures un peu grossières et des plaisanteries un peu bouffonnes donnent au langage même de Sganarelle une couleur, pour ainsi dire, *scarronesque;* ce qui n'a pas empêché les meilleurs juges, et Voltaire entre autres, de reconnoître que le style du *Cocu imaginaire* l'emporte de beaucoup sur celui des précédens ouvrages de Molière.

La remarque la plus importante peut-être à laquelle *le Cocu imaginaire* puisse donner lieu, c'est que Molière, pour la première fois, y fit rire aux dépens d'une classe d'hommes que la malignité publique fait sans doute plus nombreuse qu'elle ne l'est, et dont le malheur, redouté de chacun de ceux qui y sont exposés, n'en est pas moins un objet de raillerie pour tous, sans en excepter ceux qui l'ont subi. Il faut que ce singulier genre d'infortune soit une source de comique bien abondante; car Molière y puisa bien souvent sans la tarir; et ce qui rend sa prédilection pour un tel sujet assez surprenante, c'est qu'en son particulier il prenoit, dit-on, fort au sérieux, la chose même dont il se moquoit si gaîment en public. Le goût a changé avec les mœurs ou plutôt avec les bienséances. Sans examiner si les disgraces des maris sont plus rares ou plus communes qu'elles ne l'étoient autrefois, on peut douter que cet éternel sujet des plaisanteries de nos vieux comiques fût aussi bien reçu aujourd'hui sur la scène, qu'il l'étoit alors; et ce qu'il y a de certain, c'est que, dans le langage décent, il n'y a plus de terme pour exprimer ce que Sganarelle croyoit être.

DON GARCIE

DE NAVARRE,

ou

LE PRINCE JALOUX,

COMÉDIE HÉROÏQUE EN CINQ ACTES.

1661.

ACTEURS.

DON GARCIE, prince de Navarre, amant de done Elvire.

DONE ELVIRE, princesse de Léon.

DON ALPHONSE, prince de Léon, cru prince de Castille, sous le nom de don Sylve.

DONE IGNÈS, comtesse, amante de don Sylve, aimée par Mauregat, usurpateur de l'État de Léon.

ÉLISE, confidente de done Elvire.

DON ALVAR, confident de don Garcie, amant d'Élise.

DON LOPE, autre confident de don Garcie, amant d'Élise.

DON PEDRE, écuyer d'Ignès.

UN PAGE de done Elvire.

La scène est dans Astorgue, ville d'Espagne, dans le royaume de Léon.

DON GARCIE
DE NAVARRE,
OU
LE PRINCE JALOUX,
COMÉDIE HÉROÏQUE.(1)

ACTE PREMIER.

SCÈNE PREMIÈRE.
DONE ELVIRE, ÉLISE.

DONE ELVIRE.

Non, ce n'est point un choix, qui, pour ces deux amans,
Sut régler de mon cœur les secrets sentimens;

---

(1) Cette pièce, contre laquelle subsiste un préjugé fondé sur l'accueil défavorable qu'elle reçut au théâtre, et plus encore peut-être sur le genre auquel elle appartient, et qui semble tout-à-fait étranger au génie de Molière, n'a guère de lecteurs que parmi ceux qui, pratiquant l'art du théâtre, sont obligés d'en connoître toutes les productions, et vont chercher des leçons jusque dans les erreurs des maîtres qui l'ont illustré. Je n'ai pas cru que cette considération me dispensât de commenter l'ouvrage. J'ai cru seulement qu'il m'étoit permis de moins multiplier les notes, surtout celles qui ont pour objet le style.

Et le prince n'a point, dans tout ce qu'il peut être,
Ce qui fit préférer l'amour qu'il fait paroître. (1)
Don Sylve, comme lui, fit briller à mes yeux
Toutes les qualités d'un héros glorieux ;
Même éclat de vertus, joint à même naissance,
Me parloit en tous deux pour cette préférence ;
Et je serois encore à nommer le vainqueur,
Si le mérite seul prenoit droit sur un cœur :
Mais ces chaînes du ciel qui tombent sur nos ames,
Décidèrent en moi le destin de leurs flammes ;
Et toute mon estime, égale entre les deux,
Laissa vers don Garcie entraîner tous mes vœux.

ÉLISE.

Cet amour que pour lui votre astre vous inspire,
N'a sur vos actions pris que bien peu d'empire,
Puisque nos yeux, madame, ont pu long-temps douter
Qui de ces deux amans vous vouliez mieux traiter.

DONE ELVIRE.

De ces nobles rivaux l'amoureuse poursuite,
A de fâcheux combats, Élise, m'a réduite.
Quand je regardois l'un, rien ne me reprochoit
Le tendre mouvement où mon ame penchoit ;
Mais je me l'imputois à beaucoup d'injustice, (2)

---

(1) Et le prince n'a point, dans tout ce qu'il peut être,
    Ce qui fit préférer l'amour qu'il fait paroître.

Voilà deux vers bien fâcheux pour un commencement de pièce. Embarras, obscurité, cacophonie, tout s'y trouve.

(2) Mais je me l'imputois à beaucoup d'injustice.

S'imputer une chose à beaucoup d'injustice, est une locution qu'il n'est pas sûr que l'usage autorise, et que certainement la raison réprouve. *Imputer*, c'est *attribuer*. Qu'est-ce qu'*attribuer une chose à soi à beaucoup d'injustice ?* Ici, le complément ou régime indirect se compose de

Quand de l'autre à mes yeux s'offroit le sacrifice :
Et don Sylve, après tout, dans ses soins amoureux,
Me sembloit mériter un destin plus heureux.
Je m'opposois encor ce qu'au sang de Castille
Du feu roi de Léon semble devoir la fille;
Et la longue amitié, qui, d'un étroit lien,
Joignit les intérêts de son père et du mien.
Ainsi, plus dans mon ame un autre prenoit place,
Plus de tous ses respects je plaignois la disgrace :
Ma pitié, complaisante à ses brûlans soupirs,
D'un dehors favorable amusoit ses desirs;
Et vouloit réparer, par ce foible avantage,
Ce qu'au fond de mon cœur je lui faisois d'outrage.

ÉLISE.

Mais son premier amour que vous avez appris,
Doit de cette contrainte affranchir vos esprits;
Et, puisqu'avant ces soins, où pour vous il s'engage,
Done Ignès de son cœur avoit reçu l'hommage,
Et que, par des liens aussi fermes que doux,
L'amitié vous unit, cette comtesse et vous,
Son secret révélé vous est une matière
A donner à vos vœux liberté toute entière;
Et vous pouvez, sans crainte, à cet amant confus,
D'un devoir d'amitié couvrir tous vos refus.

DONE ELVIRE.

Il est vrai que j'ai lieu de chérir la nouvelle
Qui m'apprit que don Sylve étoit un infidèle,

---

deux objets dont l'un exclut l'autre en quelque sorte. C'est *à soi* ou *à l'injustice* qu'il faut imputer la chose, et non à tous les deux ensemble. Cependant l'usage semble permettre de dire, *imputer quelque chose à crime, à blâme, à déshonneur à quelqu'un;* mais, dans cette locution, les mots, *à crime, à blâme, à déshonneur,* sont l'équivalent de ceux-ci, *comme un crime, comme un blâme,* etc.

Puisque par ses ardeurs mon cœur tyrannisé
Contre elles à présent se voit autorisé;
Qu'il en peut justement combattre les hommages,
Et, sans scrupule, ailleurs donner tous ses suffrages.
Mais enfin quelle joie en peut prendre ce cœur,
Si d'une autre contrainte il souffre la rigueur?
Si d'un prince jaloux l'éternelle foiblesse
Reçoit indignement les soins de ma tendresse,
Et semble préparer, dans mon juste courroux,
Un éclat à briser tout commerce entre nous?

ÉLISE.

Mais, si de votre bouche il n'a point su sa gloire,
Est-ce un crime pour lui que de n'oser la croire?
Et ce qui d'un rival a pu flatter les feux,
L'autorise-t-il pas à douter de vos vœux?

DONE ELVIRE.

Non, non, de cette sombre et lâche jalousie
Rien ne peut excuser l'étrange frénésie,
Et, par mes actions, je l'ai trop informé
Qu'il peut bien se flatter du bonheur d'être aimé.
Sans employer la langue, il est des interprètes
Qui parlent clairement des atteintes secrètes.
Un soupir, un regard, une simple rougeur,
Un silence est assez pour expliquer un cœur.
Tout parle dans l'amour; et, sur cette matière,
Le moindre jour doit être une grande lumière,
Puisque, chez notre sexe où l'honneur est puissant,
On ne montre jamais tout ce que l'on ressent.
J'ai voulu, je l'avoue, ajuster ma conduite, (1)

---

(1) *J'ai voulu, je l'avoue, ajuster ma conduite.*
Done Elvire veut dire qu'elle a cherché à mettre dans sa conduite un certain art, à peu près comme celui qu'on met dans sa parure, et qui

ACTE I, SCÈNE 1.

Et voir d'un œil égal l'un et l'autre mérite :
Mais que contre ses vœux on combat vainement,
Et que la différence est connue aisément
De toutes ces faveurs qu'on fait avec étude,
A celles où du cœur fait pencher l'habitude !
Dans les unes toujours on paroît se forcer ;
Mais les autres, hélas ! se font sans y penser :
Semblables à ces eaux si pures et si belles,
Qui coulent sans effort des sources naturelles.
Ma pitié pour don Sylve avoit beau l'émouvoir,
J'en trahissois les soins sans m'en apercevoir ; (1)
Et mes regards au prince, en un pareil martyre,
En disoient toujours plus que je n'en voulois dire.

ÉLISE.

Enfin si les soupçons de cet illustre amant,
Puisque vous le voulez, n'ont point de fondement,
Pour le moins font-ils foi d'une ame bien atteinte,
Et d'autres chériroient ce qui fait votre plainte.
De jaloux mouvemens doivent être odieux,
S'ils partent d'un amour qui déplaît à nos yeux :
Mais tout ce qu'un amant nous peut montrer d'alarmes,
Doit, lorsque nous l'aimons, avoir pour nous des charmes ;

---

s'appelle *ajustement*. Corneille a dit, dans sa comédie de *la Veuve* :
    Des coups-d'œil languissans, des souris *ajustés*.
Le sens est le même que dans le vers de Molière.

(1)   Ma pitié pour don Sylve avoit beau l'émouvoir,
    J'en trahissois les soins sans m'en apercevoir.

Ces deux vers sont d'une assez grande obscurité, et ont besoin d'une interprétation qu'on n'est pas sûr de donner bien exacte. Dans *avoit beau l'émouvoir*, le pronom *le* ne peut se rapporter qu'au mot *cœur* qui est cinq vers au-dessus, et *j'en trahissois les soins* laisse douter si ce sont les soins du *cœur* d'Elvire ou de *sa pitié* pour don Sylve.

C'est par là que son feu se peut mieux exprimer ;
Et, plus il est jaloux, plus nous devons l'aimer.
Ainsi, puisqu'en votre ame un prince magnanime...

DONE ELVIRE.

Ah! ne m'avancez point cette étrange maxime!
Partout la jalousie est un monstre odieux :
Rien n'en peut adoucir les traits injurieux ;
Et plus l'amour est cher qui lui donne naissance,
Plus on doit ressentir les coups de cette offense.
Voir un prince emporté, qui perd à tous momens
Le respect que l'amour inspire aux vrais amans ;
Qui, dans les soins jaloux où son ame se noie,
Querelle également mon chagrin et ma joie,
Et dans tous mes regards ne peut rien remarquer,
Qu'en faveur d'un rival il ne veuille expliquer : (1)
Non, non, par ces soupçons je suis trop offensée,
Et, sans déguisement, je te dis ma pensée.
Le prince don Garcie est cher à mes desirs ;
Il peut d'un cœur illustre échauffer les soupirs ;
Au milieu de Léon on a vu son courage
Me donner de sa flamme un noble témoignage,
Braver, en ma faveur, des périls les plus grands, *
M'enlever aux desseins de nos lâches tyrans,
Et, dans ces murs forcés, mettre ma destinée

VARIANTE. * *Les périls les plus grands.*

---

(1) La pensée de ces quatre vers se trouve reproduite en d'autres termes dans ce passage des *Fâcheux*, acte II, scène IV :

<blockquote>Qui, de quelque chagrin nous voyant l'apparence,
Se plaignent aussitôt qu'il naît de leur présence ;
Et, lorsque dans nos yeux brille un peu d'enjouement,
Veulent que leurs rivaux en soient le fondement.</blockquote>

ACTE I, SCÈNE 1.

A couvert des horreurs d'un indigne hyménée;⁽¹⁾
Et je ne cèle point que j'aurois de l'ennui
Que la gloire en fût due à quelqu'autre qu'à lui;
Car un cœur amoureux prend un plaisir extrême
A se voir redevable, Élise, à ce qu'il aime;
Et sa flamme timide ose mieux éclater,
Lorsqu'en favorisant elle croit s'acquitter.
Oui, j'aime qu'un secours, qui hasarde sa tête,
Semble à sa passion donner droit de conquête;
J'aime que mon péril m'ait jetée en ses mains;
Et, si les bruits communs ne sont pas des bruits vains,
Si la bonté du ciel nous ramène mon frère,
Les vœux les plus ardens que mon cœur puisse faire,
C'est que son bras encor sur un perfide sang
Puisse aider à ce frère à reprendre son rang;
Et, par d'heureux succès d'une haute vaillance,
Mériter tous les soins de sa reconnoissance :
Mais, avec tout cela, s'il pousse mon courroux,
S'il ne purge ses feux de leurs transports jaloux,
Et ne les range aux lois que je lui veux prescrire,
C'est inutilement qu'il prétend done Elvire : ⁽²⁾

---

(1) Dans *le Gelosie fortunate del principe Rodrigo*, pièce italienne de Giacinto Andrea Cicognini, d'où Molière a tiré le sujet de la sienne, le prince jaloux, après avoir demandé vainement Delmire en mariage à son frère, l'a enlevée à main armée et conduite dans la capitale de ses états. Don Garcie a enlevé aussi done Elvire, mais pour la soustraire aux persécutions d'un usurpateur qui vouloit, malgré elle, la marier à son fils. Il y a plus de bienséance dans la manière dont les deux amans de la pièce françoise se trouvent réunis.

(2)   C'est inutilement qu'il prétend done Elvire.
On *prétend une chose* sur laquelle on a ou l'on croit avoir un droit établi; on *prétend à une chose* que l'on désire, que l'on espère d'obtenir. On *prétend un dixième dans une affaire de finance*, on *prétend le pas*

L'hymen ne peut nous joindre, et j'abhorre des nœuds
Qui deviendroient sans doute un enfer pour tous deux.

ÉLISE.

Bien que l'on pût avoir des sentimens tout autres,
C'est au prince, madame, à se régler aux vôtres; (1)
Et dans votre billet ils sont si bien marqués,
Que quand il les verra de la sorte expliqués...

DONE ELVIRE.

Je n'y veux point, Élise, employer cette lettre,
C'est un soin qu'à ma bouche il me vaut mieux commettre.
La faveur d'un écrit laisse aux mains d'un amant
Des témoins trop constans de notre attachement;
Ainsi donc empêchez qu'au prince on ne la livre.

ÉLISE.

Toutes vos volontés sont des lois qu'on doit suivre.
J'admire cependant que le ciel ait jeté
Dans le goût des esprits tant de diversité,
Et que ce que les uns regardent comme outrage,
Soit vu par d'autres yeux sous un autre visage.
Pour moi, je trouverois mon sort tout-à-fait doux,
Si j'avois un amant qui pût être jaloux;
Je saurois m'applaudir de son inquiétude;

---

sur quelqu'un : mais on *prétend à une femme,* c'est-à-dire à la possession,
à la main d'une femme. La distinction n'étoit pas établie autrefois; on lit
dans *Don Bertrand de Cabrère,* tragi-comédie de Rotrou :

  On ne vous peut prétendre à moins d'un diadême.

(1)   Bien que l'on pût avoir des sentimens tout autres,
  C'est au prince, madame, à se régler aux vôtres.

Il faudroit dire aujourd'hui, *à se régler sur les vôtres.* Autrefois, on
disoit, *se régler à une chose, régler une chose à une autre,* témoin ce
vers de Scarron, dans sa tragi-comédie des *Ennemis généreux :*

  Je réglois mes faveurs aux lois de mon honneur.

Et ce qui pour mon ame est souvent un peu rude,
C'est de voir don Alvar ne prendre aucun souci.
DONE ELVIRE.
Nous ne le croyions pas si proche; le voici. (1)

SCÈNE II.

DONE ELVIRE, DON ALVAR, ÉLISE.

DONE ELVIRE.
Votre retour surprend; qu'avez-vous à m'apprendre?
Don Alphonse vient-il? A-t-on lieu de l'attendre?
DON ALVAR.
Oui, madame, et ce frère en Castille élevé,
De rentrer dans ses droits voit le temps arrivé.
Jusqu'ici don Louis, qui vit à sa prudence
Par le feu roi mourant commettre son enfance,

---

(1) On conçoit qu'une comédie aussi sérieusement écrite, et où l'on voit paroître une *confidente* au lieu d'une *soubrette*, n'ait obtenu aucun succès. Toutefois, dans cette première scène de la pièce, on reconnoît le profond observateur du cœur humain; la jalousie y est peinte avec autant de force que de vérité, et envisagée sous les deux aspects qu'elle présente, c'est-à-dire comme une frénésie outrageante pour la personne qui en est l'objet, et comme une preuve d'amour, la plus forte et la plus flatteuse qu'on puisse donner. Cette différente manière de considérer la jalousie a été, pour Molière, le sujet d'une autre scène, dans une autre comédie (voyez *les Fâcheux*, acte II, scène IV.)

La pièce italienne commence, de même que celle-ci, par un entretien de Delmire avec ses femmes, dans lequel elle se plaint de l'humeur soupçonneuse du roi, et promet de rompre avec lui, s'il ne met fin à ses transports jaloux. Mais la scène de Molière a cet avantage sur celle de Cicognini, que la confidente d'Elvire, voyant la jalousie d'un autre œil que sa maîtresse, en fait l'éloge, comme celle-ci la satire. Cette opposition de sentimens, ingénieusement soutenue de part et d'autre, anime le dialogue.

A caché ses destins aux yeux de tout l'État,
Pour l'ôter aux fureurs du traître Mauregat;
Et bien que le tyran, depuis sa lâche audace,
L'ait souvent demandé pour lui rendre sa place,
Jamais son zèle ardent n'a pris de sûreté
A l'appât dangereux de sa fausse équité :
Mais les peuples émus par cette violence
Que vous a voulu faire une injuste puissance,
Ce généreux vieillard a cru qu'il étoit temps [1]
D'éprouver le succès d'un espoir de vingt ans :
Il a tenté Léon, et ses fidèles trames
Des grands, comme du peuple, ont pratiqué les ames,
Tandis que la Castille armoit dix mille bras
Pour redonner ce prince aux vœux de ses États;
Il fait auparavant semer sa renommée,
Et ne veut le montrer qu'en tête d'une armée,
Que, tout prêt à lancer le foudre punisseur, [2]
Sous qui doit succomber un lâche ravisseur.
On investit Léon, et don Sylve en personne
Commande le secours que son père vous donne.

---

(1)   Mais, les peuples émus par cette violence
           Que vous a voulu faire une injuste puissance,
           Ce généreux vieillard a cru qu'il étoit temps, etc.

Cette incise, dans laquelle le participe passé est seul, c'est-à-dire n'est accompagné ni du gérondif ni d'aucun autre temps d'un verbe auxiliaire, répond à ce que la grammaire latine nomme *ablatif absolu*. Nos poëtes en offrent quelques exemples; Racine a dit : *Huit ans déja passés*. Ordinairement cette tournure qui a un caractère particulier de vivacité, ne comprend qu'un petit nombre de mots; ici elle renferme deux vers tout entiers.

(2)   Que, tout prêt à lancer le foudre punisseur.

Ce mot de *punisseur*, qui n'est point dans le dictionnaire de l'Académie, a été employé aussi par J. J. Rousseau, et Voltaire la jugé très-digne d'être admis au moins dans le langage poétique.

ACTE I, SCÈNE II.

DONE ELVIRE.

Un secours si puissant doit flatter notre espoir;
Mais je crains que mon frère y puisse trop devoir. (1)

DON ALVAR.

Mais, madame, admirez que malgré la tempête
Que votre usurpateur oit gronder sur sa tête, * (2)
Tous les bruits de Léon annoncent pour certain
Qu'à la comtesse Ignès il va donner la main.

DONE ELVIRE.

Il cherche dans l'hymen de cette illustre fille
L'appui du grand crédit où se voit sa famille;
Je ne reçois rien d'elle, et j'en suis en souci;
Mais son cœur au tyran fut toujours endurci.

ÉLISE.

De trop puissans motifs d'honneur et de tendresse
Opposent ses refus aux nœuds dont on la presse
Pour...

DON ALVAR.

Le prince entre ici. (3)

VARIANTE. * *Voit gronder sur sa tête.*

---

(1) Mais je crains que mon frère y puisse trop devoir.
Il faudroit, *n'y puisse trop devoir*. On peut ne pas saisir tout de suite la pensée ou plutôt le sentiment que ce vers renferme. Elvire craint que son frère ne soit trop redevable au secours de la Castille, parce que alors sa main pourroit bien être donnée à don Sylve, comme prix d'un tel service.

(2) Que votre usurpateur oit gronder sur sa tête.
On dit, *votre ravisseur*, l'homme qui vous a enlevé; *votre spoliateur*, l'homme qui vous a dépouillé; *votre assassin*, l'homme qui a voulu vous tuer : mais il est douteux qu'on puisse dire, *votre usurpateur*, pour, l'homme qui a usurpé votre trône, vos états, votre rang.

(3) Don Alvar, dans cette scène, entame le récit d'une histoire fort

SCÈNE III.

DON GARCIE, DONE ELVIRE, DON ALVAR, ÉLISE.

DON GARCIE.

Je viens m'intéresser,
Madame, au doux espoir qu'il vous vient d'annoncer.
Ce frère qui menace un tyran plein de crimes,
Flatte de mon amour les transports légitimes :
Son sort offre à mon bras des périls glorieux
Dont je puis faire hommage à l'éclat de vos yeux,
Et par eux m'acquérir, si le ciel m'est propice, (1)
La gloire d'un revers que vous doit sa justice,
Qui va faire à vos pieds choir l'infidélité,
Et rendre à votre sang toute sa dignité.

---

embrouillée, dont la suite n'occupera que trop de place dans la pièce, aux dépens du véritable sujet qui est l'amour de don Garcie et d'Elvire, sans cesse traversé par la jalousie toujours renaissante du premier. En quoi peuvent nous intéresser et le tyran Mauregat, et don Louis, et don Sylve, et la comtesse Ignès, et les dispositions des peuples de Castille et de Léon? Quand tous ces détails d'usurpation et de guerre seroient aussi clairement exprimés qu'ils sont obscurs et confus, ils ne serviroient qu'à distraire notre attention de ce qui doit la captiver uniquement. Mais voilà le vice radical des comédies héroïques : on y veut mêler les graves intérêts de la politique aux foiblesses risibles de la passion; les premiers ennuyent et empêchent que les autres n'amusent.

(1)   Son sort offre à mon bras des périls glorieux
        Dont je puis faire hommage à l'éclat de vos yeux,
        Et par eux m'acquérir, si le ciel m'est propice, etc.

Dont je puis régissant à la fois les deux verbes *faire hommage* et *m'acquérir*, si l'on supprime le premier, il reste *dont je puis m'acquérir par eux*, ce qui est une construction tout-à-fait barbare. Cette espèce de faute est rare dans Molière.

ACTE I, SCÈNE III.

Mais ce qui plus me plaît d'une attente si chère,
C'est que pour être roi, le ciel vous rend ce frère;
Et qu'ainsi mon amour peut éclater au moins
Sans qu'à d'autres motifs on impute ses soins,
Et qu'il soit soupçonné que dans votre personne
Il cherche à me gagner les droits d'une couronne.
Oui, tout mon cœur voudroit montrer aux yeux de tous,
Qu'il ne regarde en vous autre chose que vous;
Et cent fois, si je puis le dire sans offense,
Ses vœux se sont armés contre votre naissance;
Leur chaleur indiscrète a d'un destin plus bas
Souhaité le partage à vos divins appas;
Afin que de ce cœur le noble sacrifice
Pût du ciel envers vous réparer l'injustice,
Et votre sort tenir des mains de mon amour
Tout ce qu'il doit au sang dont vous tenez le jour. (1)
Mais puisqu'enfin les cieux, de tout ce juste hommage,
A mes feux prévenus dérobent l'avantage,

---

(1) *Don Garcie de Navarre* n'ayant point eu de succès, Molière qui condamna tout de suite cette pièce à ne plus reparoître sur la scène, ne renonça pas du moins à tirer parti de quelques détails heureux qu'elle contenoit. Il les transporta depuis dans *Amphitryon* et surtout dans *le Misanthrope*. On retrouve dans cette dernière pièce (acte IV, scène III) les sentimens exprimés depuis ce vers :

 Oui, tout mon cœur voudroit montrer aux yeux de tous,

jusqu'à celui-ci :

 Tout ce qu'il doit au sang dont vous tenez le jour.

Les quatre derniers vers sont à peu près les mêmes dans les deux pièces. La plus grande différence vient de ce que Molière a voulu faire disparoître la construction vicieuse que le troisième vers présente ici : *et votre sort tenir*. Molière avoit cru que ces mots pouvoient, par ellipse, représenter ceux-ci : *et que votre sort pût tenir*. C'étoit une erreur, et il l'a reconnu lui-même en corrigeant la faute.

Trouvez bon que ces feux prennent un peu d'espoir
Sur la mort que mon bras s'apprête à faire voir, (1)
Et qu'ils osent briguer, par d'illustres services,
D'un frère et d'un État les suffrages propices.

DONE ELVIRE.

Je sais que vous pouvez, prince, en vengeant nos droits,
Faire pour votre amour parler cent beaux exploits : (2)
Mais ce n'est pas assez pour le prix qu'il espère,
Que l'aveu d'un État, et la faveur d'un frère.
Done Elvire n'est pas au bout de cet effort,
Et je vous vois à vaincre un obstacle plus fort.

DON GARCIE.

Oui, madame, j'entends ce que vous voulez dire.
Je sais bien que pour vous mon cœur en vain soupire;
Et l'obstacle puissant qui s'oppose à mes feux,
Sans que vous le nommiez, n'est pas secret pour eux.

DONE ELVIRE.

Souvent on entend mal ce qu'on croit bien entendre;
Et par trop de chaleur, prince, on se peut méprendre;
Mais, puisqu'il faut parler, desirez-vous savoir
Quand vous pourrez me plaire, et prendre quelque espoir?

DON GARCIE.

Ce me sera, madame, une faveur extrême.

---

(1)   Trouvez bon que ces feux prennent un peu d'espoir
       Sur la mort que mon bras s'apprête à faire voir.

Ces deux vers sont d'un style bien pénible et bien obscur. Don Garcie s'apprêtant à donner la mort au tyran Mauregat, demande à Elvire la permission d'espérer que cette mort, dont elle doit tirer tant d'avantages, la rendra quelque peu favorable à son amour.

(2) Toutes les éditions, sans exception, portent :
       Faire *par* votre amour parler cent beaux exploits.
C'est évidemment une faute; il faut, *pour votre amour*.

ACTE I, SCÈNE III.

DONE ELVIRE.

Quand vous saurez m'aimer comme il faut que l'on aime. (1)

DON GARCIE.

Eh! que peut-on, hélas! observer sous les cieux,
Qui ne cède à l'ardeur que m'inspirent vos yeux?

DONE ELVIRE.

Quand votre passion ne fera rien paroître
Dont se puisse indigner celle qui l'a fait naître.

DON GARCIE.

C'est là son plus grand soin.

DONE ELVIRE.

Quand tous ses mouvemens
Ne prendront point de moi de trop bas sentimens.

DON GARCIE.

Ils vous révèrent trop.

DONE ELVIRE.

Quand d'un injuste ombrage
Votre raison saura me réparer l'outrage, (2)

---

(1) Quand vous saurez m'aimer comme il faut que l'on aime.

Célimène dit à Alceste (*Misanthrope*, acte IV, scène III) :

Non, vous ne m'aimez pas comme il faut que l'on aime.

(2) Quand d'un injuste ombrage
Votre raison saura me réparer l'outrage.

On disoit autrefois *réparer un outrage, un tort à quelqu'un*; je citerai, entre autres exemples, ce vers de la tragi-comédie de Rotrou, intitulée *Don Bertrand de Cabrère* :

Le jour veut de la nuit *me réparer* l'outrage.

Aujourd'hui, on *répare un tort envers quelqu'un*, on *répare l'outrage qu'on a fait à quelqu'un*. Dans cette même scène, Molière fait dire à don Garcie :

Afin que de ce cœur le noble sacrifice
Pût du ciel envers vous réparer l'injustice.

Et que vous bannirez enfin ce monstre affreux
Qui de son noir venin empoisonne vos feux,
Cette jalouse humeur dont l'importun caprice
Aux vœux que vous m'offrez rend un mauvais office,
S'oppose à leur attente, et contre eux, à tous coups,
Arme les mouvemens de mon juste courroux.

DON GARCIE.

Ah! madame! il est vrai, quelque effort que je fasse,
Qu'un peu de jalousie en mon cœur trouve place,
Et qu'un rival, absent de vos divins appas,
Au repos de ce cœur vient livrer des combats.
Soit caprice ou raison, j'ai toujours la croyance
Que votre ame en ces lieux souffre de son absence,
Et que, malgré mes soins, vos soupirs amoureux
Vont trouver à tous coups ce rival trop heureux.
Mais si de tels soupçons ont de quoi vous déplaire,
Il vous est bien facile, hélas! de m'y soustraire;
Et leur bannissement, dont j'accepte la loi,
Dépend bien plus de vous, qu'il ne dépend de moi;
Oui, c'est vous qui pouvez, par deux mots pleins de flamme,
Contre la jalousie armer toute mon ame,
Et, des pleines clartés d'un glorieux espoir,
Dissiper les horreurs que ce monstre y fait choir.
Daignez donc étouffer le doute qui m'accable,
Et faites qu'un aveu d'une bouche adorable
Me donne l'assurance, au fort de tant d'assauts,
Que je ne puis trouver dans le peu que je vaux.

DONE ELVIRE.

Prince, de vos soupçons la tyrannie est grande :
Au moindre mot qu'il dit, un cœur veut qu'on l'entende,
Et n'aime pas ces feux dont l'importunité
Demande qu'on s'explique avec plus de clarté.

Le premier mouvement qui découvre notre ame,
Doit d'un amant discret satisfaire la flamme;
Et c'est à s'en dédire autoriser nos vœux,
Que vouloir plus avant pousser de tels aveux.
Je ne dis point quel choix, s'il m'étoit volontaire, [1]
Entre don Sylve et vous mon ame pourroit faire;
Mais vouloir vous contraindre à n'être point jaloux,
Auroit dit quelque chose à tout autre que vous;
Et je croyois cet ordre un assez doux langage,
Pour n'avoir pas besoin d'en dire davantage.
Cependant votre amour n'est pas encor content;
Il demande un aveu qui soit plus éclatant;
Pour l'ôter de scrupule, il me faut, à vous-même,
En des termes exprès, dire que je vous aime;
Et peut-être qu'encor, pour vous en assurer,
Vous vous obstineriez à m'en faire jurer.

DON GARCIE.

Hé bien! madame, hé bien! je suis trop téméraire :
De tout ce qui vous plaît je dois me satisfaire.
Je ne demande point de plus grande clarté;
Je crois que vous avez pour moi quelque bonté,
Que d'un peu de pitié mon feu vous sollicite,
Et je me vois heureux plus que je ne mérite.
C'en est fait, je renonce à mes soupçons jaloux;
L'arrêt qui les condamne est un arrêt bien doux,
Et je reçois la loi qu'il daigne me prescrire,
Pour affranchir mon cœur de leur injuste empire.

---

[1] *S'il m'étoit volontaire*, pour dire, *s'il dépendoit de ma volonté*, n'est pas françois.

DONE ELVIRE.

Vous promettez beaucoup, prince; et je doute fort
Si vous pourrez sur vous faire ce grand effort. (1)

DON GARCIE.

Ah! madame! il suffit, pour me rendre croyable,
Que ce qu'on vous promet doit être inviolable;
Et que l'heur d'obéir à sa divinité
Ouvre aux plus grands efforts trop de facilité:
Que le ciel me déclare une éternelle guerre,
Que je tombe à vos pieds d'un éclat de tonnerre;
Ou, pour périr encor par de plus rudes coups,
Puissé-je voir sur moi fondre votre courroux,
Si jamais mon amour descend à la foiblesse
De manquer au devoir d'une telle promesse;
Si jamais dans mon ame aucun jaloux transport
Fait... (2)

---

(1)   Je doute fort
    Si vous pourrez sur vous faire ce grand effort.

Lorsque *douter* signifie *être dans l'incertitude*, il peut être suivi de *si*:
je doute s'il viendra, ou non. Mais quand il veut dire, comme ici, *croire,
conjecturer, soupçonner*, il doit être suivi de *que* : *je doute que vous teniez votre promesse; je doute fort que vous puissiez sur vous faire ce
grand effort.*

(2) L'amour passionné que don Garcie fait éclater dans cette scène,
et sa défiance des sentimens d'Elvire, fondée principalement sur celle
qu'il a de son propre mérite, rendent sa jalousie excusable et presque
intéressante. Il demande pardon de sa foiblesse en même temps qu'il
essaie de la justifier; et, quand il jure de réparer ses torts, il est à l'instant de les aggraver plus que jamais. Voilà vraiment la marche et le langage de la passion.

SCÈNE IV.

DONE ELVIRE, DON GARCIE, DON ALVAR,
ÉLISE, un page, *présentant un billet à done Elvire.*

DONE ELVIRE.
J'en étois en peine, et tu m'obliges fort.
Que le courrier attende.

SCÈNE V.

DONE ELVIRE, DON GARCIE, DON ALVAR,
ÉLISE.

DONE ELVIRE, *bas, à part.*
     A ces regards qu'il jette,
Vois-je pas que déja cet écrit l'inquiète?
Prodigieux effet de son tempérament!
 (*haut.*)
Qui vous arrête, prince, au milieu du serment? [1]

DON GARCIE.
J'ai cru que vous aviez quelque secret ensemble,
Et je ne voulois pas l'interrompre.

DONE ELVIRE.
     Il me semble
Que vous me répondez d'un ton fort altéré.

---

[1] Ce serment de n'être plus jaloux, subitement interrompu par un nouveau mouvement de jalousie aussi peu fondé que les premiers, forme une heureuse péripétie, une situation très-dramatique, qui a été imitée par Baron, dans sa comédie du *Jaloux*, et par d'Hèle, dans son opéra-comique des *Fausses apparences*. Dans la comédie de Baron, la maîtresse du jaloux lui dit à peu près comme ici done Elvire à don Garcie:

 Vous n'osez plus, Moncade, achever vos sermens?

Je vous vois tout-à-coup le visage égaré.
Ce changement soudain a lieu de me surprendre :
D'où peut-il provenir? le pourroit-on apprendre?

DON GARCIE.

D'un mal qui tout-à-coup vient d'attaquer mon cœur.

DONE ELVIRE.

Souvent plus qu'on ne croit ces maux ont de rigueur,
Et quelque prompt secours vous seroit nécessaire.
Mais encor, dites-moi, vous prend-il d'ordinaire?

DON GARCIE.

Par fois.

DONE ELVIRE.

Ah! prince foible! Hé bien! par cet écrit,
Guérissez-le, ce mal; il n'est que dans l'esprit.

DON GARCIE.

Par cet écrit, madame? Ah! ma main le refuse!
Je vois votre pensée, et de quoi l'on m'accuse.
Si...

DONE ELVIRE.

Lisez, vous dis-je, et satisfaites-vous.

DON GARCIE.

Pour me traiter après de foible, de jaloux?
Non, non. Je dois ici vous rendre un témoignage
Qu'à mon cœur cet écrit n'a point donné d'ombrage;
Et, bien que vos bontés m'en laissent le pouvoir,
Pour me justifier, je ne veux point le voir.

DONE ELVIRE.

Si vous vous obstinez à cette résistance,
J'aurois tort de vouloir vous faire violence ;
Et c'est assez enfin que vous avoir pressé
De voir de quelle main ce billet m'est tracé.

DON GARCIE.

Ma volonté toujours vous doit être soumise :

Si c'est votre plaisir que pour vous je le lise,
Je consens volontiers à prendre cet emploi.
DONE ELVIRE.
Oui, oui, prince, tenez, vous le lirez pour moi.
DON GARCIE.
C'est pour vous obéir, au moins, et je puis dire... (1)
DONE ELVIRE.
C'est ce que vous voudrez : dépêchez-vous de lire. (2)
DON GARCIE.
Il est de done Ignès, à ce que je connoi.
DONE ELVIRE.
Oui. Je m'en réjouis et pour vous et pour moi.

DON GARCIE *lit*.

Malgré l'effort d'un long mépris,
Le tyran toujours m'aime, et, depuis votre absence,
Vers moi, pour me porter au dessein qu'il a pris,
Il semble avoir tourné toute sa violence,
 Dont il poursuivoit l'alliance
  De vous et de son fils.

---

(1) Cette situation a été imitée fort heureusement par Marmontel, dans son opéra-comique de *l'Ami de la maison*. Il y est également question d'une lettre qu'une jeune fille cache d'abord à son amant, pour le punir de ce qu'il témoigne un peu trop violemment le desir de la voir, et qu'elle lui donne ensuite à lire, pour le récompenser de ce qu'il abjure de bonne grace ses soupçons jaloux. L'amant alors refuse de lire cette lettre, et, comme sa maîtresse insiste, il ne la lit que *pour lui obéir*.

(2) C'est ce que vous voudrez : dépêchez vous de lire.
Voilà un véritable vers de comédie, un vers plein d'impatience et de dépit, qui prouve qu'Elvire n'est point dupe des fausses protestations de confiance que lui fait son amant, et qu'elle est irritée d'une jalousie si persévérante.

Ceux qui sur moi peuvent avoir empire,
Par de lâches motifs qu'un faux honneur inspire,
Approuvent tous cet indigne lien.
J'ignore encor par où finira mon martyre;
Mais je mourrai plutôt que de consentir rien. (1)
Puissiez-vous jouir, belle Elvire,
D'un destin plus doux que le mien!

DONE IGNÈS.

Dans la haute vertu son ame est affermie.

DONE ELVIRE.

Je vais faire réponse à cette illustre amie.
Cependant, apprenez, prince, à vous mieux armer
Contre ce qui prend droit de vous trop alarmer.
J'ai calmé votre trouble avec cette lumière,
Et la chose a passé d'une douce manière;
Mais, à n'en point mentir, il seroit des momens
Où je pourrois entrer dans d'autres sentimens.

DON GARCIE.

Hé quoi! vous croyez donc?...

DONE ELVIRE.

Je crois ce qu'il faut croire.
Adieu. De mes avis conservez la mémoire;

---

(1)   Mais je mourrai plutôt que de consentir rien.

On disoit autrefois, *consentir une chose;* les exemples en sont nombreux; on lit, dans la *Mélite,* de Corneille :

  Trop heureux accident, si la terre entr'ouverte,
  Avant ce jour fatal, *eût consenti ma perte!*

Aujourd'hui, *consentir* ne s'emploie plus activement qu'en style de pratique : *consentir la vente d'une terre.* Partout ailleurs il est neutre, et son régime doit être accompagné de la préposition *à : je mourrai plutôt que de consentir à rien.*

ACTE I, SCÈNE V.

Et s'il est vrai pour moi que votre amour soit grand,
Donnez-en à mon cœur les preuves qu'il prétend.

DON GARCIE.

Croyez que désormais c'est toute mon envie,
Et qu'avant qu'y manquer * je veux perdre la vie. (1)

VARIANTE. * Et qu'avant d'y manquer.

---

(1) Cette dernière scène de l'acte est toute entière dans la pièce italienne, avec cette seule différence que Delmire est surprise, non pas recevant, mais écrivant la lettre qui excite les soupçons de Rodrigue. D'abord il se défend de la lire, comme don Garcie et par le même motif : *Per potermi poi chiamare sospettoso, temerario e ingelosito : nò, nò.* « Pour pouvoir après me traiter de soupçonneux, de téméraire, de ja-« loux : non, non. » Ayant l'air ensuite de ne céder qu'aux instances réitérées de Delmire, il prend la lettre pour lui faire plaisir : *La prendo per farvi servizio.* Enfin, il sort en protestant, comme don Garcie, qu'il ne sera plus jaloux.

FIN DU PREMIER ACTE.

ACTE II.

SCÈNE PREMIÈRE.

ÉLISE, DON LOPE.

ÉLISE.

Tout ce que fait le prince, à parler franchement,
N'est pas ce qui me donne un grand étonnement;
Car que d'un noble amour une ame bien saisie
En pousse les transports jusqu'à la jalousie;
Que de doutes fréquens ses vœux soient traversés;
Il est fort naturel, et je l'approuve assez : [1]
Mais ce qui me surprend, don Lope, c'est d'entendre
Que vous lui préparez les soupçons qu'il doit prendre,
Que votre ame les forme, et qu'il n'est en ces lieux
Fâcheux que par vos soins, jaloux que par vos yeux.
Encore un coup, don Lope, une ame bien éprise,
Des soupçons qu'elle prend ne me rend point surprise;
Mais qu'on ait sans amour tous les soins d'un jaloux,
C'est une nouveauté qui n'appartient qu'à vous.

---

(1)   Il est fort naturel, et je l'approuve assez.
L'usage ne permet plus de dire, absolument : *Il convient, il est convenable, il est naturel*, pour, *cela convient, cela est convenable, est naturel*. Ces sortes de phrases, lorsqu'elles commencent par *il*, doivent être suivies de *que* : *il convient, il est naturel que vous fassiez telle chose*.

ACTE II, SCÈNE I.
DON LOPE.
Que sur cette conduite à son aise l'on glose,
Chacun règle la sienne au but qu'il se propose,
Et, rebuté par vous des soins de mon amour, (1)
Je songe auprès du prince à bien faire ma cour.
ÉLISE.
Mais savez-vous qu'enfin il fera mal la sienne,
S'il faut qu'en cette humeur votre esprit l'entretienne?
DON LOPE.
Et quand, charmante Élise, a-t-on vu, s'il vous plaît,
Qu'on cherche auprès des grands que son propre intérêt?
Qu'un parfait courtisan veuille charger leur suite
D'un censeur des défauts qu'on trouve en leur conduite?
Et s'aille inquiéter si son discours leur nuit,
Pourvu que sa fortune en tire quelque fruit?
Tout ce qu'on fait ne va qu'à se mettre en leur grace;
Par la plus courte voie on y cherche une place,
Et les plus prompts moyens de gagner leur faveur,
C'est de flatter toujours le foible de leur cœur;
D'applaudir en aveugle à ce qu'ils veulent faire,
Et n'appuyer jamais ce qui peut leur déplaire :
C'est là le vrai secret d'être bien auprès d'eux.
Les utiles conseils font passer pour fâcheux,
Et vous laissent toujours hors de la confidence,
Où vous jette d'abord l'adroite complaisance.
Enfin, on voit partout que l'art des courtisans

---

(1)   Et, rebuté par vous des soins de mon amour.
On est *rebuté par quelqu'un*, c'est-à-dire, repoussé; on est *rebuté d'une chose*, c'est-à-dire, dégoûté, découragé; mais on n'est pas *rebuté d'une chose par quelqu'un*. Don Lope veut dire que les rebuts d'Élise l'ont fait renoncer à son amour, aux soins de son amour.

Ne tend qu'à profiter des foiblesses des grands,
A nourrir leurs erreurs, et jamais dans leur ame
Ne porter les avis des choses qu'on y blâme. (1)

ÉLISE.

Ces maximes un temps leur peuvent succéder;
Mais il est des revers qu'on doit appréhender;
Et dans l'esprit des grands, qu'on tâche de surprendre,
Un rayon de lumière à la fin peut descendre,
Qui sur tous ces flatteurs venge équitablement
Ce qu'a fait à leur gloire un long aveuglement.
Cependant je dirai que votre ame s'explique
Un peu bien librement sur votre politique;
Et ces nobles motifs, au prince rapportés,
Serviroient assez mal vos assiduités.

DON LOPE.

Outre que je pourrois désavouer sans blâme
Ces libres vérités sur quoi s'ouvre mon ame,
Je sais fort bien qu'Élise a l'esprit trop discret
Pour aller divulguer cet entretien secret.
Qu'ai-je dit, après tout, que sans moi l'on ne sache?
Et dans mon procédé que faut-il que je cache?
On peut craindre une chûte avec quelque raison,
Quand on met en usage ou ruse ou trahison.
Mais qu'ai-je à redouter, moi, qui partout n'avance
Que les soins approuvés d'un peu de complaisance?

---

(1)   A nourrir leurs erreurs, et jamais dans leur ame
    Ne porter les avis des choses qu'on y blâme.

Il y a un singulier rapport, sinon pour la pensée, du moins pour l'expression, entre ces deux vers et ceux-ci du *Misanthrope* :

    Et l'on a tort ici de nourrir dans votre ame,
    Ce grand attachement aux choses qu'on y blâme.

ACTE II, SCÈNE I.

Et qui suis seulement par d'utiles leçons
La pente qu'a le prince à de jaloux soupçons?
Son ame semble en vivre, et je mets mon étude
A trouver des raisons à son inquiétude,
A voir de tous côtés s'il ne se passe rien,
A fournir le sujet d'un secret entretien;
Et quand je puis venir, enflé d'une nouvelle,
Donner à son repos une atteinte mortelle,
C'est lors que plus il m'aime, et je vois sa raison
D'une audience avide avaler ce poison, (1)
Et m'en remercier comme d'une victoire
Qui combleroit ses jours de bonheur et de gloire. (2)

---

(1)   C'est lors que plus il m'aime, et je vois sa raison
        D'une audience avide avaler ce poison.

Audience est là pour *oreille*; c'est l'action d'entendre substituée à l'organe de l'ouïe : le trope n'est pas heureux. On ne diroit pas mieux *avaler* ou *boire d'une oreille avide*, quoique Horace ait dit

Pugnas et exactos tyrannos
Densum humeris bibit aure vulgus.

Notre langue n'admet pas de pareilles hardiesses.

(2) Que l'on mette, dans la bouche d'un simple valet, ce qui est ici dans celle d'un courtisan, et l'on aura un personnage, une scène de véritable comédie. Mais telle est l'influence du décorum des cours, que, dans l'imitation comme dans la réalité, il répand l'ennui sur ce qui devroit le plus exciter la gaîté, et empêche le ridicule même d'être risible. Ce don Lope qui se connoît et se peint si bien lui-même, et qui met tant de franchise dans l'aveu de sa fausseté, fait sourire et non pas rire.

Au reste, ce personnage appartient à la pièce italienne; il y a le même caractère et y joue le même rôle : seulement, il a une teinte de bouffonnerie qui le rend plus divertissant. « Ma charge, dit-il, ne consiste « qu'à épier les démarches de Delmire, et à les rapporter au roi, qui, « au plus mince sujet de jalousie que je lui mets en tête, m'accable de « caresses et de récompenses : il m'affectionne d'autant plus, que je lui « fournis plus d'occasions de se désespérer et de se donner au diable. » De ce personnage, nommé dans l'original Cortadiglio, les comédiens italiens ont fait par la suite un arlequin.

Mais mon rival paroît, je vous laisse tous deux;
Et bien que je renonce à l'espoir de vos vœux,
J'aurois un peu de peine à voir qu'en ma présence
Il reçut des effets de quelque préférence,
Et je veux, si je puis, m'épargner ce souci.

ÉLISE.

Tout amant de bon sens en doit user ainsi.

SCÈNE II.

DON ALVAR, ÉLISE.

DON ALVAR.

Enfin nous apprenons que le roi de Navarre
Pour les desirs du prince aujourd'hui se déclare;
Et qu'un nouveau renfort de troupes nous attend
Pour le fameux service où son amour prétend.
Je suis surpris, pour moi, qu'avec tant de vîtesse
On ait fait avancer... Mais... [1]

---

[1] Que nous importe que le royaume de Navarre se joigne à ceux de Castille et de Léon pour replacer sur son trône le frère d'Elvire, que nous ne connoissons pas? Elvire elle-même n'est pour nous qu'une femme sensible et délicate, en butte aux soupçons injurieux d'un jaloux qu'elle aime : c'est sous ce seul rapport qu'elle peut nous intéresser; tout le reste nous est indifférent, et don Alvar nous semble ridicule, lorsqu'il apporte avec tant d'empressement une nouvelle qui ne nous touche en rien.

SCÈNE III.

DON GARCIE, ÉLISE, DON ALVAR.

DON GARCIE.

Que fait la princesse?

ÉLISE.

Quelques lettres, seigneur; je le présume ainsi;
Mais elle va savoir que vous êtes ici.

DON GARCIE.

J'attendrai qu'elle ait fait. (1)

SCÈNE IV.

DON GARCIE, *seul*.

Près de souffrir sa vue,
D'un trouble tout nouveau je me sens l'ame émue;
Et la crainte, mêlée à mon ressentiment,
Jette partout mon corps un soudain tremblement.
Prince, prends garde au moins qu'un aveugle caprice
Ne te conduise ici dans quelque précipice,
Et que de ton esprit les désordres puissans
Ne donnent un peu trop au rapport de tes sens :
Consulte ta raison, prends sa clarté pour guide;
Vois si de tes soupçons l'apparence est solide,
Ne démens pas leur voix; mais aussi garde bien

---

(1) Dans une comédie, quel jaloux, croyant tenir en main une preuve de l'infidélité de sa maîtresse, attendroit, dans son antichambre, qu'elle eût achevé sa correspondance, pour entrer chez elle? Ici encore, l'étiquette enchaîne et refroidit les mouvemens de la passion.

Que, pour les croire trop, ils ne t'imposent rien ; [1]
Qu'à tes premiers transports ils n'osent trop permettre,
Et relis posément cette moitié de lettre.
Ah! qu'est-ce que mon cœur, trop digne de pitié,
Ne voudroit pas donner pour son autre moitié !
Mais, après tout, que dis-je ? Il suffit bien de l'une,
Et n'en voilà que trop pour voir mon infortune.

Quoique votre rival...
Vous devez toutefois vous...
Et vous avez en vous à...
L'obstacle le plus grand...

Je chéris tendrement ce...
Pour me tirer des mains de...
Son amour, ses devoirs...
Mais il m'est odieux avec...

Otez donc à vos feux ce...
Méritez les regards que l'on...
Et lorsqu'on vous oblige...
Ne vous obstinez point à... [2]

---

(1)   Ne démens pas leur voix ; mais aussi garde bien
         Que, pour les croire trop, ils ne t'imposent rien.

Imposer une chose, se disoit autrefois pour, avancer une chose fausse ; on lit, dans la comédie de Rotrou, intitulée *la Sœur ; je n'imposerai rien.* Aujourd'hui, on dit, absolument, *en imposer.*

(2) Voltaire a transporté dans *Zadig* cette idée d'une moitié de lettre, offrant un sens entièrement opposé à celui de la lettre entière ; mais, dans le conte, la feuille de tablettes sur laquelle Zadig a écrit son quatrain, se trouve rompue juste entre les hémistiches, et les quatre premières moitiés de vers forment un quatrain de plus petite mesure, rimé

Oui, mon sort par ces mots est assez éclairci ;
Son cœur, comme sa main, se fait connoître ici ;
Et les sens imparfaits de cet écrit funeste,
Pour s'expliquer à moi, n'ont pas besoin du reste.
Toutefois, dans l'abord agissons doucement,
Couvrons à l'infidèle un vif ressentiment ;
Et, de ce que je tiens ne donnant point d'indice,
Confondons son esprit par son propre artifice.
La voici. Ma raison, renferme mes transports,
Et rends-toi pour un temps maîtresse du dehors.

SCÈNE V.

DONE ELVIRE, DON GARCIE.

DONE ELVIRE.

Vous avez bien voulu que je vous fisse attendre ?

DON GARCIE, *bas, à part.*

Ah ! qu'elle cache bien...

DONE ELVIRE.

     On vient de nous apprendre
Que le roi votre père approuve vos projets,
Et veut bien que son fils nous rende nos sujets ;
Et mon ame en a pris une allégresse extrême.

---

et renfermant un sens complet. S'il y a plus d'art dans cet arrangement, la manière dont le fragment de lettre est conçu dans la pièce a plus de vraisemblance. Le sens inégalement interrompu de chaque ligne, donne, dans ses suspensions, une suffisante matière aux soupçons jaloux du prince de Navarre. Baron, dans sa comédie du *Jaloux*, a imité aussi la moitié de lettre de *Don Garcie*.

DON GARCIE.
Oui, madame, et mon cœur s'en réjouit de même ;
Mais...
DONE ELVIRE.
Le tyran sans doute aura peine à parer
Les foudres que partout il entend murmurer ;
Et j'ose me flatter que le même courage
Qui put bien me soustraire à sa brutale rage,
Et, dans les murs d'Astorgue arraché de ses mains,
Me faire un sûr asile à braver ses desseins,
Pourra, de tout Léon achevant la conquête,
Sous ses nobles efforts faire choir cette tête. (1)
DON GARCIE.
Le succès en pourra parler dans quelques jours.
Mais, de grace, passons à quelqu'autre discours.
Puis-je, sans trop oser, vous prier de me dire
A qui vous avez pris, madame, soin d'écrire,
Depuis que le destin nous a conduits ici ?
DONE ELVIRE.
Pourquoi cette demande, et d'où vient ce souci ?
DON GARCIE.
D'un desir curieux de pure fantaisie.
DONE ELVIRE.
La curiosité naît de la jalousie.
DON GARCIE.
Non, ce n'est rien du tout de ce que vous pensez ;
Vos ordres de ce mal me défendent assez.

---

(1) En cet endroit seulement, les détails de la révolution projetée ne fatiguent point le lecteur, parce qu'ils renforcent la situation, en augmentant l'impatience de don Garcie.

ACTE II, SCÈNE V.

DONE ELVIRE.

Sans chercher plus avant quel intérêt vous presse,
J'ai deux fois à Léon écrit à la comtesse,
Et deux fois au marquis don Louis à Burgos.
Avec cette réponse êtes-vous en repos?

DON GARCIE.

Vous n'avez point écrit à quelque autre personne,
Madame?

DONE ELVIRE.

Non, sans doute, et ce discours m'étonne.

DON GARCIE.

De grace, songez bien, avant que d'assurer.
En manquant de mémoire, on peut se parjurer.

DONE ELVIRE.

Ma bouche, sur ce point, ne peut être parjure.

DON GARCIE.

Elle a dit toutefois une haute imposture.

DONE ELVIRE.

Prince?

DON GARCIE.

Madame?

DONE ELVIRE.

O ciel! quel est ce mouvement?
Avez-vous, dites-moi, perdu le jugement? (1)

---

(1) Tout le morceau, commençant par ce vers :

Avez-vous, dites-moi, perdu le jugement?

et finissant par celui-ci :

Pourquoi le démentir, puisqu'il est de ma main?

a été transporté dans *le Misanthrope* (acte II, scène V). Le nombre des vers est exactement le même, et Molière n'y a fait que de légers changemens. On sait que la situation est semblable, et qu'Alceste, comme

DON GARCIE.
Oui, oui, je l'ai perdu, lorsque dans votre vue
J'ai pris, pour mon malheur, le poison qui me tue,
Et que j'ai cru trouver quelque sincérité
Dans les traîtres appas dont je fus enchanté.
DONE ELVIRE.
De quelle trahison pouvez-vous donc vous plaindre?
DON GARCIE.
Ah! que ce cœur est double et sait bien l'art de feindre!
Mais tous moyens de fuir lui vont être soustraits.
Jetez ici les yeux, et connoissez vos traits :
Sans avoir vu le reste, il m'est assez facile
De découvrir pour qui vous employez ce style.
DONE ELVIRE.
Voilà donc le sujet qui vous trouble l'esprit?
DON GARCIE.
Vous ne rougissez pas en voyant cet écrit?
DONE ELVIRE.
L'innocence à rougir n'est point accoutumée.
DON GARCIE.
Il est vrai qu'en ces lieux on la voit opprimée.
Ce billet démenti pour n'avoir point de seing...
DONE ELVIRE.
Pourquoi le démentir, puisqu'il est de ma main?
DON GARCIE.
Encore est-ce beaucoup, que, de franchise pure,
Vous demeuriez d'accord que c'est votre écriture;

---

ici don Garcie, tient dans ses mains un billet qui dépose contre la fidélité de Célimène, avec cette différence qu'il est réellement trompé par sa maîtresse, tandis que le prince de Navarre n'est la dupe que de sa jalousie et d'un indice équivoque.

ACTE II, SCÈNE V.

Mais ce sera, sans doute, et j'en serois garant,
Un billet qu'on envoie à quelque indifférent;
Ou du moins, ce qu'il a de tendresse évidente,
Sera pour une amie, ou pour quelque parente.

DONE ELVIRE.

Non, c'est pour un amant que ma main l'a formé :
Et, j'ajoute de plus, pour un amant aimé. (1)

DON GARCIE.

Et je puis! ô perfide!...

DONE ELVIRE.

Arrêtez, prince indigne,
De ce lâche transport l'égarement insigne.
Bien que de vous mon cœur ne prenne point de loi,
Et ne doive en ces lieux aucun compte qu'à soi,
Je veux bien me purger, pour votre seul supplice,
Du crime que m'impose un insolent caprice.
Vous serez éclairci, n'en doutez nullement.
J'ai ma défense prête en ce même moment.
Vous allez recevoir une pleine lumière.
Mon innocence ici paroîtra toute entière;
Et je veux, vous mettant juge en votre intérêt,
Vous faire prononcer vous-même votre arrêt.

DON GARCIE.

Ce sont propos obscurs qu'on ne sauroit comprendre.

---

(1) Célimène, poussée à bout par Alceste, lui répond de même :

Non, il est pour Oronte, et je veux qu'on le croie.

Une chose peut frapper dans ce rapprochement, c'est que l'artificieuse coquette déclare ce qui est, tandis que la sincère Elvire confesse ce qui n'est pas. Celle-ci ne veut que punir son amant qui s'obstine à la trouver coupable; l'autre veut imposer au sien par l'impudente hardiesse de sa réponse, et le tromper en lui disant la vérité. Il n'est pas besoin de faire observer combien cette dernière situation est plus comique que la première.

DONE ELVIRE.

Bientôt à vos dépens vous me pourrez entendre.
Élise, holà!

SCÈNE VI.

DON GARCIE, DONE ELVIRE, ÉLISE.

ÉLISE.

Madame.

DONE ELVIRE, *à don Garcie.*

Observez bien au moins
Si j'ose à vous tromper employer quelques soins;
Si, par un seul coup-d'œil, ou geste qui l'instruise,
Je cherche de ce coup à parer la surprise.
(*à Élise.*)
Le billet que tantôt ma main avoit tracé,
Répondez promptement, où l'avez-vous laissé?

ÉLISE.

Madame, j'ai sujet de m'avouer coupable.
Je ne sais comme il est demeuré sur ma table;
Mais on vient de m'apprendre en ce même moment
Que don Lope, venant dans mon appartement,
Par une liberté qu'on lui voit se permettre,
A fureté partout et trouvé cette lettre.
Comme il la déplioit, Léonor a voulu
S'en saisir promptement, avant qu'il eût rien lu;
Et, se jetant sur lui, la lettre contestée
En deux justes moitiés dans leurs mains est restée;
Et don Lope, aussitôt prenant un prompt essor,
A dérobé la sienne aux soins de Léonor.

DONE ELVIRE.

Avez-vous ici l'autre?

ACTE II, SCÈNE VI.

ÉLISE.

Oui, la voilà, madame.

DONE ELVIRE.

(*à don Garcie.*)

Donnez. Nous allons voir qui mérite le blâme.
Avec votre moitié rassemblez celle-ci,
Lisez, et hautement; je veux l'entendre aussi.

DON GARCIE.

Au prince don Garcie. Ah!

DONE ELVIRE.

Achevez de lire,
Votre ame pour ce mot ne doit pas s'interdire. (1)

DON GARCIE *lit.*

Quoique votre rival, prince, alarme votre ame,
Vous devez toutefois vous craindre plus que lui;
Et vous avez en vous à détruire aujourd'hui
L'obstacle le plus grand que trouve votre flamme.

Je chéris tendrement ce qu'a fait don Garcie,
Pour me tirer des mains de nos fiers ravisseurs. *
Son amour, ses devoirs, ont pour moi des douceurs;
Mais il m'est odieux avec sa jalousie.

Otez donc à vos feux ce qu'ils en font paroître,
Méritez les regards que l'on jette sur eux;

VARIANTE. * *De mes fiers ravisseurs.*

---

(1)   Votre ame pour ce mot ne doit pas s'interdire.
On ne dit pas, *s'interdire,* pour, *être interdit, rester, demeurer interdit.*

Et, lorsqu'on vous oblige à vous tenir heureux,
Ne vous obstinez point à ne pas vouloir l'être. (1)

DONE ELVIRE.

Hé bien! que dites-vous?

DON GARCIE.

Ah! madame! je dis
Qu'à cet objet mes sens demeurent interdits;
Que je vois dans ma plainte une horrible injustice,
Et qu'il n'est point pour moi d'assez cruel supplice.

DONE ELVIRE.

Il suffit. Apprenez que si j'ai souhaité
Qu'à vos yeux cet écrit pût être présenté,
C'est pour le démentir, et cent fois me dédire
De tout ce que pour vous vous y venez de lire.
Adieu, prince.

DON GARCIE.

Madame, hélas! où fuyez-vous?

DONE ELVIRE.

Où vous ne serez point, trop odieux jaloux.

DON GARCIE.

Ah! madame, excusez un amant misérable,
Qu'un sort prodigieux a fait vers vous coupable, (2)

────────────

(1) Je l'ai déja remarqué à propos de *l'Étourdi*, dans les comédies de cette époque, les lettres étoient ordinairement divisées en quatrains. Ici, chaque quatrain finit et commence par une rime féminine; il en résulte qu'au passage d'un quatrain à l'autre, deux différentes rimes de la même espèce se suivent immédiatement, ou, si l'on veut, ne sont séparées que par le repos du sens et l'espace qu'on laisse entre les deux stances.

(2)   Qu'un sort prodigieux a fait vers vous coupable.
Vers est une préposition de lieu ou de temps, qui ne peut s'employer pour *envers*. La même faute se trouve encore plusieurs fois dans cette pièce.

Et qui, bien qu'il vous cause un courroux si puissant,
Eût été plus blâmable à rester innocent.
Car enfin, peut-il être une ame bien atteinte
Dont l'espoir le plus doux ne soit mêlé de crainte?
Et pourriez-vous penser que mon cœur eût aimé,
Si ce billet fatal ne l'eût point alarmé;
S'il n'avoit point frémi des coups de cette foudre,
Dont je me figurois tout mon bonheur en poudre?
Vous-même, dites-moi si cet événement
N'eût pas dans mon erreur jeté tout autre amant;
Si d'une preuve, hélas! qui me sembloit si claire,
Je pouvois démentir...

DONE ELVIRE.

Oui, vous le pouviez faire;
Et dans mes sentimens, assez bien déclarés,
Vos doutes rencontroient des garans assurés :
Vous n'aviez rien à craindre; et d'autres, sur ce gage,
Auroient du monde entier bravé le témoignage.

DON GARCIE.

Moins on mérite un bien qu'on nous fait espérer,
Plus notre ame a de peine à pouvoir s'assurer.
Un sort trop plein de gloire à nos yeux est fragile,
Et nous laisse aux soupçons une pente facile.
Pour moi, qui crois si peu mériter vos bontés,
J'ai douté du bonheur de mes témérités; (1)

---

(1) Molière a transporté ces six derniers vers dans *le Tartuffe* (acte IV, scène V), en y faisant quelques changemens :

>Moins on mérite un bien, moins on l'ose espérer;
>Nos vœux, sur des discours, ont peine à s'assurer.
>On soupçonne aisément un sort tout plein de gloire,
>Et l'on en veut jouir avant que de le croire.
>Pour moi, qui crois si peu mériter vos bontés,
>Je doute du bonheur de mes témérités.

J'ai cru que dans ces lieux rangés sous ma puissance,
Votre ame se forçoit à quelque complaisance ;
Que, déguisant pour moi votre sévérité...

DONE ELVIRE.

Et je pourrois descendre à cette lâcheté?
Moi, prendre le parti d'une honteuse feinte!
Agir par les motifs d'une servile crainte!
Trahir mes sentimens! et, pour être en vos mains,
D'un masque de faveur vous couvrir mes dédains?
La gloire sur mon cœur auroit si peu d'empire!
Vous pouvez le penser, et vous me l'osez dire?
Apprenez que ce cœur ne sait point s'abaisser;
Qu'il n'est rien sous les cieux qui puisse l'y forcer;
Et, s'il vous a fait voir, par une erreur insigne,
Des marques de bonté dont vous n'étiez pas digne,
Qu'il saura bien montrer, malgré votre pouvoir,
La haine que pour vous il se résout d'avoir;
Braver votre furie, et vous faire connoître
Qu'il n'a point été lâche, et ne veut jamais l'être.

DON GARCIE.

Hé bien! je suis coupable, et ne m'en défends pas, (1)
Mais je demande grace à vos divins appas;
Je la demande au nom de la plus vive flamme
Dont jamais deux beaux yeux aient fait brûler une ame.
Que, si votre courroux ne peut être appaisé,
Si mon crime est trop grand pour se voir excusé,
Si vous ne regardez ni l'amour qui le cause,

---

(1) Tout le reste de cette scène est dans *Amphitryon* (acte II, scène VI).
Il n'y a rien de changé au fond ni à l'ordre des idées qui composent le
dialogue : seulement, comme *Amphitryon* est écrit en vers libres, Molière a raccourci ou allongé quelques vers, et en a intercalé quelques
autres, pour produire la variété des mesures et le mélange des rimes.

Ni le vif repentir que mon cœur vous expose,
Il faut qu'un coup heureux, en me faisant mourir,
M'arrache à des tourmens que je ne puis souffrir.
Non, ne présumez pas qu'ayant su vous déplaire,
Je puisse vivre une heure avec votre colère.
Déja de ce moment la barbare longueur
Sous ses cuisans remords fait succomber mon cœur,
Et de mille vautours les blessures cruelles
N'ont rien de comparable à ses douleurs mortelles.
Madame, vous n'avez qu'à me le déclarer,
S'il n'est point de pardon que je doive espérer,
Cette épée aussitôt, par un coup favorable,
Va percer, à vos yeux, le cœur d'un misérable ;
Ce cœur, ce traître cœur, dont les perplexités
Ont si fort outragé vos extrêmes bontés :
Trop heureux, en mourant, si ce coup légitime
Efface en votre esprit l'image de mon crime,
Et ne laisse aucuns traits de votre aversion
Au foible souvenir de mon affection :
C'est l'unique faveur que demande ma flamme.

DONE ELVIRE.

Ah! prince trop cruel!

DON GARCIE.

Dites, parlez, madame.

DONE ELVIRE.

Faut-il encor pour vous conserver des bontés,
Et vous voir m'outrager par tant d'indignités?

DON GARCIE.

Un cœur ne peut jamais outrager quand il aime ;
Et ce que fait l'amour, il l'excuse lui-même.

DONE ELVIRE.

L'amour n'excuse point de tels emportemens.

DON GARCIE.

Tout ce qu'il a d'ardeur passe en ses mouvemens;
Et plus il devient fort, plus il trouve de peine...

DONE ELVIRE.

Non, ne m'en parlez point, vous méritez ma haine.

DON GARCIE.

Vous me haïssez donc?

DONE ELVIRE.

J'y veux tâcher, au moins.
Mais, hélas! je crains bien que j'y perde mes soins, [1]
Et que tout le courroux qu'excite votre offense,
Ne puisse jusque-là faire aller ma vengeance.

DON GARCIE.

D'un supplice si grand ne tentez point l'effort,
Puisque pour vous venger je vous offre ma mort;
Prononcez-en l'arrêt, et j'obéis sur l'heure.

DONE ELVIRE.

Qui ne sauroit haïr ne peut vouloir qu'on meure.

DON GARCIE.

Et moi, je ne puis vivre, à moins que vos bontés
Accordent un pardon à mes témérités. [2]

---

(1) Mais, hélas! je crains bien que j'y perde mes soins, etc.
Il falloit, *je crains bien que je n'y perde,* ou mieux encore, *d'y perdre mes soins.* Molière a observé la règle pour le second verbe, qu'il a fait précéder de la négative: *ne puisse jusque-là,* etc.

(2) Et moi, je ne puis vivre, à moins que vos bontés
Accordent un pardon à mes témérités.
Il faudroit aujourd'hui, *n'accordent.* Le signe de la négation s'est introduit dans cette locution, comme dans beaucoup d'autres, sans aucune nécessité grammaticale, et uniquement parce que le sens est négatif; *à moins que je ne fasse,* est pour, *si je ne fais pas.* Du temps de Molière et long-temps encore après, on étoit libre d'admettre ou d'exclure la négation.

ACTE II, SCÈNE VII.

Résolvez l'un des deux, de punir ou d'absoudre.

DONE ELVIRE.

Hélas! j'ai trop fait voir ce que je puis résoudre.
Par l'aveu d'un pardon, n'est-ce pas se trahir,
Que dire au criminel qu'on ne le peut haïr?

DON GARCIE.

Ah! c'en est trop; souffrez, adorable princesse...

DONE ELVIRE.

Laissez : je me veux mal d'une telle foiblesse. (1)

DON GARCIE, *seul.*

Enfin je suis...

SCÈNE VII.

DON GARCIE, DON LOPE.

DON LOPE.

Seigneur, je viens vous informer
D'un secret dont vos feux ont droit de s'alarmer.

---

(1) Laissez : je me veux mal d'une telle foiblesse.
Célimène dit à Alceste :
 Je suis sotte, et veux mal à ma simplicité,
 De conserver encor pour vous quelque bonté.
Cette scène et celle qui précède sont excellentes. Combien il eût été fâcheux qu'elles demeurassent ensevelies dans un ouvrage écarté pour toujours du théâtre! Mais Molière nous a épargné ce regret en les transportant l'une et l'autre en grande partie dans *le Misanthrope* et dans *Amphitryon.*

La pièce italienne a fourni presque toute la matière de cet acte. Delmire a eu la complaisance d'écrire, pour une de ses femmes qui s'étoit blessée à la main droite, une réponse que celle-ci devoit à son amant et qu'elle lui remet elle-même. Cet amant, en la lisant, se récrie sur l'aimable bonté de Delmire : le courtisan espion l'entend, veut enlever la lettre de ses mains et n'en arrache qu'une partie qu'il va porter au roi. Tout le reste, comme dans la pièce françoise.

DON GARCIE.

Ne me viens point parler de secret ni d'alarme
Dans les doux mouvemens du transport qui me charme.
Après ce qu'à mes yeux on vient de présenter,
Il n'est point de soupçons que je doive écouter;
Et d'un divin objet la bonté sans pareille
A tous ces vains rapports doit fermer mon oreille;
Ne m'en fais plus.

DON LOPE.

Seigneur, je veux ce qu'il vous plaît;
Mes soins en tout ceci n'ont que votre intérêt.
J'ai cru que le secret que je viens de surprendre,
Méritoit bien qu'en hâte on vous le vînt apprendre;
Mais puisque vous voulez que je n'en touche rien,
Je vous dirai, seigneur, pour changer d'entretien,
Que déja dans Léon on voit chaque famille
Lever le masque au bruit des troupes de Castille,
Et que surtout le peuple y fait pour son vrai roi
Un éclat à donner au tyran de l'effroi.

DON GARCIE.

La Castille du moins n'aura pas la victoire,
Sans que nous essayions d'en partager la gloire;
Et nos troupes aussi peuvent être en état
D'imprimer quelque crainte au cœur de Mauregat.
Mais quel est ce secret dont tu voulois m'instruire?
Voyons un peu.

DON LOPE.

Seigneur, je n'ai rien à vous dire.

DON GARCIE.

Va, va, parle, mon cœur t'en donne le pouvoir.

DON LOPE.

Vos paroles, seigneur, m'en ont trop fait savoir,

ACTE II, SCÈNE VII.

Et, puisque mes avis ont de quoi vous déplaire,
Je saurai désormais trouver l'art de me taire.

DON GARCIE.

Enfin, je veux savoir la chose absolument. (1)

DON LOPE.

Je ne réplique point à ce commandement.
Mais, seigneur, en ce lieu le devoir de mon zèle
Trahiroit le secret d'une telle nouvelle.
Sortons pour vous l'apprendre; et, sans rien embrasser, (2)
Vous-même vous verrez ce qu'on en doit penser. (3)

---

(1) Cette scène a été bien souvent jouée dans le monde et sur le théâtre. Combien d'hommes peuvent se reconnoître dans ce jaloux incurable qui, se croyant guéri, repousse d'abord un secret qu'on veut lui apprendre, demande ensuite d'un air indifférent quel est ce secret, et finit par exiger impérieusement qu'on le lui dise ! Le germe de cette scène est dans la pièce italienne.

(2) *Sans rien embrasser*, c'est-à-dire, sans rien croire, avant d'avoir vous-même examiné mûrement la chose.

(3) Ce personnage de don Lope rappelle un peu celui d'Iago, dans l'*Othello* de Shakespeare. Un artisan de calomnies, un faiseur de rapports, un brouille-ménage enfin est bien placé auprès d'un jaloux; mais il faut qu'il ait un motif capable de balancer, au moins selon les lois de la morale dramatique, ce que sa conduite a d'odieux et de bas. Le motif de don Lope est misérable, et son rôle n'a rien de comique.

FIN DU SECOND ACTE.

ACTE III.

SCÈNE PREMIÈRE.

DONE ELVIRE, ÉLISE.

DONE ELVIRE.

Élise, que dis-tu de l'étrange foiblesse
Que vient de témoigner le cœur d'une princesse ?
Que dis-tu de me voir tomber si promptement
De toute la chaleur de mon ressentiment ?
Et, malgré tant d'éclat, relâcher mon courage
Au pardon trop honteux d'un si cruel outrage ?

ÉLISE.

Moi, je dis que d'un cœur que nous pouvons chérir,
Une injure sans doute est bien dure à souffrir ;
Mais que, s'il n'en est point qui davantage irrite,
Il n'en est point aussi qu'on pardonne si vîte,
Et qu'un coupable aimé triomphe à nos genoux
De tous les prompts transports du plus bouillant courroux,
D'autant plus aisément, madame, quand l'offense
Dans un excès d'amour peut trouver sa naissance. (1)

---

(1)   D'autant plus aisément, madame, quand l'offense
      Dans un excès d'amour peut trouver sa naissance.

D'autant plus aisément quand, est une locution vicieuse ; il falloit dire, *d'autant plus aisément que*, etc.

ACTE III, SCÈNE I.

Ainsi, quelque dépit que l'on vous ait causé,
Je ne m'étonne point de le voir appaisé;
Et je sais quel pouvoir, malgré votre menace,
A de pareils forfaits donnera toujours grace.

DONE ELVIRE.

Ah! sache, quelque ardeur qui m'impose des lois,
Que mon front a rougi pour la dernière fois;
Et que, si désormais on pousse ma colère,
Il n'est point de retour qu'il faille qu'on espère.
Quand je pourrois reprendre un tendre sentiment,
C'est assez contre lui que l'éclat d'un serment :
Car enfin, un esprit qu'un peu d'orgueil inspire,
Trouve beaucoup de honte à se pouvoir dédire;
Et souvent, aux dépens d'un pénible combat,
Fait sur ses propres vœux un illustre attentat, [1]
S'obstine par honneur, et n'a rien qu'il n'immole
A la noble fierté de tenir sa parole.
Ainsi, dans le pardon que l'on vient d'obtenir,
Ne prends point de clartés pour régler l'avenir;
Et, quoi qu'à mes destins la fortune prépare,
Crois que je ne puis être au prince de Navarre,
Que de ces noirs accès qui troublent sa raison,
Il n'ait fait éclater l'entière guérison,
Et réduit tout mon cœur, que ce mal persécute,

---

(1)   Et souvent, aux dépens d'un pénible combat,
       Fait sur ses propres vœux un illustre attentat.

L'expression emphatique du second vers paroît avoir été empruntée par Molière à Corneille qui, dans sa comédie héroïque de *Don Sanche d'Arragon*, fait dire à la reine de Castille :

       Je m'impose à vos yeux la plus dure des gênes,
       Et fais dessus moi-même un illustre attentat
       Pour me sacrifier au repos de l'État.

A n'en plus redouter l'affront d'une rechûte. (1)
ÉLISE.
Mais quel affront nous fait le transport d'un jaloux?
DONE ELVIRE.
En est-il un qui soit plus digne de courroux?
Et, puisque notre cœur fait un effort extrême (2)
Lorsqu'il se peut résoudre à confesser qu'il aime,
Puisque l'honneur du sexe, en tout temps rigoureux,
Oppose un fort obstacle à de pareils aveux,
L'amant qui voit pour lui franchir un tel obstacle,
Doit-il impunément douter de cet oracle?
Et n'est-il pas coupable, alors qu'il ne croit pas
Ce qu'on ne dit jamais qu'après de grands combats?
ÉLISE.
Moi, je tiens que toujours un peu de défiance
En ces occasions n'a rien qui nous offense;
Et qu'il est dangereux qu'un cœur qu'on a charmé
Soit trop persuadé, madame, d'être aimé,
Si...
DONE ELVIRE.
N'en disputons plus. Chacun a sa pensée.

---

(1) Toute cette tirade est écrite dans le goût des tragi-comédies du temps, dont le style offroit un continuel mélange de subtilité italienne et d'emphase espagnole. *L'éclat d'un serment qui est assez contre un tendre sentiment, et un esprit qui souvent, aux dépens d'un pénible combat, fait sur ses propres vœux un illustre attentat,* sont des phrases alambiquées et obscures que la force de l'exemple et le desir du succès ont pu seuls inspirer à Molière, dont la manière naturelle étoit si éloignée de ce pompeux galimatias.

(2) La fin du couplet, à partir de ce vers, est dans *le Misanthrope* (acte IV, scène III). Il n'y a que de fort légers changemens d'expressions.

C'est un scrupule enfin dont mon ame est blessée;
Et, contre mes desirs, je sens je ne sais quoi
Me prédire un éclat entre le prince et moi,
Qui, malgré ce qu'on doit aux vertus dont il brille...
Mais, ô ciel! en ces lieux don Sylve de Castille!

SCÈNE II.

DONE ELVIRE, DON ALPHONSE, cru don Sylve, ÉLISE.

DONE ELVIRE.

Ah! seigneur, par quel sort vous vois-je maintenant? (1)

DON ALPHONSE.

Je sais que mon abord, madame, est surprenant,
Et qu'être sans éclat entré dans cette ville,
Dont l'ordre d'un rival rend l'accès difficile;
Qu'avoir pu me soustraire aux yeux de ses soldats,
C'est un événement que vous n'attendiez pas.
Mais si j'ai dans ces lieux franchi quelques obstacles,
L'ardeur de vous revoir peut bien d'autres miracles;
Tout mon cœur a senti par de trop rudes coups
Le rigoureux destin d'être éloigné de vous,
Et je n'ai pu nier au tourment qui le tue, (2)

---

(1) Ah! seigneur, par quel sort vous vois-je maintenant?

On ne dit *un sort* que dans le sens de sortilège : *on lui a jeté un sort*; ou bien dans la signification de destinée : *il jouit d'un heureux sort*. Dans tout autre cas, on doit dire, *le sort*; il faudroit donc ici, *par quel coup, par quel effet du sort?*

(2) Et je n'ai pu nier au tourment qui le tue,
   Quelques momens secrets d'une si chère vue.

On disoit anciennement, *nier*, dans le sens de refuser; on lit, dans *Agé-*

Quelques momens secrets d'une si chère vue.
Je viens vous dire donc que je rends grace aux cieux
De vous voir hors des mains d'un tyran odieux ;
Mais parmi les douceurs d'une telle aventure,
Ce qui m'est un sujet d'éternelle torture,
C'est de voir qu'à mon bras les rigueurs de mon sort
Ont envié l'honneur de cet illustre effort,
Et fait à mon rival, avec trop d'injustice,
Offrir les doux périls d'un si fameux service.
Oui, madame, j'avois, pour rompre vos liens,
Des sentimens, sans doute, aussi beaux que les siens ;
Et je pouvois pour vous gagner cette victoire,
Si le ciel n'eût voulu m'en dérober la gloire.

DONE ELVIRE.

Je sais, seigneur, je sais que vous avez un cœur
Qui des plus grands périls vous peut rendre vainqueur ;
Et je ne doute point que ce généreux zèle
Dont la chaleur vous pousse à venger ma querelle,
N'eût, contre les efforts d'un indigne projet,
Pu faire en ma faveur tout ce qu'un autre a fait.
Mais, sans cette action dont vous étiez capable,
Mon sort à la Castille est assez redevable.
On sait ce qu'en ami plein d'ardeur et de foi,
Le comte votre père a fait pour le feu roi :
Après l'avoir aidé jusqu'à l'heure dernière,

---

silan de Colchos, tragi-comédie de Rotrou :
Tu ne lui peux *nier* un amour mutuel.
Plus tard, on a dit, *dénier*, dans le même sens, témoin le vers de Racine :
Pour obtenir les vents que le ciel vous *dénie*.
Aujourd'hui, on n'emploie plus guère que le verbe *refuser*.

Il donne en ses états un asyle à mon frère ;
Quatre lustres entiers il y cache son sort
Aux barbares fureurs de quelque lâche effort,
Et, pour rendre à son front l'éclat d'une couronne,
Contre nos ravisseurs vous marchez en personne.
N'êtes-vous pas content? Et ces soins généreux
Ne m'attachent-ils point par d'assez puissans nœuds?
Quoi! votre ame, seigneur, seroit-elle obstinée
A vouloir asservir toute ma destinée?
Et faut-il que jamais il ne tombe sur nous
L'ombre d'un seul bienfait, qu'il ne vienne de vous?
Ah! souffrez, dans les maux où mon destin m'expose,
Qu'au soin d'un autre aussi je doive quelque chose;
Et ne vous plaignez point de voir un autre bras
Acquérir de la gloire où le vôtre n'est pas.

DON ALPHONSE.

Oui, madame, mon cœur doit cesser de s'en plaindre;
Avec trop de raison vous voulez m'y contraindre,
Et c'est injustement qu'on se plaint d'un malheur,
Quand un autre plus grand s'offre à notre douleur.
Ce secours d'un rival m'est un cruel martyre;
Mais, hélas! de mes maux, ce n'est pas là le pire :
Le coup, le rude coup dont je suis atterré,
C'est de me voir par vous ce rival préféré.
Oui, je ne vois que trop que ses feux pleins de gloire,
Sur les miens dans votre ame emportent la victoire;
Et cette occasion de servir vos appas,
Cet avantage offert de signaler son bras,
Cet éclatant exploit qui vous fut salutaire,
N'est que le pur effet du bonheur de vous plaire;
Que le secret pouvoir d'un astre merveilleux,
Qui fait tomber la gloire où s'attachent vos vœux.

Ainsi, tous mes efforts ne seront que fumée.
Contre vos fiers tyrans je conduis une armée;
Mais je marche en tremblant à cet illustre emploi,
Assuré que vos vœux ne seront pas pour moi;
Et que, s'ils sont suivis, la fortune prépare
L'heur des plus beaux succès aux soins de la Navarre.
Ah! madame, faut-il me voir précipité
De l'espoir glorieux dont je m'étois flatté!
Et ne puis-je savoir quels crimes on m'impute,
Pour avoir mérité cette effroyable chûte?

DONE ELVIRE.

Ne me demandez rien avant que regarder ⁽¹⁾
Ce qu'à mes sentimens vous devez demander,
Et, sur cette froideur qui semble vous confondre,
Répondez-vous, seigneur, ce que je puis répondre;
Car enfin tous vos soins ne sauroient ignorer
Quels secrets de votre ame on m'a su déclarer;
Et je la crois, cette ame, et trop noble et trop haute,
Pour vouloir m'obliger à commettre une faute.
Vous-même, dites-vous s'il est de l'équité
De me voir couronner une infidélité;
Si vous pouviez m'offrir *, sans beaucoup d'injustice,
Un cœur à d'autres yeux offert en sacrifice;
Vous plaindre avec raison, et blâmer mes refus,
Lorsqu'ils veulent d'un crime affranchir vos vertus.
Oui, seigneur, c'est un crime, et les premières flammes
Ont des droits si sacrés sur les illustres ames,

VARIANTE. * *Si vous pouvez m'offrir.*

---

(1) Ne me demandez rien avant que regarder.
On diroit aujourd'hui, *avant de regarder.*

Qu'il faut perdre grandeurs, et renoncer au jour,
Plutôt que de pencher vers un second amour. (1)
J'ai pour vous cette ardeur que peut prendre l'estime
Pour un courage haut, pour un cœur magnanime;
Mais n'exigez de moi que ce que je vous dois,
Et soutenez l'honneur de votre premier choix.
Malgré vos feux nouveaux, voyez quelle tendresse
Vous conserve le cœur de l'aimable comtesse.
Ce que pour un ingrat, car vous l'êtes, seigneur,
Elle a d'un choix constant refusé de bonheur!
Quel mépris généreux, dans son ardeur extrême,
Elle a fait de l'éclat que donne un diadême!
Voyez combien d'efforts pour vous elle a bravés!
Et rendez à son cœur ce que vous lui devez.

DON ALPHONSE.

Ah! madame, à mes yeux n'offrez point son mérite :
Il n'est que trop présent à l'ingrat qui la quitte;
Et si mon cœur vous dit ce que pour elle il sent,
J'ai peur qu'il ne soit pas envers vous innocent.
Oui, ce cœur l'ose plaindre, et ne suit pas sans peine
L'impérieux effort de l'amour qui l'entraîne :
Aucun espoir pour vous n'a flatté mes desirs,
Qui ne m'ait arraché pour elle des soupirs;
Qui n'ait dans ses douceurs fait jeter à mon ame
Quelques tristes regards vers sa première flamme;
Se reprocher l'effet de vos divins attraits,
Et mêler des remords à mes plus chers souhaits. (2)

---

(1) Les quatre derniers vers qu'on vient de lire, se retrouvent dans *les Femmes savantes* (acte IV, scène II). Molière n'a fait qu'y changer quelques mots, pour les mieux approprier à leur nouvelle destination.

(2)   Qui n'ait, dans ses douceurs, fait jeter à mon ame

J'ai fait plus que cela, puisqu'il vous faut tout dire,
Oui, j'ai voulu sur moi vous ôter votre empire,
Sortir de votre chaîne, et rejeter mon cœur
Sous le joug innocent de son premier vainqueur.
Mais, après mes efforts, ma constance abattue
Voit un cours nécessaire à ce mal qui me tue;
Et, dût être mon sort à jamais malheureux,
Je ne puis renoncer à l'espoir de mes vœux.
Je ne saurois souffrir l'épouvantable idée
De vous voir par un autre à mes yeux possédée;
Et le flambeau du jour, qui m'offre vos appas,
Doit avant cet hymen éclairer mon trépas.
Je sais que je trahis une princesse aimable;
Mais, madame, après tout, mon cœur est-il coupable?
Et le fort ascendant que prend votre beauté,
Laisse-t-il aux esprits aucune liberté?
Hélas! je suis ici bien plus à plaindre qu'elle:
Son cœur, en me perdant, ne perd qu'un infidèle;
D'un pareil déplaisir on se peut consoler;
Mais moi, par un malheur qui ne peut s'égaler,
J'ai celui de quitter une aimable personne,(1)

Quelques tristes regards vers sa première flamme,
Se reprocher l'effet de vos divins attraits,
Et mêler des remords à mes plus chers souhaits.

Voici le troisième exemple de construction vicieuse que l'on rencontre dans cette pièce d'ailleurs assez correctement écrite. *Qui n'ait fait*, est le verbe qui régit les trois infinitifs qui suivent. En le rapprochant des deux derniers, la phrase est celle-ci: *Qui n'ait fait se reprocher (à mon ame apparemment) l'effet de vos divins attraits, et qui n'ait fait mêler* (encore *à mon ame sans doute*) *des remords à mes plus chers souhaits*. Il est difficile d'exprimer ses idées d'une manière plus embarrassée et plus incorrecte.

(1) Mais moi, par un malheur qui ne peut s'égaler,

Et tous les maux encor que mon amour me donne.
DONE ELVIRE.
Vous n'avez que les maux que vous voulez avoir,
Et toujours notre cœur est en notre pouvoir.
Il peut bien quelquefois montrer quelque foiblesse;
Mais enfin sur nos sens la raison, la maîtresse... (1)

VARIANTE. * *La raison est maîtresse.*

J'ai celui de quitter une aimable personne.
Selon la grammaire, *celui* se rapporte à *malheur*, et, selon le sens, à *déplaisir* qui est deux vers plus haut.

(1) Cette longue scène est de la plus grande froideur. Alphonse, caché sous le nom de don Sylve, et frère d'Elvire, à l'insu d'elle et de lui, n'est point aimé de cette princesse, quelques efforts qu'il ait faits pour lui plaire : or, les amans rebutés n'ont jamais bien bonne grace au théâtre, où tout l'intérêt est pour les amans préférés. Alphonse lui-même n'est pas bien décidé dans sa passion pour Elvire; car il convient qu'il n'a jamais formé le vœu ou conçu l'espoir de la posséder, sans que le regret d'abandonner la comtesse Ignès lui ait arraché un soupir; et c'est encore une vérité fondée sur l'observation, que le spectacle des amours foibles ou indécis n'a rien d'attachant. Ce double vice de la scène tient à la fable de la pièce, qui donne pour rival à don Garcie le frère même de sa maîtresse. Il convenoit que l'amour innocemment incestueux d'Alphonse ne fût pas trop violent, et lui permît d'épouser done Ignès au dénouement.

Dans la pièce italienne, le personnage qui répond à don Alphonse, don Pèdre, n'est pas, comme celui-ci, un prince à qui sa naissance et son rang sont inconnus. Il passe pour ce qu'il est, pour le roi d'Arragon et pour le frère de Delmire; mais il s'est introduit secrètement dans Valence pour voir sa sœur, et il veut y garder l'*incognito*. Il est amoureux d'une duchesse de Tyrol, qui répond à la comtesse Ignès. C'est à Molière qu'appartient l'idée du mystère répandu sur la personne d'Alphonse, de son amour pour Elvire, et de sa rivalité avec don Garcie. J'ose dire que cette combinaison n'est rien moins qu'heureuse.

SCÈNE III.

DON GARCIE, DONE ELVIRE, DON ALPHONSE,
cru don Sylve.

DON GARCIE.
Madame, mon abord, comme je connois bien,
Assez mal à propos trouble votre entretien ;
Et mes pas en ce lieu, s'il faut que je le die,
Ne croyoient pas trouver si bonne compagnie.

DONE ELVIRE.
Cette vue, en effet, surprend au dernier point ;
Et, de même que vous, je ne l'attendois point.

DON GARCIE.
Oui, madame, je crois que de cette visite,
Comme vous l'assurez, vous n'étiez point instruite.
(*à don Sylve.*)
Mais, seigneur, vous deviez nous faire au moins l'honneur
De nous donner avis de ce rare bonheur,
Et nous mettre en état, sans nous vouloir surprendre,
De vous rendre en ces lieux ce qu'on voudroit vous rendre.

DON ALPHONSE.
Les héroïques soins vous occupent si fort,
Que de vous en tirer, seigneur, j'aurois eu tort ;
Et des grands conquérans les sublimes pensées
Sont aux civilités avec peine abaissées.

DON GARCIE.
Mais les grands conquérans, dont on vante les soins,
Loin d'aimer le secret, affectent les témoins :
Leur ame, dès l'enfance à la gloire élevée,
Les fait dans leurs projets aller tête levée ;

Et, s'appuyant toujours sur des hauts sentimens, *
Ne s'abaisse jamais à des déguisemens.
Ne commettez-vous point vos vertus héroïques,
En passant dans ces lieux par des sourdes pratiques; **
Et ne craignez-vous point qu'on puisse, aux yeux de tous,
Trouver cette action trop indigne de vous? (1)

DON ALPHONSE.

Je ne sais si quelqu'un blâmera ma conduite,
Au secret que j'ai fait d'une telle visite;
Mais je sais qu'aux projets qui veulent la clarté,
Prince, je n'ai jamais cherché l'obscurité;
Et, quand j'aurai sur vous à faire une entreprise,
Vous n'aurez pas sujet de blâmer la surprise:
Il ne tiendra qu'à vous de vous en garantir,
Et l'on prendra le soin de vous en avertir.
Cependant demeurons aux termes ordinaires,
Remettons nos débats après d'autres affaires;
Et, d'un sang un peu chaud réprimant les bouillons,
N'oublions pas tous deux devant qui nous parlons.

DONE ELVIRE, *à don Garcie.*

Prince, vous avez tort; et sa visite est telle
Que vous...

DON GARCIE.

Ah! c'en est trop que prendre sa querelle,

VARIANTES. * *Sur de hauts sentimens.* — ** *Par de sourdes pratiques.*

---

(1) Et ne craignez-vous pas qu'on puisse, aux yeux de tous,
Trouver cette action trop indigne de vous?

Il faudroit, *ne craignez-vous pas qu'on ne puisse?* Lorsque *craindre* est négatif et interrogatif à la fois, il est affirmatif pour le sens. *Ne craignez-vous pas* est l'équivalent de *vous devez craindre, vous avez sujet de craindre;* et, par cette raison, la phrase est assujettie à la règle qui veut que ce verbe, employé affirmativement, soit suivi de la négative.

Madame, et votre esprit devroit feindre un peu mieux,
Lorsqu'il veut ignorer sa venue en ces lieux.
Cette chaleur si prompte à vouloir la défendre,
Persuade assez mal qu'elle ait pu vous surprendre.

DONE ELVIRE.

Quoi que vous soupçonniez, il m'importe si peu,
Que j'aurois du regret d'en faire un désaveu.

DON GARCIE.

Poussez donc jusqu'au bout cet orgueil héroïque,
Et que, sans hésiter, tout votre cœur s'explique :
C'est au déguisement donner trop de crédit.
Ne désavouez rien, puisque vous l'avez dit.
Tranchez, tranchez le mot, forcez toute contrainte;
Dites que de ses feux vous ressentez l'atteinte,
Que pour vous sa présence a des charmes si doux...

DONE ELVIRE.

Et si je veux l'aimer, m'en empêcherez-vous?
Avez-vous sur mon cœur quelque empire à prétendre?
Et, pour régler mes vœux, ai-je votre ordre à prendre?
Sachez que trop d'orgueil a pu vous décevoir,
Si votre cœur sur moi s'est cru quelque pouvoir;
Et que mes sentimens sont d'une ame trop grande
Pour vouloir les cacher, lorsqu'on me les demande.
Je ne vous dirai point si le comte est aimé;
Mais apprenez de moi qu'il est fort estimé;
Que ses hautes vertus, pour qui je m'intéresse,
Méritent mieux que vous les vœux d'une princesse;
Que je garde aux ardeurs, aux soins qu'il me fait voir,
Tout le ressentiment qu'une ame puisse avoir; (1)

---

(1)   ... Je garde aux ardeurs, aux soins qu'il me fait voir,
        Tout le ressentiment qu'une ame puisse avoir.

Autrefois *ressentiment* se disoit de tout ce qu'on peut *ressentir*, de la

Et que, si des destins la fatale puissance
M'ôte la liberté d'être sa récompense,
Au moins est-il en moi de promettre à ses vœux,
Qu'on ne me verra point le butin de vos feux.
Et, sans vous amuser d'une atteinte frivole,
C'est à quoi je m'engage, et je tiendrai parole.
Voilà mon cœur ouvert, puisque vous le voulez,
Et mes vrais sentimens à vos yeux étalés.
Etes-vous satisfait? Et mon ame attaquée
S'est-elle, à votre avis, assez bien expliquée?
Voyez, pour vous ôter tout lieu de soupçonner,
S'il reste quelque jour encore à vous donner.
    (à don Sylve.)
Cependant, si vos soins s'attachent à me plaire,
Songez que votre bras, comte, m'est nécessaire;
Et, d'un capricieux quels que soient les transports,
Qu'à punir nos tyrans il doit tous ses efforts.
Fermez l'oreille enfin à toute sa furie,
Et, pour vous y porter, c'est moi qui vous en prie.(1)

---

douleur et de la joie, des bienfaits comme des injures. Le voici employé
pour *reconnoissance*, dans ces vers de *l'Heureux naufrage*, tragi-comédie
de Rotrou :

    Il faut rester ingrat après tant de bienfaits,
    Et mon *ressentiment* ne peut avoir d'effets.

Aujourd'hui, *ressentiment* signifie seulement le souvenir des injures reçues, avec quelque desir de s'en venger.

(1) C'est un défaut commun à presque toutes les pièces dont un jaloux est le personnage principal, que sa jalousie soit souvent fondée sur de trop fortes apparences : il en résulte qu'il est plus à plaindre qu'à blâmer, et que le poëte, au lieu de nous égayer par la peinture d'un travers inexcusable, nous touche par celle d'une infortune qui, pour avoir une cause chimérique, n'en est pas moins réelle et moins digne de pitié. Il faut convenir que don Garcie, surprenant son rival qu'il croit

SCÈNE IV.

DON GARCIE, DON ALPHONSE, *cru don Sylve.*

DON GARCIE.

Tout vous rit, et votre ame en cette occasion
Jouit superbement de ma confusion.
Il vous est doux de voir un aveu plein de gloire,
Sur les feux d'un rival marquer votre victoire :
Mais c'est à votre joie un surcroît sans égal,
D'en avoir pour témoins les yeux de ce rival ;
Et mes prétentions hautement étouffées,
A vos vœux triomphans sont d'illustres trophées.
Goûtez à pleins transports ce bonheur éclatant ;
Mais sachez qu'on n'est pas encore où l'on prétend.
La fureur qui m'anime a de trop justes causes,
Et l'on verra peut-être arriver bien des choses.
Un désespoir va loin quand il est échappé,
Et tout est pardonnable à qui se voit trompé.
Si l'ingrate à mes yeux, pour flatter votre flamme,
A jamais n'être à moi vient d'engager son ame,
Je saurai bien trouver, dans mon juste courroux,
Les moyens d'empêcher qu'elle ne soit à vous.

DON ALPHONSE.

Cet obstacle n'est pas ce qui me met en peine.

---

bien loin, dans l'appartement de sa maîtresse, où ce rival s'est introduit secrètement et à travers mille obstacles, a quelque sujet de concevoir des soupçons. Cependant, comme il a déja fait éclater plusieurs fois sa jalousie sans motif suffisant, on n'est point fâché qu'Elvire le punisse, en refusant de se justifier, et en lui déclarant qu'elle renonce à lui pour toujours.

ACTE III, SCÈNE IV.

Nous verrons quelle attente en tout cas sera vaine;
Et chacun, de ses feux, pourra, par sa valeur,
Ou défendre la gloire, ou venger le malheur.
Mais comme, entre rivaux, l'ame la plus posée
A des termes d'aigreur trouve une pente aisée,
Et que je ne veux point qu'un pareil entretien
Puisse trop échauffer votre esprit et le mien,
Prince, affranchissez-moi d'une gêne secrète,
Et me donnez moyen de faire ma retraite.

DON GARCIE.

Non, non, ne craignez point qu'on pousse votre esprit
A violer ici l'ordre qu'on vous prescrit.
Quelque juste fureur qui me presse et vous flatte,
Je sais, comte, je sais quand il faut qu'elle éclate.
Ces lieux vous sont ouverts : oui, sortez-en, sortez
Glorieux des douceurs que vous en remportez;
Mais, encore une fois, apprenez que ma tête
Peut seule dans vos mains mettre votre conquête.

DON ALPHONSE.

Quand nous en serons là, le sort en notre bras
De tous nos intérêts vuidera les débats. (1)

---

(1)   Le sort en notre bras
De tous nos intérêts vuidera les débats.

On dit, *mon sort est en mes mains;* mais on ne dit pas, *le sort en notre bras vuidera nos débats. Par notre bras* eût sans doute été préférable.

Le don Pèdre de la pièce italienne est surpris par Rodrigue avec Delmire, au moment où celle-ci le fait passer dans son cabinet. Aux cris de Delmire que Rodrigue veut tuer, il reparoît en s'écriant qu'il vient défendre sa sœur. Rodrigue, confondu de nouveau, demande et obtient encore son pardon.

FIN DU TROISIÈME ACTE.

ACTE IV.

SCÈNE PREMIÈRE.

DONE ELVIRE, DON ALVAR.

DONE ELVIRE.

Retournez, don Alvar, et perdez l'espérance
De me persuader l'oubli de cette offense.
Cette plaie en mon cœur ne sauroit se guérir,
Et les soins qu'on en prend ne font rien que l'aigrir.
A quelques faux respects croit-il que je défère ?
Non, non : il a poussé trop avant ma colère ;
Et son vain repentir qui porte ici vos pas,
Sollicite un pardon que vous n'obtiendrez pas.

DON ALVAR.

Madame, il fait pitié. Jamais cœur, que je pense,
Par un plus vif remords n'expia son offense ;
Et, si dans sa douleur vous le considériez,
Il toucheroit votre ame, et vous l'excuseriez.
On sait bien que le prince est dans un âge à suivre
Les premiers mouvemens où son ame se livre,
Et qu'en un sang bouillant, toutes les passions
Ne laissent guère place à des réflexions.
Don Lope, prévenu d'une fausse lumière,
De l'erreur de son maître a fourni la matière.
Un bruit assez confus, dont le zèle indiscret

ACTE IV, SCÈNE I.

A de l'abord du comte éventé le secret,
Vous avoit mise aussi de cette intelligence,
Qui, dans ces lieux gardés, a donné sa présence. (1)
Le prince a cru l'avis, et son amour séduit
Sur une fausse alarme a fait tout ce grand bruit;
Mais d'une telle erreur son ame est revenue :
Votre innocence enfin lui vient d'être connue,
Et don Lope, qu'il chasse, est un visible effet
Du vif remords qu'il sent de l'éclat qu'il a fait.

DONE ELVIRE.

Ah! c'est trop promptement qu'il croit mon innocence;
Il n'en a pas encore une entière assurance :
Dites-lui, dites-lui qu'il doit bien tout peser,
Et ne se hâter point, de peur de s'abuser.

DON ALVAR.

Madame, il sait trop bien...

DONE ELVIRE.

Mais, don Alvar, de grace,
N'étendons pas plus loin un discours qui me lasse :
Il réveille un chagrin qui vient, à contre-temps,
En troubler dans mon cœur d'autres plus importans.
Oui, d'un trop grand malheur la surprise me presse;
Et le bruit du trépas de l'illustre comtesse
Doit s'emparer si bien de tout mon déplaisir,
Qu'aucun autre souci n'a droit de me saisir.

---

(1)   Vous avoit mise aussi de cette intelligence,
       Qui, dans ces lieux gardés, a donné sa présence.

C'est-à-dire, *vous avoit présentée comme étant d'intelligence avec ceux qui ont facilité son entrée dans cette place.* Il y a dans cette phrase impropriété de termes et obscurité.

DON ALVAR.

Madame, ce peut être une fausse nouvelle ;
Mais mon retour, au prince, en porte une cruelle.

DONE ELVIRE.

De quelque grand ennui qu'il puisse être agité,
Il en aura toujours moins qu'il n'a mérité.

SCÈNE II.

DONE ELVIRE, ÉLISE.

ÉLISE.

J'attendois qu'il sortît, madame, pour vous dire
Ce qui veut maintenant* que votre ame respire, (1)
Puisque votre chagrin, dans un moment d'ici,
Du sort de done Ignès peut se voir éclairci.
Un inconnu, qui vient pour cette confidence,
Vous fait, par un des siens, demander audience.

VARIANTE. * Ce qu'il faut maintenant.

---

(1)   J'attendois qu'il sortît, madame, pour vous dire
    Ce qui veut maintenant que votre ame respire.

Dans l'édition de 1682, où *Don Garcie* a été imprimé pour la première fois, le second vers se lit ainsi :

    Ce *qu'il veut* maintenant que votre ame respire.

Cela ne présente absolument aucun sens. L'éditeur de 1734 a pris sur lui d'y substituer :

    Ce *qu'il faut* maintenant que votre ame respire.

La variante n'est pas heureuse; car le vers demeure à peu près inintelligible. La leçon que je propose a un sens raisonnable et suffisamment clair; elle a d'ailleurs l'avantage de se rapprocher beaucoup du texte de l'édition originale, puisqu'elle n'en diffère que par le changement de *qu'il* en *qui*.

ACTE IV, SCÈNE III.

DONE ELVIRE.

Élise, il faut le voir; qu'il vienne promptement.

ÉLISE.

Mais il veut n'être vu que de vous seulement;
Et, par cet envoyé, madame, il sollicite
Qu'il puisse, sans témoins, vous rendre sa visite.

DONE ELVIRE.

Hé bien! nous serons seuls; et je vais l'ordonner,
Tandis que tu prendras le soin de l'amener.
Que mon impatience en ce moment est forte!
O destin! est-ce joie ou douleur qu'on m'apporte?

SCÈNE III.

DON PEDRE, ÉLISE.

ÉLISE.

Où...

DON PEDRE.

Si vous me cherchez, madame, me voici.

ÉLISE.

En quel lieu votre maître?

DON PEDRE.

Il est proche d'ici :
Le ferai-je venir?

ÉLISE.

Dites-lui qu'il s'avance,
Assuré qu'on l'attend avec impatience,
Et qu'il ne se verra d'aucuns yeux éclairé. (1)

---

(1) Et qu'il ne se verra d'aucuns yeux éclairé.
On dit, *éclairer quelqu'un*, *être éclairé par quelqu'un*, dans le sens

(*seule.*)

Je ne sais quel secret en doit être auguré.
Tant de précaution qu'il affecte de prendre...
Mais le voici déja.

SCÈNE IV.

DONE IGNÈS, *déguisée en homme*, ÉLISE.

ÉLISE.

Seigneur, pour vous attendre
On a fait... Mais que vois-je? Ah! madame! mes yeux...

DONE IGNÈS.

Ne me découvrez point, Élise, dans ces lieux,
Et laissez respirer ma triste destinée,
Sous une feinte mort que je me suis donnée.
C'est elle qui m'arrache à tous mes fiers tyrans,
Car je puis sous ce nom comprendre mes parens.
J'ai par elle évité cet hymen redoutable,
Pour qui j'aurois souffert une mort véritable;
Et, sous cet équipage et le bruit de ma mort,
Il faut cacher à tous le secret de mon sort,
Pour me voir à l'abri de l'injuste poursuite,
Qui pourroit dans ces lieux persécuter ma fuite. (1)

---

d'*observer*, *être observé*. On peut donc dire, en prenant la partie pour le tout, l'organe pour la personne, *être éclairé par les yeux*, ou, suivant un usage commun en poésie, *des yeux de quelqu'un*; mais *d'aucuns yeux* n'est pas françois, *aucun* n'étant susceptible de pluriel que dans le sens de *quelque* et en style marotique.

(1)   Pour me voir à l'abri de l'injuste poursuite,
    Qui pourroit dans ces lieux persécuter ma fuite.

Une *poursuite* qui *persécute*, est une *poursuite* qui *poursuit* : le pléonasme est évident.

Encore du romanesque, et du romanesque qui n'est point intéressant;

ÉLISE.

Ma surprise en public eût trahi vos desirs,
Mais allez là-dedans étouffer des soupirs;
Et, des charmans transports d'une pleine alégresse,
Saisir à votre aspect le cœur de la princesse;
Vous la trouverez seule : elle-même a pris soin
Que votre abord fût libre et n'eût aucun témoin.

SCÈNE V.

DON ALVAR, ÉLISE.

ÉLISE.

Vois-je pas don Alvar?

DON ALVAR.

Le prince me renvoie
Vous prier que pour lui votre crédit s'emploie.
De ses jours, belle Élise, on doit n'espérer rien,
S'il n'obtient par vos soins un moment d'entretien;
Son ame a des transports... Mais le voici lui-même.

SCÈNE VI.

DON GARCIE, DON ALVAR, ÉLISE.

DON GARCIE.

Ah! sois un peu sensible à ma disgrace extrême,
Élise, et prends pitié d'un cœur infortuné,

---

parce qu'il manque à la fois de vraisemblance et de clarté. Un personnage inconnu à lui-même et un personnage travesti étoient, pour ainsi dire, deux élémens indispensables de tout imbroglio espagnol : nous avons ici l'un et l'autre dans don Alphonse et done Ignès.

Qu'aux plus vives douleurs tu vois abandonné.

ÉLISE.

C'est avec d'autres yeux que ne fait la princesse,
Seigneur, que je verrois le tourment qui vous presse;
Mais nous avons du ciel, ou du tempérament,
Que nous jugeons de tout chacun diversement : (1)
Et puisqu'elle vous blâme, et que sa fantaisie
Lui fait un monstre affreux de votre jalousie,
Je serois complaisant, et voudrois m'efforcer
De cacher à ses yeux ce qui peut les blesser. (2)
Un amant suit sans doute une utile méthode,
S'il fait qu'à notre humeur la sienne s'accommode;
Et cent devoirs font moins que ces ajustemens,
Qui font croire en deux cœurs les mêmes sentimens. (3)
L'art de ces deux rapports fortement les assemble,
Et nous n'aimons rien tant que ce qui nous ressemble.

---

(1)   Mais nous avons du ciel, ou du tempérament,
        Que nous jugeons de tout chacun diversement.

Nous avons du ciel, que nous jugeons, pour dire, *le ciel a fait que nous jugeons, veut que nous jugions,* est une expression qui n'est point dans le génie de notre langue.

(2)   Je serois complaisant, et voudrois m'efforcer
        De cacher à ses yeux ce qui peut les blesser.

Elise sous-entend, *à votre place;* mais la clarté du discours vouloit qu'elle l'exprimât.

(3)   Et cent devoirs font moins que ces ajustemens,
        Qui font croire en deux cœurs les mêmes sentimens.

On disoit autrefois, *ajuster des personnes, s'ajuster avec quelqu'un*, dans le sens d'*accommoder, s'accommoder.* « Il est plus court et plus aisé, « a dit La Bruyère, de quadrer avec les autres, que de faire que les autres « s'*ajustent* à nous. » Le mot *ajustement* s'employoit dans le même sens. Aujourd'hui, le verbe et le substantif ont à peu près perdu cette acception.

ACTE IV, SCÈNE VI.

DON GARCIE.

Je le sais; mais, hélas! les destins inhumains
S'opposent à l'effet de ces justes desseins;
Et, malgré tous mes soins, viennent toujours me tendre
Un piége dont mon cœur ne sauroit se défendre.
Ce n'est pas que l'ingrate aux yeux de mon rival
N'ait fait contre mes feux un aveu trop fatal,
Et témoigné pour lui des excès de tendresse,
Dont le cruel objet me reviendra sans cesse :
Mais comme trop d'ardeur enfin m'avoit séduit,
Quand j'ai cru qu'en ces lieux elle l'ait introduit, * (1)
D'un trop cuisant ennui je sentirois l'atteinte
A lui laisser sur moi quelque sujet de plainte.
Oui, je veux faire au moins, si je m'en vois quitté,
Que ce soit de son cœur pure infidélité;
Et, venant m'excuser d'un trait de promptitude,
Dérober tout prétexte à son ingratitude.

ÉLISE.

Laissez un peu de temps à son ressentiment,
Et ne la voyez point, seigneur, si promptement.

VARIANTE. * *Elle l'eût introduit.*

---

(1) Quand j'ai cru qu'en ces lieux elle l'ait introduit.
Ce vers est doublement incorrect. *Croire*, employé affirmativement, veut après lui l'indicatif; ensuite, fallût-il le subjonctif, *elle l'ait introduit* n'est pas le temps dont l'auteur auroit dû se servir. L'éditeur de 1734 a mis, *elle l'eût introduit;* outre qu'il n'avoit pas le droit de changer le texte de Molière, il n'a corrigé que la moitié de la faute. La phrase ne seroit entièrement exacte que de cette manière : *Quand j'ai cru qu'en ces lieux elle l'avoit introduit.* Du reste, on trouve, dans les anciens poëtes, des exemples du subjonctif après le verbe *croire* employé affirmativement. Corneille a dit dans *le Menteur:*

La plus belle des deux, je crois que ce soit l'autre.

DON GARCIE.

Ah! si tu me chéris, obtiens que je la voie;
C'est une liberté qu'il faut qu'elle m'octroie;
Je ne pars point d'ici, qu'au moins son fier dédain...

ÉLISE.

De grace, différez l'effet de ce dessein.

DON GARCIE.

Non, ne m'oppose point une excuse frivole.

ÉLISE, *à part.*

Il faut que ce soit elle, avec une parole,
Qui trouve les moyens de le faire en aller.
    (*à don Garcie.*)
Demeurez donc, seigneur, je m'en vais lui parler.

DON GARCIE.

Dis-lui que j'ai d'abord banni de ma présence
Celui dont les avis ont causé mon offense,
Que don Lope jamais...

SCÈNE VII.

DON GARCIE, DON ALVAR.

DON GARCIE, *regardant par la porte qu'Élise a laissée entr'ouverte.*

                    Que vois-je! ô justes cieux!
Faut-il que je m'assure au rapport de mes yeux?
Ah! sans doute ils me sont des témoins trop fidèles!
Voilà le comble affreux de mes peines mortelles!
Voici le coup fatal qui devoit m'accabler!
Et quand par des soupçons je me sentois troubler,
C'étoit, c'étoit le ciel, dont la sourde menace
Présageoit à mon cœur cette horrible disgrace.

ACTE IV, SCÈNE VII.

DON ALVAR.

Qu'avez-vous vu, seigneur, qui vous puisse émouvoir? (1)

DON GARCIE.

J'ai vu ce que mon ame a peine à concevoir,
Et le renversement de toute la nature
Ne m'étonneroit pas comme cette aventure! (2)
C'en est fait... le destin... Je ne saurois parler.

DON ALVAR.

Seigneur, que votre esprit tâche à se rappeler.

DON GARCIE.

J'ai vu... Vengeance! ô ciel!

DON ALVAR.

Quelle atteinte soudaine...

DON GARCIE.

J'en mourrai, don Alvar, la chose est bien certaine.

DON ALVAR.

Mais, seigneur, qui pourroit...

DON GARCIE.

Ah! tout est ruiné;
Je suis, je suis trahi, je suis assassiné : (3)
Un homme, sans mourir te le puis-je bien dire?

---

(1) Qu'avez-vous vu, seigneur, qui vous puisse émouvoir?

Ce vers et les cinq qui suivent sont dans *le Misanthrope* (acte IV, scène VII). Il y a seulement quelques mots de changés.

(2) Et le renversement de toute la nature
Ne m'étonneroit pas comme cette aventure.

On lit, dans le *Bélisaire* de Rotrou :

Ni le commun débris de toute la nature
Ne m'étonneroit pas comme cette aventure.

Les vers de Molière sont visiblement imités de ceux de Rotrou.

(3) Ce vers et le précédent sont aussi dans *le Misanthrope,* même scène du même acte.

Un homme dans les bras de l'infidèle Elvire !
DON ALVAR.
Ah! seigneur! la princesse est vertueuse au point...
DON GARCIE.
Ah! sur ce que j'ai vu ne me contestez point,
Don Alvar; c'en est trop que soutenir sa gloire,
Lorsque mes yeux font foi d'une action si noire.
DON ALVAR.
Seigneur, nos passions nous font prendre souvent
Pour chose véritable, un objet décevant;
Et de croire qu'une ame à la vertu nourrie
Se puisse...
DON GARCIE.
Don Alvar, laissez-moi, je vous prie :
Un conseiller me choque en cette occasion,
Et je ne prends avis que de ma passion.
DON ALVAR, *à part*.
Il ne faut rien répondre à cet esprit farouche.
DON GARCIE.
Ah! que sensiblement cette atteinte me touche!
Mais il faut voir qui c'est, et de ma main punir...
La voici. Ma fureur, te peux-tu retenir ? (1)

---

(1) Ce que j'ai dit plus haut du tort qu'ont eu généralement les auteurs qui ont mis un jaloux sur la scène, en donnant à sa jalousie des motifs trop plausibles, peut s'appliquer surtout à cette situation. Il est certain que don Garcie, entrant en fureur à la vue de sa maîtresse qui embrasse tendrement un homme, n'est pas ce qu'on appelle un jaloux, mais un amant justement irrité de l'outrage fait à sa tendresse et à son amour-propre.

Quoi qu'il en soit, depuis Molière, nombre d'auteurs ont employé ce même moyen d'une femme déguisée en homme, pour exciter les transports furieux d'un jaloux et le couvrir ensuite de confusion. Ce ressort a fait le succès de quelques petites pièces fort agréables.

SCÈNE VIII.

DONE ELVIRE, DON GARCIE, DON ALVAR.

DONE ELVIRE.

Hé bien! que voulez-vous? Et quel espoir de grace,
Après vos procédés, peut flatter votre audace?
Osez-vous à mes yeux encor vous présenter?
Et que me direz-vous que je doive écouter?

DON GARCIE.

Que toutes les horreurs dont une ame est capable,
A vos déloyautés n'ont rien de comparable;
Que le sort, les démons, et le ciel en courroux,
N'ont jamais rien produit de si méchant que vous. [1]

DONE ELVIRE.

Ah! vraiment, j'attendois l'excuse d'un outrage;
Mais, à ce que je vois, c'est un autre langage.

DON GARCIE.

Oui, oui, c'en est un autre, et vous n'attendiez pas
Que j'eusse découvert le traître dans vos bras; [2]
Qu'un funeste hasard, par la porte entr'ouverte,
Eût offert à mes yeux votre honte et ma perte.
Est-ce l'heureux amant sur ses pas revenu,
Ou quelque autre rival qui m'étoit inconnu?

---

[1] Ces quatre derniers vers se retrouvent, sans aucun changement, dans la huitième scène du quatrième acte du *Misanthrope*.

[2]   Oui, oui, c'en est un autre, et vous n'attendiez pas
    Que j'eusse découvert le traître dans vos bras.

On ne dit pas *attendre*, dans le sens de compter sur une chose, de croire qu'une chose a été, est ou sera; on dit, *s'attendre: vous ne vous attendiez pas que j'eusse découvert*, etc.

O ciel! donne à mon cœur des forces suffisantes
Pour pouvoir supporter des douleurs si cuisantes!
Rougissez maintenant, vous en avez raison : (1)
Et le masque est levé de votre trahison;
Voilà ce que marquoient les troubles de mon ame;
Ce n'étoit pas en vain que s'alarmoit ma flamme;
Par ces fréquens soupçons qu'on trouvoit odieux,
Je cherchois le malheur qu'ont rencontré mes yeux;
Et, malgré tous vos soins et votre adresse à feindre,
Mon astre me disoit ce que j'avois à craindre;
Mais ne présumez pas que, sans être vengé,
Je souffre le dépit de me voir outragé.
Je sais que sur les vœux on n'a point de puissance;
Que l'amour veut partout naître sans dépendance;
Que jamais par la force or n'entra dans un cœur;
Et que toute ame est libre à nommer son vainqueur :
Aussi ne trouverois-je aucun sujet de plainte,
Si pour moi votre bouche avoit parlé sans feinte;
Et, son arrêt livrant mon espoir à la mort,
Mon cœur n'auroit eu droit de s'en prendre qu'au sort.
Mais d'un aveu trompeur voir ma flamme applaudie,
C'est une trahison, c'est une perfidie
Qui ne sauroit trouver de trop grands châtimens,
Et je puis tout permettre à mes ressentimens.
Non, non, n'espérez rien après un tel outrage,

---

(1)   Rougissez maintenant, vous en avez raison.
Depuis et y compris ce vers, jusqu'à cet autre vers inclusivement :

    Je ne suis plus à moi, je suis tout à la rage,

tout le morceau fait partie de la huitième scène du quatrième acte du *Misanthrope*. Les changemens peu nombreux qu'on y remarque, sont de simples corrections de style.

Je ne suis plus à moi; je suis tout à la rage.
Trahi de tous côtés, mis dans un triste état,
Il faut que mon amour se venge avec éclat;
Qu'ici j'immole tout à ma fureur extrême,
Et que mon désespoir achève par moi-même.

DONE ELVIRE.

Assez paisiblement vous a-t-on écouté?
Et pourrai-je à mon tour parler en liberté?

DON GARCIE.

Et par quels beaux discours, que l'artifice inspire...

DONE ELVIRE.

Si vous avez encor quelque chose à me dire,
Vous pouvez l'ajouter, je suis prête à l'ouïr;
Sinon, faites au moins que je puisse jouir
De deux ou trois momens de paisible audience.

DON GARCIE.

Hé bien! j'écoute. O ciel! quelle est ma patience!

DONE ELVIRE.

Je force ma colère; et veux, sans nulle aigreur, (1)
Répondre à ce discours si rempli de fureur.

DON GARCIE.

C'est que vous voyez bien...

DONE ELVIRE.

Ah! j'ai prêté l'oreille
Autant qu'il vous a plu; rendez-moi la pareille.
J'admire mon destin, et jamais sous les cieux

---

(1) *Sans nulle aigreur. Sans* étant une préposition qui comprend en soi la négative, et *nul* un adjectif qui la renferme aussi, c'est la répéter que d'unir ces deux expressions. Les Latins disoient *sine ullo* et non pas *sine nullo discrimine;* nous devons dire de même *sans aucune* et non pas *sans nulle différence.*

Il ne fut rien, je crois, de si prodigieux,
Rien, dont la nouveauté soit plus inconcevable,
Et rien que la raison rende moins supportable.
Je me vois un amant, qui, sans se rebuter,
Applique tous ses soins à me persécuter ;
Qui, dans tout cet amour que sa bouche m'exprime,
Ne conserve pour moi nul sentiment d'estime ;
Rien, au fond de ce cœur qu'ont pu blesser mes yeux,
Qui fasse droit au sang que j'ai reçu des cieux,
Et de mes actions défende l'innocence
Contre le moindre effort d'une fausse apparence.
Oui, je vois...

(*Don Garcie montre de l'impatience pour parler.*)

Ah ! surtout ne m'interrompez point.
Je vois, dis-je, mon sort malheureux à ce point,
Qu'un cœur, qui dit qu'il m'aime, et qui doit faire croire
Que, quand tout l'univers douteroit de ma gloire,
Il voudroit contre tous en être le garant,
Est celui qui s'en fait l'ennemi le plus grand. [1]
On ne voit échapper aux soins que prend sa flamme
Aucune occasion de soupçonner mon ame ;
Mais c'est peu des soupçons ; il en fait des éclats
Que, sans être blessé, l'amour ne souffre pas.
Loin d'agir en amant, qui, plus que la mort même,
Appréhende toujours d'offenser ce qu'il aime ;
Qui se plaint doucement, et ch'erche avec respect

---

[1] Aménaïde, comme done Elvire, dit qu'un amant, loin d'oser soupçonner l'honneur de sa maîtresse, doit,

Quand l'univers entier l'accuseroit d'un crime,
A l'univers séduit opposer son estime.
TANCREDE.

A pouvoir s'éclaircir de ce qu'il croit suspect.
A toute extrémité dans ses doutes il passe;
Et ce n'est que fureur, qu'injure et que menace.
Cependant aujourd'hui je veux fermer les yeux
Sur tout ce qui devroit me le rendre odieux,
Et lui donner moyen, par une bonté pure,
De tirer son salut d'une nouvelle injure.
Ce grand emportement qu'il m'a fallu souffrir,
Part de ce qu'à vos yeux le hasard vient d'offrir.
J'aurois tort de vouloir démentir votre vue,
Et votre ame sans doute a dû paroître émue. (1)

DON GARCIE.

Et n'est-ce pas...

DONE ELVIRE.

Encore un peu d'attention,
Et vous allez savoir ma résolution.
Il faut que de nous deux le destin s'accomplisse;
Vous êtes maintenant sur un grand précipice,
Et ce que votre cœur pourra délibérer
Va vous y faire choir, ou bien vous en tirer.
Si, malgré cet objet qui vous a pu surprendre,
Prince, vous me rendez ce que vous devez rendre,
Et ne demandez point d'autre preuve que moi,
Pour condamner l'erreur du trouble où je vous voi;
Si de vos sentimens la prompte déférence
Veut sur ma seule foi croire mon innocence,
Et de tous vos soupçons démentir le crédit,

---

(1) Done Elvire, par cet aveu, fait preuve de modération et de bonne foi. En général on peut dire que ce rôle est bien pensé et bien écrit; il offre un mélange intéressant de sensibilité et de raison, d'amour et de fierté. Si le personnage d'Elvire et celui de don Garcie avoient été placés dans une fable moins romanesque et entourés de personnages accessoires plus heureusement imaginés, la pièce n'auroit certainement pas éprouvé un sort si rigoureux.

Pour croire aveuglément ce que mon cœur vous dit,
Cette soumission, cette marque d'estime,
Du passé dans ce cœur efface tout le crime;
Je rétracte, à l'instant, ce qu'un juste courroux
M'a fait, dans la chaleur, prononcer contre vous;
Et, si je puis un jour choisir ma destinée,
Sans choquer les devoirs du rang où je suis née,
Mon honneur, satisfait par ce respect soudain,
Promet à votre amour, et mes vœux et ma main:
Mais prêtez bien l'oreille à ce que je vais dire:
Si cette offre sur vous obtient si peu d'empire,
Que vous me refusiez de me faire entre nous
Un sacrifice entier de vos soupçons jaloux;
S'il ne vous suffit pas de toute l'assurance
Que vous peuvent donner mon cœur et ma naissance,
Et que de votre esprit les ombrages puissans
Forcent mon innocence à convaincre vos sens,
Et porter à vos yeux l'éclatant témoignage
D'une vertu sincère à qui l'on fait outrage;
Je suis prête à le faire, et vous serez content:
Mais il vous faut de moi détacher à l'instant,
A mes vœux, pour jamais, renoncer de vous-même;
Et j'atteste du ciel la puissance suprême,
Que, quoi que le destin puisse ordonner de nous,
Je choisirai plutôt d'être à la mort qu'à vous.
Voilà dans ces deux choix de quoi vous satisfaire;
Avisez maintenant celui qui peut vous plaire.

DON GARCIE.

Juste ciel! jamais rien peut-il être inventé
Avec plus d'artifice et de déloyauté? (1)

---

(1) Il y a dans *le Misanthrope*, même acte et même scène:
   Ciel! rien de plus cruel peut-il être inventé?

Tout ce que des enfers la malice étudie,
A-t-il rien de si noir que cette perfidie?
Et peut-elle trouver dans toute sa rigueur
Un plus cruel moyen d'embarrasser un cœur?
Ah! que vous savez bien ici contre moi-même, (1)
Ingrate! vous servir de ma foiblesse extrême,
Et ménager pour vous l'effort prodigieux
De ce fatal amour né de vos traîtres yeux!
Parce qu'on est surprise, et qu'on manque d'excuse,
D'une offre de pardon on emprunte la ruse:
Votre feinte douceur forge un amusement
Pour divertir l'effet de mon ressentiment;
Et, par le nœud subtil du choix qu'elle embarrasse,
Veut soustraire un perfide au coup qui le menace.
Oui, vos dextérités veulent me détourner
D'un éclaircissement qui vous doit condamner;
Et votre ame, feignant une innocence entière,
Ne s'offre à m'en donner une pleine lumière
Qu'à des conditions, qu'après d'ardens souhaits
Vous pensez que mon cœur n'acceptera jamais;
Mais vous serez trompée en me croyant surprendre.
Oui, oui, je prétends voir ce qui doit vous défendre,
Et quel fameux prodige, accusant ma fureur,
Peut de ce que j'ai vu justifier l'horreur.

DONE ELVIRE.

Songez que par ce choix vous allez vous prescrire
De ne plus rien prétendre au cœur de done Elvire.

---

(1) Ce vers et les trois suivans sont dans la même scène du *Misanthrope*. *Perfide* au lieu d'*ingraté* et *excès* au lieu d'*effort*, sont les seuls changemens que Molière y ait faits.

DON GARCIE.

Soit. Je souscris à tout ; et mes vœux, aussi-bien,
En l'état où je suis, ne prétendent plus rien.

DONE ELVIRE.

Vous vous repentirez de l'éclat que vous faites.

DON GARCIE.

Non, non, tous ces discours sont de vaines défaites ;
Et c'est moi bien plutôt qui dois vous avertir
Que quelque autre dans peu se pourra repentir ;
Le traître, quel qu'il soit, n'aura pas l'avantage
De dérober sa vie à l'effort de ma rage.

DONE ELVIRE.

Ah! c'est trop en souffrir, et mon cœur irrité
Ne doit plus conserver une sotte bonté ;
Abandonnons l'ingrat à son propre caprice ;
Et, puisqu'il veut périr, consentons qu'il périsse.
        (à don Garcie.)
Élise... A cet éclat vous voulez me forcer ;
Mais je vous apprendrai que c'est trop m'offenser.

SCÈNE IX.

DONE ELVIRE, DON GARCIE, ÉLISE, DON ALVAR.

DONE ELVIRE, *à Élise.*

Faites un peu sortir la personne chérie...
Allez, vous m'entendez, dites que je l'en prie.

DON GARCIE.

Et je puis...

DONE ELVIRE.

Attendez, vous serez satisfait.

ACTE IV, SCÈNE X.

ÉLISE, *à part, en sortant.*

Voici de son jaloux, sans doute, un nouveau trait.

DONE ELVIRE.

Prenez garde qu'au moins cette noble colère
Dans la même fierté jusqu'au bout persévère ;
Et surtout désormais songez bien à quel prix
Vous avez voulu voir vos soupçons éclaircis.

SCÈNE X.

DONE ELVIRE, DON GARCIE, DONE IGNÈS,
déguisée en homme, ÉLISE, DON ALVAR.

DONE ELVIRE, *à don Garcie, en lui montrant done Ignès.*

Voici, graces au ciel, ce qui les a fait naître
Ces soupçons obligeans que l'on me fait paroître ;
Voyez bien ce visage, et si de done Ignès
Vos yeux au même instant n'y connoissent les traits.

DON GARCIE.

O ciel !

DONE ELVIRE.

Si la fureur, dont votre ame est émue,
Vous trouble jusque-là l'usage de la vue,
Vous avez d'autres yeux à pouvoir consulter,
Qui ne vous laisseront aucun lieu de douter.
Sa mort est une adresse au besoin inventée
Pour fuir l'autorité qui l'a persécutée :
Et, sous un tel habit, elle cachoit son sort,
Pour mieux jouir du fruit de cette feinte mort.

(*à done Ignès.*)

Madame, pardonnez, s'il faut que je consente

A trahir vos secrets et tromper votre attente;
Je me vois exposée à sa témérité,
Toutes mes actions n'ont plus de liberté,
Et mon honneur en butte aux soupçons qu'il peut prendre,
Est réduit à toute heure aux soins de se défendre.
Nos doux embrassemens, qu'a surpris ce jaloux,
De cent indignités m'ont fait souffrir les coups.
Oui, voilà le sujet d'une fureur si prompte,
Et l'assuré témoin qu'on produit de ma honte.
    (*à don Garcie.*)
Jouissez à cette heure en tyran absolu
De l'éclaircissement que vous avez voulu;
Mais sachez que j'aurai sans cesse la mémoire
De l'outrage sanglant qu'on a fait à ma gloire;
Et, si je puis jamais oublier mes sermens,
Tombent sur moi du ciel les plus grands châtimens;
Qu'un tonnerre éclatant mette ma tête en poudre,
Lorsqu'à souffrir vos feux je pourrai me résoudre!
Allons, madame, allons, ôtons-nous de ces lieux,
Qu'infectent les regards d'un monstre furieux,
Fuyons-en promptement l'atteinte envenimée,
Évitons les effets de sa rage animée,
Et ne faisons des vœux, dans nos justes desseins,
Que pour nous voir bientôt affranchir de ses mains.
    DONE IGNÈS, *à don Garcie.*
Seigneur, de vos soupçons l'injuste violence
A la même vertu vient de faire une offense. (1)

---

(1)   Seigneur, de vos soupçons l'injuste violence
        A la même vertu vient de faire une offense.

A la même vertu, pour, *à la vertu même.* Corneille a dit pareillement
dans *le Cid :*
        Sais-tu que ce vieillard est la même vertu?
Alors, cet arrangement de mots n'étoit pas réputé vicieux. Cependant

SCÈNE XI.

DON GARCIE, DON ALVAR.

DON GARCIE.

Quelles tristes clartés, dissipant mon erreur,
Enveloppent mes sens d'une profonde horreur,
Et ne laissent plus voir à mon ame abattue
Que l'effroyable objet d'un remords qui me tue!
Ah! don Alvar, je vois que vous avez raison;
Mais l'enfer dans mon cœur a soufflé son poison;
Et, par un trait fatal d'une rigueur extrême,
Mon plus grand ennemi se rencontre en moi-même.
Que me sert-il d'aimer du plus ardent amour
Qu'une ame consumée ait jamais mis au jour,
Si, par ces mouvemens qui font toute ma peine,
Cet amour à tout coup se rend digne de haine?
Il faut, il faut venger par mon juste trépas
L'outrage que j'ai fait à ses divins appas;
Aussi-bien quels conseils aujourd'hui puis-je suivre?
Ah! j'ai perdu l'objet pour qui j'aimois à vivre.
Si j'ai pu renoncer à l'espoir de ses vœux,
Renoncer à la vie est beaucoup moins fâcheux.

DON ALVAR.

Seigneur...

DON GARCIE.

Non, don Alvar, ma mort est nécessaire,

---

même, placé avant ou après le substantif, présente deux sens fort différens. *C'est la même vertu*, signifie, cette vertu n'est pas autre que celle dont il vient d'être question; au lieu que *c'est la vertu même* veut dire, c'est la vertu par excellence, la vertu, en quelque sorte, personnifiée.

Il n'est soins ni raisons qui m'en puissent distraire ;
Mais il faut que mon sort, en se précipitant,
Rende à cette princesse un service éclatant,
Et je veux me chercher, dans cette illustre envie,
Les moyens glorieux de sortir de la vie ;
Faire par un grand coup qui signale ma foi,
Qu'en expirant pour elle, elle ait regret à moi,
Et qu'elle puisse dire, en se voyant vengée :
« C'est par son trop d'amour qu'il m'avoit outragée. »
Il faut que de ma main un illustre attentat
Porte une mort trop due au sein de Mauregat ;
Que j'aille prévenir, par une belle audace,
Le coup dont la Castille avec bruit le menace ;
Et j'aurai des douceurs*, dans mon instant fatal,
De ravir cette gloire à l'espoir d'un rival.

DON ALVAR.

Un service, seigneur, de cette conséquence
Auroit bien le pouvoir d'effacer votre offense ;
Mais, hasarder...

DON GARCIE.

Allons, par un juste devoir,
Faire à ce noble effort servir mon désespoir. (1)

VARIANTE. * *Et j'aurai la douceur.*

---

(1) Qui n'admireroit cette résolution que prend don Garcie d'aller combattre les ennemis d'Elvire, et de sacrifier sa vie pour elle, puisqu'il ne peut la lui consacrer ? Ce mouvement noble et passionné forme une péripétie sans laquelle l'action finissoit, et qui en prépare le dénouement.

Sauf l'arrivée très-inopinée de done Ignès, qui ne vient que pour causer, par son déguisement, la méprise et l'accès de fureur de don Garcie, tout ce quatrième acte appartient essentiellement au sujet : aussi l'intérêt y est-il assez vif et assez soutenu ; aussi le style même, exprimant des sentimens vrais, fournis par la situation, ne manque-t-il ni de force ni de clarté. Principalement, les scènes où don Garcie et done Elvire sont en présence, ont tout le mérite qu'elles peuvent avoir; et, ce qui suffiroit pour le prouver, c'est qu'elles ont été en partie transportées dans *le Misanthrope*, et qu'elles sont loin de déparer ce chef-d'œuvre.

Il est juste de dire que Molière a emprunté à Cicognini et l'incident d'une femme déguisée en homme, surprise dans les bras d'Elvire, et toutes les situations qui en résultent. Dans l'ouvrage italien, la scène où Delmire, avant de se justifier, jure à Rodrigue que, s'il la réduit à cette humiliante nécessité, il la perd pour jamais, cette scène offre de grandes beautés que n'obscurcit pas entièrement la foule des traits de déclamation et de mauvais goût dont elle est remplie. Molière, qui l'a purgée de ces défauts, en a fidèlement suivi la progression et le mouvement.

FIN DU QUATRIÈME ACTE.

ACTE V.

SCÈNE PREMIÈRE.
DON ALVAR, ÉLISE.

DON ALVAR.

Oui, jamais il ne fut de si rude surprise.
Il venoit de former cette haute entreprise;
A l'avide desir d'immoler Mauregat,
De son prompt désespoir il tournoit tout l'éclat;
Ses soins précipités vouloient à son courage
De cette juste mort assurer l'avantage;
Y chercher son pardon et prévenir l'ennui
Qu'un rival partageât cette gloire avec lui.
Il sortoit de ces murs, quand un bruit trop fidèle
Est venu lui porter la fâcheuse nouvelle
Que ce même rival, qu'il vouloit prévenir,
A remporté l'honneur qu'il pensoit obtenir,
L'a prévenu lui-même en immolant le traître,
Et poussé dans ce jour don Alphonse à paroître, [1]

---

(1)   L'a prévenu lui-même en immolant le traître,
      Et poussé dans ce jour don Alphonse à paroître.

Ici, le verbe *a* exprimé une seule fois ne peut servir d'auxiliaire aux deux participes *prévenu* et *poussé*, par la raison qu'il est accompagné du pronom relatif *le*, régime du premier participe, et que ce pronom ne convient pas au second participe qui; de son côté, régit un nom. Il falloit répéter le verbe *avoir*: *L'a prévenu lui-même, et a poussé don Alphonse*.

ACTE V, SCÈNE I.

Qui, d'un si prompt succès, va goûter la douceur,
Et vient prendre en ces lieux la princesse sa sœur.
Et, ce qui n'a pas peine à gagner la croyance,
On entend publier que c'est la récompense
Dont il prétend payer le service éclatant
Du bras qui lui fait jour au trône qui l'attend.

ÉLISE.

Oui, donc Elvire a su ces nouvelles semées,
Et du vieux don Louis les trouve confirmées,
Qui vient de lui mander que Léon, dans ce jour,
De don Alphonse et d'elle attend l'heureux retour;
Et que c'est là qu'on doit, par un revers prospère,
Lui voir prendre un époux de la main de ce frère.
Dans ce peu qu'il en dit, il donne assez à voir
Que don Sylve est l'époux qu'elle doit recevoir. (1)

DON ALVAR.

Ce coup au cœur du prince...

ÉLISE.

Est sans doute bien rude,
Et je le trouve à plaindre en son inquiétude.
Son intérêt pourtant, si j'en ai bien jugé,
Est encor cher au cœur qu'il a tant outragé;
Et je n'ai point connu, qu'à ce succès qu'on vante,
La princesse ait fait voir une ame fort contente
De ce frère qui vient, et de la lettre aussi;
Mais...

---

(1) C'est une chose remarquable, dans cette pièce, que l'embarras pénible de la diction, toutes les fois que l'auteur abandonne la peinture des sentimens, pour s'engager dans le récit des faits dont sa fable est tissue. Le génie, comme l'instinct, est donc renfermé dans de certaines bornes d'où il ne peut sortir impunément. Le bel-esprit n'a pas ce désavantage : privé de force, il est dédommagé par la souplesse, et, comme il n'excelle en rien, il semble propre à tout.

SCÈNE II.

DONE ELVIRE, DONE IGNÈS, *déguisée en homme*, ÉLISE, DON ALVAR.

DONE ELVIRE.

Faites, don Alvar, venir le prince ici.
(*Don Alvar sort.*)
Souffrez que devant vous je lui parle, madame,
Sur cet événement dont on surprend mon ame;
Et ne m'accusez point d'un trop prompt changement,
Si je perds contre lui tout mon ressentiment.
Sa disgrace imprévue a pris droit de l'éteindre;
Sans lui laisser ma haine, il est assez à plaindre,
Et le ciel, qui l'expose à ce trait de rigueur,
N'a que trop bien servi les sermens de mon cœur.
Un éclatant arrêt de ma gloire outragée
A jamais n'être à lui me tenoit engagée;
Mais quand par les destins il est exécuté,
J'y vois pour son amour trop de sévérité;
Et le triste succès de tout ce qu'il m'adresse
M'efface son offense et lui rend ma tendresse :
Oui, mon cœur trop vengé par de si rudes coups,
Laisse à leur cruauté désarmer son courroux,
Et cherche maintenant, par un soin pitoyable,
A consoler le sort d'un amant misérable;
Et je crois que sa flamme a bien pu mériter
Cette compassion que je lui veux prêter. [1]

---

[1] Elvire est toujours sensible et délicate. Il me semble que tous les lecteurs doivent lui savoir gré de ce retour compatissant et généreux

DONE IGNÈS.

Madame, on auroit tort de trouver à redire
Aux tendres sentimens qu'on voit qu'il vous inspire;
Ce qu'il a fait pour vous... Il vient, et sa pâleur
De ce coup surprenant marque assez la douleur.

SCÈNE III.

DON GARCIE, DONE ELVIRE, DONE IGNÈS, *déguisée en homme*, ÉLISE.

DON GARCIE.

Madame, avec quel front faut-il que je m'avance,
Quand je viens vous offrir l'odieuse présence...

DONE ELVIRE.

Prince, ne parlons plus de mon ressentiment.
Votre sort dans mon ame a fait du changement;
Et, par le triste état où sa rigueur vous jette,
Ma colère est éteinte, et notre paix est faite.
Oui, bien que votre amour ait mérité les coups
Que fait sur lui du ciel éclater le courroux;
Bien que ces noirs soupçons aient offensé ma gloire
Par des indignités qu'on auroit peine à croire,
J'avouerai toutefois que je plains son malheur
Jusqu'à voir nos succès avec quelque douleur;
Que je hais les faveurs de ce fameux service,
Lorsqu'on veut de mon cœur lui faire un sacrifice,
Et voudrois bien pouvoir racheter les momens
Où le sort contre vous n'armoit que mes sermens;

---

vers un amant trahi par le sort, qu'elle traitoit avec une juste rigueur, lorsque, tout lui étant prospère, il offensoit sa tendresse par d'indignes soupçons.

Mais enfin vous savez comme nos destinées
Aux intérêts publics sont toujours enchaînées,
Et que l'ordre des cieux pour disposer de moi,
Dans mon frère qui vient, me va montrer mon roi.
Cédez comme moi, prince, à cette violence,
Où la grandeur soumet celles de ma naissance;
Et, si de votre amour les déplaisirs sont grands,
Qu'il se fasse un secours de la part que j'y prends,
Et ne se serve point, contre un coup qui l'étonne,
Du pouvoir qu'en ces lieux votre valeur vous donne:
Ce vous seroit, sans doute, un indigne transport
De vouloir dans vos maux lutter contre le sort;
Et, lorsque c'est en vain qu'on s'oppose à sa rage,
La soumission prompte est grandeur de courage.
Ne résistez donc point à ses coups éclatans,
Ouvrez les murs d'Astorgue au frère que j'attends,
Laissez-moi rendre aux droits qu'il peut sur moi prétendre
Ce que mon triste cœur a résolu de rendre;
Et ce fatal hommage, où mes vœux sont forcés,
Peut-être n'ira pas si loin que vous pensez.

DON GARCIE.

C'est faire voir, madame, une bonté trop rare,
Que vouloir adoucir le coup qu'on me prépare;
Sur moi sans de tels soins vous pouvez laisser choir
Le foudre rigoureux de tout votre devoir.
En l'état où je suis je n'ai rien à vous dire.
J'ai mérité du sort tout ce qu'il a de pire;
Et je sais, quelques maux qu'il me faille endurer,
Que je me suis ôté le droit d'en murmurer.
Par où pourrai-je, hélas! dans ma vaste disgrace,
Vers vous de quelque plainte autoriser l'audace?
Mon amour s'est rendu mille fois odieux,
Il n'a fait qu'outrager vos attraits glorieux,

Et, lorsque par un juste et fameux sacrifice
Mon bras à votre sang cherche à rendre un service,
Mon astre m'abandonne au déplaisir fatal
De me voir prévenu par le bras d'un rival.
Madame, après cela je n'ai rien à prétendre,
Je suis digne du coup que l'on me fait attendre;
Et je le vois venir, sans oser contre lui
Tenter de votre cœur le favorable appui.
Ce qui peut me rester dans mon malheur extrême,
C'est de chercher alors mon remède en moi-même,
Et faire que ma mort, propice à mes desirs,
Affranchisse mon cœur de tous ses déplaisirs.
Oui, bientôt dans ces lieux don Alphonse doit être,
Et déja mon rival commence de paroître;
De Léon vers ces murs il semble avoir volé
Pour recevoir le prix du tyran immolé.
Ne craignez point du tout qu'aucune résistance
Fasse valoir ici ce que j'ai de puissance;
Il n'est effort humain, que, pour vous conserver,
Si vous y consentiez, je ne pusse braver;
Mais ce n'est pas à moi, dont on hait la mémoire,
A pouvoir espérer cet aveu plein de gloire,
Et je ne voudrois pas, par des efforts trop vains,
Jeter le moindre obstacle à vos justes desseins.
Non, je ne contrains point vos sentimens, madame;
Je vais en liberté laisser toute votre ame,
Ouvrir les murs d'Astorgue à cet heureux vainqueur,
Et subir de mon sort la dernière rigueur. (1)

---

(1) Don Garcie, par sa résignation noble et touchante, se montre digne du pardon généreux d'Elvire. Ces sortes de combats élèvent l'ame et l'attendrissent.

SCÈNE IV.

DONE ELVIRE, DONE IGNÈS, *déguisée en homme*, ÉLISE.

DONE ELVIRE.

Madame, au désespoir où son destin l'expose,
De tous mes déplaisirs n'imputez pas la cause,
Vous me rendrez justice, en croyant que mon cœur
Fait de vos intérêts sa plus vive douleur;
Que bien plus que l'amour l'amitié m'est sensible,
Et que, si je me plains d'une disgrace horrible,
C'est de voir que du ciel le funeste courroux
Ait pris chez moi les traits qu'il lance contre vous,
Et rendu mes regards coupables d'une flamme
Qui traite indignement les bontés de votre ame.

DONE IGNÈS.

C'est un événement dont, sans doute, vos yeux
N'ont point pour moi, madame, à quereller les cieux.
Si les foibles attraits qu'étale mon visage,
M'exposoient au destin de souffrir un volage,
Le ciel ne pouvoit mieux m'adoucir de tels coups,
Quand, pour m'ôter ce cœur, il s'est servi de vous;
Et mon front ne doit point rougir d'une inconstance
Qui de vos traits aux miens marque la différence.
Si pour ce changement je pousse des soupirs,
Ils viennent de le voir fatal à vos desirs;
Et dans cette douleur que l'amitié m'excite,
Je m'accuse pour vous de mon peu de mérite,
Qui n'a pu retenir un cœur dont les tributs
Causent un si grand trouble à vos vœux combattus.

ACTE V, SCÈNE IV.

DONE ELVIRE.

Accusez-vous plutôt de l'injuste silence
Qui m'a de vos deux cœurs caché l'intelligence.
Ce secret, plus tôt su, peut-être à toutes deux
Nous auroit épargné des troubles si fâcheux;
Et mes justes froideurs, des desirs d'un volage
Au point de leur naissance ayant banni l'hommage,
Eussent pu renvoyer...

DONE IGNÈS.

Madame, le voici.

DONE ELVIRE.

Sans rencontrer ses yeux vous pouvez être ici;
Ne sortez point, madame, et, dans un tel martyre,
Veuillez être témoin de ce que je vais dire.

DONE IGNÈS.

Madame, j'y consens, quoique je sache bien
Qu'on fuiroit en ma place un pareil entretien.

DONE ELVIRE.

Son succès, si le ciel seconde ma pensée,
Madame, n'aura rien dont vous soyez blessée. (1)

---

(1) Il est très-difficile de mettre en scène deux femmes, dont l'une s'excuse envers l'autre de lui avoir enlevé le cœur de son amant. Elles jouent toutes deux un rôle embarrassant; la modestie dont elles font toutes deux étalage, et les complimens qu'elles se renvoient l'une à l'autre, ne peuvent jamais paroître bien sincères. Les scènes de ce genre sont nombreuses dans les anciennes tragi-comédies. Molière en avoit déja placé une à peu près semblable dans *l'Étourdi* (acte V, scène XIII).

SCÈNE V.

DON ALPHONSE, *cru don Sylve*, DONE ELVIRE, DONE IGNÈS, *déguisée en homme*, ÉLISE.

DONE ELVIRE.

Avant que vous parliez, je demande instamment
Que vous daigniez, seigneur, m'écouter un moment.
Déja la renommée a jusqu'à nos oreilles
Porté de votre bras les soudaines merveilles;
Et j'admire avec tous comme en si peu de temps
Il donne à nos destins ces succès éclatans.
Je sais bien qu'un bienfait de cette conséquence
Ne sauroit demander trop de reconnoissance,
Et qu'on doit toute chose à l'exploit immortel
Qui replace mon frère au trône paternel.
Mais, quoi que de son cœur vous offrent les hommages,
Usez en généreux de tous vos avantages, (1)
Et ne permettez pas que ce coup glorieux
Jette sur moi, seigneur, un joug impérieux; (2)

---

(1)   Usez en généreux de tous vos avantages.

Les adjectifs applicables aux personnes étoient souvent employés comme substantifs par les poëtes de cette époque. Corneille a dit, dans *Polyeucte* :

Tranchant du *généreux*, il croit m'épouvanter.

(2)   Et ne permettez pas que ce coup glorieux
Jette sur moi, seigneur, un joug impérieux.

On diroit aujourd'hui, *imposer un joug à quelqu'un*, et non pas, *jeter un joug sur quelqu'un*. Il paroit qu'autrefois cette dernière expression étoit en usage. Corneille a dit, dans *Don Sanche d'Arragon* :

Le rang que nous tenons, jaloux de notre gloire,
Jette sur nos desirs un joug impérieux.

Que votre amour, qui sait quel intérêt m'anime,
S'obstine à triompher d'un refus légitime,
Et veuille que ce frère, où l'on va m'exposer, (1)
Commence d'être roi pour me tyranniser.
Léon a d'autres prix dont, en cette occurrence,
Il peut mieux honorer votre haute vaillance ;
Et c'est à vos vertus faire un présent trop bas,
Que vous donner un cœur qui ne se donne pas. (2)
Peut-on être jamais satisfait en soi-même,
Lorsque par la contrainte on obtient ce qu'on aime ?
C'est un triste avantage, et l'amant généreux
A ces conditions refuse d'être heureux ;
Il ne veut rien devoir à cette violence
Qu'exercent sur nos cœurs les droits de la naissance,
Et pour l'objet qu'il aime est toujours trop zélé,
Pour souffrir qu'en victime il lui soit immolé. (3)

---

(1) *Et veuille que ce frère, où l'on va m'exposer,* etc.

On accorde aux poëtes la faculté d'employer *où*, adverbe de lieu, pour *dans lequel* et *auquel*, pronoms inadmissibles en vers, mais à condition que ces pronoms se rapportent à des choses et non à des personnes. C'est d'après cette distinction, que quelques-uns ont blâmé *l'Amphitryon où l'on dîne,* quoique, dans cette phrase, *où*, signifiant *chez lequel*, emporte une idée de lieu. Ici, Molière dit, *un frère où l'on va m'exposer,* ce qui est encore plus hardi, ou, si l'on veut, plus irrégulier.

(2) Que vous donner un cœur qui ne se donne pas.

Racine a employé cette même expression dans *Mithridate* :

> Et songeons bien plutôt, quelque amour qui nous flatte,
> A défendre du joug et nous et nos états,
> Qu'à contraindre *des cœurs qui ne se donnent pas.*

(3) La pensée que renferment ces huit derniers vers, se trouve exprimée dans *les Femmes savantes* (acte V, scène I). Henriette, comme ici Elvire, veut détourner Trissotin d'abuser du pouvoir que lui donne sur elle la volonté d'une mère :

> Laissez-moi, je vous prie, à mon aveuglement ;

Mais son sort incertain rend le mien misérable;
Et, si ce qu'on en dit se trouvoit véritable,
En vain Léon m'appelle et le trône m'attend;
La couronne n'a rien à me rendre content,
Et je n'en veux l'éclat que pour goûter la joie
D'en couronner l'objet où le ciel me renvoie,
Et pouvoir réparer, par ces justes tributs,
L'outrage que j'ai fait à ses rares vertus.
Madame, c'est de vous que j'ai raison d'attendre
Ce que de son destin mon ame peut apprendre;
Instruisez-m'en, de grace; et, par votre discours,
Hâtez mon désespoir ou le bien de mes jours.

DONE ELVIRE.

Ne vous étonnez pas si je tarde à répondre,
Seigneur, ces nouveautés ont droit de me confondre. (1)
Je n'entreprendrai point de dire à votre amour
Si done Ignès est morte ou respire le jour;
Mais par ce cavalier, l'un de ses plus fidèles,
Vous en pourrez sans doute apprendre des nouvelles.

DON ALPHONSE, *reconnoissant done Ignès.*

Ah! madame! il m'est doux en ces perplexités
De voir ici briller vos célestes beautés.

---

amoureux de sa sœur, sans la connoître pour telle, se détache de cet amour avec une extrême facilité, dès qu'il vient à savoir quelle espèce de lien les unit déja. Cette situation est commune dans le théâtre espagnol dont les intrigues sont presque toutes fondées sur l'ignorance où les personnages sont de leur naissance, de leur état, et, par conséquent, de leurs rapports naturels et sociaux avec les autres.

(1) Seigneur, ces nouveautés ont droit de me confondre.
Ces nouveautés, pour, *ces nouvelles.* Deja Molière, dans *l'Étourdi,* avoit donné le même sens à cette expression :

Je demeure immobile à tant de nouveautés.

Mais vous, avec quels yeux verrez-vous un volage
Dont le crime... (1)

DONE IGNÈS.

Ah! gardez de me faire un outrage,
Et de vous hasarder de dire que vers moi
Un cœur dont je fais cas ait pu manquer de foi.
J'en refuse l'idée, et l'excuse me blesse;
Rien n'a pu m'offenser auprès de la princesse;
Et tout ce que d'ardeur elle vous a causé,
Par un si haut mérite est assez excusé.
Cette flamme vers moi ne vous rend point coupable.
Et, dans le noble orgueil dont je me sens capable,
Sachez, si vous l'étiez, que ce seroit en vain
Que vous présumeriez de fléchir mon dédain,
Et qu'il n'est repentir, ni suprême puissance,
Qui gagnât sur mon cœur d'oublier cette offense.

DONE ELVIRE.

Mon frère, d'un tel nom souffrez-moi la douceur,
De quel ravissement comblez-vous une sœur!
Que j'aime votre choix, et bénis l'aventure
Qui vous fait couronner une amitié si pure!
Et de deux nobles cœurs que j'aime tendrement...

---

(1) Dans la pièce italienne, don Pèdre reconnoît de même la duchesse de Tyrol, qui paroît aussi déguisée en homme devant lui; mais, comme il n'a jamais aimé qu'elle, il n'a point à demander pardon de son infidélité.

SCÈNE VI.

DON GARCIE, DONE ELVIRE, DONE IGNÈS, *déguisée en homme*, DON ALPHONSE, *cru don Sylve*, ÉLISE.

DON GARCIE.

De grace, cachez-moi votre contentement,
Madame, et me laissez mourir dans la croyance
Que le devoir vous fait un peu de violence.
Je sais que de vos vœux vous pouvez disposer,
Et mon dessein n'est pas de leur rien opposer,
Vous le voyez assez, et quelle obéissance
De vos commandemens m'arrache la puissance;
Mais je vous avouerai que cette gaieté
Surprend au dépourvu toute ma fermeté, (1)
Et qu'un pareil objet dans mon ame fait naître
Un transport dont j'ai peur que je ne sois pas maître;
Et je me punirois, s'il m'avoit pu tirer
De ce respect soumis où je veux demeurer.
Oui, vos commandemens ont prescrit à mon ame
De souffrir sans éclat le malheur de ma flamme :
Cet ordre sur mon cœur doit être tout puissant,

---

(1)   Mais je vous avouerai que cette gaieté
    Surprend au dépourvu toute ma fermeté.

L'*e* muet, au-dedans d'un mot et à la suite d'une voyelle, se supprime toujours dans la prononciation, et par conséquent ne peut compter pour une syllabe dans le vers. Puisque Molière donne ici trois syllabes au mot *gaieté*, il n'y avoit pas de raison pour qu'il n'en donnât pas quatre au mot *avouerai*. — *Surprend au dépourvu* est une espèce de pléonasme, puisque *surprendre* tout seul rend à peu près la même idée. Il falloit simplement *prend au dépourvu*.

ACTE V, SCÈNE VI.

Et je prétends mourir en vous obéissant;
Mais, encore une fois, la joie où je vous treuve [1]
M'expose à la rigueur d'une trop rude épreuve,
Et l'ame la plus sage, en ces occasions,
Répond malaisément de ses émotions.
Madame, épargnez-moi cette cruelle atteinte,
Donnez-moi, par pitié, deux momens de contrainte;
Et, quoi que d'un rival vous inspirent les soins,
N'en rendez pas mes yeux les malheureux témoins :
C'est la moindre faveur qu'on peut, je crois, prétendre,
Lorsque dans ma disgrace un amant peut descendre. [2]
Je ne l'exige pas, madame, pour long-temps,
Et bientôt mon départ rendra vos vœux contens :
Je vais où de ses feux mon ame consumée
N'apprendra votre hymen que par la renommée;
Ce n'est pas un spectacle où je doive courir :
Madame, sans le voir, j'en saurai bien mourir.

DONE IGNÈS.

Seigneur, permettez-moi de blâmer votre plainte.

---

(1) *Treuve*, pour, *trouve*. Molière l'a encore employé dans *le Misanthrope* :

Ne ferme point mes yeux aux défauts qu'on lui treuve.

Il est aussi dans les Fables de La Fontaine :

Dans les citrouilles je la treuve.

Dans beaucoup de mots françois, tirés soit du latin, soit de l'italien, l'o a été changé en *eu*, comme dans *preuve*, venant de *probatio*, *neuve* de *nova*, *veuve* de *vedová*, *feu* de *focus*, *meule* de *mola*, etc. etc. C'est ainsi que de *trovare*, nous avions fait *treuver*.

(2) C'est la moindre faveur qu'on peut, je crois, prétendre,
Lorsque dans ma disgrace un amant peut descendre.

Ces deux vers négligemment écrits, et dont le second n'est pas exempt d'obscurité, signifient : *C'est la moindre faveur à laquelle un amant puisse prétendre, lorsqu'il est tombé dans un aussi grand malheur que le mien.*

De vos maux la princesse a su paroître atteinte ;
Et cette joie encor, de quoi vous murmurez,
Ne lui vient que des biens qui vous sont préparés.
Elle goûte un succès à vos desirs prospère,
Et dans votre rival elle trouve son frère ;
C'est don Alphonse, enfin, dont on a tant parlé,
Et ce fameux secret vient d'être dévoilé.

DON ALPHONSE.

Mon cœur, graces au ciel, après un long martyre,
Seigneur, sans vous rien prendre, a tout ce qu'il desire,
Et goûte d'autant mieux son bonheur en ce jour,
Qu'il se voit en état de servir votre amour.

DON GARCIE.

Hélas ! cette bonté, seigneur, doit me confondre.
A mes plus chers desirs elle daigne répondre ;
Le coup que je craignois, le ciel l'a détourné,
Et tout autre que moi se verroit fortuné ;
Mais ces douces clartés d'un secret favorable
Vers l'objet adoré me découvrent coupable,
Et, tombé de nouveau dans ces traîtres soupçons,
Sur quoi l'on m'a tant fait d'inutiles leçons,
Et par qui mon ardeur, si souvent odieuse,
Doit perdre tout espoir d'être jamais heureuse ;
Oui, l'on doit me haïr avec trop de raison ;
Moi-même je me trouve indigne de pardon :
Et, quelque heureux succès que le sort me présente,
La mort, la seule mort est toute mon attente.

DONE ELVIRE.

Non, non ; de ce transport le soumis mouvement,
Prince, jette en mon ame un plus doux sentiment.
Par lui de mes sermens je me sens détachée ;
Vos plaintes, vos respects, vos douleurs m'ont touchée ;

ACTE V, SCÈNE VI.

J'y vois partout briller un excès d'amitié,
Et votre maladie est digne de pitié.
Je vois, prince, je vois qu'on doit quelque indulgence
Aux défauts où du ciel fait pencher l'influence;
Et, pour tout dire enfin, jaloux ou non jaloux,
Mon roi, sans me gêner, peut me donner à vous. [1]

DON GARCIE.

Ciel! dans l'excès des biens que cet aveu m'octroie,
Rends capable mon cœur de supporter sa joie!

DON ALPHONSE.

Je veux que cet hymen, après nos vains débats,
Seigneur, joigne à jamais nos cœurs et nos états. [2]
Mais ici le temps presse, et Léon nous appelle;
Allons dans nos plaisirs satisfaire son zèle:
Et, par notre présence et nos soins différens,
Donner le dernier coup au parti des tyrans.

---

(1) Molière possédoit trop bien la science du cœur humain, pour nous présenter au dénouement don Garcie entièrement guéri de sa jalousie. Il la connoît, il l'avoue, il la déteste; c'est tout ce qu'on peut exiger de lui, et donc Elvire se montre aussi raisonnable qu'indulgente, lorsqu'elle ne veut plus voir dans l'humeur soupçonneuse de son amant qu'un mal *digne de pitié*, et qu'elle consent à l'épouser, *jaloux ou non jaloux*.

(2) On croiroit voir quelque réminiscence de ces deux vers, dans ceux-ci de *Zaïre* :

>   Vertueuse Zaïre, avant que l'hyménée
>   Joigne à jamais nos cœurs et notre destinée.

FIN DE DON GARCIE DE NAVARRE.

NOTICE
HISTORIQUE ET LITTÉRAIRE
SUR DON GARCIE DE NAVARRE.

Don Garcie de Navarre, *ou le Prince jaloux*, fut représenté, pour la première fois, le 4 février 1661, sur le théâtre du Palais-Royal. C'étoit le premier ouvrage nouveau que Molière donnoit à ce théâtre, depuis trois mois que sa troupe en avoit pris possession. Cette espèce d'inauguration ne fut rien moins qu'heureuse. La pièce n'eut point de succès, et ne fut jouée qu'un petit nombre de fois. Molière qui s'étoit réservé le rôle de don Garcie, ne s'en étant pas acquitté à la satisfaction du public, fut forcé de le céder à un autre. Bientôt il cessa de donner la pièce et la condamna dès lors à ne plus reparoître sur le théâtre. Il ne voulut pas même essayer si le jugement des lecteurs lui seroit plus favorable : l'ouvrage ne fut imprimé qu'après sa mort, dans l'édition de ses œuvres, publiée par Vinot et La Grange.

L'accueil fait aux *Précieuses ridicules* et au *Cocu imaginaire*, avoit soulevé contre Molière la foule des envieux et des détracteurs. Ne pouvant nier des succès qui avoient eu tout Paris pour témoin, ils essayèrent du moins d'en attaquer le principe. Comme Molière avoit rempli le principal rôle dans ses deux derniers ouvrages, et que la verve comique de son jeu y avoit été fort goûtée, ils affectèrent de louer le comédien aux dépens de l'auteur ; ils convinrent que Molière étoit un fort bon mime qui, par ses gestes et ses grimaces vraiment risibles, faisoit beaucoup valoir des scènes grossières et insipides ; mais forcés de reconnoître son talent pour la farce, ils voulurent l'y renfermer ; ils lui firent, pour ainsi dire, défense d'en sortir, le menaçant des chûtes les plus humiliantes, s'il osoit franchir ce cercle étroit où ils l'emprisonnoient ; en un mot, ils le déclarèrent incapable de jamais réussir dans le genre noble et sérieux. Il paroît que Molière eut à cœur de leur donner un démenti : malheureusement ce fut un triomphe qu'il leur procura.

L'étude et le goût de la langue espagnole s'étant introduits en France à la suite d'une reine, Anne d'Autriche, les auteurs dramatiques de sa nation étoient devenus familiers à ceux de la nôtre, qui puisèrent à l'envi des sujets dans les innombrables productions de Lope de Vega, de Calderon et de leurs disciples. De là cette foule de tragi-comédies qui parurent sur la scène françoise, avant que le génie de Corneille eût séparé les deux genres qu'elles confondoient, et les eût, pour ainsi dire, consacrés par deux types, par deux modèles distincts, *le Cid* et *le Menteur*. De l'intérêt, mais du romanesque ; de la grandeur, mais de l'enflure ; de l'esprit, mais de la subtilité, tels étoient les qualités et les défauts qu'offroient les originaux, et que ne reproduisoient pas toujours également les imitations. Le public applaudissoit à ces compositions monstrueuses : les chefs-d'œuvre qui seuls pouvoient former son goût n'existoient pas encore.

Corneille, au déclin de sa glorieuse carrière, crut étendre l'art du théâtre, en le reportant au point où il l'avoit trouvé, et faire une création nouvelle, en imposant un nouveau nom au genre même sur les ruines duquel il avoit fondé notre double scène. *Don Sanche d'Arragon* n'étoit rien autre qu'une tragi-comédie, quoique Corneille le donnât pour *un poëme dont il n'y avoit pas d'exemples*, et qu'inventant un nom pour la chose qu'il croyoit avoir inventée, il appelât ce poëme *comédie héroïque*. En effet, ce qui constituoit la tragi-comédie, c'étoit que des personnages appartenant à la tragédie par leur condition, figurassent, comme ceux de la comédie, dans une action qui ne fût ni marquée ni terminée par quelque catastrophe sanglante ou terrible. Or *Don Sanche d'Arragon* est parfaitement conforme à cette définition dont l'exactitude ne sera contestée par aucun de ceux qui connoissent l'histoire de l'art dramatique. Voltaire pensoit de même au sujet de cette pièce, puisqu'il dit qu'elle est *de ce genre purement romanesque qui fut en vogue avant Corneille*; mais il s'est trompé en ajoutant que *ce genre s'appeloit comédie héroïque*, puisque Corneille prétend, et avec raison, qu'avant lui personne n'avoit employé cette dénomination.

Après lui, Molière est le premier qui s'en soit servi, et l'on peut dire qu'il en a fait une application plus juste. La passion, disons mieux, le travers qui distingue le personnage principal est essentiellement du domaine de la comédie ; et, d'un autre côté, la condition élevée de tous les personnages, et les intérêts politiques dont le jeu se mêle aux mouvemens de la jalousie, donnent à l'ensemble de la composition ce caractère de grandeur et de noblesse que, dans le langage de tous les arts, on est convenu d'appeler héroïque.

Je suis réduit ici à ne pouvoir justifier que le titre de la pièce de Molière. Le mélange d'héroïque et de comique, fidèlement exprimé par ce titre, n'est, dans l'ouvrage, que la confusion de deux genres inconciliables selon notre système dramatique. Nous voulons que les imperfections des rois et des héros ne prêtent en rien au ridicule, et que les passions des personnages privés ne puissent exciter ni pitié ni terreur. La comédie héroïque est l'inverse de la tragédie bourgeoise : notre goût les repousse toutes deux ; ce sont moins deux genres que deux espèces bâtardes qui n'ont jamais pu s'acclimater parmi nous.

Après avoir considéré, en général, la comédie héroïque, si nous examinons la manière dont Molière l'a traitée, nous y trouverons peut-être une cause particulière du peu de succès qu'a obtenu son ouvrage. Il a pris pour sujet la jalousie, déplorable maladie de l'ame qui fait à la fois le tourment de celui qui l'éprouve et de ceux qui la causent. Si vous la peignez dans ses accès les plus furieux et dans ses effets les plus terribles, le personnage, quel qu'il soit, fera naître dans l'ame du spectateur ces mouvemens de commisération ou d'effroi qui sont exclusivement du ressort de la tragédie. Si, au contraire, écartant tout ce que ses visions peuvent avoir de douloureux et de funeste dans leurs conséquences, vous vous bornez à montrer ce qu'il y a de foiblesse et de folie dans son principe, le personnage, fût-il du rang le plus élevé, produira cette impression de ridicule qui est le but particulier de la comédie. Il n'y a guère de milieu : il faut qu'un jaloux fasse frémir et pleurer ; alors c'est un personnage tragique, c'est Orosmane ou Vendôme : ou bien il faut qu'il fasse rire ; alors c'est un personnage comique, c'est Arnolphe ou Georges Dandin.

Don Garcie n'est ni l'un ni l'autre. Sa jalousie n'est ni tout-à-fait terrible, ni tout-à-fait ridicule; on ne peut ni plaindre assez les maux qu'il ressent et qu'il cause, ni s'amuser suffisamment des chimères qu'il se forge et de la confusion qu'il éprouve chaque fois qu'il est désabusé. Gêné, pour ainsi dire, dans ses fureurs, par les bienséances de son rang et par les limites du genre où Molière l'a placé, il ne peut produire, il ne produit que des effets équivoques et imparfaits. Molière a transporté dans *le Misanthrope* plusieurs passages de *Don Garcie*, et ce simple changement de position a été une véritable métamorphose : de médiocres qu'ils étoient, ces passages sont devenus excellens; destinés originairement à causer des émotions presque tragiques et n'en causant toutefois d'aucune espèce, ils ont produit, dans leur nouvelle place, des impressions toutes contraires, par la seule raison qu'Alceste, amant d'une franche coquette en dépit de son humeur bourrue contre les vices du temps, est un personnage de comédie dans une situation comique. Est-il une meilleure preuve que Molière, ayant cette fois mal choisi son genre, avoit peut-être encore plus mal choisi son sujet, et que son ouvrage méritoit doublement l'accueil plus que froid qu'il reçut?

Il s'en faut beaucoup cependant que *Don Garcie* soit une pièce tout-à-fait indigne d'estime. Les deux rôles principaux, celui du jaloux et de sa victime, sont habilement tracés et soutenus; plusieurs scènes sont préparées et exécutées avec art. Aussi, parmi les nombreux auteurs qui, depuis Molière, ont mis la jalousie au théâtre, il en est peu qui n'aient pris dans cette pièce quelque situation, quelque trait de caractère ou de dialogue : c'étoit une espèce de mine d'où Molière lui-même avoit commencé à tirer de précieux matériaux, et que ses successeurs ont achevé d'exploiter.

Don Garcie de Navarre est encore un emprunt que Molière a fait aux théâtres étrangers. Le sujet appartient à l'Espagne, et tout porte à croire qu'il fut originairement traité par quelque poëte de cette nation ; mais ce poëte est inconnu. C'est l'imitation d'un auteur italien, Giacinto Andrea Cicognini, qui a servi d'original à Molière. La pièce de Cicognini, intitulée *le Gelosie fortunate del principe Rodrigo*, fut imprimée, suivant l'usage d'Italie, dans les différentes villes où elle fut représentée : la première édition connue est de Pérouse, 1654, et ce fut sept ans après que Molière donna *Don Garcie*. J'ai noté, dans le commentaire, les rapports et une partie des différences qui existent entre le modèle et l'imitation : celle-ci est, en comparaison de l'autre, un chef-d'œuvre de conduite et de diction.

Je veux donner, en terminant, une idée des bienséances de la scène italienne à cette époque. A la fin du second acte, il est nuit. Delmire, charmée de son jaloux amant, avec qui elle vient de se réconcilier pour la troisième ou quatrième fois, se met entièrement à sa discrétion, et lui dit, en propres termes, de la conduire où il voudra. Ils se retirent, et le spectateur ne peut avoir aucun doute sur ce qui doit résulter d'une telle proposition. Au commencement de l'acte suivant, Delmire reparoit avec le jour : il est juste de dire qu'elle est un peu honteuse de s'être oubliée jusqu'à ce point. En ce moment, un faux rapport lui persuade que Rodrigue est son frère. On juge de son trouble, de son désespoir, de l'horreur qu'elle se fait à elle-même; mais elle appuie si fortement sur la nature du crime, elle en développe si complaisamment toutes les circonstances, que ses remords finissent par devenir presque aussi scandaleux que l'action même qui les a produits. Voilà pourtant ce que, chez les Italiens qui nous avoient précédés de plusieurs siècles dans la carrière de tous les arts, étoit devenu l'art du théâtre à une époque où Corneille avoit mis au jour tous ses chefs-d'œuvre et où Molière se préparoit à enfanter les siens.

L'ÉCOLE DES MARIS,

COMÉDIE EN TROIS ACTES.

1661.

A MONSEIGNEUR
LE DUC D'ORLÉANS,
FRÈRE UNIQUE DU ROI.

MONSEIGNEUR,

Je fais voir ici à la France des choses bien peu proportionnées. Il n'est rien de si grand et de si superbe que le nom que je mets à la tête de ce livre, et rien de plus bas que ce qu'il contient. Tout le monde trouvera cet assemblage étrange; et quelques-uns pourront bien dire, pour en exprimer l'inégalité, que c'est poser une couronne de perles et de diamans sur une statue de terre, et faire entrer par des portiques magnifiques et des arcs triomphaux superbes dans une méchante cabane[1]. Mais, Monseigneur, ce qui doit me

---

[1] Il faut convenir que Molière ne s'élève pas ici au-dessus du ton ordinaire des épîtres dédicatoires du temps, dont les auteurs, en s'humiliant jusqu'à la bassesse, poussoient jusqu'à la plus dégoûtante adulation la louange des grands ou des hommes en place, à qui ils adressoient l'hommage intéressé de leurs écrits. Le style de ces épîtres étoit faux et

ÉPITRE

servir d'excuse, c'est qu'en cette aventure je n'ai eu aucun choix à faire, et que l'honneur que j'ai d'être à Votre Altesse Royale [1], m'a imposé une nécessité absolue de lui dédier le premier ouvrage que je mets de moi-même au jour [2]. Ce n'est pas un présent que je lui fais, c'est un devoir dont je m'acquitte; et les hommages ne sont jamais regardés par les choses qu'ils portent. J'ai donc osé, Monseigneur, dédier une bagatelle à Votre Altesse Royale, parce que je n'ai pu m'en dispenser; et si je me dispense ici de m'étendre sur les belles et glorieuses vérités qu'on pourroit dire d'Elle, c'est par la juste appréhension que ces

---

forcé comme les sentimens qu'il exprimoit. *La couronne de perles et de diamans posée sur une statue de terre, et les portiques magnifiques et les arcs triomphaux superbes par lesquels on entre dans une méchante cabane,* sont une preuve que l'esprit le plus droit et le plus vigoureux n'est pas exempt de payer, en quelque point, tribut aux défauts et aux travers de son siècle.

(1) Molière *étoit au* frère du roi, comme chef de la troupe de comédiens que ce prince avoit prise sous sa protection, et qui portoit le titre de *Troupe de Monsieur*.

(2) *Le premier ouvrage que je mets de moi-même au jour.* — Les *Précieuses ridicules* sont la seule pièce que Molière ait fait imprimer avant celle-ci, et on se souvient qu'il ne s'y décida que parce qu'*une copie dérobée de l'ouvrage étoit tombée entre les mains des libraires.* On se rappelle aussi que l'édition du *Cocu imaginaire* fut donnée à l'insu et sans le consentement de Molière. Il ne fit imprimer *l'Étourdi* et *le Dépit amoureux* qu'en 1663, et *Don Garcie* ne parut qu'après sa mort. Il a donc raison de dire que *l'École des Maris,* imprimée en 1661, est *le premier ouvrage qu'il ait mis au jour de lui-même,* c'est-à-dire de son plein gré.

grandes idées ne fissent éclater encore davantage la bassesse de mon offrande [1]. Je me suis imposé silence pour trouver un endroit plus propre à placer de si belles choses ; et tout ce que j'ai prétendu dans cette épître, c'est de justifier mon action à toute la France, et d'avoir cette gloire de vous dire à vous-même, MONSEIGNEUR, avec toute la soumission possible, que je suis,

DE VOTRE ALTESSE ROYALE,

Le très-humble, très-obéissant
et très-fidèle serviteur,

J. B. P. MOLIÈRE.

---

(1) *La bassesse de mon offrande.* — Molière a déja dit qu'*il n'est rien de plus bas que ce que contient son livre.* Aujourd'hui, l'écrivain le plus humble et le plus rampant rougiroit d'employer de telles expressions ; mais, du temps de Molière, les mots *bas* et *bassesse* n'emportoient pas l'idée de dégradation morale qui s'y attache maintenant ; ils exprimoient simplement celle d'une grande infériorité. Boisrobert, homme de qualité qui vivoit dans le grand monde, dit à la comtesse de La Suze : *Est-il bien vrai*

> Que cet esprit seul au monde accompli,
> Comme les dieux de soi-même rempli,
> Souffre un moment que sa gloire s'abaisse
> Jusqu'au néant qu'il voit dans ma *bassesse ?*

ACTEURS.

SGANARELLE,[1] } frères.
ARISTE,[2]
ISABELLE, } sœurs.
LÉONOR,
LISETTE, suivante de Léonor.
VALÈRE, amant d'Isabelle.
ERGASTE, valet de Valère.
UN COMMISSAIRE.
UN NOTAIRE.

La scène est à Paris.

---

(1) Sur ce nom de Sganarelle, voir *le Cocu imaginaire*, liste des acteurs, note 4.

(2) Molière a donné ce même nom d'Ariste au frère de Chrysale, dans *les Femmes savantes*. Ce nom, tiré du grec, comme la plupart des noms de comédie de ce temps-là, signifie *très-bon* ; et les successeurs de Molière, à son exemple, ne l'ont jamais imposé qu'à des personnages raisonnables, appartenant presque tous à l'emploi des *raisonneurs*, autrement appelés les *Aristes*.

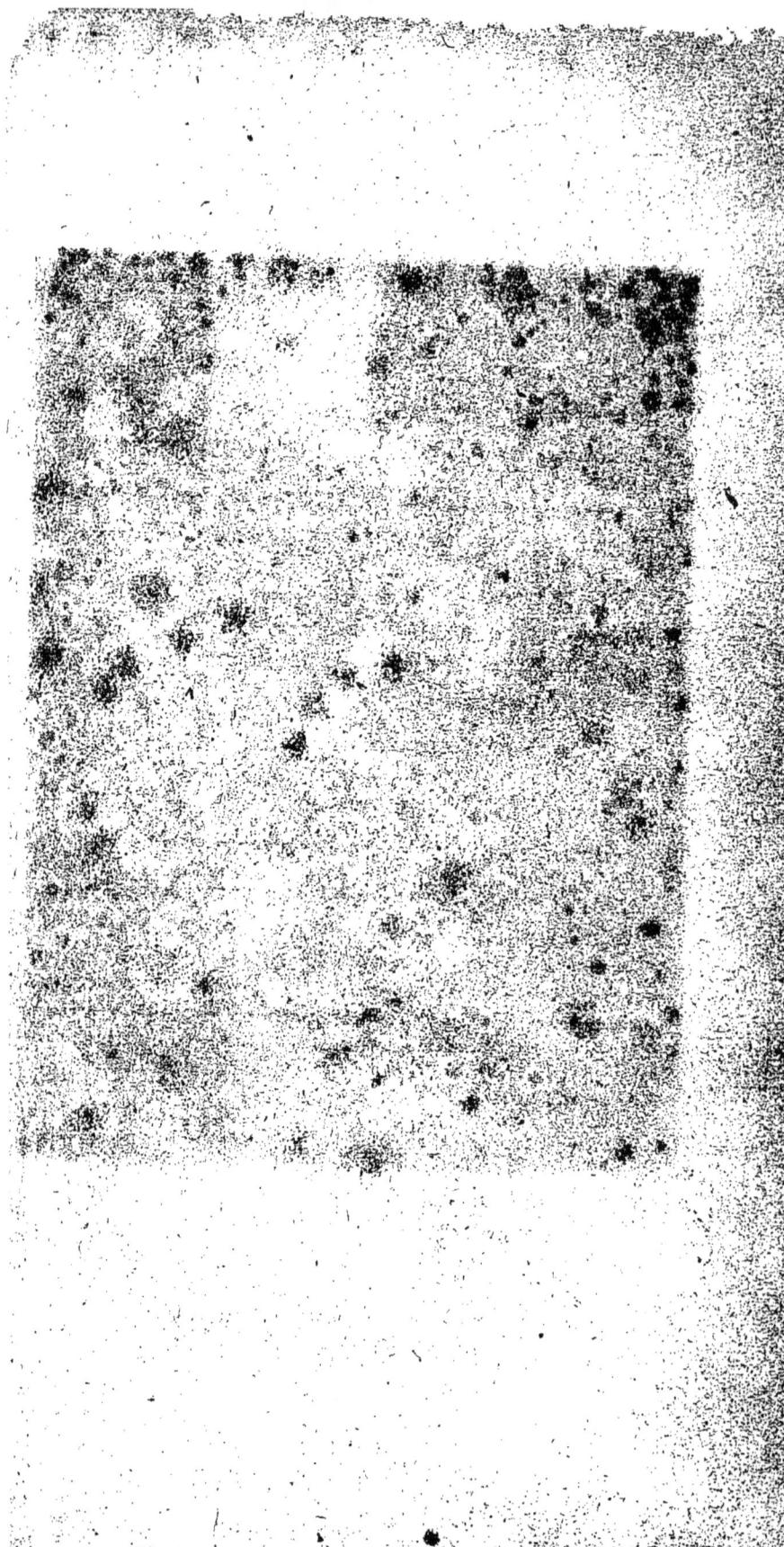

ISABELLE, *en sortant.*
O ciel! dans mes desseins ne m'abandonnez pas!

Ecole des Maris, Acte III, Scène II.

L'ÉCOLE DES MARIS,
COMÉDIE.

ACTE PREMIER.

SCÈNE PREMIÈRE.
SGANARELLE, ARISTE.

SGANARELLE.
Mon frère, s'il vous plaît, ne discourons point tant,
Et que chacun de nous vive comme il l'entend.
Bien que sur moi des ans vous ayez l'avantage,
Et soyez assez vieux pour devoir être sage,
Je vous dirai pourtant que mes intentions
Sont de ne prendre point de vos corrections;
Que j'ai pour tout conseil ma fantaisie à suivre,
Et me trouve fort bien de ma façon de vivre.

ARISTE.
Mais chacun la condamne.

SGANARELLE.
     Oui, des fous comme vous,
Mon frère.

ARISTE.
Grand merci, le compliment est doux!

SGANARELLE.

Je voudrois bien savoir, puisqu'il faut tout entendre,
Ce que ces beaux censeurs en moi peuvent reprendre.

ARISTE.

Cette farouche humeur, dont la sévérité
Fuit toutes les douceurs de la société,
A tous vos procédés inspire un air bizarre, [1]
Et, jusques à l'habit, rend tout chez vous barbare.

SGANARELLE.

Il est vrai qu'à la mode il faut m'assujétir,
Et ce n'est pas pour moi que je me dois vêtir.
Ne voudriez-vous point, par vos belles sornettes,
Monsieur mon frère aîné, car, dieu merci, vous l'êtes
D'une vingtaine d'ans, à ne vous rien celer,
Et cela ne vaut point la peine d'en parler ;
Ne voudriez-vous point, dis-je, sur ces matières,
De vos jeunes muguets m'inspirer les manières ? [2]
M'obliger à porter de ces petits chapeaux

---

(1)   A tous vos procédés inspire un air bizarre.

Inspire paroît être une expression doublement impropre. D'abord on *inspire quelque chose à quelqu'un*, et non *une chose à une autre*. Ensuite l'air d'un procédé est une chose purement extérieure, et *inspirer* ne s'entend que de ce qui est au-dedans de nous, de ce qu'on y a fait entrer, comme les sentimens et les pensées. Il falloit, *donne, imprime un air bizarre*.

(2)   De vos jeunes muguets m'inspirer les manières.

Encore *inspirer*. Ici, du moins, si le complément direct, qui est *manières*, convient peu par la raison que j'ai dite plus haut, le complément indirect est ce qu'il doit être, puisqu'il s'agit d'une personne. L'expression juste étoit, *me faire adopter les manières*. — *Muguet*, selon Ménage, vient de *muscatum*, et *muscatum* vient de μοσχος, musc. On peut remarquer que le mot de *muguet* et celui de *muscadin* qui, dans la révolution, a eu presque le même sens, ont la même origine.

ACTE I, SCÈNE I.

Qui laissent éventer leurs débiles cerveaux;
Et de ces blonds cheveux, de qui la vaste enflure
Des visages humains offusque la figure?
De ces petits pourpoints sous les bras se perdans,
Et de ces grands collets jusqu'au nombril pendans?[1]
De ces manches qu'à table on voit tâter les sauces?
Et de ces cotillons appelés hauts-de-chausses?
De ces souliers mignons de rubans revêtus,
Qui vous font ressembler à des pigeons pattus?
Et de ces grands canons où, comme en des entraves,
On met tous les matins ses deux jambes esclaves,
Et par qui nous voyons ces messieurs les galans
Marcher écarquillés ainsi que des volans?[2]

---

(1) . De ces petits pourpoints sous les bras se perdans,
Et de ces grands collets jusqu'au nombril pendans.

Sans disserter longuement sur la différence du participe présent et de l'adjectif verbal, confondus par beaucoup d'écrivains, on peut affirmer qu'ici Molière ne devoit point décliner *se perdans* et *pendans*, qui sont deux participes, ayant le même régime indirect que pourroient avoir les autres temps des verbes dont ils font partie. Il n'y a point de doute surtout pour *se perdans*, puisque jamais adjectif verbal n'a été précédé du pronom *se*, à la manière des verbes réfléchis. Du reste, Racine, La Fontaine et Boileau ont commis la même faute : c'étoit un reste de l'usage où l'on étoit avant eux de décliner le participe présent en toute occasion, même lorsqu'il avoit un régime direct.

(2) Ce détail sur les anciennes modes n'a pas besoin de longs éclaircissemens. Tout le monde connoît la forme de ces amples perruques, ordinairement blondes, dont on s'affubloit au dix-septième siècle, et auxquelles nous avons donné le nom de *perruques à la Louis XIV*. — Le *pourpoint* étoit un vêtement serré, à manches justes, qui couvroit le corps depuis le cou jusqu'à la ceinture, et par-dessus lequel on portoit un manteau. Après avoir beaucoup raccourci le pourpoint, comme s'en plaint ici Sganarelle, on l'a remplacé par la veste et par le justaucorps nommé *habit* maintenant. Ce justaucorps avoit autrefois des manches qui ne venoient pas jusqu'au poignet, et dont les paremens, ouverts et pendans,

Je vous plairois, sans doute, équipé de la sorte?
Et je vous vois porter les sottises qu'on porte.

ARISTE.

Toujours au plus grand nombre on doit s'accommoder,
Et jamais il ne faut se faire regarder.
L'un et l'autre excès choque, et tout homme bien sage
Doit faire des habits ainsi que du langage,
N'y rien trop affecter, et, sans empressement,
Suivre ce que l'usage y fait de changement.
Mon sentiment n'est pas qu'on prenne la méthode
De ceux qu'on voit toujours renchérir sur la mode;
Et qui, dans cet excès dont ils sont amoureux,
Seroient fâchés qu'un autre eût été plus loin qu'eux;
Mais je tiens qu'il est mal, sur quoi que l'on se fonde,
De fuir obstinément ce que suit tout le monde,
Et qu'il vaut mieux souffrir d'être au nombre des fous,
Que du sage parti se voir seul contre tous. (1)

---

avoient en effet l'inconvénient de *tâter les sauces*. — Le collet étoit celui de la chemise et s'appeloit autrement *rabat*. — Les souliers, comme presque toutes les autres parties de l'habillement, étoient couverts de gros nœuds de ruban. Voir, pour les mots *rabat*, *canons* et *hauts-de-chausses*, le commentaire des *Précieuses ridicules*, page 23, note 2, et page 48, note 2.

(1) Molière se montre ici le vrai législateur des bienséances. Rien de plus judicieux que ce qu'il dit, par la bouche d'Ariste, sur la conduite que doit tenir un homme sensé par rapport aux variations de l'habillement et du langage. C'étoit aussi l'avis de La Bruyère, autre peintre et censeur de nos ridicules : « Il y a, dit-il, autant de foiblesse à fuir la « mode qu'à l'affecter. » Pavillon a dit fort spirituellement :

> La mode est un tyran dont rien ne nous délivre;
> A son bizarre goût il faut s'accommoder;
> Mais sous ses folles lois étant forcé de vivre,
> Le sage n'est jamais le premier à les suivre,
>   Ni le dernier à les garder.

ACTE I, SCÈNE I.

SGANARELLE.

Cela sent son vieillard, qui, pour en faire accroire,
Cache ses cheveux blancs d'une perruque noire.

ARISTE.

C'est un étrange fait du soin que vous prenez, (1)
A me venir toujours jeter mon âge au nez;
Et qu'il faille qu'en moi sans cesse je vous voie
Blâmer l'ajustement, aussi-bien que la joie :
Comme si, condamnée à ne plus rien chérir,
La vieillesse devoit ne songer qu'à mourir,
Et d'assez de laideur n'est pas accompagnée, (2)
Sans se tenir encor mal-propre et rechignée.

SGANARELLE.

Quoi qu'il en soit, je suis attaché fortement
A ne démordre point de mon habillement.
Je veux une coiffure, en dépit de la mode,
Sous qui toute ma tête ait un abri commode;

---

(1)   C'est un étrange fait du soin que vous prenez.

Cette construction, que ni la grammaire ni l'usage n'autorise, pourroit, tout au plus être considérée comme une tournure elliptique. Il faudroit supposer alors que ces mots : *c'est un étrange fait du soin*, représentent ceux-ci : *c'est un étrange fait que celui du soin*, etc. En langage correct et usité, l'on diroit : *c'est une chose étrange que le soin que vous prenez*, etc.

(2)   Comme si, condamnée à ne plus rien chérir,
    La vieillesse devoit ne songer qu'à mourir,
    Et d'assez de laideur n'est pas accompagnée, etc.

Molière, qui a mis à l'imparfait le premier verbe, comme la règle l'exige, n'auroit pas manqué d'y mettre aussi le second, si la mesure du vers ne s'y fût opposée. Il pouvoit tout concilier, ce semble, en retranchant *pas*, dont la suppression ne nuit ni à la correction ni à la clarté, et en écrivant ainsi le troisième vers :

   Et d'assez de laideur n'étoit accompagnée,
   Sans se tenir encor, etc.

Un bon pourpoint bien long [1], et fermé comme il faut,
Qui, pour bien digérer, tienne l'estomac chaud ;
Un haut-de-chausse [2] fait justement pour ma cuisse ;
Des souliers où mes pieds ne soient point au supplice,
Ainsi qu'en ont usé sagement nos aïeux :
Et qui me trouve mal, n'a qu'à fermer les yeux. [3]

---

(1) Ménage fait venir *pourpoint*, qu'on écrivoit autrefois *pourpoinct*, du latin *perpunctum*. Il paroît, d'après le nom même de ce vêtement, que, dans l'origine, il étoit formé de deux étoffes ouatées et piquées.

(2) Anciennement le mot *chausse* désignoit le vêtement qui couvre depuis la ceinture jusqu'aux pieds. La partie supérieure se nommoit *haut-de-chausse ;* et l'on appeloit *bas-de-chausse* ce que nous appelons aujourd'hui *bas,* simplement.

(3) Cette première scène ne tient point à l'action, et ne l'annonce en aucune manière. Il n'y est absolument question que de la différente façon de penser et d'agir de Sganarelle et d'Ariste en fait de modes. Mais si elle ne sert point à l'exposition de l'intrigue, elle commence au moins celle des caractères ; elle nous prépare à voir les deux frères différer sur des points plus importans que la forme d'un habit ou d'un chapeau, et c'est précisément sur l'opposition de leurs systèmes en matière d'éducation, qu'est fondée toute l'action de la pièce, ainsi que sa moralité. *Les Adelphes* (ou *les Frères*), de Térence, ont fourni à Molière ce contraste qui pourroit bien, comme l'a remarqué Voltaire, lui avoir donné l'idée de sa pièce entière, quoique son intrigue n'ait rien de commun avec celle du comique latin. Je citerai à mesure les passages de Térence qu'il a imités.

SCÈNE II.

LÉONOR, ISABELLE, LISETTE; ARISTE
ET SGANARELLE, *parlant bas ensemble sur le devant du théâtre, sans être aperçus.*

LÉONOR, *à Isabelle.*

Je me charge de tout, en cas que l'on vous gronde.

LISETTE, *à Isabelle.*

Toujours dans une chambre à ne point voir le monde?

ISABELLE.

Il est ainsi bâti.

LÉONOR.

Je vous en plains, ma sœur.

LISETTE, *à Léonor.*

Bien vous prend que son frère ait toute une autre humeur,
Madame, et le destin vous fut bien favorable,
En vous faisant tomber aux mains du raisonnable.

ISABELLE.

C'est un miracle encor qu'il ne m'ait aujourd'hui
Enfermée à la clef, ou menée avec lui. (1)

LISETTE.

Ma foi, je l'envoierois au diable avec sa fraise, (2)
Et...

---

(1) Isabelle, en s'étonnant de n'être pas enfermée, donne tout de suite une idée des mauvais procédés de son tuteur à son égard, et par-là nous prépare à voir d'un œil plus indulgent la conduite qu'elle doit tenir envers lui.

(2)   Ma foi, je l'envoierois au diable avec sa fraise.
On écrit et on prononce aujourd'hui, *j'enverrai* et *j'enverrois*, au lieu de,

SGANARELLE, *heurté par Lisette.*

Où donc allez-vous, qu'il ne vous en déplaise ?[1]

LÉONOR.

Nous ne savons encore, et je pressois ma sœur
De venir du beau temps respirer la douceur :
Mais...

SGANARELLE, *à Léonor.*

Pour vous, vous pouvez aller où bon vous semble,

(*montrant Lisette.*)

Vous n'avez qu'à courir, vous voilà deux ensemble.

(*à Isabelle.*)

Mais vous, je vous défends, s'il vous plaît, de sortir.

ARISTE.

Hé ! laissez-les, mon frère, aller se divertir.

SGANARELLE.

Je suis votre valet, mon frère.

ARISTE.

La jeunesse

Veut...

SGANARELLE.

La jeunesse est sotte, et parfois la vieillesse.

---

j'envoierai et *j'envoierois*. — La *fraise* est un ornement de cou dont les Italiens de la suite des deux reines Médicis avoient apporté la mode parmi nous, mode qui fut remplacée, sous Louis XIII, par celle du collet ou rabat de chemise, mais que quelques vieillards conservoient encore à l'époque où *l'École des Maris* fut jouée.

(1) Et... — Où donc allez-vous, qu'il ne vous en déplaise ? *Et*, quoique terminé par une consonne, ne peut se mettre devant une voyelle, sans qu'il y ait hiatus, par la raison que cette consonne finale ne se prononce point. Le changement d'interlocuteur entre *et* et *où* rend la faute moins sensible ; mais elle n'en existe pas moins.

ARISTE.
Croyez-vous qu'elle est mal d'être avec Léonor?
SGANARELLE.
Non pas; mais avec moi je la crois mieux encor.
ARISTE.
Mais...
SGANARELLE.
Mais ses actions de moi doivent dépendre,
Et je sais l'intérêt enfin que j'y dois prendre.
ARISTE.
A celles de sa sœur ai-je un moindre intérêt?
SGANARELLE.
Mon dieu! chacun raisonne et fait comme il lui plaît.
Elles sont sans parens, et notre ami leur père
Nous commit leur conduite à son heure dernière;
Et nous chargeant tous deux, ou de les épouser,
Ou, sur notre refus, un jour d'en disposer,
Sur elles, par contrat, nous sut, dès leur enfance,
Et de père et d'époux donner pleine puissance :
D'élever celle-là vous prîtes le souci,
Et moi, je me chargeai du soin de celle-ci;
Selon vos volontés vous gouvernez la vôtre,
Laissez-moi, je vous prie, à mon gré régir l'autre.
ARISTE.
Il me semble...
SGANARELLE.
Il me semble, et je le dis tout haut,
Que sur un tel sujet c'est parler comme il faut.
Vous souffrez que la vôtre aille leste et pimpante, (1)

---

(1) Ménage veut que *pimpant* se dise, par corruption, pour, *pompant*, venant de *pompans, pompantis*.

Je le veux bien : qu'elle ait et laquais et suivante,
J'y consens : qu'elle courre, aime l'oisiveté,
Et soit des damoiseaux fleurée en liberté, * (1)
J'en suis fort satisfait : mais j'entends que la mienne
Vive à ma fantaisie, et non pas à la sienne ;
Que d'une serge honnête elle ait son vêtement, (2)
Et ne porte le noir qu'aux bons jours seulement ;
Qu'enfermée au logis, en personne bien sage,
Elle s'applique toute aux choses du ménage,
A recoudre mon linge aux heures de loisir,
Ou bien à tricotter quelques bas par plaisir ;

VARIANTE. * *Flairée en liberté.*

---

(1)   Et soit des damoiseaux fleurée en liberté.

On lit, dans le dictionnaire de l'Académie, édition de 1694 : « Flairer. « On prononce ordinairement *fleurer.* » En écrivant *fleurée*, Molière n'a donc fait que rendre l'orthographe conforme à la prononciation de son temps. Aujourd'hui on prononce, comme on écrit, *flairée*. Je ne m'arrêterai pas à l'image, à l'allusion trop sensible que présente ce vers. C'est un de ces traits de liberté et d'énergie un peu cynique que la comédie actuelle n'oseroit mettre dans la bouche d'aucun personnage. — *Damoiseau*, de *domicellus*, diminutif de *dominus*, seigneur. On donnoit anciennement ce nom aux enfans des seigneurs de terres ou aux gentilshommes qui n'étoient pas chevaliers. Par la suite, on a appelé *damoiseaux* ceux qu'on nomme autrement *damerets*, c'est-à-dire les hommes qui recherchent particulièrement la société des femmes, dans l'intention de leur faire la cour.

(2)   Que d'une serge honnête elle ait son vêtement.

Pour donner une idée du changement que l'usage introduit dans l'orthographe et dans la prononciation des mots, je ferai remarquer que, du temps de Vaugelas, beaucoup de gens écrivoient et disoient *sarge*, et que ce célèbre grammairien lui-même blâmoit ceux qui disoient *serge*, à l'égal de ceux qui prononçoient *merque*, pour *marque*. La grande *Arthénice*, c'est-à-dire la marquise de Rambouillet, qu'il avoit consultée sur ce point, tenoit pour *sarge* également ; mais Patru nous apprend qu'elle changea d'avis par la suite.

ACTE I, SCÈNE II.

Qu'aux discours des muguets elle ferme l'oreille,
Et ne sorte jamais sans avoir qui la veille.
Enfin la chair est foible, et j'entends tous les bruits.
Je ne veux point porter de cornes si je puis;
Et, comme à m'épouser sa fortune l'appelle,
Je prétends, corps pour corps, pouvoir répondre d'elle.

ISABELLE.

Vous n'avez pas sujet, que je crois...

SGANARELLE.

Taisez-vous.
Je vous apprendrai bien s'il faut sortir sans nous.

LÉONOR.

Quoi donc, monsieur?

SGANARELLE.

Mon dieu! madame, sans langage,(1)
Je ne vous parle pas, car vous êtes trop sage.

LÉONOR.

Voyez-vous Isabelle avec nous à regret?

SGANARELLE.

Oui, vous me la gâtez, puisqu'il faut parler net.
Vos visites ici ne font que me déplaire,
Et vous m'obligerez de ne nous en plus faire.

LÉONOR.

Voulez-vous que mon cœur vous parle net aussi?
J'ignore de quel œil elle voit tout ceci :
Mais je sais ce qu'en moi feroit la défiance;

---

(1) *Sans langage*, pour, *point de langage*, ou mieux encore, *point de discours*, ne se diroit plus aujourd'hui. On lit dans *la Suivante*, comédie de Corneille :

Tâchons d'y donner ordre; et, sans plus de langage,
Avise en quoi tu peux employer mon courage.

Et, quoiqu'un même sang nous ait donné naissance,
Nous sommes bien peu sœurs, s'il faut que chaque jour
Vos manières d'agir lui donnent de l'amour.

LISETTE.

En effet, tous ces soins sont des choses infâmes.
Sommes-nous chez les Turcs, pour renfermer les femmes?
Car on dit qu'on les tient esclaves en ce lieu,
Et que c'est pour cela qu'ils sont maudits de Dieu. (1)
Notre honneur est, monsieur, bien sujet à foiblesse,
S'il faut qu'il ait besoin qu'on le garde sans cesse.
Pensez-vous, après tout, que ces précautions
Servent de quelque obstacle à nos intentions?
Et, quand nous nous mettons quelque chose à la tête, (2)
Que l'homme le plus fin ne soit pas une bête?
Toutes ces gardes-là sont visions de fous,
Le plus sûr est, ma foi, de se fier en nous ; (3)

---

(1) La Harpe admire et commente cette saillie de Lisette. « Lisette fait
« rire, dit-il; mais tout en riant elle dit une chose très-sensée, et ne fait
« que confirmer en style de soubrette ce qu'Ariste a dit en homme sage.
« En effet, du moment où les femmes sont libres parmi nous, sur la foi
« de leur éducation et de leur honnêteté, il est sûr que des précautions
« tyranniques sont une marque de mépris pour elles ; et sans parler de
« l'injustice et de l'offense, quelle contradiction plus choquante, que de
« commencer par les avilir, pour leur donner des sentimens de vertu?
« Point de milieu : il faut ou les enfermer comme font les Turcs, ou s'y
« fier comme font les François. C'est ce que signifie cette saillie de Li-
« sette, et il faut être Molière pour donner tant de raison à une sou-
« brette. »

(2) Et quand nous nous mettons quelque chose à la tête.
A la tête n'a pas la même signification qu'*en tête*, ou *dans la tête*. Une
femme *se met* un mouchoir *à la tête*, et elle *se met* une fantaisie *en tête*.

(3) Le plus sûr est, ma foi, de se fier en nous.
Par la raison qu'on dit, *j'ai foi à lui*, et *j'ai confiance en lui*, on doit
dire, *se fier à quelqu'un*, et *se confier en quelqu'un*.

ACTE I, SCÈNE II.

Qui nous gêne, se met en un péril extrême,
Et toujours notre honneur veut se garder lui-même:
C'est nous inspirer presque un desir de pécher,
Que montrer tant de soins de nous en empêcher;
Et, si par un mari je me voyois contrainte,
J'aurois fort grande pente à confirmer sa crainte.

SGANARELLE, *à Ariste.*

Voilà, beau précepteur, votre éducation:
Et vous souffrez cela sans nulle émotion? (1)

ARISTE.

Mon frère, son discours ne doit que faire rire,
Elle a quelque raison en ce qu'elle veut dire.
Leur sexe aime à jouir d'un peu de liberté;
On le retient fort mal par tant d'austérité;
Et les soins défians, les verroux et les grilles
Ne font pas la vertu des femmes ni des filles: (2)
C'est l'honneur qui les doit tenir dans le devoir,
Non la sévérité que nous leur faisons voir.
C'est une étrange chose, à vous parler sans feinte,
Qu'une femme qui n'est sage que par contrainte.

---

(1) Et vous souffrez cela sans nulle émotion?

J'ai déja eu occasion de remarquer qu'il y a quelque incorrection à faire suivre la préposition négative *sans,* du mot *nul* qui est aussi négatif: c'est en quelque sorte redoubler la négation. Les Latins disoient *sine ullo,* et non pas, *sine nullo.* On doit dire, en françois, *je n'irai pas sans qu'il y consente,* et non, *sans qu'il n'y consente,* comme disent quelques-uns. C'est une nouvelle preuve que *sans* renferme en lui-même la négative toute entière.

(2) Albert, des *Folies amoureuses,* prend exactement le contre-pied de ces paroles d'Ariste, lorsqu'il dit:

> Ce n'est point par douceur qu'on rend sages les filles;
> Je veux, du haut en bas, faire attacher des grilles, etc.

18.

En vain sur tous ses pas nous prétendons régner, ⁽¹⁾
Je trouve que le cœur est ce qu'il faut gagner;
Et je ne tiendrois, moi, quelque soin qu'on se donne,
Mon honneur guère sûr aux mains d'une personne
A qui, dans les desirs qui pourroient l'assaillir,
Il ne manqueroit rien qu'un moyen de faillir. ⁽²⁾

SGANARELLE.

Chansons que tout cela.

ARISTE.

Soit; mais je tiens sans cesse
Qu'il nous faut en riant instruire la jeunesse,
Reprendre ses défauts avec grande douceur,
Et du nom de vertu ne lui point faire peur.
Mes soins pour Léonor ont suivi ces maximes; ⁽³⁾
Des moindres libertés je n'ai point fait des crimes,
A ses jeunes desirs j'ai toujours consenti,
Et je ne m'en suis point, grace au ciel, repenti.

---

(1) En vain sur tous ses pas nous prétendons régner.
On *règne sur l'ame de quelqu'un*, on *règle*, on *dirige ses pas*. *Régner sur les pas d'une personne* est une de ces expressions où la métaphore manque de justesse et de convenance.

(2) Dans les *Adelphes*, Micion professe une doctrine toute semblable à celle d'Ariste; de même que lui, il retrace les avantages d'une indulgence raisonnable et les dangers d'une rigueur excessive. Il y a cette seule différence, qu'Ariste applique aux femmes et aux filles ce que Micion dit des jeunes garçons encore soumis à l'autorité paternelle. C'est le même fond d'idées, mais diversement employé, et les deux morceaux comparés n'offrent aucune trace d'imitation littérale.

(3) Mes soins pour Léonor ont suivi ces maximes.
La prose diroit : *j'ai suivi ces maximes dans mes soins pour Léonor*. Molière est plein de ces tournures vives et hardies qui sembleroient ne devoir être que le partage de la haute poésie : son goût n'en fait jamais qu'un emploi convenable.

J'ai souffert qu'elle ait vu les belles compagnies, (1)
Les divertissemens, les bals, les comédies ;
Ce sont choses, pour moi, que je tiens de tout temps
Fort propres à former l'esprit des jeunes gens ;
Et l'école du monde, en l'air dont il faut vivre,
Instruit mieux à mon gré que ne fait aucun livre.
Elle aime à dépenser en habits, linge et nœuds ;
Que voulez-vous ? Je tâche à contenter ses vœux ;
Et ce sont des plaisirs qu'on peut, dans nos familles,
Lorsque l'on a du bien, permettre aux jeunes filles. (2)
Un ordre paternel l'oblige à m'épouser ;
Mais mon dessein n'est pas de la tyranniser.
Je sais bien que nos ans ne se rapportent guère,
Et je laisse à son choix liberté toute entière.
Si quatre mille écus de rente bien venans, (3)
Une grande tendresse et des soins complaisans,

---

(1)   J'ai souffert qu'elle ait vu les belles compagnies.

Il semble que le rapport des temps entre eux seroit plus exactement observé, si Molière eût mis, *j'ai souffert qu'elle vît*, etc.

(2) Micion dit de même à Déméa :

> *Opsonat ? Potat, Olet unguenta ? De meo.*
> *Amat ? Dabitur à me argentum, dum erit commodum.*
> .... *Est, dis gratiâ,*
> *Et unde hæc fiant, et adhuc non molesta sunt.*

« Il se divertit, il boit, il se parfume, c'est à mes dépens. Il fait « l'amour, je lui donnerai de l'argent tant que cela ne m'incommodera « pas..... J'ai, graces aux dieux, de quoi fournir à toutes ces dépenses, « et jusqu'à présent elles ne m'ont point incommodé. » *Traduction de Le Monnier.*

(3)   Si quatre mille écus de rente bien venans.

L'Académie fait de *bien venant* un participe, et par conséquent elle ne lui donne point la marque du pluriel. *Bien venant* veut dire ici, comme il est aisé de le voir, que la rente *arrive*, est payée exactement aux époques convenues.

Peuvent, à son avis, pour un tel mariage,
Réparer entre nous l'inégalité d'âge,
Elle peut m'épouser; sinon, choisir ailleurs.
Je consens que sans moi ses destins soient meilleurs;
Et j'aime mieux la voir sous un autre hyménée,
Que si contre son gré sa main m'étoit donnée.

SGANARELLE.

Hé! qu'il est doucereux, c'est tout sucre et tout miel!

ARISTE.

Enfin, c'est mon humeur, et j'en rends grace au ciel.
Je ne suivrois jamais ces maximes sévères,
Qui font que les enfans comptent les jours des pères.

SGANARELLE.

Mais ce qu'en la jeunesse on prend de liberté,
Ne se retranche pas avec facilité;
Et tous ses sentimens suivront mal votre envie,
Quand il faudra changer sa manière de vie.

ARISTE.

Et pourquoi la changer?

SGANARELLE.

Pourquoi?

ARISTE.

Oui.

SGANARELLE.

Je ne sai.

ARISTE.

Y voit-on quelque chose où l'honneur soit blessé?

SGANARELLE.

Quoi! si vous l'épousez, elle pourra prétendre
Les mêmes libertés que fille on lui voit prendre?

ARISTE.

Pourquoi non?

ACTE I, SCÈNE II.

SGANARELLE.

Vos desirs lui seront complaisans,
Jusques à lui laisser et mouches et rubans?

ARISTE.

Sans doute.

SGANARELLE.

A lui souffrir, en cervelle troublée,
De courir tous les bals et les lieux d'assemblée ? (1)

ARISTE.

Oui, vraiment.

SGANARELLE.

Et chez vous iront les damoiseaux?

ARISTE.

Et quoi donc?

SGANARELLE.

Qui joueront et donneront cadeaux ? (2)

ARISTE.

D'accord.

---

(1) A lui souffrir, en cervelle troublée,
De courir tous les bals et les lieux d'assemblée ?

On disoit autrefois, *souffrir à une personne de faire une chose*, pour, *souffrir qu'elle fasse,* ou *lui permettre de faire une chose*; on lit, dans la Suite du Menteur :

Je ne vous puis souffrir de dire une sottise.

J'en pourrois citer dix autres exemples.

(2) *Qui joueront et donneront cadeaux.* Cadeau signifioit originairement un repas et surtout un repas donné à des femmes; aussi l'on disoit, *donner un cadeau*, comme on dit, *donner un repas*. Aujourd'hui que, parmi la bonne compagnie, l'usage est de faire accepter aux femmes, à la place de ces repas, quelques bagatelles agréables, on dit, *faire un cadeau,* de même qu'on dit, *faire un présent*, par la raison que le premier de ces mots est devenu synonyme de l'autre. Molière n'emploie le mot de *cadeau* que dans le sens de repas.

SGANARELLE.
Et votre femme entendra les fleurettes?

ARISTE.
Fort bien.

SGANARELLE.
Et vous verrez ces visites muguettes
D'un œil à témoigner de n'en être point saoul?

ARISTE.
Cela s'entend.

SGANARELLE.
Allez, vous êtes un vieux fou. (1)

---

(1) Depuis le vers :
    Quoi! si vous l'épousez, elle pourra prétendre, etc.
toute cette fin de scène est imitée de Térence.

DEMEA.
... *Et nova nupta eadam hæc discet?*

MICIO.
Scilicet.

DEMEA.
Tu inter eas restim ductans saltabis?

MICIO.
Probè.

DEMEA.
Probè?

MICIO.
Et tu nobiscum unà, si opus sit.

DEMEA.
Hei mihi!

Non hæc te pudent?

DÉMÉA.
« Et la nouvelle mariée apprendroit à chanter aussi?

MICION.
« Sans doute.

(*à Isabelle.*)

Rentrez, pour n'ouïr point cette pratique infâme. (1)

SCÈNE III.

ARISTE, SGANARELLE, LÉONOR, LISETTE.

ARISTE.

Je veux m'abandonner à la foi de ma femme,
Et prétends toujours vivre ainsi que j'ai vécu.

SGANARELLE.

Que j'aurai de plaisir si l'on le fait cocu!*

VARIANTE. * *Quand il sera cocu!*

DÉMÉA.

« Et vous danseriez avec elles en menant le branle?

MICION.

« A merveille.

DÉMÉA.

« A merveille?

MICION.

« Et vous aussi en cas de besoin.

DÉMÉA.

« Malheureux que je suis! N'avez-vous pas de honte? »

Traduction de Le Monnier.

(1)   Rentrez, pour n'ouïr point cette pratique infâme.

Le mot de *pratique* étoit souvent employé autrefois pour signifier, conduite, façon d'agir, comme dans ce vers de *la Suite du Menteur:*

Écoute une pratique assez ingénieuse.

Il a le même sens dans le vers de Molière. Ariste dit ou plutôt témoigne, par ses courtes réponses, de quelle manière il en agiroit, autrement quelle seroit sa *pratique*, en cas de mariage, et c'est cette pratique dont Sganarelle ne veut pas qu'Isabelle soit instruite.

ARISTE.

J'ignore pour quel sort mon astre m'a fait naître ;
Mais je sais que pour vous, si vous manquez de l'être,
On ne vous en doit point imputer le défaut ;
Car vos soins pour cela font bien tout ce qu'il faut.

SGANARELLE.

Riez donc, beau rieur. Oh! que cela doit plaire
De voir un goguenard presque sexagénaire ! (1)

LÉONOR.

Du sort dont vous parlez, je le garantis, moi, (2)
S'il faut que par l'hymen il reçoive ma foi ;
Il s'y peut assurer * ; mais sachez que mon âme
Ne répondroit de rien, si j'étois votre femme.

LISETTE.

C'est conscience à ceux qui s'assurent en nous ; (3)
Mais c'est pain béni, certe, à des gens comme vous. (4)

VARIANTE. * *Il s'en peut assurer.*

---

(1) Voici la troisième ou quatrième fois que Sganarelle reproche à Ariste son âge, et ce n'est pas la dernière. C'est tout ce qu'il y a de plus désobligeant et de plus dur. Molière n'épargne rien pour faire de Sganarelle un personnage désagréable, ce qu'on appelle un vilain homme, et chaque défaut qu'il lui donne est à la décharge d'Isabelle, dont la conduite a besoin de ce genre d'excuse.

(2)   Du sort dont vous parlez, je le garantis, moi.
Garantir quelqu'un d'un sort, d'un malheur, c'est l'en préserver. Léonor veut dire seulement, mais ne dit pas, qu'avec elle Ariste seroit exempt de ce sort, et qu'elle en répond d'avance.

(3)   C'est conscience à ceux qui s'assurent en nous.
Il y a ici une ellipse. *C'est conscience* (sous-entendu *de faire subir ce sort*) *à ceux qui s'assurent en nous.*

(4) La Lisette des *Folies amoureuses* dit de même au farouche Albert :
  Mais si j'avois amant ou mari de ce goût,

SGANARELLE.

Allez, langue maudite, et des plus mal apprises.
ARISTE.
Vous vous êtes, mon frère, attiré ces sottises.
Adieu. Changez d'humeur, et soyez averti
Que renfermer sa femme est le mauvais parti : *
Je suis votre valet.
SGANARELLE.
Je ne suis pas le vôtre.

SCÈNE IV.

SGANARELLE, *seul*.

Oh! que les voilà bien tous formés l'un pour l'autre!
Quelle belle famille! Un vieillard insensé
Qui fait le dameret dans un corps tout cassé;
Une fille maîtresse et coquette suprême;
Des valets impudens : non, la Sagesse même
N'en viendroit pas à bout, perdroit sens et raison
A vouloir corriger une telle maison. (1)

VARIANTE. * *Est un mauvais parti.*

Ils en auroient, parbleu! sur la tête et partout.
Les trois réponses d'Ariste, de Léonor et de Lisette à la grossière incartade de Sganarelle sont remarquables par la convenance qui les caractérise et les différencie. Chacun de ces trois personnages parle comme il le doit d'après sa condition et sa situation. J'aurai encore une fois, dans le cours de la pièce, occasion de faire observer ce genre de mérite.

(1) Ce commencement de scène est imité ou plutôt traduit de ces vers de Térence :
O Jupiter!
Hanccine vitam! hoscine mores! hanc dementiam!
Uxor sine dote veniet; intus psaltria est:

Isabelle pourroit perdre dans ces hantises (1)
Les semences d'honneur qu'avec nous elle a prises;
Et, pour l'en empêcher, dans peu nous prétendons
Lui faire aller revoir nos choux et nos dindons. (2)

---

*Domus sumptuosa; adolescens luxu perditus;
Senex delirans; ipsa, si cupiat, Salus
Servare prorsus non potest hanc familiam.*

« Grands dieux! quelle conduite! quelles mœurs! quelle folie! Une « femme qui n'a rien, une chanteuse chez lui, une maison fastueuse, un « jeune homme perdu de débauche, un vieux fou... Il n'est point de di-« vinité qui pût sauver cette famille, quand elle en voudroit prendre la « peine. » *Traduction de Le Monnier.*

Cette traduction manque ici d'exactitude. Térence dit, *la déesse Salus elle-même, si elle vouloit sauver cette famille, n'en viendroit pas à bout.* Le mot générique et vague de *divinité* fait disparoître entièrement la force et la grace de cette espèce de figure: Molière conserve l'une et l'autre et même y ajoute, en substituant au nom de la déesse *Salus*, divinité que notre poésie même ne reconnoît plus, celui de la Sagesse personnifiée, et en disant de celle-ci, qu'*elle perdroit sens et raison à vouloir corriger une telle maison.* L'expression de *Salus servare* a été empruntée par Térence à Plaute qui avoit dit, dans *les Captifs: Neque servare Salus, si volet, me potest.* « La déesse Salus ne viendroit pas à bout de me sauver, « quand même elle le voudroit. »

(1) *Hantise*, fréquentation. Ce mot a vieilli.

(2) De tout temps, les jaloux ont regardé le séjour de Paris comme funeste à la vertu des femmes, et ils ont cru les mettre à l'abri de la séduction, en les ensevelissant au fond de quelque campagne. Dans *le Campagnard*, de Gillet de la Tessonnière, joué en 1657, on trouve cette idée rendue en vers assez gaiment tournés :

> Et vous, beaux campagnards, accordés ou maris,
> Gardez-vous d'amener vos femmes à Paris,
> Pour y voir le Pont-Neuf et la Samaritaine :
> Plus de mille cocus s'y font chaque semaine...
> Parmi vos paysans, faites les Cupidons,
> Et demeurez toujours les rois de vos dindons.

SCÈNE V.

VALÈRE, SGANARELLE, ERGASTE.

VALÈRE, *dans le fond du théâtre.*
Ergaste, le voilà cet argus que j'abhorre,
Le sévère tuteur de celle que j'adore.
SGANARELLE, *se croyant seul.*
N'est-ce pas quelque chose enfin de surprenant
Que la corruption des mœurs de maintenant!
VALÈRE.
Je voudrois l'accoster, s'il est en ma puissance,
Et tâcher de lier avec lui connoissance.
SGANARELLE, *se croyant seul.*
Au lieu de voir régner cette sévérité
Qui composoit si bien l'ancienne honnêteté,
La jeunesse en ces lieux, libertine, absolue,
Ne prend...
(*Valère salue Sganarelle de loin.*)
VALÈRE.
Il ne voit pas que c'est lui qu'on salue.
ERGASTE.
Son mauvais œil peut-être est de ce côté-ci. [1]
Passons du côté droit.

---

[1] Cette circonstance du *mauvais œil*, qui pourroit d'abord sembler indifférente et même oiseuse, est une préparation dont le but est de rendre plus vraisemblable la situation du second acte, où l'on voit Isabelle donner sa main à baiser à Valère, tandis qu'elle feint d'embrasser Sganarelle. C'est aussi une raison de plus pour justifier la répugnance que lui inspire ce vieillard ridicule et chagrin.

SGANARELLE, *se croyant seul.*

Il faut sortir d'ici.
Le séjour de la ville en moi ne peut produire
Que des...

VALÈRE, *en s'approchant peu à peu.*

Il faut chez lui tâcher de m'introduire.

SGANARELLE, *entendant quelque bruit.*

Hé! j'ai cru qu'on parloit.

(*se croyant seul.*)

Aux champs, graces aux cieux,
Les sottises du temps ne blessent point mes yeux.

ERGASTE, *à Valère.*

Abordez-le.

SGANARELLE, *entendant encore du bruit.*

Plaît-il?

(*n'entendant plus rien.*)

Les oreilles me cornent.

(*se croyant seul.*)

Là, tous les passe-temps de nos filles se bornent...

(*Il aperçoit Valère qui le salue.*)

Est-ce à nous?

ERGASTE, *à Valère.*

Approchez.

SGANARELLE, *sans prendre garde à Valère.*

Là, nul godelureau

(*Valère le salue encore.*)

Ne vient... Que diable!...

(*Il se retourne, et voit Ergaste qui le salue de l'autre côté.*)

Encor? Que de coups de chapeau! [1]

VALÈRE.

Monsieur, un tel abord vous interrompt peut-être?

SGANARELLE.

Cela se peut.

VALÈRE.

Mais quoi! l'honneur de vous connoître
Est un si grand bonheur, est un si doux plaisir, *
Que de vous saluer j'avois un grand desir.

SGANARELLE.

Soit.

VALÈRE.

Et de vous venir, mais sans nul artifice,
Assurer que je suis tout à votre service.

SGANARELLE.

Je le crois.

VALÈRE.

J'ai le bien d'être de vos voisins,
Et j'en dois rendre grace à mes heureux destins.

SGANARELLE.

C'est bien fait.

VARIANTE. * *M'est un si grand bonheur, m'est un si doux plaisir.*

---

[1] Ce commencement de scène, où Sganarelle est interrompu à tout coup soit par les chuchoteries, soit par les salutations de Valère et d'Ergaste, n'est pas d'une bien grande vraisemblance, et, de plus, est d'une exécution difficile, à cause de la précision qu'exigent ces mouvemens multipliés et tous ces sens suspendus. C'est un de ces jeux de théâtre que les ennemis de Molière lui reprochoient d'avoir dérobés aux farceurs italiens. Le reste de la scène est charmant.

VALÈRE.

Mais, monsieur, savez-vous les nouvelles
Que l'on dit à la cour, et qu'on tient pour fidèles?

SGANARELLE.

Que m'importe?

VALÈRE.

Il est vrai; mais pour les nouveautés,
On peut avoir parfois des curiosités. (1)
Vous irez voir, monsieur, cette magnificence
Que de notre dauphin prépare la naissance? (2)

SGANARELLE.

Si je veux.

VALÈRE.

Avouons que Paris nous fait part
De cent plaisirs charmans qu'on n'a point autre part.
Les provinces auprès sont des lieux solitaires.
A quoi donc passez-vous le temps?

SGANARELLE.

A mes affaires.

VALÈRE.

L'esprit veut du relâche, et succombe parfois
Par trop d'attachement aux sérieux emplois.

---

(1)   Mais pour les nouveautés,
    On peut avoir parfois des curiosités.

Curiosités, au pluriel, signifie, des choses curieuses, et non pas, le desir, l'empressement de les voir, comme dans le vers de Molière.

(2) Il s'agit ici du dauphin, fils de Louis XIV, appelé Monseigneur, qui naquit à Fontainebleau, le 1er novembre 1661, et mourut à Meudon, le 14 avril 1711. Le dauphin étant né cinq mois après la première représentation de *l'École des Maris*, qui eut lieu au commencement de juin 1661, ces vers, où il est question des fêtes de sa naissance, furent ajoutés après coup par Molière.

ACTE I, SCÈNE VI.

Que faites-vous les soirs avant qu'on se retire?

SGANARELLE.

Ce qui me plaît.

VALÈRE.

Sans doute : on ne peut pas mieux dire,
Cette réponse est juste, et le bon sens paroît
A ne vouloir jamais faire que ce qui plaît. (1)
Si je ne vous croyois l'ame trop occupée,
J'irois parfois chez vous passer l'après-soupée.

SGANARELLE.

Serviteur.

SCÈNE VI.

VALÈRE, ERGASTE.

VALÈRE.

Que dis-tu de ce bizarre fou?

ERGASTE.

Il a le repart brusque, et l'accueil loup-garou. (2)

---

(1)   Sans doute : on ne peut pas mieux dire,
   Cette réponse est juste, et le bon sens paroît,
   A ne vouloir jamais faire que ce qui plaît.

Regnard, dans *les Folies amoureuses*, a imité ce passage. Crispin, aussi mal accueilli par Albert, que Valère l'est en ce moment par Sganarelle, s'attire des réponses aussi brusques, aussi sèches, et y réplique avec autant de politesse :

   Dites-moi, s'il vous plaît, monsieur, à qui peut être
   Le château que voilà? — Mais... il est à son maître.
   — C'est parler comme il faut. Vous répondez si bien
   Que l'on ne peut sitôt quitter votre entretien.

(2)   Il a le repart brusque, et l'accueil loup-garou.

On ne dit plus, *repart*, mais, *repartie*. Dans un autre mot de la même famille, le changement a été inverse : on disoit anciennement, *départie*,

L'ÉCOLE DES MARIS.

VALÈRE.

Ah! j'enrage!

ERGASTE.

Et de quoi?

VALÈRE.

De quoi? C'est que j'enrage
De voir celle que j'aime au pouvoir d'un sauvage;
D'un dragon surveillant, dont la sévérité
Ne lui laisse jouir d'aucune liberté. (1)

ERGASTE.

C'est ce qui fait pour vous (2), et sur ces conséquences
Votre amour doit fonder de grandes espérances.
Apprenez, pour avoir votre esprit raffermi; *
Qu'une femme qu'on garde est gagnée à demi,
Et que les noirs chagrins des maris ou des pères
Ont toujours du galant avancé les affaires. (3)

VARIANTE. * *Votre esprit affermi.*

---

on dit aujourd'hui, *départ*. C'est un des caprices de l'usage, qui toutefois n'en a pas autant qu'on le suppose. — Regnard a pris à Molière l'expression d'*accueil loup-garou* :

L'entretien discourtois, et l'accueil loup-garou.
                                   Le Bal.

(1)   Ne lui laisse jouir d'aucune liberté.

Lui, est pour, *à elle*; c'est une incorrection. On ne diroit pas, *ne laisse jouir à Isabelle*; mais, *ne laisse jouir Isabelle d'aucune liberté* : par conséquent il faudroit *la* au lieu de *lui*.

(2) *C'est ce qui fait pour vous*. On disoit autrefois, *cela fait pour moi, contre moi*, cela m'est utile, m'est désavantageux. Cette locution, que le dictionnaire de l'Académie a conservée, ne l'a pas été par l'usage : elle est à regretter pour sa précision.

(3)   Et que les noirs chagrins des maris ou des pères
       Ont toujours du galant avancé les affaires.

Cette expression de *noirs chagrins des maris ou des pères*, n'a pas ici un

Je coquette fort peu, c'est mon moindre talent,
Et de profession je ne suis point galant :
Mais j'en ai servi vingt de ces chercheurs de proie,
Qui disoient fort souvent que leur plus grande joie
Étoit de rencontrer de ces maris fâcheux,
Qui jamais sans gronder ne reviennent chez eux ;
De ces brutaux fieffés, qui, sans raison ni suite,
De leurs femmes en tout contrôlent la conduite, (1)
Et, du nom de mari fièrement se parans, (2)
Leur rompent en visière aux yeux des soupirans. (3)
On en sait, disent-ils, prendre ses avantages ;
Et l'aigreur de la dame à ces sortes d'outrages,
Dont la plaint doucement le complaisant témoin,
Est un champ à pousser les choses assez loin ;
En un mot, ce vous est une attente assez belle,

---

sens bien déterminé. S'agit-il des chagrins que causent les maris ou les pères ? S'agit-il de ceux qu'ils éprouvent ? Il est plus probable que Molière a voulu seulement parler de leur humeur *noire et chagrine*.

(1) De ces brutaux fieffés, qui, sans raison ni suite,
De leurs femmes en tout contrôlent la conduite.

Dans cette façon de parler, *sans raison ni suite*, le mot *suite* signifie probablement, ordre, liaison dans les idées. Je ne puis y apercevoir un autre sens.

(2) Et, du nom de maris fièrement se parans.

Se parans, étant incontestablement un participe, ne devoit pas être décliné. (Voir plus haut, page 265, note 1.)

(3) Leur rompent en visière aux yeux des soupirans.

Rompre en visière, signifie, attaquer, contredire quelqu'un en face, brusquement et violemment. Cette expression proverbiale vient de l'ancienne manière de combattre ; on appeloit *rompre en visière à son adversaire*, briser sa lance contre la partie du casque, à travers laquelle il voyoit.

Que la sévérité du tuteur d'Isabelle. (1)

VALÈRE.

Mais depuis quatre mois que je l'aime ardemment,
Je n'ai pour lui parler pu trouver un moment.

ERGASTE.

L'amour rend inventif; mais vous ne l'êtes guère,
Et si j'avois été...

VALÈRE.

Mais qu'aurois-tu pu faire,
Puisque sans ce brutal on ne la voit jamais;
Et qu'il n'est là-dedans servantes ni valets
Dont, par l'appât flatteur de quelque récompense,
Je puisse pour mes feux ménager l'assistance?

ERGASTE.

Elle ne sait donc pas encor que vous l'aimez?

VALÈRE.

C'est un point dont mes vœux ne sont pas informés.
Partout où ce farouche a conduit cette belle, (2)
Elle m'a toujours vu comme une ombre après elle,
Et mes regards aux siens ont tâché chaque jour

---

(1) Cet Ergaste est le personnage de valet, le plus vrai, le plus conforme à la réalité, que Molière ait mis jusqu'ici au théâtre. Ce n'est pas un Dave de la comédie antique, comme le Mascarille de *l'Étourdi;* c'est un valet tel que, de nos jours, il peut en exister dans le monde, ayant un bon sens naturel, cultivé par l'habitude d'observation qui est particulière aux êtres placés dans la dépendance, et pouvant donner de bons avis à son maître, quand celui-ci daigne le mettre dans sa confidence. Ergaste, toute proportion gardée, rappelle le Cliton du *Menteur.*

(2)   Partout où ce farouche a conduit cette belle.

Molière fait ici, de l'adjectif *farouche*, un substantif. Corneille lui en avoit donné l'exemple dans ce vers de *la Galerie du Palais:*

    Exerce ta puissance à fléchir la farouche.

ACTE I, SCÈNE VI.

De pouvoir expliquer l'excès de mon amour.
Mes yeux ont fort parlé; mais qui me peut apprendre
Si leur langage enfin a pu se faire entendre?

ERGASTE.

Ce langage, il est vrai, peut être obscur parfois,
S'il n'a pour truchement l'écriture ou la voix.

VALÈRE.

Que faire pour sortir de cette peine extrême,
Et savoir si la belle a connu que je l'aime?
Dis-m'en quelque moyen.

ERGASTE.

C'est ce qu'il faut trouver :
Entrons un peu chez vous afin d'y mieux rêver. (1)

---

(1) Ce premier acte est fort agréable. Il ne contient que l'exposition de la pièce ; mais cette exposition est claire et complète : tous les personnages sont bien établis; nous savons parfaitement ce qu'ils sont en eux-mêmes, et quels rapports ils ont entre eux; il ne nous reste plus qu'à les voir agir dans les actes suivans, conformément à leur caractère et à leur intérêt connu.

FIN DU PREMIER ACTE.

ACTE II.

SCÈNE PREMIÈRE.

ISABELLE, SGANARELLE.

SGANARELLE.

Va, je sais la maison, et connois la personne
Aux marques seulement que ta bouche me donne.

ISABELLE, *à part.*

O ciel! sois-moi propice, et seconde en ce jour
Le stratagême adroit d'une innocente amour. * (1)

SGANARELLE.

Dis-tu pas qu'on t'a dit qu'il s'appelle Valère? (2)

ISABELLE.

Oui.

SGANARELLE.

Va, sois en repos, rentre et me laisse faire;
Je vais parler sur l'heure à ce jeune étourdi.

VARIANTE. * *D'un innocent amour.*

---

(1) C'est ici que l'action commence; elle commence vivement et clairement, grace aux qualités de l'exposition.

(2) Dis-tu pas qu'on t'a dit qu'il s'appelle Valère?
Sans parler de la suppression de la particule négative, que Molière et beaucoup d'autres poëtes dramatiques se sont permise, ce vers semble bien négligemment écrit.

ISABELLE, *en s'en allant.*

Je fais, pour une fille, un projet bien hardi ;
Mais l'injuste rigueur dont envers moi l'on use,
Dans tout esprit bien fait me servira d'excuse. (1)

---

(1) Cet aparté d'Isabelle et celui qu'elle a dit en entrant, étoient doublement nécessaires. Quoique nous eussions tout lieu de soupçonner sa juste aversion pour Sganarelle, comme ni elle ni d'autres ne nous en avoient encore positivement instruits, il falloit qu'elle nous apprît que le message dont elle le charge, n'est qu'un *stratagême*; il falloit surtout qu'elle nous assurât de *l'innocence de son amour* et nous fît approuver *la hardiesse de son projet* : c'est à la fois nous mettre dans sa confidence et dans ses intérêts.

Du reste, ce *projet hardi*, qui consiste à charger Sganarelle lui-même du soin d'avertir l'amant auquel on le sacrifie, que son amour a été remarqué et qu'on y est sensible, est une idée plaisante et ingénieuse que Molière a empruntée à Boccace. Dans la troisième nouvelle de la troisième journée du *Décaméron*, on voit une femme se plaindre à un moine des prétendues poursuites d'un jeune homme qui ne songe point à elle, et ce moine adresser en conséquence de vifs reproches au jeune homme, qui finit par comprendre que la chose dont on se plaint, est précisément celle qu'on desire de lui. On ne peut nier que le choix d'un moine pour une commission de cette espèce, ne contribue à rendre le conte de Boccace fort piquant; mais ce choix n'est pas exempt de scandale. Molière, à qui les bienséances de la scène en commandoient un autre, a trouvé le moyen de ne rien ôter et même d'ajouter au comique de la situation, en substituant au moine, personnage après tout désintéressé, le rival même de l'amant, c'est-à-dire un personnage qui travaille à sa propre ruine. Un autre changement heureux que Molière a fait au conte, et que lui prescrivoient les mêmes convenances, c'est qu'Isabelle, au lieu de provoquer l'amour d'un homme qui n'ait point encore fait attention à elle, implore le secours d'un amant dont les regards au moins lui ont témoigné la respectueuse tendresse. Après Molière, La Fontaine a imité la nouvelle de Boccace dans son conte de *la Confidente sans le savoir*.

SCÈNE II.

SGANARELLE, *seul.*

(*Il va frapper à sa porte, croyant que c'est celle de Valère.*) [1]

Ne perdons point de temps; c'est ici. Qui va là?
Bon, je rêve. Holà! dis-je, holà, quelqu'un! holà! [2]
Je ne m'étonne pas, après cette lumière,
S'il y venoit tantôt de si douce manière :
Mais je veux me hâter, et de son fol espoir...

SCÈNE III.

VALÈRE, SGANARELLE, ERGASTE.

SGANARELLE, *à Ergaste qui est sorti brusquement.*
Peste soit du gros bœuf, qui, pour me faire choir,
Se vient devant mes pas planter comme une perche!

VALÈRE.
Monsieur, j'ai du regret... [3]

---

(1) Je soupçonne qu'il y a erreur dans cette indication que n'offre pas l'édition originale. Sganarelle ne frappe pas à sa porte, croyant frapper à celle de Valère. C'est bien à la porte de Valère qu'il frappe; mais, en homme jaloux, qui est toujours sur le qui vive, il crie, *qui va là?* au lieu de crier, *holà!* Ensuite, il s'aperçoit de son erreur et se reprend. Du reste, c'est ainsi que les comédiens exécutent ce jeu de théâtre.

(2) Bon, je rêve. Holà! dis-je, holà, quelqu'un! holà!
Deux fois, dans ce vers, Molière élide l'*e* muet contre l'*h* de *holà*, qui est aspirée, comme le prouve cette façon de parler, *mettre le holà*.

(3) Le jeu de scène d'Ergaste qui heurte rudement Sganarelle et man-

ACTE II, SCÈNE III.

SGANARELLE.

Ah! c'est vous que je cherche.

VALÈRE.

Moi, monsieur?

SGANARELLE.

Vous. Valère est-il pas votre nom?

VALÈRE.

Oui.

SGANARELLE.

Je viens vous parler, si vous le trouvez bon.

VALÈRE.

Puis-je être assez heureux pour vous rendre service?

SGANARELLE.

Non. Mais je prétends, moi, vous rendre un bon office;
Et c'est ce qui chez vous prend droit de m'amener. (1)

VALÈRE.

Chez moi, monsieur?

SGANARELLE.

Chez vous. Faut-il tant s'étonner?

VALÈRE.

J'en ai bien du sujet, et mon ame ravie
De l'honneur...

---

que de le renverser, ne mérite d'être ni approuvé ni blâmé; il produit toutefois un bon effet, en ce qu'il met Valère dans le cas de débuter par des excuses civiles avec ce même Sganarelle qui vient lui faire une algarade.

(1)   Non. Mais je prétends, moi, vous rendre un bon office;
   Et c'est ce qui chez vous prend droit de m'amener.

Le desir de rendre un bon office ne *prend* pas *droit* d'amener une personne chez une autre; il lui *donne droit* d'y venir. Ce vers est mal écrit.

SGANARELLE.
Laissons là cet honneur, je vous prie.
VALÈRE.
Voulez-vous pas entrer?
SGANARELLE.
Il n'en est pas besoin.
VALÈRE.
Monsieur, de grace.
SGANARELLE.
Non, je n'irai pas plus loin.
VALÈRE.
Tant que vous serez là, je ne puis vous entendre.
SGANARELLE.
Moi, je n'en veux bouger.
VALÈRE.
Hé bien! il faut se rendre:
Vîte, puisque monsieur à cela se résout,
Donnez un siége ici.
SGANARELLE.
Je veux parler debout.
VALÈRE.
Vous souffrir de la sorte!....
SGANARELLE.
Ah! contrainte effroyable!
VALÈRE.
Cette incivilité seroit trop condamnable.
SGANARELLE.
C'en est une que rien ne sauroit égaler,
De n'ouïr pas les gens qui veulent nous parler.
VALÈRE.
Je vous obéis donc.

ACTE II, SCÈNE III.

SGANARELLE.

Vous ne sauriez mieux faire.

(*Ils font de grandes cérémonies pour se couvrir.*)

Tant de cérémonie est fort peu nécessaire.
Voulez-vous m'écouter?

VALÈRE.

Sans doute, et de grand cœur. [1]

SGANARELLE.

Savez-vous, dites-moi, que je suis le tuteur
D'une fille assez jeune et passablement belle,
Qui loge en ce quartier, et qu'on nomme Isabelle?

VALÈRE.

Oui.

SGANARELLE.

Si vous le savez, je ne vous l'apprends pas.
Mais, savez-vous aussi, lui trouvant des appas,
Qu'autrement qu'en tuteur sa personne me touche, [2]
Et qu'elle est destinée à l'honneur de ma couche?

VALÈRE.

Non.

---

[1] Cette lutte prolongée entre la politesse cérémonieuse de Valère et la brusque incivilité de Sganarelle, a principalement pour objet d'irriter la curiosité du spectateur, non moins impatient d'apprendre ce que Sganarelle est chargé par sa pupille de dire à Valère, que Sganarelle lui-même l'est de s'acquitter de sa commission.

[2] Mais savez-vous aussi, lui trouvant des appas,
Qu'autrement qu'en tuteur sa personne me touche?

Lui trouvant des appas, par la manière dont il est placé, se rapporte au sujet de la phrase, qui est Valère. Il auroit fallu du moins, *savez-vous que, lui trouvant des appas, autrement qu'en tuteur sa personne me touche?* Cette incise, *lui trouvant des appas*, pour être placée après le *que*, au lieu de l'être avant, n'eût pas été beaucoup plus régulière; mais il n'y auroit pas eu d'équivoque.

SGANARELLE.

Je vous l'apprends donc; et qu'il est à propos
Que vos feux, s'il vous plaît, la laissent en repos.

VALÈRE.

Qui? moi, monsieur?

SGANARELLE.

Oui, vous. Mettons bas toute feinte.

VALÈRE.

Qui vous a dit que j'ai pour elle l'ame atteinte?

SGANARELLE.

Des gens à qui l'on peut donner quelque crédit.

VALÈRE.

Mais encore?

SGANARELLE.

Elle-même.

VALÈRE.

Elle?

SGANARELLE.

Elle. Est-ce assez dit?
Comme une fille honnête, et qui m'aime d'enfance,
Elle vient de m'en faire entière confidence;
Et, de plus, m'a chargé de vous donner avis
Que, depuis que par vous tous ses pas sont suivis,
Son cœur, qu'avec excès votre poursuite outrage,
N'a que trop de vos yeux entendu le langage;
Que vos secrets desirs lui sont assez connus,
Et que c'est vous donner des soucis superflus
De vouloir davantage expliquer une flamme
Qui choque l'amitié que me garde son ame.

VALÈRE.

C'est elle, dites-vous, qui de sa part vous fait...

SGANARELLE.

Oui, vous venir donner cet avis franc et net;
Et qu'ayant vu l'ardeur dont votre ame est blessée,
Elle vous eût plutôt fait savoir sa pensée,
Si son cœur avoit eu, dans son émotion,
A qui pouvoir donner cette commission;
Mais qu'enfin les douleurs d'une contrainte extrême
L'ont réduite à vouloir se servir de moi-même,*
Pour vous rendre averti, comme je vous ai dit,
Qu'à tout autre que moi son cœur est interdit,
Que vous avez assez joué de la prunelle,
Et que, si vous avez tant soit peu de cervelle,
Vous prendrez d'autres soins. Adieu, jusqu'au revoir.
Voilà ce que j'avois à vous faire savoir.

VALÈRE, *bas.*

Ergaste, que dis-tu d'une telle aventure?

SGANARELLE, *bas, à part.*

Le voilà bien surpris!

ERGASTE, *bas, à Valère.*

Selon ma conjecture,
Je tiens qu'elle n'a rien de déplaisant pour vous,
Qu'un mystère assez fin est caché là-dessous,
Et qu'enfin cet avis n'est pas d'une personne
Qui veuille voir cesser l'amour qu'elle vous donne. (2)

VARIANTE. * *Et qu'enfin la douleur d'une contrainte extrême,*
L'a réduite, etc.

---

(2) Il étoit naturel qu'Ergaste soupçonnât avant son maître le stratagème d'Isabelle. Valère est trop modeste pour présumer d'abord que sa maîtresse soit éprise de lui, et il est trop amoureux pour ne pas redouter tout ce qu'il y a de plus contraire à son amour. Aucun mouvement du cœur humain, aucune nuance du sentiment n'échappe à l'œil et au pinceau de Molière.

SGANARELLE, *à part.*

Il en tient comme il faut.

VALÈRE, *bas, à Ergaste.*

Tu crois mystérieux...

ERGASTE, *bas.*

Oui... Mais il nous observe, ôtons-nous de ses yeux. [1]

SCÈNE IV.

SGANARELLE, *seul.*

Que sa confusion paroît sur son visage!
Il ne s'attendoit pas, sans doute, à ce message.
Appelons Isabelle, elle montre le fruit
Que l'éducation dans une ame produit.
La vertu fait ses soins, et son cœur s'y consomme [2]
Jusques à s'offenser des seuls regards d'un homme.

---

[1] Cette scène est charmante. Nous allons la voir, variée et graduée avec l'art le plus heureux, remplir à elle seule tout ce second acte. On peut la comparer, sous ce point de vue, à la scène des confidences d'Horace à Arnolphe, dans *l'École des Femmes*, scène qui va se répétant durant toute la pièce, et dont l'uniformité, quant au fond, est d'un effet plus piquant que ne seroit la diversité même.

[2] La vertu fait ses soins, et son cœur s'y consomme, etc.
La vertu fait ses soins est une phrase peu conforme à l'usage. On dit, *une vertu consommée*, on dit aussi que *quelqu'un est consommé en vertu;* mais on ne dit pas que *son cœur s'y consomme.*

SCÈNE V.

ISABELLE, SGANARELLE.

ISABELLE, *bas, en entrant.*

J'ai peur que cet amant *, plein de sa passion,
N'ait pas de mon avis compris l'intention;
Et j'en veux, dans les fers où je suis prisonnière,
Hasarder un qui parle avec plus de lumière. (1)

SGANARELLE.

Me voilà de retour.

ISABELLE.

Hé bien?

SGANARELLE.

Un plein effet
A suivi tes discours, et ton homme a son fait.
Il me vouloit nier que son cœur fût m'alade;
Mais, lorsque de ta part j'ai marqué l'ambassade, (2)
Il est resté d'abord et muet et confus,

VARIANTE. * *J'ai peur que mon amant.*

---

(1) Isabelle n'a pas besoin, comme la première fois, de nous avertir qu'elle trompe Sganarelle et se sert de lui-même pour le tromper; mais le dur esclavage où elle languit est une idée sur laquelle il est bon qu'elle insiste et revienne plusieurs fois, pour justifier d'autant les ruses auxquelles elle a recours. — *Avec plus de lumière*, pour, *avec plus de clarté*. *Clarté* et *lumière* sont deux expressions dont Molière abuse, soit en les employant trop souvent, soit en ne les employant pas toujours avec assez de justesse.

(2) Mais, lorsque de ta part j'ai marqué l'ambassade.
C'est-à-dire, lorsque je me suis annoncé comme venant, comme parlant de ta part. Il est difficile de moins rendre son idée, que Molière ne le fait ici.

Et je ne pense pas qu'il y revienne plus.

ISABELLE.

Ah! que me dites-vous? J'ai bien peur du contraire,
Et qu'il ne nous prépare encor plus d'une affaire.

SGANARELLE.

Et sur quoi fondes-tu cette peur que tu dis?

ISABELLE.

Vous n'avez pas été plutôt hors du logis,
Qu'ayant, pour prendre l'air, la tête à ma fenêtre,
J'ai vu dans ce détour un jeune homme paroître,
Qui d'abord, de la part de cet impertinent,
Est venu me donner un bonjour surprenant,
Et m'a, droit dans ma chambre, une boîte jetée [1]
Qui renferme une lettre en poulet cachetée.
J'ai voulu sans tarder lui rejeter le tout;
Mais ses pas de la rue avoient gagné le bout,
Et je m'en sens le cœur tout gros de fâcherie.

SGANARELLE.

Voyez un peu la ruse et la friponnerie!

ISABELLE.

Il est de mon devoir de faire promptement
Reporter boîte et lettre à ce maudit amant;
Et j'aurois pour cela besoin d'une personne...
Car, d'oser à vous-même... [2]

---

(1)   Et m'a, droit dans ma chambre, une lettre jetée.

M'a... une boîte jetée, pour, *m'a jeté une boîte*. Les poëtes du siècle de Louis XIV faisoient encore usage de cette inversion, que ceux de notre temps regrettent avec raison.

(2) Dans Boccace, la dame envoie de cette même manière à celui qu'elle aime une ceinture et une bourse. L'envoi d'une lettre renfermée dans une boîte est mieux approprié à la situation d'Isabelle, qui a besoin d'expliquer à Valère sa conduite et ses intentions.

ACTE II, SCÈNE V.

SGANARELLE.

Au contraire, mignonne,
C'est me faire mieux voir ton amour et ta foi,
Et mon cœur avec joie accepte cet emploi;
Tu m'obliges par-là plus que je ne puis dire.

ISABELLE.

Tenez donc.

SGANARELLE.

Bon. Voyons ce qu'il a pu t'écrire.

ISABELLE.

Ah! ciel! gardez-vous bien de l'ouvrir.

SGANARELLE.

Et pourquoi?

ISABELLE.

Lui voulez-vous donner à croire que c'est moi?[1]
Une fille d'honneur doit toujours se défendre
De lire les billets qu'un homme lui fait rendre.
La curiosité qu'on fait lors éclater
Marque un secret plaisir de s'en ouïr conter :
Et je trouve à propos que, toute cachetée,
Cette lettre lui soit promptement reportée,
Afin que d'autant mieux il connoisse aujourd'hui
Le mépris éclatant que mon cœur fait de lui;
Que ses feux désormais perdent toute espérance,

---

(1)   Lui voulez-vous donner à croire que c'est moi?
Marmontel cite avec raison ce vers comme un des moyens les plus naturels et les plus ingénieux qu'un poëte comique ait pu employer pour tirer un personnage d'une situation embarrassante. Le moyen est si bon qu'Isabelle peut ensuite offrir impunément à Sganarelle d'ouvrir cette lettre qu'il vouloit d'abord décacheter : il n'a garde de vouloir encore satisfaire sa curiosité, après qu'on lui en a si bien fait sentir le danger.

2.

Et n'entreprennent plus pareille extravagance.
SGANARELLE.
Certes, elle a raison lorsqu'elle parle ainsi.
Va, ta vertu me charme, et ta prudence aussi : (1)
Je vois que mes leçons ont germé dans ton ame,
Et tu te montres digne enfin d'être ma femme.
ISABELLE.
Je ne veux pas pourtant gêner votre desir.
La lettre est en vos mains *, et vous pouvez l'ouvrir.
SGANARELLE.
Non, je n'ai garde; hélas! tes raisons sont trop bonnes,
Et je vais m'acquitter du soin que tu me donnes;
A quatre pas de là dire ensuite deux mots,
Et revenir ici te remettre en repos. (2)

VARIANTE. * *La lettre est dans vos mains.*

---

(1) Il doit être, en effet, aussi charmé de l'une que de l'autre. Jamais homme ne fut plus naturellement et plus complètement dupe. Chaque mot qu'il dit dans cette scène, respire la plus parfaite confiance, et ajoute au ridicule de sa situation.

(2) *L'École des Maris* et *l'École des Femmes* sont deux comédies dont le fond est exactement le même, mais dont la forme est variée avec une rare habileté. Sganarelle et Arnolphe se trouvent dans une situation semblable : tous deux ils veulent le cœur et la main d'une jeune fille qui est en leur pouvoir, et tous deux ils prennent, pour arriver à ce but, les moyens les plus propres à les en écarter. Seulement, ils diffèrent et diffèrent beaucoup par le caractère, l'humeur, l'esprit, les manières. Arnolphe est un honnête homme qui n'a guère d'autres torts qu'une crainte exagérée de certaine disgrace à laquelle le mariage expose, et son fol amour pour une enfant dont l'innocence est privée de toutes lumières. Sganarelle est un vilain homme dont les actions sont brutales et les paroles offensantes; tout en lui, jusqu'aux vêtemens, est bizarre et ridicule. Cette différence entre Sganarelle et Arnolphe en nécessitoit une entre Isabelle et Agnès. Les mauvais procédés du premier ont dû faire de sa pupille une fille rusée, artificieuse, décidée à tout entreprendre

SCÈNE VI.

SGANARELLE, *seul.*

Dans quel ravissement est-ce que mon cœur nage,
Lorsque je vois en elle une fille si sage ! [1]
C'est un trésor d'honneur que j'ai dans ma maison.
Prendre un regard d'amour pour une trahison !
Recevoir un poulet comme une injure extrême,
Et le faire au galant reporter par moi-même !
Je voudrois bien savoir, en voyant tout ceci,
Si celle de mon frère en useroit ainsi.
Ma foi ! les filles sont ce que l'on les fait être. [2]
Holà !

(*Il frappe à la porte de Valère.*)

---

pour échapper de ses mains. L'extravagante passion de l'autre trouve tout naturellement son obstacle et sa punition dans l'instinct qui porte une très-jeune fille à fuir un homme plus que mûr dont l'amour l'épouvante, pour suivre un adolescent dont la tendresse la séduit et la captive.

(1)   Dans quel ravissement est-ce que mon cœur nage,
       Lorsque je vois en elle une fille si sage !

Il y a, dans cette phrase, un mélange des formes de l'interrogation et de celles de l'exclamation, qui la rend peu correcte.

(2)   Ma foi ! les filles sont ce que l'on les fait être.

Déméa dit de même :

.... *Ut quisque suum volt esse, ita est.*

« Les enfans sont ce qu'on veut qu'ils soient. »
                                      LE MONNIER.

Confiant comme un sot, Sganarelle est toujours dans des transports de joie. Arnolphe, au contraire, plus défiant parce qu'il est plus rusé, est toujours dans des angoisses cruelles. Ce sont deux genres de comique, dont l'un ne sauroit être préféré à l'autre, puisque chacun d'eux résulte naturellement du caractère du personnage, combiné avec sa situation.

SCÈNE VII.

SGANARELLE, ERGASTE.

ERGASTE.

Qu'est-ce ?

SGANARELLE.

Tenez, dites à votre maître
Qu'il ne s'ingère pas d'oser écrire encor
Des lettres qu'il envoie avec des boëtes d'or,
Et qu'Isabelle en est puissamment irritée. (1)
Voyez, on ne l'a pas au moins décachetée;
Il connoîtra l'état que l'on fait de ses feux,
Et quel heureux succès il doit espérer d'eux.

SCÈNE VIII.

VALÈRE, ERGASTE.

VALÈRE.

Que vient de te donner cette farouche bête ?

ERGASTE.

Cette lettre, monsieur, qu'avecque cette boëte
On prétend qu'ait reçue Isabelle de vous, (2)

---

(1)   Et qu'Isabelle en est puissamment irritée.

On dit, *puissamment riche*, *puissamment raisonné*, parce que la richesse et le raisonnement emportent une idée de puissance ; mais, dans tous les autres cas, *puissamment* n'est pas le synonyme de *fortement* et encore moins de *fort*, signifiant, beaucoup. On ne peut donc pas dire, *puissamment irritée*.

(2)   Cette lettre, monsieur, qu'avecque cette boëte
        On prétend qu'ait reçue Isabelle de vous.

Boëte et *bête*, sont une mauvaise rime. — Je ne remarquerai plus *avecque* de trois syllabes. Molière commence à l'employer moins fréquemment

ACTE II, SCÈNE VIII.

Et dont elle est, dit-il, en un fort grand courroux.
C'est sans vouloir l'ouvrir qu'elle vous la fait rendre :
Lisez vîte, et voyons si je me puis méprendre.

VALÈRE *lit.*

Cette lettre vous surprendra sans doute, et l'on peut trouver bien hardi pour moi, et le dessein de vous l'écrire et la manière de vous la faire tenir; mais je me vois dans un état à ne plus garder de mesure. La juste horreur d'un mariage dont je suis menacée dans six jours, me fait hasarder toutes choses; et, dans la résolution de m'en affranchir par quelque voie que ce soit, j'ai cru que je devois plutôt vous choisir que le désespoir. Ne croyez pas pourtant que vous soyez redevable de tout à ma mauvaise destinée; ce n'est pas la contrainte où je me trouve qui a fait naître les sentimens que j'ai pour vous; mais c'est elle qui en précipite le témoignage, et qui me fait passer sur des formalités où la bienséance du sexe oblige. Il ne tiendra qu'à vous que je sois à vous bientôt, et j'attends seulement que vous m'ayez marqué les intentions de votre amour, pour vous faire savoir la résolution que j'ai prise; mais, surtout, songez que le temps presse, et que deux cœurs qui s'aiment doivent s'entendre à demi-mot. (1)

---

que dans ses premiers ouvrages. — *On prétend qu'ait reçue Isabelle*, pour, *on prétend qu'a reçue*, est une faute de langue; les verbes *croire*, *penser*, *prétendre*, etc. employés affirmativement, veulent après eux l'indicatif.

(1) Cette lettre étoit difficile à faire, et elle est supérieurement faite. Tous les motifs qui peuvent justifier la démarche d'Isabelle, y sont présentés avec cet air de simplicité et de bonne foi, qui est le comble de l'art en fait d'apologie. La démarche est bien *hardie*, sans doute; mais aussi le danger est bien grand; et, comme dit Isabelle, on peut donner, à un jeune homme qu'on aime, la préférence sur le désespoir. Tout le

ERGASTE.

Hé bien! monsieur, le tour est-il d'original ? (1)
Pour une jeune fille elle n'en sait pas mal!
De ces ruses d'amour la croiroit-on capable?

VALÈRE.

Ah! je la trouve là tout-à-fait adorable.
Ce trait de son esprit et de son amitié
Accroît pour elle encor mon amour de moitié;
Et joint aux sentimens que sa beauté m'inspire... (2)

ERGASTE.

La dupe vient; songez à ce qu'il vous faut dire.

SCÈNE IX.

SGANARELLE, VALÈRE, ERGASTE.

SGANARELLE, *se croyant seul.*

Oh! trois et quatre fois béni soit cet édit

---

tort de l'aventure retombe sur l'odieux et ridicule tyran de cette jeune fille. La moralité du sujet n'est pas qu'une jeune fille doit se conduire comme Isabelle, mais qu'on ne doit pas élever une jeune fille, comme fait Sganarelle.

(1)   Hé bien! monsieur, le tour est-il d'original?

Toutes les anciennes éditions et les plus estimées parmi les nouvelles portent, *est-il d'original?* C'est une erreur de l'écrivain, si ce n'est une faute typographique, répétée d'édition en édition. L'expression, *d'original* n'est d'usage que dans cette phrase : *savoir une chose d'original*, c'est-à-dire, la savoir de ceux qui en doivent être les mieux informés. Molière a voulu dire, et peut-être a-t-il dit : *le tour est-il original?*

(2) L'exclamation d'Ergaste étoit un peu vive :

    Pour une jeune fille elle n'en sait pas mal!
    De ces ruses d'amour la croiroit-on capable?

Il y avoit là de quoi faire rêver un homme disposé à la méfiance. Mais quel amant bien épris pourroit voir des motifs d'inquiétude dans les ingénieux stratagêmes qu'une femme invente pour se donner à lui? Ira-t-il

Par qui des vêtemens le luxe est interdit! [1]
Les peines des maris ne seront plus si grandes,
Et les femmes auront un frein à leurs demandes.
Oh! que je sais au roi bon gré de ces décris! [2]
Et que, pour le repos de ces mêmes maris,
Je voudrois bien qu'on fît de la coquetterie
Comme de la guipure et de la broderie! [3]
J'ai voulu l'acheter, l'édit, expressément,

---

imaginer qu'elle peut en employer un jour de pareils pour le tromper? non, sans doute; l'amour et l'amour-propre s'unissent pour le préserver de cette crainte.

(1) L'édit somptuaire dont parle ici Sganarelle, est la déclaration du roi, du 27 novembre 1660, *portant réglement pour le retranchement du luxe des habits et des équipages.* L'article 2 est ainsi conçu: « Nous dé- « fendons de mettre sur les habits, tant d'hommes que de femmes, ou « autres ornemens, aucune broderie, piqûre, chamarrure, *guipure*, pas- « semens, boutons, houppes, chaînettes, passepoils, porfilures, canne- « tille, paillettes, nœuds et autres choses semblables, qui pourroient être « cousues et appliquées, et dont les habits et autres ornemens pourroient « être couverts et enrichis; voulant que les plus riches habillemens « soient de drap, de velours, de taffetas, satin, et autres étoffes de soie « unies ou façonnées, non rebrodées, et sans autres garnitures que de « rubans seulement de taffetas ou de satin uni. »

Cette ordonnance étoit la quatrième que Louis XIV rendoit en pareille matière; et, à la fin de son règne, elles s'élevoient au nombre de seize. Ce monarque, si bien obéi sur tout le reste, ne l'étoit pas en ce qui concerne le luxe: la vanité étoit plus puissante que son autorité.

(2) Oh! que je sais au roi bon gré de ces décris!

Décri est le mot propre. On appelle ainsi le cri public, par lequel on défend soit le cours de quelque monnoie, soit la vente de quelque marchandise.

(3) Comme de la guipure et de la broderie!

Suivant le dictionnaire de l'Académie, la *guipure* est une espèce de dentelle de fil ou de soie, où il y a de la *cartisane*; et la *cartisane* signifie de petits morceaux de carton fin, autour desquels on a tortillé du fil, de la soie, de l'or ou de l'argent, et qui font relief dans les dentelles et dans les broderies.

Afin que d'Isabelle il soit lu hautement; [1]
Et ce sera tantôt, n'étant plus occupée,
Le divertissement de notre après-soupée.

(*apercevant Valère.*)

Envoierez-vous encor, monsieur aux blonds cheveux,
Avec des boîtes d'or des billets amoureux?
Vous pensiez bien trouver quelque jeune coquette,
Friande de l'intrigue, et tendre à la fleurette?
Vous voyez de quel air on reçoit vos joyaux?
Croyez-moi, c'est tirer votre poudre aux moineaux.
Elle est sage, elle m'aime, et votre amour l'outrage;
Prenez visée ailleurs, et troussez-moi bagage.

VALÈRE.

Oui, oui, votre mérite, à qui chacun se rend, [2]
Est à mes vœux, monsieur, un obstacle trop grand;
Et c'est folie à moi, dans mon ardeur fidèle,

─────────

[1] J'ai voulu l'acheter, l'édit, expressément,
Afin que d'Isabelle il soit lu hautement.

Expressement, n'est pas la même chose qu'*exprès*. *Exprès*, signifie, à dessein; *expressément*, veut dire, en termes exprès, formels. On *fait' une chose exprès;* on *dit une chose expressément*. C'est du mot *exprès* que Molière auroit dû se servir. — *Hautement*, est une faute de la même espèce; c'est aussi un mot pris dans une fausse acception, à cause de sa grande affinité avec le mot propre. On *dit hautement sa pensée*, c'est-à-dire, hardiment, résolument; on *lit, on parle haut*, c'est-à-dire, d'une voix élevée.

[2] Oui, oui, votre mérite, à qui chacun se rend, etc.

Oui, ne fait point hiatus avec lui-même, non plus que les interjections *ah, eh, oh*. Comme ces petits mots se disent souvent plusieurs fois de suite dans la conversation, il a fallu, pour ce qui les regarde, affranchir les poëtes comiques de la règle qui défend de mettre devant un mot commençant par une voyelle, un mot finissant par une voyelle autre que l'*e* muet.

ACTE II, SCÈNE IX.

De prétendre avec vous à l'amour d'Isabelle.

SGANARELLE.

Il est vrai, c'est folie.

VALÈRE.

Aussi n'aurois-je pas
Abandonné mon cœur à suivre ses appas,
Si j'avois pu savoir* que ce cœur misérable
Dût trouver un rival comme vous redoutable.

SGANARELLE.

Je le crois.

VALÈRE.

Je n'ai garde à présent d'espérer;
Je vous cède, monsieur, et c'est sans murmurer.

SGANARELLE.

Vous faites bien.

VALÈRE.

Le droit de la sorte l'ordonne;
Et de tant de vertus brille votre personne,
Que j'aurois tort de voir d'un regard de courroux
Les tendres sentimens qu'Isabelle a pour vous.

SGANARELLE.

Cela s'entend.

VALÈRE.

Oui, oui, je vous quitte la place :
Mais je vous prie au moins, et c'est la seule grace,
Monsieur, que vous demande un misérable amant
Dont vous seul aujourd'hui causez tout le tourment,
Je vous conjure donc d'assurer Isabelle
Que, si depuis trois mois mon cœur brûle pour elle,
Cette amour est sans tache**, et n'a jamais pensé

VARIANTES. * *Si j'avois pu prévoir.* — ** *Cet amour est sans tache.*

A rien dont son honneur ait lieu d'être offensé.

SGANARELLE.

Oui.

VALÈRE.

Que, ne dépendant que du choix de mon ame,
Tous mes desseins étoient de l'obtenir pour femme,
Si les destins, en vous qui captivez son cœur,
N'opposoient un obstacle à cette juste ardeur.

SGANARELLE.

Fort bien.

VALÈRE.

Que, quoi qu'on fasse, il ne lui faut pas croire
Que jamais ses appas sortent de ma mémoire;
Que, quelque arrêt des cieux qu'il me faille subir,
Mon sort est de l'aimer jusqu'au dernier soupir;
Et que, si quelque chose étouffe mes poursuites, (1)
C'est le juste respect que j'ai pour vos mérites.

SGANARELLE.

C'est parler sagement; et je vais de ce pas
Lui faire ce discours qui ne la choque pas; (2)
Mais, si vous me croyez, tâchez de faire en sorte
Que de votre cerveau cette passion sorte.
Adieu.

ERGASTE, *à Valère.*

La dupe est bonne!

---

(1)   Et que, si quelque chose étouffe mes poursuites.
Une chose peut *suspendre, arrêter, faire cesser des poursuites*, mais non pas les *étouffer;* l'expression est tout-à-fait impropre.

(2)   Lui faire ce discours qui ne la choque pas.
On *fait,* on *tient un discours* pour son propre compte; on *redit,* on *rend le discours d'autrui.* Molière pouvoit et devoit mettre, *lui rendre ce discours.*

SCÈNE X.

SGANARELLE, *seul.*

Il me fait grand' pitié,
Ce pauvre malheureux trop rempli d'amitié ; *
Mais c'est un mal pour lui de s'être mis en tête
De vouloir prendre un fort qui se voit ma conquête. (1)
(*Sganarelle heurte à sa porte.*)

SCÈNE XI.

SGANARELLE, ISABELLE.

SGANARELLE.

Jamais amant n'a fait tant de trouble éclater,
Au poulet renvoyé sans le décacheter :
Il perd toute espérance enfin, et se retire ;
Mais il m'a tendrement conjuré de te dire :
« Que du moins en t'aimant, il n'a jamais pensé
« A rien dont ton honneur ait lieu d'être offensé,
« Et que, ne dépendant que du choix de son ame,
« Tous ses desirs étoient de t'obtenir pour femme,
« Si les destins, en moi qui captive ton cœur,
« N'opposoient un obstacle à cette juste ardeur ;
« Que, quoi qu'on puisse faire, il ne te faut pas croire
« Que jamais tes appas sortent de sa mémoire ;

VARIANTE. * *Tout rempli d'amitié.*

---

(1) Cette compassion, mêlée de fatuité, n'est-elle pas bien comique, et ne rend-elle pas Sganarelle trop impertinemment ridicule pour qu'il excite lui-même la pitié du spectateur ?

« Que, quelque arrêt des cieux qu'il lui faille subir,
« Son sort est de t'aimer jusqu'au dernier soupir;
« Et que, si quelque chose étouffe sa poursuite,
« C'est le juste respect qu'il a pour mon mérite. » (1)
Ce sont ses propres mots; et, loin de le blâmer,
Je le trouve honnête homme, et le plains de t'aimer.

ISABELLE, *bas.*

Ses feux ne trompent point ma secrète croyance,
Et toujours ses regards m'en ont dit l'innocence.

SGANARELLE.

Que dis-tu?

ISABELLE.

Qu'il m'est dur que vous plaigniez si fort
Un homme que je hais à l'égal de la mort;
Et que, si vous m'aimiez autant que vous le dites,
Vous sentiriez l'affront que me font ses poursuites.

SGANARELLE.

Mais il ne savoit pas tes inclinations;
Et, par l'honnêteté de ses intentions,
Son amour ne mérite...

ISABELLE.

Est-ce les avoir bonnes,
Dites-moi, de vouloir enlever les personnes ? (2)

---

(1) On rit avec raison d'entendre Sganarelle redire à Isabelle les propres paroles de Valère, et se rendre ainsi l'organe fidèle des sentimens dont ce jeune homme desire que sa maîtresse soit informée; mais le discours semble un peu long pour être répété si exactement, et il faut féliciter Sganarelle de sa mémoire, au moins autant que de sa complaisance.

(2) Cette fausse confidence est, comme on le voit tout de suite, une ruse d'Isabelle pour faire savoir à Valère qu'il ait à l'enlever promptement. La proposition est vive et leste; elle le sembleroit peut-être un peu moins, si elle étoit précédée immédiatement de quelques mots touchant

ACTE II, SCÈNE XI.

Est-ce être homme d'honneur de former des desseins
Pour m'épouser de force en m'ôtant de vos mains?
Comme si j'étois fille à supporter la vie
Après qu'on m'auroit fait une telle infamie!

SGANARELLE.

Comment?

ISABELLE.

Oui, oui; j'ai su que ce traître d'amant
Parle de m'obtenir par un enlèvement;
Et j'ignore, pour moi, les pratiques secrètes
Qui l'ont instruit sitôt du dessein que vous faites
De me donner la main dans huit jours au plus tard,
Puisque ce n'est que d'hier que vous m'en fîtes part; (1)
Mais il veut prévenir, dit-on, cette journée
Qui doit à votre sort unir ma destinée.

SGANARELLE.

Voilà qui ne vaut rien.

ISABELLE.

Oh! que pardonnez-moi!
C'est un fort honnête homme, et qui ne sent pour moi...

SGANARELLE.

Il a tort; et ceci passe la raillerie.

ISABELLE.

Allez, votre douceur entretient sa folie;

---

le projet qu'a formé Sganarelle d'épouser sa pupille *dans huit jours au plus tard*. Isabelle en fait mention plus bas; mais l'idée d'une jeune fille s'offrant elle-même au ravisseur a déja produit son impression, et cette impression est une de celles qui sont le plus défavorables au caractère d'Isabelle.

(1) Puisque ce n'est que d'hier que vous m'en fîtes part.
Avant Boileau, on faisoit presque toujours *hier* d'une seule syllabe, comme on le fait encore dans *avant-hier*.

S'il vous eût vu tantôt lui parler vertement,
Il craindroit vos transports et mon ressentiment,
Car c'est encor depuis sa lettre méprisée,
Qu'il a dit ce dessein qui m'a scandalisée;
Et son amour conserve, ainsi que je l'ai su,
La croyance qu'il est dans mon cœur bien reçu,
Que je fuis votre hymen, quoi que le monde en croie,
Et me verrois tirer de vos mains avec joie. (1)

SGANARELLE.

Il est fou.

ISABELLE.

Devant vous il sait se déguiser,
Et son intention est de vous amuser.
Croyez par ces beaux mots que le traître vous joue.
Je suis bien malheureuse, il faut que je l'avoue,
Qu'avecque tous mes soins pour vivre dans l'honneur (2)
Et rebuter les vœux d'un lâche suborneur,
Il faille être exposée aux fâcheuses surprises
De voir faire sur moi d'infâmes entreprises! (3)

---

(1)   Que je fuis votre hymen, quoi que le monde en croie,
    Et me verrois tirer de vos mains avec joie.

Que je fuis votre hymen.... et me verrois tirer, etc. Les deux verbes n'étant pas au même temps, les puristes voudroient que le pronom personnel fût répété devant le second.

(2)   Qu'avecque tous mes soins pour vivre dans l'honneur.

On ne dit pas, *vivre dans l'honneur*, comme on dit, *vivre dans l'opulence, dans la misère, dans le désordre*, etc. Au reste, Isabelle ne veut pas dire par là, vivre avec honneur, vivre vertueusement, mais, vivre avec décence, de manière à éloigner d'elle les soupçons offensans et les propositions insolentes.

(3)   Il faille être exposée aux fâcheuses surprises
    De voir faire sur moi d'infâmes entreprises!

L'exactitude grammaticale exigeroit, *il me faille être exposée*, ou, *il faille que je sois exposée*.

ACTE II, SCÈNE XI.

SGANARELLE.

Va, ne redoute rien.

ISABELLE.

Pour moi, je vous le di, [1]
Si vous n'éclatez fort contre un trait si hardi,
Et ne trouvez bientôt moyen de me défaire
Des persécutions d'un pareil téméraire,
J'abandonnerai tout, et renonce à l'ennui
De souffrir les affronts que je reçois de lui. [2]

SGANARELLE.

Ne t'afflige point tant; va, ma petite femme,
Je m'en vais le trouver et lui chanter sa gamme.

ISABELLE.

Dites-lui bien au moins qu'il le nieroit en vain,
Que c'est de bonne part qu'on m'a dit son dessein;
Et qu'après cet avis, quoi qu'il puisse entreprendre,
J'ose le défier de me pouvoir surprendre;
Enfin, que sans plus perdre et soupirs et momens,

---

(1) *Je vous le di*, pour, *je vous le dis*. Cette suppression de l's finale n'est qu'un retour à l'ancien usage, suivant lequel on écrivoit habituellement, *je di, je sai, je croi*, etc. Cette suppression seroit une licence intolérable, si on l'appliquoit aux secondes personnes qui se sont toujours écrites avec une *s* à la fin.

(2)   J'abandonnerai tout, et renonce à l'ennui
    De souffrir les affronts que je reçois de lui.

La menace que fait Isabelle dans ces deux vers, n'est pas clairement exprimée. C'est ici, comme dans presque tout son rôle, une de ces phrases vagues et ambiguës, destinées à cacher un double sens; lorsqu'elle dit qu'elle *abandonnera tout*, si l'on ne trouve le moyen de la soustraire aux persécutions dont elle est l'objet, elle veut dire qu'elle est décidée à s'affranchir elle-même de l'esclavage où la tient Sganarelle, si Valère ne l'en délivre pas. Quant à Sganarelle, il entend qu'elle se donnera la mort plutôt que de devenir la proie d'un ravisseur, et c'est bien ainsi que, dans son infatuation, il doit comprendre la chose.

Il doit savoir pour vous quels sont mes sentimens;
Et que, si d'un malheur il ne veut être cause,
Il ne se fasse pas deux fois dire une chose.

SGANARELLE.

Je dirai ce qu'il faut.

ISABELLE.

Mais tout cela d'un ton
Qui marque que mon cœur lui parle tout de bon.

SGANARELLE.

Va, je n'oublierai rien, je t'en donne assurance.

ISABELLE.

J'attends votre retour avec impatience;
Hâtez-le, s'il vous plaît, de tout votre pouvoir.
Je languis quand je suis un moment sans vous voir.

SGANARELLE.

Va, pouponne, mon cœur, je reviens tout-à-l'heure.

SCÈNE XII.

SGANARELLE, *seul*.

Est-il une personne et plus sage et meilleure?
Ah! que je suis heureux! et que j'ai de plaisir
De trouver une femme au gré de mon desir!
Oui, voilà comme il faut que les femmes soient faites;
Et non, comme j'en sais, de ces franches coquettes,
Qui s'en laissent conter, et font dans tout Paris
Montrer au bout du doigt leurs honnêtes maris.

(*Il frappe à la porte de Valère.*)

Holà! notre galant aux belles entreprises!

SCÈNE XIII.

VALÈRE, SGANARELLE, ERGASTE.

VALÈRE.

Monsieur, qui vous ramène en ces lieux?

SGANARELLE.

Vos sottises.

VALÈRE.

Comment?

SGANARELLE.

Vous savez bien de quoi je veux parler.
Je vous croyois plus sage, à ne vous rien celer.
Vous venez m'amuser de vos belles paroles,
Et conservez sous main des espérances folles.
Voyez-vous? j'ai voulu doucement vous traiter;
Mais vous m'obligerez à la fin d'éclater.
N'avez-vous point de honte, étant ce que vous êtes,
De faire en votre esprit les projets que vous faites?
De prétendre enlever une fille d'honneur,
Et troubler un hymen qui fait tout son bonheur?

VALÈRE.

Qui vous a dit, monsieur, cette étrange nouvelle?

SGANARELLE.

Ne dissimulons point, je la tiens d'Isabelle,
Qui vous mande par moi, pour la dernière fois,
Qu'elle vous a fait voir assez quel est son choix;
Que son cœur, tout à moi, d'un tel projet s'offense;
Qu'elle mourroit plutôt qu'en souffrir l'insolence;
Et que vous causerez de terribles éclats,
Si vous ne mettez fin à tout cet embarras.

VALÈRE.

S'il est vrai qu'elle ait dit ce que je viens d'entendre,
J'avouerai que mes feux n'ont plus rien à prétendre;
Par ces mots assez clairs je vois tout terminé,
Et je dois révérer l'arrêt qu'elle a donné.

SGANARELLE.

Si... Vous en doutez donc, et prenez pour des feintes
Tout ce que de sa part je vous ai fait de plaintes?
Voulez-vous qu'elle-même elle explique son cœur? (1)
J'y consens volontiers pour vous tirer d'erreur.
Suivez-moi, vous verrez s'il est rien que j'avance,
Et si son jeune cœur entre nous deux balance. (2)

(*Il va frapper à sa porte.*)

SCÈNE XIV.

ISABELLE, SGANARELLE, VALÈRE, ERGASTE.

ISABELLE.

Quoi! vous me l'amenez! Quel est votre dessein?

---

(1) Voulez-vous qu'elle-même elle explique son cœur?
Expliquer son cœur, locution hardie, mais si naturelle et si claire qu'on n'y prend pas garde, ou que, si l'on y fait attention, c'est pour l'approuver.

(2) On auroit tort de croire que Sganarelle se détermine trop facilement à mettre Isabelle et Valère en présence l'un de l'autre. S'il prend ce parti, ce n'est pas seulement pour détruire un reste d'incrédulité dans l'esprit de Valère; c'est aussi, c'est surtout pour procurer un triomphe à sa propre vanité, pour recevoir, à la face même de son rival, les assurances d'un amour dont il ne doute nullement. Aussi de quel ton de confiance et de satisfaction il dit à ce pauvre Valère! *Vous verrez si son jeune cœur entre nous deux balance.* L'excellente scène qui suit, ne pouvoit être amenée d'une manière plus naturelle.

ACTE II, SCÈNE XIV.

Prenez-vous contre moi ses intérêts en main?
Et voulez-vous, charmé de ses rares mérites,
M'obliger à l'aimer, et souffrir ses visites?⁽¹⁾

SGANARELLE.

Non, ma mie, et ton cœur pour cela m'est trop cher:
Mais il prend mes avis pour des contes en l'air,
Croit que c'est moi qui parle, et te fais, par adresse,
Pleine pour lui de haine, et pour moi de tendresse;
Et par toi-même enfin j'ai voulu, sans retour,
Le tirer d'une erreur qui nourrit son amour.

ISABELLE, à *Valère.*

Quoi! mon ame à vos yeux ne se montre pas toute,
Et de mes vœux encor vous pouvez être en doute?

VALÈRE.

Oui, tout ce que monsieur de votre part m'a dit,
Madame, a bien pouvoir de surprendre un esprit:
J'ai douté, je l'avoue; et cet arrêt suprême
Qui décide du sort de mon amour extrême,
Doit m'être assez touchant, pour ne pas s'offenser
Que mon cœur par deux fois le fasse prononcer.⁽²⁾

---

(1)   Et voulez-vous, charmé de ses rares mérites,
       M'obliger à l'aimer et souffrir ses visites?

Et à souffrir ses visites, seroit plus exact. Molière croyoit apparemment que la préposition, une seule fois exprimée, suffisoit pour régir plusieurs infinitifs de suite. La nécessité de la répéter devant chaque verbe est une règle introduite dans notre langue par les grammairiens du dernier siècle.

(2)   Doit m'être assez touchant, pour ne pas s'offenser
           Que mon cœur par deux fois le fasse prononcer.

Cet arrêt.... doit m'être assez touchant, pour, *doit me toucher assez*, est une expression tout-à-fait impropre. — *Pour ne pas s'offenser*, se rapporte, selon la construction, à *cet arrêt*, et ne s'y rapporte pas selon le sens. Pour les mettre d'accord, il eût fallu, *pour qu'on ne s'offense pas, pour que vous ne vous offensiez pas.*

ISABELLE.

Non, non, un tel arrêt ne doit pas vous surprendre :
Ce sont mes sentimens qu'il vous a fait entendre ;
Et je les tiens fondés sur assez d'équité,
Pour en faire éclater toute la vérité.
Oui, je veux bien qu'on sache, et j'en dois être crue,
Que le sort offre ici deux objets à ma vue,
Qui, m'inspirant pour eux différens sentimens,
De mon cœur agité font tous les mouvemens.
L'un, par un juste choix où l'honneur m'intéresse,
A toute mon estime et toute ma tendresse ;
Et l'autre, pour le prix de son affection,
A toute ma colère et mon aversion.
La présence de l'un m'est agréable et chère,
J'en reçois dans mon ame une alégresse entière ;
Et l'autre, par sa vue, inspire dans mon cœur
De secrets mouvemens et de haine et d'horreur.
Me voir femme de l'un est toute mon envie ;
Et plutôt qu'être à l'autre on m'ôteroit la vie.
Mais c'est assez montrer mes justes sentimens,
Et trop long-temps languir dans ces rudes tourmens ;
Il faut que ce que j'aime, usant de diligence,
Fasse à ce que je hais perdre toute espérance,
Et qu'un heureux hymen affranchisse mon sort
D'un supplice pour moi plus affreux que la mort. (1)

---

(1) On trouve, dans cette tirade, trois fois le mot de *sentimens*, et deux fois celui de *mouvemens*. On condamneroit aujourd'hui ces répétitions comme d'assez grandes négligences. Ce n'en est pas moins une tirade charmante, où le comique de situation est poussé aussi loin qu'il peut aller : une ligne de plus, il tomberoit dans l'exagération et dans l'invraisemblance.

SGANARELLE.

Oui, mignonne, je songe à remplir ton attente.

ISABELLE.

C'est l'unique moyen de me rendre contente.

SGANARELLE.

Tu la seras dans peu. *(1)

ISABELLE.

Je sais qu'il est honteux
Aux filles d'expliquer si librement leurs vœux.

SGANARELLE.

Point, point.

ISABELLE.

Mais en l'état où sont mes destinées,
De telles libertés doivent m'être données;
Et je puis, sans rougir, faire un aveu si doux
A celui que déja je regarde en époux.

SGANARELLE.

Oui, ma pauvre fanfan, pouponne de mon ame.

ISABELLE.

Qu'il songe donc, de grace, à me prouver sa flamme.

SGANARELLE.

Oui, tiens, baise ma main. (2)

VARIANTE. * *Tu le seras dans peu.*

---

(1) *Tu la seras dans peu. La*, qui, dans cette phrase, se rapporte à l'adjectif *contente*, ne seroit correct que s'il se rapportoit à un substantif. Je citerai l'exemple par lequel on éclaircit communément cette règle : *Êtes-vous mariée? — Oui, je* LE *suis. — Êtes-vous la mariée? — Oui, je* LA *suis.* Madame de Sévigné employoit *la* dans l'un et dans l'autre cas. Elle auroit cru, disoit-elle, avoir de la barbe au menton, si elle eût dit, *je le suis.* Cette faute ne lui étoit pas particulière : toutes les femmes et nombre d'hommes la faisoient aussi.

(2) Il y a des gens à qui l'offre de cette insolente faveur semble trop

ISABELLE.

Que sans plus de soupirs
Il conclue un hymen qui fait tous mes desirs,
Et reçoive en ce lieu la foi que je lui donne
De n'écouter jamais les vœux d'autre personne. [1]

(*Elle fait semblant d'embrasser Sganarelle et donne sa main à baiser à Valère.*) [2]

SGANARELLE.

Hai! hai! mon petit nez, pauvre petit bouchon,

---

révoltante, même de la part d'un Sganarelle. Ils en jugent d'après les idées actuelles sur les rapports des deux sexes entre eux, idées répandues jusque dans les classes inférieures de la société. Ils oublient que, du temps de Molière, il y avoit encore quelques vieillards, surtout dans la bourgeoisie, pénétrés profondément de la supériorité de l'homme sur la femme, et convaincus que celle-ci doit être, à l'égard de l'autre, dans un état de soumission et de dépendance absolue. Il n'y a rien d'étonnant que celui qui prétend *honorer* Isabelle *de sa couche* ou *de son corps*, croie la flatter beaucoup en lui offrant sa main à baiser. Il faut ajouter que le père d'Isabelle, ayant confié sa fille encore enfant à Sganarelle, lui avoit transmis sa propre autorité, et que Sganarelle, plutôt capable d'abuser de ses droits que de n'en pas user, a toujours tenu sa pupille dans une subordination respectueuse. On diroit, au surplus, que c'est son impertinence même qui suggère aussitôt à Isabelle l'idée de donner aussi sa main à baiser à Valère.

(1) De n'écouter jamais les vœux d'autre personne.
On dit, *n'écouter les vœux de personne, d'aucun homme, d'aucun autre homme*, parce que *personne, aucun* et *aucun autre* ne sont point précédés de l'article indéfini *un;* mais on ne peut pas dire, *n'écouter les vœux d'autre personne*, parce qu'on ne dit pas, *autre*, mais, *un autre*.

(2) Ce jeu de théâtre n'est point indiqué dans l'édition originale, et le dialogue n'en fournit pas nécessairement l'idée : c'est une tradition scénique que l'édition de 1682 a consacrée la première. Elle fait beaucoup rire à la représentation; mais peut-être choque-t-elle la bienséance qu'Isabelle doit garder dans ses manières, précisément parce qu'elle est loin de l'observer dans sa conduite.

Tu ne languiras pas long-temps, je t'en répond.
(à *Valère*.)
Va, chut. Vous le voyez, je ne lui fais pas dire, (1)
Ce n'est qu'après moi seul que son ame respire.

VALÈRE.

Hé bien ! madame, hé bien ! c'est s'expliquer assez,
Je vois, par ce discours, de quoi vous me pressez,
Et je saurai dans peu vous ôter la présence
De celui qui vous fait si grande violence.

ISABELLE.

Vous ne me sauriez faire un plus charmant plaisir ;
Car enfin cette vue est fâcheuse à souffrir,
Elle m'est odieuse, et l'horreur est si forte...

SGANARELLE.

Hé ! hé !

ISABELLE.

Vous offensé-je en parlant de la sorte ?
Fais-je...

SGANARELLE.

Mon dieu ! nenni, je ne dis pas cela ;
Mais je plains, sans mentir, l'état où le voilà,
Et c'est trop hautement que ta haine se montre.

ISABELLE.

Je n'en puis trop montrer en pareille rencontre.

VALÈRE.

Oui, vous serez contente ; et, dans trois jours, vos yeux
Ne verront plus l'objet qui vous est odieux.

---

(1) *Je ne lui fais pas dire.* L'exactitude grammaticale voudroit, *je ne le lui fais pas dire ;* mais la mesure du vers s'y oppose invinciblement, et d'ailleurs la phrase, pour être incomplète, n'a rien d'équivoque. Ajoutons que le trait est fort comique, et méritoit bien que Molière passât par dessus la petite faute de langage, qu'il ne pouvoit éviter qu'en le sacrifiant.

ISABELLE.

A la bonne heure. Adieu.

SGANARELLE, *à Valère.*

Je plains votre infortune ;
Mais...

VALÈRE.

Non, vous n'entendrez de mon cœur plainte aucune;
Madame, assurément, rend justice à tous deux,
Et je vais travailler à contenter ses vœux.
Adieu.

SGANARELLE.

Pauvre garçon ! sa douleur est extrême ;
Tenez, embrassez-moi* ; c'est un autre elle-même. [1]

(*Il embrasse Valère.*)

VARIANTE. * *Venez, embrassez-moi.*

---

[1] Molière a composé trois scènes, en y comprenant celle-ci (les deux autres appartiennent à *l'Étourdi* et au *Malade imaginaire*), dans lesquelles deux amans, à la faveur d'une double-entente ou d'une fable quelconque, parlent tout haut de leur amour devant un tiers importun, père ou rival, qui est complètement dupe de leurs discours; et, depuis Molière, cette situation singulièrement piquante, mais qu'il est difficile de contenir dans les bornes d'une exacte vraisemblance, a été fort souvent reproduite sur le théâtre. Dans ce grand nombre de scènes, il n'en est aucune, sans excepter celles de Molière lui-même, qu'on puisse comparer à la scène de *l'École des Maris;* elle est le chef-d'œuvre du genre, et toutes les autres n'en sont que des contre-épreuves fort affoiblies.

SCÈNE XV.

ISABELLE, SGANARELLE.

SGANARELLE.

Je le tiens fort à plaindre.

ISABELLE.

Allez, il ne l'est point.

SGANARELLE.

Au reste, ton amour me touche au dernier point,
Mignonnette, et je veux qu'il ait sa récompense.
C'est trop que de huit jours pour ton impatience;
Dès demain je t'épouse, et n'y veux appeler... (1)

---

(1)   Dès demain je t'épouse, et n'y veux appeler...

Ce pronom *y* ne peut se rapporter au verbe *épouser;* mais il se rapporte à un nom sous-entendu, tel que *noce* ou *mariage*, dont l'idée est renfermée dans ce verbe. Ce n'en est pas moins une irrégularité grammaticale.

C'est ici qu'il faut admirer l'art de Molière pour resserrer le nœud d'une intrigue, renforcer la situation des personnages, et faire sortir de la perplexité nouvelle où il les jette, la nécessité du dénouement qu'il a imaginé. Valère a promis à Isabelle de l'enlever *dans trois jours*, pour la soustraire à un mariage odieux qui doit se faire *dans huit jours au plus tard*. La vraisemblance ne permettoit guère qu'il prît un terme plus court pour l'exécution d'un projet qui ne laisse pas d'avoir sa difficulté; mais, d'un autre côté, la constitution dramatique exigeoit que la délivrance d'Isabelle fût renfermée dans les bornes prescrites à la durée de la représentation. Quel incident nouveau doit accélérer cette catastrophe nécessaire? C'est Sganarelle lui-même qui se charge du soin de le faire naître; car il est dit que jusqu'au bout il sera l'instrument de sa propre ruine, et qu'il le sera toujours par un effet de sa folle préoccupation. Charmé des témoignages de tendresse qu'il vient de recevoir pour le compte de Valère, et persuadé qu'Isabelle brûle d'être à lui, il se détermine tout à coup à récompenser tant d'amour, en lui promettant de l'épouser dès le lendemain. Il en résulte qu'Isabelle est forcée de méditer sa fuite dès l'instant même, et de l'exécuter avant la fin de la journée. L'entente du théâtre ne peut être poussée plus loin, et ce second acte ne pouvoit finir d'une manière plus propre à ranimer l'intérêt.

ISABELLE.

Dès demain ?

SGANARELLE.

Par pudeur tu feins d'y reculer : (1)
Mais je sais bien la joie où ce discours te jette,
Et tu voudrois déjà que la chose fût faite.

ISABELLE.

Mais...

SGANARELLE.

Pour ce mariage allons tout préparer.

ISABELLE, *à part.*

O ciel ! inspire-moi * ce qui peut le parer. (2)

VARIANTE. * *O ciel! inspirez-moi.*

---

(1) On ne dit pas, *y reculer*, autrement, *reculer à une chose*. Dans ce sens, *reculer* s'emploie toujours absolument. Il n'en étoit pas de même autrefois, s'il faut en juger d'après ces vers de *la Diane*, comédie de Rotrou :

Faites-moi prononcer l'arrêt de mon trépas ;
Qu'on ouvre mon tombeau, je n'y recule pas..

(2) Toute la pièce est dans ce second acte, qui est un des plus forts en comique de situation, que l'on connoisse au théâtre, et que Molière lui-même ait faits.

FIN DU SECOND ACTE.

ACTE III.

SCÈNE PREMIÈRE.

ISABELLE, *seule.*

Oui, le trépas cent fois me semble moins à craindre
Que cet hymen fatal où l'on veut me contraindre ;
Et tout ce que je fais pour en fuir les rigueurs
Doit trouver quelque grace auprès de mes censeurs. [1]
Le temps presse, il fait nuit ; allons, sans crainte aucune,
A la foi d'un amant commettre ma fortune.

SCÈNE II.

SGANARELLE, ISABELLE.

SGANARELLE, *parlant à ceux qui sont dans sa maison.*
Je reviens, et l'on va pour demain de ma part...

---

(1) Il est à remarquer qu'Isabelle, chaque fois qu'elle entre en scène, témoigne son invincible horreur pour l'hymen auquel on veut la contraindre. Effrayée de la hardiesse des démarches que ce sentiment lui fait entreprendre, elle semble éprouver le besoin de se justifier à ses propres yeux, en se représentant sans cesse la tyrannie qu'on exerce sur sa personne et sur ses volontés. Du reste, quand elle demande *grace à ses censeurs*, il ne nous échappe point que c'est Molière lui-même qui cherche à prévenir les siens, et à détourner le reproche qu'ils pourroient lui faire d'avoir voulu intéresser en faveur d'une jeune fille irrégulière dans sa conduite.

ISABELLE.

O ciel!

SGANARELLE.

C'est toi, mignonne! Où vas-tu donc si tard?
Tu disois qu'en ta chambre, étant un peu lassée, (1)
Tu t'allois renfermer, lorsque je t'ai laissée;
Et tu m'avois prié même que mon retour
T'y souffrît en repos jusques à demain jour. (2)

ISABELLE.

Il est vrai; mais...

SGANARELLE.

Hé quoi?

ISABELLE.

Vous me voyez confuse,
Et je ne sais comment vous en dire l'excuse.

SGANARELLE.

Quoi donc? Que pourroit-ce être?

ISABELLE.

Un secret surprenant;
C'est ma sœur qui m'oblige à sortir maintenant,

---

(1)   Tu disois qu'en ta chambre, étant un peu lassée,
    Tu t'allois renfermer, lorsque je t'ai laissée.

Étant un peu lassée. L'usage veut qu'on dise, *étant un peu lasse. Lassé*, ne s'emploie que comme verbe et pour exprimer l'action de se fatiguer: *Je me suis lassé à courir. Las*, adjectif, sert à désigner l'état qui est le produit de cette action: *J'ai tant couru que je suis las.* Cette distinction ne subsistoit probablement pas autrefois; Rotrou a dit, dans sa tragi-comédie de *Célie*:

    O ciel! j'ai tant couru que j'en suis tout *lassé.*

(2)   T'y souffrît en repos jusques à demain jour.

On ne dit plus, si toutefois on a jamais dit, *jusques à demain jour.* On dit, *jusqu'à demain matin.*

ACTE III, SCÈNE II.

Et qui, pour un dessein dont je l'ai fort blâmée,
M'a demandé ma chambre, où je l'ai renfermée.

SGANARELLE.

Comment?

ISABELLE.

L'eût-on pu croire? Elle aime cet amant
Que nous avons banni.

SGANARELLE.

Valère?

ISABELLE.

Éperdument.
C'est un transport si grand, qu'il n'en est point de même; (1)
Et vous pouvez juger de sa puissance extrême,
Puisque seule, à cette heure, elle est venue ici
Me découvrir à moi son amoureux souci,
Me dire absolument qu'elle perdra la vie
Si son ame n'obtient l'effet de son envie;
Que, depuis plus d'un an, d'assez vives ardeurs
Dans un secret commerce entretenoient leurs cœurs;
Et que même ils s'étoient, leur flamme étant nouvelle,
Donné de s'épouser une foi mutuelle... (2)

---

(1) C'est un transport si grand, qu'il n'en est point de même.
On ne peut pas dire, *qu'il n'en est point de même*, pour, *qu'il n'en est point d'égal, de pareil, de semblable.*

(2) Et que même ils s'étoient, leur flamme étant nouvelle,
Donné de s'épouser une foi mutuelle.

Foi, dans cette acception, n'étant autre chose qu'*assurance*, il sembleroit qu'on pût dire, *se donner une foi mutuelle de s'épouser.* On le disoit du moins autrefois, témoin ces vers de *Clarice*, comédie de Rotrou:

Ces vœux furent suivis d'*une foi mutuelle*
De garder l'un pour l'autre une ardeur éternelle.

On emploie encore le mot *foi*, comme équivalent du mot *parole*, dans ces phrases faites : *je vous en donne ma foi; il m'en a donné sa foi.*

SGANARELLE.
La vilaine !
ISABELLE.
Qu'ayant appris le désespoir
Où j'ai précipité celui qu'elle aime à voir,
Elle vient me prier de souffrir que sa flamme
Puisse rompre un départ qui lui perceroit l'ame ;
Entretenir ce soir cet amant sous mon nom
Par la petite rue où ma chambre répond ;
Lui peindre, d'une voix qui contrefait la mienne,
Quelques doux sentimens dont l'appât le retienne,
Et ménager enfin pour elle adroitement
Ce que pour moi l'on sait qu'il a d'attachement.
SGANARELLE.
Et tu trouves cela...
ISABELLE.
Moi ? J'en suis courroucée.
Quoi ! ma sœur, ai-je dit, êtes-vous insensée ?
Ne rougissez-vous point d'avoir pris tant d'amour
Pour ces sortes de gens qui changent chaque jour,
D'oublier votre sexe, et tromper l'espérance
D'un homme dont le ciel vous donnoit l'alliance ?
SGANARELLE.
Il le mérite bien ; et j'en suis fort ravi.
ISABELLE.
Enfin de cent raisons mon dépit s'est servi
Pour lui bien reprocher des bassesses si grandes,
Et pouvoir cette nuit rejeter ses demandes ;
Mais elle m'a fait voir de si pressans desirs,
A tant versé de pleurs, tant poussé de soupirs,
Tant dit qu'au désespoir je porterois son ame
Si je lui refusois ce qu'exige sa flamme,
Qu'à céder malgré moi mon cœur s'est vu réduit ;

ACTE III, SCÈNE II. 335

Et, pour justifier cette intrigue de nuit,
Où me faisoit du sang relâcher la tendresse, (1)
J'allois faire avec moi venir coucher Lucrèce,
Dont vous me vantez tant les vertus chaque jour; (2)
Mais vous m'avez surprise avec ce prompt retour.

SGANARELLE.

Non, non, je ne veux point chez moi tout ce mystère.
J'y pourrois consentir à l'égard de mon frère; (3)

---

(1)   Et, pour justifier cette intrigue de nuit,
           Où me faisoit du sang relâcher la tendresse, etc.

Il n'est ni élégant, ni même exact de dire, *la tendresse du sang me fait relâcher à une intrigue*, au lieu de, *me fait condescendre*, *m'oblige à me prêter*, etc.

(2) Sganarelle pourroit demander à quoi la présence de Lucrèce et ses *vertus* serviroient dans cette circonstance, puisque, en supposant que tout ceci ne fût pas une fable, Léonor parleroit, de sa fenêtre, à Valère qui seroit dans la rue, et que, par conséquent il n'y auroit rien à craindre pour elle des libertés de cet amant. Isabelle, en particulier, auroit encore moins besoin de sauve-garde, puisqu'elle ne seroit pas même présente à l'entretien, et l'on ne voit pas trop de quel danger elle se garantiroit *en faisant coucher Lucrèce avec elle*; à moins qu'elle ne veuille donner à entendre que cette femme, en cas de besoin, pourroit témoigner que c'est sa sœur Léonor, et non pas elle, qui s'est entretenue avec Valère. C'est peut-être le sens le plus raisonnable qu'on puisse donner à ce vers :
           Et, pour justifier cette intrigue de nuit.
Cette remarque, que j'avoue moi-même être un peu minutieuse, n'empêche pas que l'histoire imaginée sur-le-champ par Isabelle, prise au dépourvu, n'ait le degré de vraisemblance nécessaire pour tromper un homme aussi prévenu que l'est Sganarelle en faveur de sa pupille et contre celle de son frère. On peut dire que si cette histoire étoit plus vraisemblable, ce seroit une espèce de faute contre la vraisemblance même.

(3)   J'y pourrois consentir à l'égard de mon frère.

On retrouve, dans cette réflexion de Sganarelle, le même sentiment charitable et fraternel qui l'a déja fait s'écrier :
           Que j'aurai de plaisir si l'on le fait cocu!
Il ne se promet pas seulement de s'en réjouir; il voudroit bien encore y

Mais on peut être vu de quelqu'un du dehors;
Et celle que je dois honorer de mon corps,
Non seulement doit être et pudique et bien née,
Il ne faut pas que même elle soit soupçonnée. (1)
Allons chasser l'infâme; et de sa passion...

ISABELLE.

Ah! vous lui donneriez trop de confusion;
Et c'est avec raison qu'elle pourroit se plaindre
Du peu de retenue où j'ai su me contraindre : (2)
Puisque de son dessein je dois me départir, (3)
Attendez que du moins je la fasse sortir.

SGANARELLE.

Hé bien! fais. (4)

---

contribuer, en favorisant le prétendu déportement de Léonor; mais ce desir de nuire à son frère est combattu ici par la crainte de compromettre *celle qu'il doit honorer de son corps*. N'être empêché de faire du mal à autrui que par la peur de s'en faire à soi-même, est toute la vertu de ceux qui n'en ont pas; c'est l'égoïsme seul, c'est-à-dire un vice de caractère, qui les préserve d'une mauvaise action.

(1) Et celle que je dois honorer de mon corps,
     Non seulement doit être et pudique et bien née,
     Il ne faut pas que même elle soit soupçonnée.

C'est exactement le mot de César : *La femme de César ne doit pas même être soupçonnée.* Qui se seroit jamais douté qu'il pût y avoir quelque sentiment commun entre César et Sganarelle?

(2) Du peu de retenue où j'ai su me contraindre.

Pour exprimer qu'on n'a pas su garder un secret, on diroit aujourd'hui qu'*on a manqué de discrétion*, et non pas, qu'*on a manqué de retenue*.

(3) Puisque de son dessein je dois me départir.

On se départ de son devoir, c'est-à-dire qu'on s'en écarte; on se départ d'une demande, d'une prétention, d'une opinion, c'est-à-dire qu'on s'en désiste; mais on ne *se départ* pas *du dessein d'autrui* : on y résiste, on refuse de s'y prêter, d'y concourir, etc.

(4) Quand, au second acte, Isabelle empêche Sganarelle d'ouvrir la

ACTE III, SCÈNE II.

ISABELLE.

Mais surtout cachez-vous, je vous prie,
Et, sans lui dire rien, daignez voir sa sortie.

SGANARELLE.

Oui, pour l'amour de toi je retiens mes transports;
Mais, dès le même instant qu'elle sera dehors,
Je veux, sans différer, aller trouver mon frère :
J'aurai joie à courir lui dire cette affaire.

ISABELLE.

Je vous conjure donc de ne me point nommer.
Bonsoir; car tout d'un temps je vais me renfermer.

SGANARELLE, *seul.*

Jusqu'à demain, ma mie... En quelle impatience
Suis-je de voir mon frère, et lui conter sa chance!
Il en tient, le bonhomme, avec tout son phébus,
Et je n'en voudrois pas tenir vingt bons écus. * (1)

VARIANTE. * *Tenir cent bons écus.*

---

lettre qu'elle envoie par lui-même à Valère, en lui disant :

Lui voulez-vous donner à croire que c'est moi?

on approuve qu'il se rende à une objection si forte; mais est-il bien naturel qu'ici il s'abstienne d'aller chasser lui-même Léonor de sa maison, parce qu'Isabelle lui dit :

Ah! vous lui donneriez trop de confusion.

Ce n'est pas un motif capable de l'arrêter; loin de là. Il ne doit pas craindre davantage de donner à Léonor un sujet de plainte contre Isabelle : selon ses idées, les deux sœurs ne sauroient être trop désunies.

(1) Et je n'en voudrois pas tenir vingt bons écus.
Ce qui signifie, je ne voudrois pas, pour vingt bons écus, que la chose fût autrement. *Tenir* est là pour *recevoir*; je n'en voudrois pas tenir, c'est-à-dire, je ne voudrois pas recevoir de cela, pour cela, vingt bons

338 L'ÉCOLE DES MARIS.

ISABELLE, *dans la maison.*

Oui, de vos déplaisirs l'atteinte m'est sensible;
Mais ce que vous voulez, ma sœur, m'est impossible;
Mon honneur, qui m'est cher, y court trop de hasard.
Adieu. Retirez-vous avant qu'il soit plus tard.

SGANARELLE.

La voilà qui, je crois, peste de belle sorte:
De peur qu'elle revînt, fermons à clef la porte. [1]

ISABELLE, *en sortant.*

O ciel! dans mes desseins ne m'abandonnez pas!

SGANARELLE.

Où pourra-t-elle aller? Suivons un peu ses pas.

ISABELLE, *à part.*

Dans mon trouble, du moins la nuit me favorise.

SGANARELLE, *à part.*

Au logis du galant! Quelle est son entreprise?

écus. Rousseau, dans *le Flatteur*, a imité le vers de Molière, en le gâtant:

Parbleu! je n'en voudrois pas tenir vingt écus.

Il a dit aussi, dans *le Capricieux*:

Et je n'en voudrois pas tenir mille pistoles.

(1) De peur qu'elle revînt, fermons à clef la porte.

Il y a double faute ici, l'absence de la négation et un temps de verbe pour un autre: il faudroit, *de peur qu'elle ne revienne*. Racine a dit: *on craint qu'il n'essuyât*. La Harpe reconnoît que c'est un solécisme; mais il observe qu'après le verbe *craindre*, qui exprime l'incertitude, l'imparfait du subjonctif est beaucoup moins choquant. La même excuse s'applique à *de peur*.

SCÈNE III.

VALÈRE, ISABELLE, SGANARELLE.

VALÈRE, *sortant brusquement.*
Oui, oui, je veux tenter quelque effort cette nuit
Pour parler... Qui va là?

ISABELLE, *à Valère.*
Ne faites point de bruit,
Valère; on vous prévient, et je suis Isabelle.

SGANARELLE.
Vous en avez menti, chienne; ce n'est pas elle.
De l'honneur que tu fuis elle suit trop les lois;
Et tu prends faussement et son nom et sa voix.

ISABELLE, *à Valère.*
Mais à moins de vous voir par un saint hyménée...

VALÈRE.
Oui, c'est l'unique but où tend ma destinée;
Et je vous donne ici ma foi que dès demain
Je vais où vous voudrez recevoir votre main.

SGANARELLE, *à part.*
Pauvre sot qui s'abuse!

VALÈRE.
Entrez en assurance :
De votre Argus dupé je brave la puissance;
Et, devant qu'il vous pût ôter à mon ardeur, [1]
Mon bras de mille coups lui perceroit le cœur.

---

(1)   Et, devant qu'il vous pût ôter à mon ardeur.
Devant que, pour, *avant que.* Vaugelas les jugeoit *également bons*; depuis, l'usage a décidé exclusivement en faveur d'*avant que.*

SCÈNE IV.

SGANARELLE, *seul.*

Ah! je te promets bien que je n'ai pas envie
De te l'ôter, l'infâme à ses feux asservie, *(1)
Que du don de sa foi je ne suis point jaloux,
Et que, si j'en suis cru, tu seras son époux.
Oui, faisons-le surprendre avec cette effrontée :
La mémoire du père à bon droit respectée,
Jointe au grand intérêt que je prends à la sœur,
Veut que du moins on tâche à lui rendre l'honneur.
Holà! (2)

(*Il frappe à la porte d'un commissaire.*)

VARIANTE. * *A tes feux asservie.*

---

(1) Ce trait est de l'excellent comique de situation; il ne peut manquer d'exciter le rire.

(2) Il faut reconnoître que l'action des deux dernières scènes passe les bornes de la vraisemblance dramatique. Isabelle parlant en son propre nom dans la coulisse, et aussitôt traversant le théâtre sous le nom de Léonor; Valère qui, sortant au même instant, la rencontre à point nommé pour lui offrir l'asile qu'elle alloit lui demander; Sganarelle témoin de tout, et dupe au point de croire, lorsqu'il entend la voix d'Isabelle, que c'est Léonor qui la contrefait, tout cela sent l'intrigue à l'espagnole et à l'italienne. Sganarelle, par sa sotte crédulité, ressemble un peu trop au Cassandre de nos parades, et ce rapport va s'accroître à mesure que nous approcherons du dénouement.

SCÈNE V.

SGANARELLE, UN COMMISSAIRE, UN NOTAIRE, UN LAQUAIS, *avec un flambeau.*

LE COMMISSAIRE.

Qu'est-ce ?

SGANARELLE.

Salut, monsieur le commissaire.
Votre présence en robe est ici nécessaire ;
Suivez-moi, s'il vous plaît, avec votre clarté. (1)

LE COMMISSAIRE.

Nous sortions...

SGANARELLE.

Il s'agit d'un fait assez hâté. (2)

LE COMMISSAIRE.

Quoi ?

SGANARELLE.

D'aller là-dedans, et d'y surprendre ensemble
Deux personnes qu'il faut qu'un bon hymen assemble :
C'est une fille à nous, que, sous un don de foi,
Un Valère a séduite et fait entrer chez soi. (3)

---

(1) *Avec votre clarté.* Le mot propre est *lumière* : *apportez de la lumière, venez avec votre lumière.*

(2) *Il s'agit d'un fait assez hâté.* On dit, *une affaire pressée*, pour, *une affaire pressante* ; mais l'usage ne permet pas de dire, en ce sens, *une affaire hâtée*, ni *un fait hâté.*

(3) Un Valère a séduite, et fait entrer chez soi.
Soi, pronom personnel indéfini, n'est d'usage que dans les propositions générales ou indéterminées, qui ont ordinairement pour sujet un nom collectif ou indéfini, tel que *chacun, aucun, on, tout, quiconque*, etc. :

Elle sort de famille et noble et vertueuse,
Mais...

LE COMMISSAIRE.

Si c'est pour cela, la rencontre est heureuse,
Puisque ici nous avons un notaire. (1)

SGANARELLE.

Monsieur?

LE NOTAIRE.

Oui, notaire royal.

LE COMMISSAIRE.

De plus homme d'honneur.

SGANARELLE.

Cela s'en va sans dire (2). Entrez dans cette porte,
Et, sans bruit, ayez l'œil que personne n'en sorte : (3)

---

chacun pour soi, on n'aime que soi, etc. Quand la proposition est individuelle ou déterminée, il faut se servir du pronom défini *lui : je n'aime que lui, il est content de lui,* etc. Les meilleurs écrivains en vers et en prose du siècle de Louis XIV n'ont point fait cette distinction, qui n'a été érigée que depuis eux en règle générale et formelle.

(1) Oui, sans doute, cette *rencontre* du notaire *est heureuse;* elle est même trop heureuse, en ce sens qu'elle est purement fortuite, et que jamais le poëte dramatique ne doit faire dépendre du hasard seul les incidens nécessaires à l'action de sa pièce. Il n'y a que les auteurs de farces qui puissent s'affranchir de cette règle, et l'on peut ajouter qu'il n'y a que les farces, les parades où les commissaires et les notaires se présentent en robe à l'instant même où l'on a besoin d'eux.

(2) *Cela s'en va sans dire.* On dit, *cela va sans dire,* comme on dit, *cela va de suite, cela va tout seul,* etc. *S'en aller* exprime une idée de départ et de sortie, qui n'est renfermée dans aucune de ces locutions.

(3) *Ayez l'œil que personne n'en sorte.* L'analogie étant exacte, tant pour le sens que pour la construction, entre *avoir l'œil à une chose,* et *prendre garde à une chose,* il sembleroit qu'on pût dire, *ayez l'œil que personne ne sorte,* de même qu'on dit, *prenez garde que personne ne sorte.* Molière l'a pensé; toutefois, il eût dit en prose, *ayez l'œil à ce que personne ne sorte.*

Vous serez pleinement contentés de vos soins;
Mais ne vous laissez point graisser la patte, au moins.
LE COMMISSAIRE.
Comment! vous croyez donc qu'un homme de justice...
SGANARELLE.
Ce que j'en dis n'est pas pour taxer votre office. (1)
Je vais faire venir mon frère promptement :
Faites que le flambeau m'éclaire seulement.
(à part.)
Je vais le réjouir cet homme sans colère.
Holà!
(Il frappe à la porte d'Ariste.)

SCÈNE VI.

ARISTE, SGANARELLE.

ARISTE.
Qui frappe? Ah! ah! que voulez-vous, mon frère?
SGANARELLE.
Venez, beau directeur, suranné damoiseau,
On veut vous faire voir quelque chose de beau.
ARISTE.
Comment?
SGANARELLE.
Je vous apporte une bonne nouvelle.

---

(1)   Ce que j'en dis n'est pas pour taxer votre office.
Le sens naturel de cette expression, *taxer votre office*, seroit, régler, déterminer ce qui peut vous être dû pour votre office, pour vos vacations. *Taxer*, dans le sens d'accuser, comme Molière l'emploie ici, doit avoir pour complément indirect le nom du vice ou du défaut qui est l'objet de l'accusation : *taxer quelqu'un d'avarice, de légèreté*, etc. On dit cependant, en style de conversation, *je ne taxe personne*.

ARISTE.

Quoi?

SGANARELLE.

Votre Léonor, où, je vous prie, est-elle?

ARISTE.

Pourquoi cette demande? Elle est, comme je croi,
Au bal chez son amie.

SGANARELLE.

Eh! oui, oui; suivez-moi,
Vous verrez à quel bal la donzelle est allée.

ARISTE.

Que voulez-vous conter?

SGANARELLE.

Vous l'avez bien stylée:
Il n'est pas bon de vivre en sévère censeur;
On gagne les esprits par beaucoup de douceur;
Et les soins défians, les verroux et les grilles,
Ne font pas la vertu des femmes ni des filles;
Nous les portons au mal par tant d'austérité,
Et leur sexe demande un peu de liberté. (1)
Vraiment! elle en a pris tout son soûl, la rusée;
Et la vertu chez elle est fort humanisée.

ARISTE.

Où veut donc aboutir un pareil entretien?

---

(1) Il n'est pas besoin d'avertir que Sganarelle, dans ces six derniers vers, ne fait que répéter, presque mot pour mot, ce qu'Ariste a dit, dans la seconde scène, sur la nécessité d'accorder une honnête liberté aux femmes et aux filles. Cette répétition textuelle de ses propres maximes, dans un moment où la conduite de Léonor paroît les condamner, est tout ce que Sganarelle pouvoit lui dire de plus insultant et de plus cruel: l'humeur bilieuse, caustique et bourrue de Sganarelle ne se dément pas un seul instant.

ACTE III, SCÈNE VI.

SGANARELLE.

Allez, mon frère aîné, cela vous sied fort bien ;
Et je ne voudrois pas pour vingt bonnes pistoles
Que vous n'eussiez ce fruit de vos maximes folles :
On voit ce qu'en deux sœurs nos leçons ont produit ;
L'une fuit le galant, et l'autre le poursuit. *

ARISTE.

Si vous ne me rendez cette énigme plus claire...

SGANARELLE.

L'énigme est que son bal est chez monsieur Valère ;
Que, de nuit, je l'ai vue y conduire ses pas,
Et qu'à l'heure présente elle est entre ses bras.

ARISTE.

Qui ?

SGANARELLE.

Léonor.

ARISTE.

Cessons de railler, je vous prie.

SGANARELLE.

Je raille... Il est fort bon avec sa raillerie !
Pauvre esprit ! Je vous dis, et vous redis encor
Que Valère chez lui tient votre Léonor,
Et qu'ils s'étoient promis une foi mutuelle
Avant qu'il eût songé de poursuivre Isabelle.

ARISTE.

Ce discours d'apparence est si fort dépourvu...

SGANARELLE.

Il ne le croira pas encore en l'ayant vu : (1)

VARIANTE. * *L'une fuit les galans, et l'autre les poursuit.*

---

(1) Il ne le croira pas encore en l'ayant vu.
Le gérondif est la même chose que le participe présent, dont il ne dif-

J'enrage. Par ma foi ! l'âge ne sert de guère
Quand on n'a pas cela.
(*Il met le doigt sur son front.*)

ARISTE.

Quoi ! voulez-vous, mon frère ?...

SGANARELLE.

Mon dieu ! je ne veux rien. Suivez-moi seulement ;
Votre esprit tout-à-l'heure aura contentement ;
Vous verrez si j'impose [1], et si leur foi donnée
N'avoit pas joint leurs cœurs depuis plus d'une année.

ARISTE.

L'apparence qu'ainsi, sans m'en faire avertir,
A cet engagement elle eût pu consentir ?
Moi, qui dans toute chose ai, depuis son enfance,
Montré toujours pour elle entière complaisance,
Et qui cent fois ai fait des protestations
De ne jamais gêner ses inclinations !

SGANARELLE.

Enfin vos propres yeux jugeront de l'affaire.
J'ai fait venir déja commissaire et notaire :
Nous avons intérêt que l'hymen prétendu
Répare sur-le-champ l'honneur qu'elle a perdu ; [2]

---

fère que par la faculté qu'il a de prendre devant lui la préposition *en*.
Le participe passé ne peut être converti en gérondif, et quand il prend
devant lui la particule *en*, c'est en qualité de pronom comme dans cette
phrase : *ayant pris du pain et* EN *ayant mangé*, etc. *En l'ayant vu*, dans
le vers de Molière, est donc une faute. On doit dire, *il ne le croira pas
encore en le voyant* ; ou bien, *l'ayant vu, il ne le croira pas encore*.

(1) *Vous verrez si j'impose.* Dans le sens de tromper, abuser, il faut
toujours dire, *en imposer*, et non pas, *imposer*.

(2) Nous avons intérêt que l'hymen prétendu
Répare sur-le-champ l'honneur qu'elle a perdu.

Il n'y a point ici d'*hymen prétendu*, c'est-à-dire que Valère et Léonor ne

ACTE III, SCÈNE VI.   347

Car je ne pense pas que vous soyez si lâche
De vouloir l'épouser avecque cette tache, (1)
Si vous n'avez encor quelques raisonnemens
Pour vous mettre au-dessus de tous les bernemens.

ARISTE.

Moi ? Je n'aurai jamais cette foiblesse extrême
De vouloir posséder un cœur malgré lui-même.
Mais je ne saurois croire enfin... (2)

SGANARELLE.

Que de discours !
Allons, ce procès-là continueroit toujours.

---

passent pas pour être mariés, ne *prétendent* pas *qu'ils sont mariés, sans l'être;* seulement Sganarelle *prétend qu'ils le soient;* en ce sens, l'expression d'*hymen prétendu* pèche contre l'usage.

(1)   Car je ne pense pas que vous soyez si lâche
        De vouloir l'épouser avecque cette tache.

Il faudroit, *si lâche que de vouloir*, c'est-à-dire tellement lâche que vous vouliez, etc. La suppression du *que* dans cette façon de parler est d'autant plus fautive, qu'il en peut résulter une équivoque. On diroit bien, dans le style familier, *vous n'êtes pas si sot de vouloir épouser cette femme,* c'est-à-dire, vous n'êtes pas tant sot, ce n'est pas une si grande sottise à vous de vouloir l'épouser. *Vous n'êtes pas si sot que de vouloir l'épouser,* signifie tout le contraire. — *Lâche* et *tache* sont une rime insuffisante.

(2) Ariste, de même que Sganarelle, est, d'un bout à l'autre de la pièce, fidèle à son caractère : c'est toujours un homme raisonnable et bon, un sage sans foiblesse et sans dureté, enfin un honnête homme dans l'acception la plus étendue du mot.

SCÈNE VII.

SGANARELLE, ARISTE, UN COMMISSAIRE, UN NOTAIRE.

LE COMMISSAIRE.

Il ne faut mettre ici nulle force en usage,
Messieurs; et, si vos vœux ne vont qu'au mariage,
Vos transports en ce lieu se peuvent appaiser.
Tous deux également tendent à s'épouser;
Et Valère déja, sur ce qui vous regarde,
A signé que pour femme il tient celle qu'il garde.

ARISTE.

La fille?...

LE COMMISSAIRE.

  Est renfermée, et ne veut point sortir
Que vos desirs aux leurs ne veuillent consentir.

SCÈNE VIII.

VALÈRE, UN COMMISSAIRE, UN NOTAIRE, SGANARELLE, ARISTE.

VALÈRE, *à la fenêtre de sa maison.*

Non, messieurs; et personne ici n'aura l'entrée
Que cette volonté ne m'ait été montrée.
Vous savez qui je suis, et j'ai fait mon devoir
En vous signant l'aveu qu'on peut vous faire voir.
Si c'est votre dessein d'approuver l'alliance,
Votre main peut aussi m'en signer l'assurance;
Sinon, faites état de m'arracher le jour,
Plutôt que de m'ôter l'objet de mon amour.

SGANARELLE.

Non, nous ne songeons pas à vous séparer d'elle.

(*bas, à part.*)

Il ne s'est point encor détrompé d'Isabelle : [1]
Profitons de l'erreur.

ARISTE, *à Valère.*

Mais est-ce Léonor?

SGANARELLE, *à Ariste.*

Taisez-vous.

ARISTE.

Mais...

SGANARELLE.

Paix donc.

ARISTE.

Je veux savoir...

SGANARELLE.

Encor?

Vous tairez-vous? vous dis-je.

VALÈRE.

Enfin, quoi qu'il avienne,
Isabelle a ma foi; j'ai de même la sienne,
Et ne suis point un choix, à tout examiner,
Que vous soyez reçus à faire condamner.

ARISTE, *à Sganarelle.*

Ce qu'il dit là n'est pas...

---

(1) Comme Molière, pour arriver au dénouement qu'il a imaginé, est obligé d'entasser les invraisemblances, et d'augmenter de plus en plus la dose de crédulité imbécille qu'il a donnée à Sganarelle! Il faut ici que Sganarelle, malgré tout ce qu'on lui dit, croie que Valère, dans sa maison, avec des lumières, n'a pas seulement regardé la fille qu'il épousoit, et s'est laissé marier avec Léonor, la prenant pour Isabelle. Croire un homme dupe à ce point, c'est être par trop dupe soi-même.

SGANARELLE.

Taisez-vous, et pour cause;
(*à Valère.*)
Vous saurez le secret. Oui, sans dire autre chose,
Nous consentons tous deux que vous soyez l'époux
De celle qu'à présent on trouvera chez vous.

LE COMMISSAIRE.

C'est dans ces termes-là que la chose est conçue,
Et le nom est en blanc pour ne l'avoir point vue. (1)
Signez. La fille après vous mettra tous d'accord.

VALÈRE.

J'y consens de la sorte.

SGANARELLE.

Et moi, je le veux fort.
(*à part.*)   (*haut.*)
Nous rirons bien tantôt. Là, signez donc, mon frère,
L'honneur vous appartient.

ARISTE.

Mais quoi! tout ce mystère...

SGANARELLE.

Diantre! que de façons! Signez, pauvre butor.

---

(1)   Et le nom est en blanc pour ne l'avoir point vue.
Cette façon de parler, qui seroit incorrecte dans le langage usuel, appartient au style de la pratique, et, sous ce rapport, elle est convenablement placée dans la bouche d'un commissaire; mais ce commissaire et le notaire qui a instrumenté, ne savent pas leur métier. On ne fait point de mariage sans avoir bien constaté l'état des personnes, et tout mariage fait autrement est nul : lorsqu'il y a *error in personâ*, comme disent les praticiens, il n'y a point de consentement, point de contrat, point de mariage. Bien qu'on doive se montrer peu formaliste à l'égard des mariages obligés qui terminent les comédies, on ne peut s'empêcher de dire que celui-ci est un pur escamotage, plus digne d'une parade que d'une comédie régulière.

ACTE III, SCÈNE IX.

ARISTE.

Il parle d'Isabelle, et vous de Léonor.

SGANARELLE.

N'êtes-vous pas d'accord, mon frère, si c'est elle,
De les laisser tous deux à leur foi mutuelle?

ARISTE.

Sans doute.

SGANARELLE.

Signez donc; j'en fais de même aussi.

ARISTE.

Soit. Je n'y comprends rien.

SGANARELLE.

Vous serez éclairci.

LE COMMISSAIRE.

Nous allons revenir.

SGANARELLE, *à Ariste.*

Or çà, je vais vous dire
La fin de cette intrigue.

(*Ils se retirent dans le fond du théâtre.*)

SCÈNE IX.

LÉONOR, SGANARELLE, ARISTE, LISETTE.

LÉONOR.

O l'étrange martyre!
Que tous ces jeunes fous me paroissent fâcheux!
Je me suis dérobée au bal pour l'amour d'eux. (1)

---

(1)   Je me suis dérobée au bal pour l'amour d'eux.
Faire une chose pour l'amour de quelqu'un, c'est la faire à sa considération, dans la vue de lui complaire. Telle n'a pu être l'intention de Léonor à l'égard de tous ces jeunes fous qui l'obsédoient au bal. *Pour l'amour d'eux* est donc employé ici dans un sens ironique; car il ne peut signi-

LISETTE.

Chacun d'eux près de vous veut se rendre agréable.

LÉONOR.

Et moi, je n'ai rien vu de plus insupportable;
Et je préférerois le plus simple entretien
A tous les contes bleus [1] de ces diseurs de rien.
Ils croyent que tout cède à leur perruque blonde, [2]
Et pensent avoir dit le meilleur mot du monde,
Lorsqu'ils viennent, d'un ton de mauvais goguenard,
Vous railler sottement sur l'amour d'un vieillard;
Et moi, d'un tel vieillard je prise plus le zèle,
Que tous les beaux transports d'une jeune cervelle.
Mais n'aperçois-je pas?...

SGANARELLE, *à Ariste.*

Oui, l'affaire est ainsi.

(apercevant Léonor.)
Ah! je la vois paroître, et sa suivante aussi.

ARISTE.

Léonor, sans courroux, j'ai sujet de me plaindre.

---

fier, à cause de l'amour qu'ils me témoignoient. L'expression seroit d'une trop grande impropriété.

[1] L'expression proverbiale de *contes bleus* est fondée sur l'existence de certains vieux contes, tels que *les Quatre fils Aimon, Fortunatus, Valentin et Orson*, etc. qui, grossièrement imprimés et couverts de papier *bleu*, se vendent encore au peuple des villes et des campagnes, et dont la collection forme ce qu'on appelle *la Bibliothèque bleue.*

[2] Ils croyent que tout cède à leur perruque blonde.
Lorsque dans un mot, l'*e* muet précédé d'une voyelle, est suivi d'une s ou des lettres *nt*, marque du pluriel des verbes, ce mot ne peut se placer qu'à la fin du vers. Croient est dans ce cas, de même que *voient, cries, pries*, etc. Le mot *soient* fait seul exception :

Pour grands que *soient* les rois, ils sont ce que nous sommes.
Le Cid.

ACTE III, SCÈNE IX.

Vous savez si jamais j'ai voulu vous contraindre,
Et si plus de cent fois je n'ai pas protesté
De laisser à vos vœux leur pleine liberté :
Cependant votre cœur, méprisant mon suffrage,
De foi comme d'amour à mon insu s'engage.
Je ne me repens pas de mon doux traitement;
Mais votre procédé me touche assurément;
Et c'est une action que n'a pas méritée
Cette tendre amitié que je vous ai portée.

LÉONOR.

Je ne sais pas sur quoi vous tenez ce discours;
Mais croyez que je suis de même que toujours, *
Que rien ne peut pour vous altérer mon estime,
Que toute autre amitié me paroîtroit un crime,
Et que, si vous voulez satisfaire mes vœux,
Un saint nœud dès demain nous unira tous deux. (1)

ARISTE.

Dessus quel fondement venez-vous donc, mon frère?...

SGANARELLE.

Quoi! vous ne sortez pas du logis de Valère?
Vous n'avez point conté vos amours aujourd'hui?
Et vous ne brûlez pas depuis un an pour lui?

LÉONOR.

Qui vous a fait de moi de si belles peintures,

VARIANTE. * *La même que toujours.*

---

(1) Cette Léonor que les soins et les complaisances d'un vieillard aimable ont assez touchée, pour qu'elle le préfère à un jeune homme, et lui propose de l'épouser, offre un caractère peu commun, qui ne laisse pas d'être intéressant. On peut, sans abuser du droit de remarquer des imitations et des emprunts, croire que Fagan a pris dans ce rôle l'idée de sa petite comédie de *la Pupille*.

Et prend soin de forger de telles impostures ? (1)

SCÈNE X.

ISABELLE, VALÈRE, LÉONOR, ARISTE, SGANARELLE, UN COMMISSAIRE, UN NOTAIRE, LISETTE, ERGASTE.

ISABELLE.

Ma sœur, je vous demande un généreux pardon,
Si de mes libertés j'ai taché votre nom. (2)
Le pressant embarras d'une surprise extrême
M'a tantôt inspiré ce honteux stratagème :
Votre exemple condamne un tel emportement;
Mais le sort nous traita nous deux diversement. * (3)

VARIANTE. * *Tous deux diversement.*

---

(1) Cette scène est charmante. Depuis le départ du commissaire et du notaire, tout est redevenu vrai et comique; Molière a abandonné l'imitation des farces italiennes pour reprendre celle des mœurs et des caractères que présente la société.

(2)   Ma sœur, je vous demande un généreux pardon,
        Si de mes libertés j'ai taché votre nom.

Tacher de ses libertés le nom de quelqu'un, pour dire, faire sous le nom d'autrui des choses qui compromettent ce nom, qui y impriment une tache, est une de ces expressions hardiment figurées, dont malheureusement s'effarouche l'excessive timidité de notre langue. Cette métaphore seroit admirée en latin.

A la scène, l'apparition d'Isabelle et la stupéfaction de Sganarelle ne manquent jamais de produire un grand effet; c'est ce coup de théâtre vraiment comique qui a sans doute valu au dénouement les éloges universels dont il a été l'objet, malgré tous les défauts qu'on y pouvoit apercevoir et que j'ai osé y faire remarquer.

(3)   Mais le sort nous traita nous deux diversement.

L'édition de 1682 et toutes celles qui l'ont suivie, lisent ainsi ce vers :

ACTE III, SCÈNE X.

(*à Sganarelle.*)

Pour vous, je ne veux point, monsieur, vous faire excuse,
Je vous sers beaucoup plus que je ne vous abuse.
Le ciel pour être joints ne nous fit pas tous deux :
Je me suis reconnue indigne de vos vœux ; *
Et j'ai bien mieux aimé me voir aux mains d'un autre,
Que ne pas mériter un cœur comme le vôtre.

VALÈRE, *à Sganarelle.*

Pour moi, je mets ma gloire et mon bien souverain
A la pouvoir, monsieur, tenir de votre main.

ARISTE.

Mon frère, doucement il faut boire la chose :
D'une telle action vos procédés sont cause ;
Et je vois votre sort malheureux à ce point,
Que, vous sachant dupé, l'on ne vous plaindra point. (1)

LISETTE.

Par ma foi ! je lui sais bon gré de cette affaire ;

VARIANTE. * *Indigne de vos feux.*

Mais le sort nous traita tous deux diversement.
Suivant cette leçon, Molière auroit fait une faute de langue assez grossière, puisqu'il est évident qu'Isabelle parle de sa sœur et d'elle-même, et qu'ainsi elle doit dire, *nous traita toutes deux diversement.* Le commentateur Bret, justement choqué de cette faute, suppose que le vers s'adresse aux deux frères, et propose de lire, *vous traita tous deux*, etc. : c'est remplacer un solécisme par une absurdité. Bret se seroit épargné cette peine, s'il eût recouru à l'édition originale qui porte, *nous traita nous deux diversement.*

(1) La modération qu'Ariste met ici dans ses paroles, forme un contraste parfait avec la joie insultante et brutale que Sganarelle faisoit éclater tout-à-l'heure, lorsqu'il croyoit son frère victime du malheur qui lui arrive à lui-même. L'opposition des deux caractères est marquée en tout et jusqu'à la fin.

Et ce prix de ses soins est un trait exemplaire.
LÉONOR.
Je ne sais si ce trait se doit faire estimer;
Mais je sais bien qu'au moins je ne le puis blâmer. (1)
ERGASTE.
Au sort d'être cocu son ascendant l'expose; (2)
Et ne l'être qu'en herbe est pour lui douce chose. (3)

SGANARELLE, *sortant de l'accablement dans lequel
il étoit plongé.*

Non, je ne puis sortir de mon étonnement.
Cette déloyauté confond mon jugement; *

VARIANTE. * *Cette ruse d'enfer.*

---

(1) Toute l'apologie de la pièce est renfermée dans ces deux vers que dit Léonor. Il appartenoit à une suivante comme Lisette de trouver le trait d'Isabelle *exemplaire;* Léonor, mieux instruite des devoirs et des bienséances de son sexe, ne peut convenir que ce trait soit estimable; mais elle ne se sent pas le courage de le blâmer, et c'est aussi là tout ce que Molière attend des spectateurs de sa pièce. Il ne leur propose pas pour modèle l'expédient dont Isabelle s'est servie pour sortir d'esclavage: il veut seulement faire voir à quoi un père, un tuteur, un maître, expose son élève et s'expose lui-même, quand il use d'une sévérité qu'aucune douceur ne tempère; et, pour que la leçon soit complète, il faut bien que cet instituteur trop rigoureux soit puni par la conduite au moins indiscrète de celui qu'il a mal gouverné.

(2) Au sort d'être cocu son ascendant l'expose.

Ascendant, qui ne signifie plus aujourd'hui que pouvoir, autorité, supériorité qu'une personne a sur l'esprit, sur la volonté d'une autre, est employé ici conformément aux idées de l'astrologie judiciaire, qui n'étoit pas encore tout-à-fait décréditée du temps de Molière. Maintenant on se sert plus volontiers dans le même sens des mots *astre* et *étoile*.

(3) La différence des caractères et des personnages est parfaitement bien marquée dans la manière dont Ariste, Lisette, Léonor et Ergaste s'expriment successivement au sujet de la conduite d'Isabelle. Le valet est le plus grossier et c'est lui qui parle le plus cruement:

Intererit multùm Davusne loquatur an heros.

… ACTE III, SCÈNE X.

Et je ne pense pas que Satan en personne
Puisse être si méchant qu'une telle friponne.
J'aurois pour elle au feu mis la main que voilà. (1)
Malheureux qui se fie à femme après cela !
La meilleure est toujours en malice féconde ;
C'est un sexe engendré pour damner tout le monde.
J'y renonce à jamais, à ce sexe trompeur, *
Et je le donne tout au diable de bon cœur. (2)

ERGASTE.

Bon.

ARISTE.

Allons tous chez moi. Venez, seigneur Valère ;
Nous tâcherons demain d'appaiser sa colère.

VARIANTE. * *Je renonce à jamais à ce sexe trompeur.*

---

(1) *J'aurois pour elle au feu mis la main que voilà.*
Cette expression proverbiale, *j'en mettrois la main* ou *ma main au feu*, vient évidemment de l'ancienne coutume de vérifier une accusation par l'épreuve du feu : cette épreuve consistoit à plonger sa main dans l'eau bouillante ou à porter à la distance de quelques pas une barre de fer rouge, sans qu'il en résultât la moindre trace de brûlure.

(2) Regnard termine de même sa comédie des *Folies amoureuses*, en mettant dans la bouche d'Albert ces imprécations, qui sont visiblement imitées de celles de Sganarelle :

Et toi, sexe trompeur, plus à craindre sur terre
Que le feu, que la faim, que la peste et la guerre,
De tous les gens de bien tu dois être maudit ;
Je te rends pour jamais au diable qui te fit.

Les Folies amoureuses sont une des mille comédies, où l'on a représenté, à l'instar de *l'École des Maris*, une jeune fille, dont un tuteur vieux, bizarre et brutal, veut faire sa femme, et qui parvient, à force de ruses, à se délivrer de son odieuse tyrannie et de sa poursuite plus odieuse encore.

LISETTE, *au parterre.*

Vous, si vous connoissez des maris loups-garous,
Envoyez-les au moins à l'école chez nous. ⁽¹⁾

---

(1)   Vous, si vous connoissez des maris loups-garous,
      Envoyez-les au moins à l'école chez nous.

Ces paroles qu'un personnage adresse au public, et qui terminent la pièce, sont un usage emprunté au théâtre des anciens, usage qui s'écarte des vrais principes de l'art dramatique, puisque toute illusion est détruite du moment que l'acteur apostrophe le spectateur. Cette faute (car, en dépit de l'autorité, c'en est une réelle) est pourtant beaucoup moins grave à la fin d'une comédie, qu'au milieu, comme on en voit des exemples dans Molière même. *Le Cocu imaginaire* est la première pièce où il ait mis un épilogue : *l'École des Maris* est la seconde et la dernière.

FIN DE L'ÉCOLE DES MARIS.

NOTICE

HISTORIQUE ET LITTÉRAIRE

SUR L'ÉCOLE DES MARIS.

L'ÉCOLE DES MARIS fut représentée le 24 juin 1661, sur le théâtre du Palais-Royal; ensuite, à Vaux, chez le surintendant Fouquet, devant Monsieur, Madame, et le roi d'Angleterre; puis, à Fontainebleau, devant le roi et la reine. Partout elle obtint le plus grand succès, et Molière fut complètement vengé de l'échec qu'avoit essuyé, quatre mois auparavant, *Don Garcie de Navarre*. Il fit imprimer la pièce dans sa nouveauté, et la dédia au protecteur de sa troupe, Monsieur, frère du Roi (1).

---

(1) On a vu, dans la Notice sur *le Cocu imaginaire*, qu'un particulier, nommé Neufvillenaine, fit imprimer cette pièce qu'il avoit apprise par cœur aux représentations, et la dédia à Molière lui-même, en essayant de lui prouver qu'il ne lui avoit causé aucun préjudice. Après avoir rapporté ce fait, j'ajoutois : « On ne voit pas que Molière ait trouvé le rai-
« sonnement mauvais, et se soit plaint de son officieux éditeur. » J'étois dans l'erreur. Le privilége obtenu par Molière pour l'impression de *l'École des Maris*, porte ces mots : « Mais parce qu'il seroit arrivé qu'ayant ci-
« devant composé quelques autres pièces de théâtre, aucunes d'icelles
« auroient été prises et transcrites par des particuliers qui les auroient
« fait imprimer, vendre et débiter en vertu des lettres de privilége qu'ils
« auroient surprises en notre grande chancellerie, à son préjudice et dom-

Molière avoit emprunté à la scène italienne les sujets de *l'Étourdi*, du *Dépit amoureux*, et de *Don Garcie de Navarre*, et il les avoit embellis. Dans *l'École des Maris*, il se montra imitateur plus judicieux et plus habile encore, en puisant dans divers auteurs les élémens variés qu'il devoit combiner de manière à former l'ensemble d'une bonne comédie de caractère, de mœurs et d'intrigue. Il mit à contribution Térence, Boccace, et Lope de Vega, c'est-à-dire l'ancienne Rome, l'Italie du moyen âge, et l'Espagne moderne.

Laissons Voltaire dire quelles obligations Molière eut à Térence, et quels avantages il conserva sur lui.

« On a dit que *l'École des Maris* étoit une copie des *Adel-
« phes* de Térence : si cela étoit, Molière eût plus mérité
« l'éloge d'avoir fait passer en France le bon goût de l'an-
« cienne Rome, que le reproche d'avoir dérobé sa pièce.
« Mais *les Adelphes* ont fourni tout au plus l'idée de *l'École
« des Maris*. Il y a, dans *les Adelphes*, deux vieillards de
« différente humeur, qui donnent chacun une éducation dif-
« férente aux enfans qu'ils élèvent; il y a de même, dans
« *l'École des Maris*, deux tuteurs, dont l'un est sévère et
« l'autre indulgent : voilà toute la ressemblance. Il n'y a pres-
« que point d'intrigue dans *les Adelphes*; celle de *l'École des*

« mage; pour raison de quoi il y auroit eu instance en notre conseil,
« jugée à l'encontre d'un nommé Ribou, libraire-imprimeur, en faveur
« de l'exposant; lequel craignant que celle-ci ne lui soit pareillement
« prise, et que, par ce moyen, il ne soit privé du fruit qu'il en pourroit
« retirer, nous auroit requis de lui accorder nos Lettres, avec les dé-
« fenses sur ce nécessaires. » La plainte de Molière mentionnée dans ce privilége, avoit principalement pour objet l'édition du *Cocu imaginaire*, donnée par Neufvillenaine, et, ce qui le prouve, c'est cette *instance jugée à l'encontre du libraire Ribou*, lequel avoit imprimé cette même édition.

« *Maris* est fine, intéressante et comique. Une des femmes
« de la pièce de Térence, qui devroit faire le personnage le
« plus intéressant, ne paroît sur le théâtre que pour accou-
« cher. L'Isabelle de Molière occupe presque toujours la scène
« avec esprit et avec grace, et mêle quelquefois de la bien-
« séance, même dans les tours qu'elle joue à son tuteur. Le
« dénouement des *Adelphes* n'a nulle vraisemblance : il n'est
« point dans la nature qu'un vieillard qui a été soixante-dix
« ans chagrin, sévère et avare, devienne tout-à-coup gai,
« complaisant et libéral. Le dénouement de *l'École des Maris*
« est le meilleur de toutes les pièces de Molière. Il est vrai-
« semblable, naturel, tiré du fond de l'intrigue; et, ce qui
« vaut bien autant, il est extrêmement comique. Le style de
« Térence est pur, sentencieux, mais un peu froid, comme
« César, qui excelloit en tout, le lui a reproché. Celui de
« Molière, dans cette pièce, est plus châtié que dans les au-
« tres. L'auteur françois égale presque la pureté de la diction
« de Térence, et le passe de bien loin dans l'intrigue, dans
« le caractère, dans le dénouement, dans la plaisanterie. »

On ne peut que souscrire, en général, à ce jugement si
bien exprimé. Je me réserve cependant de combattre l'opinion de Voltaire en ce qui regarde le dénouement de *l'École
des Maris*, lorsque je serai arrivé à l'examen de cette partie
de la pièce.

Le sujet de *l'École des Maris* est la différence que deux
systèmes contraires d'éducation, l'un sagement indulgent, et
l'autre ridiculement sévère, peuvent produire dans les sentimens et dans la conduite des jeunes gens qui y sont assujétis ;
et, d'après cela, il est vrai de dire que Molière doit à Térence l'idée première, l'idée fondamentale de sa comédie,
l'idée à l'exécution de laquelle tout le reste ne fait que concourir.

La fable qui a servi de moyen à Molière pour traiter, pour développer son sujet, appartient à Boccace. Dans le conteur italien, une femme, devenue amoureuse d'un jeune homme qui ne songe point à elle, se sert de l'entremise d'un moine pour lui reprocher les prétendues tentatives qu'il fait contre son honneur, et de cette manière l'avertit d'exécuter précisément les mêmes choses dont elle l'accuse. On aperçoit là tout de suite l'ingénieux stratagême qu'Isabelle met plusieurs fois en usage pour apprendre à Valère qu'elle a remarqué son amour, qu'elle y est sensible, et qu'elle attend de lui qu'il la tirera des mains de son odieux tuteur.

Le plus célèbre des auteurs dramatiques espagnols, Lope de Vega a mis cette intrigue sur la scène dans sa comédie intitulée : *la Discreta enamorada* (l'Amoureuse adroite). Dans cette pièce, ce n'est pas un moine que la femme emploie pour ses messages ; c'est un vieillard qui est amoureux d'elle, et le jeune homme que ce vieillard est chargé de gourmander, est son propre fils. Le moine, bon dans un conte, étoit inadmissible sur la scène, surtout en pays d'inquisition ; c'étoit d'ailleurs une excellente idée dramatique, que d'avoir substitué à ce personnage indifférent, désintéressé, un personnage qui agît contre lui-même, qui travaillât à sa propre ruine. Mais, d'un autre côté, un père, non seulement sacrifié à son fils, mais assez impudemment dupé et bafoué par lui, offensoit des bienséances qu'il n'est permis de violer que quand, de leur violation même, résulte une grande leçon morale, comme dans *l'Avare*.

Molière a profité de l'idée de Lope de Vega, mais pour la corriger, pour la perfectionner. Faisant choix d'un tuteur, ridiculement amoureux de sa pupille qu'il opprime, et lui donnant pour rival un jeune homme qui ne lui doit ni respects, ni égards, il a tout concilié, l'effet comique et les convenances morales. Il a usé aussi du plus heureux ménagement, lorsqu'au lieu d'une femme provoquant et faisant naître, par ses avances, un amour dont on ne s'avisoit pas, il a introduit une jeune fille implorant, acceptant un secours nécessaire, d'une tendresse vive et pure qu'elle a su inspirer avant de la ressentir elle-même.

Au commencement de l'année où parut *l'École des Maris*, Dorimon, auteur et acteur de la troupe de Mademoiselle, avoit fait jouer une comédie intitulée, *la Femme industrieuse*, dans laquelle le comique décent de la pièce espagnole étoit travesti avec une insipide grossièreté. Je ne sais sur quel fondement des critiques ont imaginé que Molière pourroit bien avoir eu quelques obligations à Dorimon. Une ou deux ressemblances fort légères entre deux ouvrages puisés à une source commune, n'autorisent point cette opinion, et d'ailleurs les deux représentations furent tellement rapprochées que Molière n'eût pas eu le temps de s'approprier une seule des idées de son devancier.

Les deux premiers actes de *l'École des Maris* sont généralement admirés, l'un comme renfermant une des meilleures expositions qui soient au théâtre, l'autre comme développant avec art l'intrigue la plus ingénieuse et la plus comique. Le troisième acte ne me semble pas mériter autant les suffrages presque universels qu'il a obtenus. Le même préjugé littéraire, qui condamne injustement les dénouemens de Molière, pris collectivement, vante avec aussi peu de raison peut-être le dénouement de *l'École des Maris*. Les autorités les plus imposantes ont fortifié cette opinion, si elles ne l'ont établie. Selon Voltaire, le dénouement de *l'École des Maris* « est le « meilleur de toutes les pièces de Molière. » Suivant Marmontel, il est « le plus parfait modèle du dénouement comi- « que. » Il est ingénieux et piquant sans doute ; mais j'oserai dire aussi qu'il est invraisemblable; qu'il appartient à ce comique de convention, à ce comique forcé et chargé, qui caractérise la farce plutôt que la véritable comédie. La stupide crédulité de Sganarelle, l'intervention subite et non préparée d'un commissaire et d'un notaire en robe, un mariage fait à l'improviste et sans aucune formalité préalable, tout cela rappelle un peu trop le dénouement banal de ces pièces populaires, connues sous le nom de parades. C'est encore ici le cas d'appliquer la distinction que j'ai déja établie à la fin des notes du *Cocu imaginaire*, entre le dénouement du sujet et celui de l'action. Dans *l'École des Maris*, le dénouement du sujet est bon, puisque chaque tuteur éprouve, de la part de sa pupille, le traitement qu'il mérite, d'après le système d'éducation et de conduite qu'il a suivi à son égard; mais le dénouement de l'action ne vaut rien, puisque, amené par des scènes nocturnes d'une invraisemblance choquante, il n'aboutit qu'à un mariage par surprise, dont la nullité est par trop manifeste. Ce n'est pas ainsi que les choses se passent dans le monde, dont la vraie comédie entreprend de retracer les actions ordinaires, aussi-bien que d'en peindre les mœurs habituelles.

Molière est le premier qui ait donné à une comédie le titre d'*École*, tant prodigué depuis lui, et souvent donné avec plus de prétention que de justesse. Lui-même a-t-il imposé ce titre d'une manière tout-à-fait exacte, lorsqu'il a nommé *École des Maris*, une pièce où nul mari ne figure, et qui seroit presque aussi bien appelée l'École des parents, ou des instituteurs, puisque la principale moralité qu'on en doive tirer, c'est qu'il ne faut point user envers la jeunesse d'une sévérité excessive, si l'on ne veut lui inspirer une juste aversion pour soi, et en même temps un goût plus vif des choses même qu'on lui interdit? Il est vrai que la leçon peut s'adresser aux maris, et que c'est à eux surtout qu'il importe d'en savoir profiter.

L'École des Maris a engendré une foule d'imitations, au nombre desquelles je ne crains pas de mettre *l'École des Femmes*, qui la suivit immédiatement. Dans l'examen de cette dernière pièce, je ferai remarquer la ressemblance des deux ouvrages, dont le but dramatique est absolument le même, quoique avec des moyens différens, et dont le but moral, sans être tout-à-fait pareil, a du moins beaucoup d'analogie. *Le Florentin*, *les Folies amoureuses*, *le Barbier de Séville*, *Guerre ouverte*, *l'Intrigue épistolaire*, et vingt autres comédies sont faites, pour ainsi dire, sur le patron de *l'École des Maris*. Dans toutes, c'est un tuteur aux prises avec sa pupille qu'il aime, et un jeune homme qu'elle lui préfère; dans toutes, la ligue des deux amans triomphe des vains efforts du vieillard amoureux et jaloux.

Nous avons vu que Molière, depuis *les Précieuses ridicules*, premier essai, parmi nous, de la véritable comédie de mœurs, avoit encore deux fois cédé à la force de l'exemple; dans *le Cocu imaginaire*, en appliquant à une intrigue peu naturelle les couleurs de la comédie bouffonne que Scarron avoit mise en vogue; dans *Don Garcie de Navarre*, en revenant au système d'imitation qu'il sembloit avoir abandonné, et en s'essayant, contre le gré de son génie, dans le faux genre de la tragi-comédie. Il rentre, par *l'École des Maris*, dans la bonne route, dans la route qu'il avoit ouverte, et que désormais il doit suivre sans interruption. C'est de *l'École des Maris* que date véritablement ce qu'on pourroit appeler la seconde manière de Molière, celle où, cessant de copier avec talent, il invente avec génie, où renonçant à imiter les tableaux fantastiques d'une nature de convention, il prend pour uniques modèles, l'homme de tous les temps et la société du sien. Voltaire dit avec raison : « Quand Molière n'auroit fait que « *l'École des Maris*, il passeroit encore pour un excellent « auteur comique. »

LES FACHEUX,

COMÉDIE-BALLET EN TROIS ACTES.

1661.

AU ROI.

SIRE,

J'AJOUTE une scène à la comédie; et c'est une espèce de Fâcheux assez insupportable, qu'un homme qui dédie un livre. VOTRE MAJESTÉ en sait des nouvelles plus que personne de son royaume, et ce n'est pas d'aujourd'hui qu'ELLE se voit en butte à la furie des épîtres dédicatoires. Mais bien que je suive l'exemple des autres, et me mette moi-même au rang de ceux que j'ai joués, j'ose dire toutefois à VOTRE MAJESTÉ, que ce que j'en ai fait, n'est pas tant pour lui présenter un livre, que pour avoir lieu de lui rendre graces du succès de cette comédie. Je le dois, SIRE, ce succès qui á passé mon attente, non-seulement à cette glorieuse approbation dont VOTRE MAJESTÉ honora d'abord la pièce, et qui a entraîné si hautement celle de tout le monde, mais encore à l'ordre qu'ELLE

ÉPITRE DÉDICATOIRE.

me donna d'y ajouter un caractère de Fâcheux, dont elle eut la bonté de m'ouvrir les idées Elle-même, et qui a été trouvé partout le plus beau morceau de l'ouvrage (1). Il faut avouer, Sire, que je n'ai jamais rien fait avec tant de facilité, ni si promptement que cet endroit où Votre Majesté me commanda de travailler. J'avois une joie à lui obéir, qui me valoit bien mieux qu'Apollon et toutes les Muses ; et je conçois par-là ce que je serois capable d'exécuter pour une comédie entière, si j'étois inspiré par de pareils commandemens. Ceux qui sont nés en un rang élevé, peuvent se proposer l'honneur de servir Votre Majesté dans les grands emplois ; mais, pour moi, toute la gloire où je puis aspirer, c'est de la réjouir. Je borne là l'ambition de mes souhaits ; et je crois qu'en quelque façon ce n'est pas être inutile à la France que de contribuer quelque

---

(1) Le caractère de Fâcheux que le Roi donna ordre à Molière d'ajouter à sa pièce, est celui du chasseur, acte II, scène VII. Je renvoie le récit de cette anecdote à la *Notice historique et littéraire*. Lorsque Molière dit au Roi que la scène dont il lui a fourni l'idée, a été trouvée *le plus beau morceau de l'ouvrage*, il lui dit une chose presque aussi vraie que flatteuse. Il est certain que le chasseur Dorante est un de ses Fâcheux les plus amusans. Si la pièce eut d'abord un grand succès sans ce personnage, on ne peut nier qu'il n'ait contribué beaucoup au plaisir qu'elle a fait depuis, et que nous ne devions à Louis XIV un peu de la reconnoissance que Molière lui témoigne ici.

ÉPITRE DÉDICATOIRE.

chose au divertissement de son roi*⁽¹⁾. Quand je n'y réussirai pas, ce ne sera jamais par un défaut de zèle ni d'étude, mais seulement par un mauvais destin qui suit assez souvent les meilleures intentions, et qui sans doute affligeroit sensiblement,

SIRE,

DE VOTRE MAJESTÉ,

Le très-humble, très-obéissant,
et très-fidèle serviteur et sujet,

J.-B. P. MOLIÈRE. ⁽²⁾

VARIANTE. * *Contribuer en quelque chose au divertissement de son roi.*

---

(1) *Contribuer quelque chose au divertissement de son Roi.* — Autrefois, *contribuer* pouvoit s'employer activement, comme dans cette phrase de Molière; aujourd'hui il n'est plus que neutre, et l'on diroit, *contribuer en quelque chose au divertissement de son roi.*

(2) Cette épître dédicatoire, qui commence par un trait des plus ingénieux, et où la louange a un tour délicat et fin, ne sembleroit pas être sortie de la même plume que celle qui précède *l'École des Maris*. Il est vrai que celle-ci étoit adressée à MONSIEUR, frère du roi, prince en qui l'on n'avoit à vanter ni grandes qualités, ni grandes actions; tandis qu'il y avoit, dans le caractère et dans la conduite de Louis XIV, de quoi inspirer et justifier les éloges d'un poëte honoré de ses bienfaits.

AVERTISSEMENT.[1]

Jamais entreprise au théâtre ne fut si précipitée que celle-ci; et c'est une chose, je crois, toute nouvelle, qu'une comédie ait été conçue, faite, apprise et représentée en quinze jours. Je ne dis pas cela pour me piquer de l'*impromptu*, et en prétendre de la gloire, mais seulement pour prévenir certaines gens, qui pourroient trouver à redire que je n'aie pas mis ici toutes les espèces de fâcheux qui se trouvent. Je sais que le nombre en est grand, et à la cour et dans la ville; et que, sans épisodes, j'eusse bien pu en composer une comédie de cinq actes bien fournis, et avoir encore de la matière de reste [2]. Mais dans le peu de temps qui me fut donné, il m'étoit impossible de faire un grand dessein, et de rêver

---

(1) Les premières éditions ne portent point ce titre.

(2) *Sans épisodes, j'eusse bien pu en composer une comédie de cinq actes bien fournis, et avoir encore de la matière de reste.* — Par cette expression, *sans épisodes*, Molière veut dire sûrement, sans rien ajouter d'étranger au sujet, en n'introduisant pas d'autres personnages que des fâcheux; car, si la comédie en cinq actes qu'il suppose, étoit construite de la même manière que celle qu'il a faite en trois actes, il ne pourroit pas dire qu'elle seroit *sans épisodes*, dans le sens que nous donnons aujourd'hui à ce mot, puisque nous appelons comédies *à épisodes* celles qui, comme *les Fâcheux*, sont formées de scènes détachées, n'ayant pas entre elles de liaison nécessaire, et pouvant être transposées ou retranchées à volonté.

AVERTISSEMENT.

beaucoup sur le choix de mes personnages, et sur la disposition de mon sujet. Je me réduisis donc à ne toucher qu'un petit nombre d'importuns; et je pris ceux qui s'offrirent d'abord à mon esprit, et que je crus les plus propres à réjouir les augustes personnes devant qui j'avois à paroître; et, pour lier promptement toutes ces choses ensemble, je me servis du premier nœud que je pus trouver. Ce n'est pas mon dessein d'examiner maintenant si tout cela pouvoit être mieux, et si tous ceux qui s'y sont divertis, ont ri selon les règles. Le temps viendra de faire imprimer mes remarques sur les pièces que j'aurai faites, et je ne désespère pas de faire voir un jour, en grand auteur, que je puis citer Aristote et Horace. En attendant cet examen, qui peut-être ne viendra point, je m'en remets assez aux décisions de la multitude, et je tiens aussi difficile de combattre un ouvrage que le public approuve, que d'en défendre un qu'il condamne.[1]

Il n'y a personne qui ne sache pour quelle réjouis-

---

[1] On ne voit pas si c'est bien sérieusement que Molière annonce ici le projet d'examiner quelque jour les pièces qu'il aura faites. Il en parle d'un ton de badinage qui autoriseroit presque à en douter. Du moins, il s'explique en homme qui craint de s'engager, lorsqu'il se hâte d'avertir ses lecteurs que *peut-être cet examen ne viendra point*. Le temps, si ce n'est pas la volonté, lui a manqué pour le faire, et les amis des lettres ne sauroient trop s'en affliger. Quelle poétique de la comédie eût donnée Molière, racontant avec la bonne foi d'un homme supérieur, ses succès et ses revers, recherchant la cause des uns et des autres, enfin éclairant les œuvres de son génie de toutes les lumières de sa raison et de son expérience !

sance la pièce fut composée; et cette fête a fait un tel éclat, qu'il n'est pas nécessaire d'en parler; mais il ne sera pas hors de propos de dire deux paroles des ornemens qu'on a mêlés avec la comédie. (1)

Le dessein étoit de donner un ballet aussi; et comme il n'y avoit qu'un petit nombre choisi de danseurs excellens, on fut contraint de séparer les entrées de ce ballet, et l'avis fut de les jeter dans les entr'actes de la comédie, afin que ces intervalles donnassent temps aux mêmes baladins (2) de revenir sous d'autres habits*. De sorte que, pour ne point rompre aussi le fil de la pièce par ces manières d'intermèdes, on s'avisa de les coudre au sujet du mieux que l'on put, et de ne faire qu'une seule chose du ballet et de la comédie; mais comme le temps étoit fort précipité, et que tout cela ne fut pas réglé entièrement par une même tête, on trouvera peut-être quelques endroits du ballet qui n'entrent pas dans la comédie aussi naturellement que d'autres. Quoi qu'il en soit,

VARIANTE. * *De venir sous d'autres habits.*

---

(1) A la manière succincte et circonspecte dont Molière s'exprime ici sur la fête de Vaux, pour laquelle fut composée la comédie des *Fâcheux*, on croit voir qu'il craint de trop arrêter les souvenirs du lecteur sur cette fête qui manqua de faire un bien autre *éclat* que celui dont il parle, puisqu'il s'en fallut peu que Fouquet ne fût arrêté pendant qu'il la donnoit. Il ne le fut que dix-neuf jours après.

(2) *Baladin*, du vieux mot *baller* (danser), signifioit alors un danseur de théâtre. Aujourd'hui, c'est un terme de mépris qui ne désigne plus guère qu'un farceur de tréteaux ou un bouffon de société.

AVERTISSEMENT. 375

c'est un mélange qui est nouveau pour nos théâtres, et dont on pourroit chercher quelques autorités dans l'antiquité; et comme tout le monde l'a trouvé agréable, il peut servir d'idée à d'autres choses, qui pourroient être méditées avec plus de loisir. (1)

D'abord que la toile fut levée, un des acteurs, comme vous pourriez dire, moi, parut sur le théâtre en habit de ville, et s'adressant au Roi avec le visage d'un homme surpris, fit des excuses en désordre sur ce qu'il se trouvoit là seul*, et manquoit de temps et d'acteurs pour donner à Sa Majesté le divertissement qu'elle sembloit attendre. En même temps, au milieu de vingt jets-d'eau naturels, s'ouvrit cette coquille que tout le monde a vue; et l'agréable Nayade qui parut dedans, s'avança au bord du théâtre, et d'un air héroïque prononça les vers que M. Pellisson avoit faits, et qui servent de prologue. (2)

VARIANTE. * De ce qu'il se trouvoit là seul.

---

(1) On voit, par ce passage, que Molière est l'inventeur de la comédie-ballet, et que *les Fâcheux* en sont le premier exemple. Ce genre de pièces, où la danse est liée à l'action et en remplit les intervalles, est particulièrement propre aux fêtes que les souverains donnent ou reçoivent. Aussi toutes les pièces que Molière composa pour être représentées d'abord devant le Roi (et elles sont en grand nombre), sont des comédies-ballets.

(2) Peu de jours après avoir composé ce prologue, dans lequel il vantoit la *douceur* et la *justice* du monarque, Pellisson fut arrêté avec Fouquet dont il étoit le premier commis, et enfermé à la Bastille d'où il ne sortit qu'après quatre années d'une captivité fort dure. On employa tout, jusqu'à la ruse, pour tirer de lui quelques aveux qui fussent de nature à compromettre son bienfaiteur et son ami. Rien ne put intimider ni corrompre ni surprendre sa fidélité. Du fond même de son cachot, il entre-

prit de justifier Fouquet, et il écrivit pour sa défense deux Mémoires qui font presque autant d'honneur à son talent qu'à son caractère.

La Fontaine, qui avoit assisté à la fête de Vaux, en adressa une description en prose et en vers, à son ami Maucroix. On ne lira sûrement pas sans quelque plaisir le passage où il décrit les jeux de machines qui furent exécutés avant et pendant le prologue de Pellisson, surtout cette coquille *que tout le monde a vue*, et d'où sortit *l'agréable Nayade*, que Molière ne nomme pas, et qui étoit la Béjart, dont il devoit faire quelque temps après sa femme, pour le malheur de sa vie.

> On vit des rocs s'ouvrir, des termes se mouvoir,
> Et sur son piédestal tourner mainte figure.
> Deux enchanteurs, pleins de savoir,
> Firent tant par leur imposture,
> Qu'on crut qu'ils avoient le pouvoir
> De commander à la nature.
> L'un de ces enchanteurs est le sieur Torelli,
> Magicien expert et faiseur de miracles ;
> Et l'autre c'est Lebrun, par qui Vaux embelli
> Présente aux regardans mille rares spectacles ;
> Lebrun, dont on admire et l'esprit et la main,
> Père d'inventions agréables et belles,
> Rival des Raphaëls, successeur des Apelles,
> Par qui notre climat ne doit rien au romain.
> Par l'avis de ces deux la chose fut réglée.
> D'abord aux yeux de l'assemblée
> Parut un rocher si bien fait,
> Qu'on le crut rocher en effet ;
> Mais insensiblement se changeant en coquille,
> Il en sortit une nymphe gentille
> Qui ressembloit à la Béjart,
> Nymphe excellente dans son art,
> Et que pas une ne surpasse.
> Aussi récita-t-elle avec beaucoup de grace
> Un prologue, estimé l'un des plus accomplis
> Qu'en ce genre on pût écrire,
> Et plus beau que je ne dis
> Ou bien que je n'ose dire ;
> Car il est de la façon
> De notre ami Pellisson.
> Ainsi, bien que je l'admire,
> Je m'en tairai, puisqu'il n'est pas permis
> De louer ses amis.

« Dans ce prologue, la Béjart, qui représente la nymphe de la fontaine
« où se passe cette action, commande aux divinités qui lui sont soumises,

AVERTISSEMENT.

« de sortir des marbres qui les enferment, et de contribuer de tout leur
« pouvoir au divertissement de Sa Majesté : aussitôt les termes et les sta-
« tues qui font partie de l'ornement du théâtre, se meuvent, et il en
« sort, je ne sais comment, des Faunes et des Bacchantes qui font l'une
« des entrées du ballet. C'est une fort plaisante chose que de voir accou-
« cher un terme, et danser l'enfant en venant au monde. »

PROLOGUE.

Le théâtre représente un jardin orné de termes et de plusieurs jets-d'eau.

UNE NAÏADE, *sortant des eaux dans une coquille.*

Pour voir en ces beaux lieux le plus grand roi du monde,
Mortels, je viens à vous de ma grotte profonde.
Faut-il, en sa faveur, que la terre ou que l'eau
Produisent à vos yeux un spectacle nouveau ?
Qu'il parle ou qu'il souhaite, il n'est rien d'impossible ;
Lui-même n'est-il pas un miracle visible ?
Son règne, si fertile en miracles divers,
N'en demande-t-il pas à tout cet univers ?
Jeune, victorieux, sage, vaillant, auguste,
Aussi doux que sévère, aussi puissant que juste :
Régler et ses états et ses propres desirs ;
Joindre aux nobles travaux les plus nobles plaisirs ;
En ses justes projets jamais ne se méprendre ;
Agir incessamment, tout voir et tout entendre,
Qui peut cela, peut tout : il n'a qu'à tout oser,
Et le ciel à ses vœux ne peut rien refuser.
Ces termes marcheront, et, si Louis l'ordonne,
Ces arbres parleront mieux que ceux de Dodone.
Hôtesses de leurs troncs, moindres divinités,
C'est Louis qui le veut, sortez, Nymphes, sortez,
Je vous montre l'exemple, il s'agit de lui plaire.
Quittez pour quelque temps votre forme ordinaire,

Et paroissons ensemble aux yeux des spectateurs,
Pour ce nouveau théâtre, autant de vrais acteurs.

(*Plusieurs Dryades, accompagnées de Faunes et de Satyres, sortent des arbres et des termes.*)

Vous, soin de ses sujets, sa plus charmante étude,
Héroïque souci, royale inquiétude,
Laissez-le respirer, et souffrez qu'un moment
Son grand cœur s'abandonne au divertissement :
Vous le verrez demain, d'une force nouvelle,
Sous le fardeau pénible où votre voix l'appelle,
Faire obéir les lois, partager les bienfaits, ⁽¹⁾
Par ses propres conseils prévenir nos souhaits,
Maintenir l'univers dans une paix profonde,
Et s'ôter le repos pour le donner au monde.
Qu'aujourd'hui tout lui plaise, et semble consentir
A l'unique dessein de le bien divertir.
Fâcheux, retirez-vous, ou s'il faut qu'il vous voie,
Que ce soit seulement pour exciter sa joie. ⁽²⁾

(*La Naïade emmène avec elle, pour la comédie, une partie des gens qu'elle a fait paroître, pendant que le reste se met à danser au son des hauts-bois, qui se joignent aux violons.*)

---

(1) Faire obéir les lois, partager les bienfaits.

Comme on n'a jamais dit, *obéir une loi*, on n'a jamais dû dire non plus, *faire obéir les lois*, au lieu de, *faire obéir aux lois*, ou bien, *faire observer les lois*. La faute est si grave et en même temps si facile à éviter, qu'on est tenté de la prendre pour une faute d'impression

(2) Ce prologue, dont les deux derniers vers annoncent ingénieusement le sujet de la comédie, est d'une pureté, d'une élégance et d'une noblesse de style remarquables. Il autorise à croire que Pellisson, dont le talent, comme le caractère, avoit de l'élévation, n'eût pas moins réussi dans la poésie que dans l'éloquence.

ACTEURS.

DAMIS, tuteur d'Orphise.
ORPHISE.
ÉRASTE, amoureux d'Orphise.
ALCIDOR,
LISANDRE,
ALCANDRE,
ALCIPPE,
ORANTE,
CLIMÈNE, } fâcheux.
DORANTE,
CARITIDÈS,
ORMIN,
FILINTE,
LA MONTAGNE, valet d'Éraste.
L'ÉPINE, valet de Damis.
LA RIVIÈRE, et deux camarades.

La scène est à Paris.

ERASTE.

Puisqu'à moins d'un arrêt je ne m'en puis défaire,
Toutes deux à la fois je vous veux satisfaire;

Les Fâcheux, Acte II, Scène IV.

LES FACHEUX,
COMÉDIE-BALLET.

ACTE PREMIER.

SCÈNE PREMIÈRE.
ÉRASTE, LA MONTAGNE.

ÉRASTE.

Sous quel astre, bon dieu! faut-il que je sois né,
Pour être de fâcheux toujours assassiné!
Il semble que partout le sort me les adresse,
Et j'en vois chaque jour quelque nouvelle espèce;
Mais il n'est rien d'égal au fâcheux d'aujourd'hui;
J'ai cru n'être jamais débarrassé de lui,
Et cent fois j'ai maudit cette innocente envie
Qui m'a pris à dîner de voir la comédie,
Où, pensant m'égayer, j'ai misérablement
Trouvé de mes péchés le rude châtiment.
Il faut que je te fasse un récit de l'affaire,
Car je m'en sens encor tout ému de colère.
J'étois sur le théâtre en humeur d'écouter
La pièce, qu'à plusieurs j'avois ouï vanter;
Les acteurs commençoient, chacun prêtoit silence;
Lorsque d'un air bruyant et plein d'extravagance,

LES FACHEUX.

Un homme à grands canons [1] est entré brusquement
En criant : Holà ! ho ! un siége promptement !
Et, de son grand fracas surprenant l'assemblée,
Dans le plus bel endroit a la pièce troublée. [2]
Hé ! mon dieu ! nos François, si souvent redressés,
Ne prendront-ils jamais un air de gens sensés,
Ai-je dit, et faut-il sur nos défauts extrêmes,
Qu'en théâtre public nous nous jouïons nous-mêmes, [3]
Et confirmions ainsi, par des éclats de fous,
Ce que chez nos voisins on dit partout de nous ?
Tandis que là-dessus je haussois les épaules,
Les acteurs ont voulu continuer leurs rôles ;
Mais l'homme pour s'asseoir a fait nouveau fracas,
Et traversant encor le théâtre à grands pas,
Bien que dans les côtés il pût être à son aise,

---

(1) Voir ce qui a été dit sur les *canons*, *Précieuses ridicules*, page 48, note 2.

(2) Dans le plus bel endroit a la pièce troublée.

A la pièce troublée, pour, *a troublé la pièce*. Cette inversion, dont on trouve des exemples dans Malherbe, La Fontaine et Corneille, est justement regrettée par les poëtes. Toutefois, l'inversion ne changeant point le rapport grammatical des mots, il sembleroit qu'on dût dire, *a la pièce troublé*, et non, *a la pièce troublée*, puisque, dans l'ordre naturel, le participe est indéclinable. Les Italiens vont encore plus loin, car ils déclinent ou ne déclinent pas le participe placé avant son régime, et disent indifféremment, *ho scritto* et *ho scritta una lettera*.

(3) Qu'en théâtre public nous nous jouïons nous-mêmes.

D'Olivet a blâmé dans Racine, *on va donner en spectacle funeste*, parce qu'on dit absolument, *donner en spectacle*, comme *prendre en pitié*, et autres phrases semblables. Le vers de Molière ne peut pas être condamné par cette raison ; car *se jouer en théâtre* n'est pas une phrase absolue ni une phrase faite ; elle veut dire, *se jouer dans* ou plutôt *sur un théâtre* ; l'article n'est que sous-entendu, et il semble qu'à la rigueur le mot *théâtre* peut être suivi de l'adjectif *public*.

ACTE I, SCÈNE I.

Au milieu du devant il a planté sa chaise,
Et de son large dos morguant les spectateurs,
Aux trois quarts du parterre a caché les acteurs. (1)
Un bruit s'est élevé, dont un autre eût eu honte;
Mais lui, ferme et constant, n'en a fait aucun compte,
Et se seroit tenu comme il s'étoit posé,
Si, pour mon infortune, il ne m'eût avisé.
Ah! marquis! m'a-t-il dit, prenant près de moi place,
Comment te portes-tu? Souffre que je t'embrasse.
Au visage, sur l'heure, un rouge m'est monté,
Que l'on me vît connu d'un pareil éventé. (2)
Je l'étois peu pourtant; mais on en voit paroître,
De ces gens qui de rien veulent fort vous connoître, (3)

---

(1) Du temps de Molière et bien long-temps encore après, il y avoit sur l'avant-scène, à droite et à gauche, des siéges où se plaçoient ordinairement des jeunes gens qui troubloient l'attention des spectateurs, et même la mémoire des acteurs, par des propos bruyans, des éclats de rire et des manières évaporées. Molière et d'autres comiques se sont moqués plus d'une fois de leur conduite ridicule et impertinente. Voltaire, qui, en qualité d'auteur tragique, prenoit la chose un peu plus sérieusement, a souvent dénoncé avec force cet abus qu'il appeloit *monstrueux*. Enfin, en 1759, M. le comte de Lauraguais, aujourd'hui duc de Brancas, l'a fait cesser en donnant aux comédiens une somme considérable pour les indemniser de la perte que devoit leur faire éprouver la suppression des banquettes de l'avant-scène.

(2)   Au visage, sur l'heure, un rouge m'est monté,
       Que l'on me vît connu d'un pareil éventé.

On dit plus communément, *le rouge m'est monté au visage* qu'*un rouge m'est monté*. Molière dit ici, par métonymie, en prenant l'effet pour la cause, *un rouge m'est monté que l'on me vît connu*, au lieu de, *j'ai été honteux que l'on me vît connu*, etc. C'est une de ces tournures vives et hardies qui ont de la grace dans la conversation.

(3)   De ces gens qui de rien veulent fort vous connoître.

De rien, c'est-à-dire, pour vous avoir à peine vu. L'expression manque un peu de clarté et d'élégance.

Dont il faut au salut les baisers essuyer,
Et qui sont familiers jusqu'à vous tutoyer. (1)
Il m'a fait à l'abord cent questions frivoles,
Plus haut que les acteurs élevant ses paroles. (2)
Chacun le maudissoit; et moi, pour l'arrêter,
Je serois, ai-je dit, bien aise d'écouter.
—Tu n'as point vu ceci, marquis? Ah! dieu me damne!
Je le trouve assez drôle, et je n'y suis pas âne;
Je sais par quelles lois un ouvrage est parfait,
Et Corneille me vient lire tout ce qu'il fait. (3)

---

(1)   Et qui sont familiers jusqu'à vous tutoyer.

Ce travers, qui semble avoir été assez commun à la cour de Louis XIV, a eu des imitateurs sous les règnes suivans. Tout le monde sait ce qui est arrivé à feu M. le comte Louis de Narbonne. Un de ces gens *qui de rien veulent fort vous connoître*, le rencontre et lui dit: *Bonjour, mon ami, comment te portes-tu?* Il lui répond sur-le-champ: *A merveille, mon ami, et toi, comment t'appelles-tu?* Cette réponse, pour l'à-propos et la vivacité, mérite d'être placée à côté de celle que fit le fameux comte de Grammont, déja âgé, à un jeune marquis dont la noblesse étoit de fraîche date comme la personne. *Bonjour, vieux comte.* — *Bonjour, jeune marquis.*

(2)   Plus haut que les acteurs élevant ses paroles.

Regnard, dans *le Distrait*, attaquant le même ridicule dont Molière fait ici justice, a dit:

    Plus haut que les acteurs vous élevez la voix.

(3)   Et Corneille me vient lire tout ce qu'il fait.

Corneille étoit vivant: son nom, placé dans cette scène et prononcé devant le Roi, étoit une sorte d'hommage public, rendu au génie du père de notre théâtre. Rotrou en avoit déja donné l'exemple dans sa tragédie du *Véritable saint Genest*, en mettant dans la bouche de son héros des vers qui désignoient Corneille et ses plus belles tragédies. La tirade finissoit ainsi:

    Ces poëmes sans prix, où son illustre main
    D'un pinceau sans pareil a peint l'esprit romain,
    Rendront de leurs beautés votre oreille idolâtre,
    Et sont aujourd'hui l'ame et l'amour du théâtre.

ACTE I, SCÈNE I.

Là-dessus de la pièce il m'a fait un sommaire,
Scène à scène averti de ce qui s'alloit faire,
Et jusques à des vers qu'il en savoit par cœur,
Il me les récitoit tout haut avant l'acteur.
J'avois beau m'en défendre, il a poussé sa chance,
Et s'est devers la fin levé long-temps d'avance; (1)
Car les gens du bel air, pour agir galamment,
Se gardent bien surtout d'ouïr le dénouement.
Je rendois grace au ciel, et croyois de justice,
Qu'avec la comédie eût fini mon supplice; (2)
Mais, comme si c'en eût été trop bon marché, (3)
Sur nouveaux frais mon homme à moi s'est attaché,
M'a conté ses exploits, ses vertus non communes,
Parlé de ses chevaux, de ses bonnes fortunes,
Et de ce qu'à la cour il avoit de faveur,
Disant qu'à m'y servir il s'offroit de grand cœur.
Je le remerciois doucement de la tête,

---

(1)   Et s'est devers la fin levé long-temps d'avance.

Devers la fin, il faudroit, *vers la fin*. On disoit, et l'on dit encore en style familier, *devers* pour *vers*, comme préposition de lieu: *il est allé, il habite devers Lyon*; mais *vers*, préposition de temps, ne peut, en aucun cas, être remplacé par *devers*.

(2)   Et croyois de justice,
    Qu'avec la comédie eût fini mon supplice.

On ne dit pas ordinairement, *je croyois de justice qu'une telle chose se fît*, pour, *je croyois juste*; mais on dit très-bien, *je croyois, il me paroissoit de toute justice*, etc.

(3)   Mais comme si c'en eût été trop bon marché.

La règle du repos de l'hémistiche, sur l'observation de laquelle on se montre peu sévère à l'égard des poëtes comiques, est violée dans ce vers d'une manière inexcusable. *Eût été* est un seul temps de verbe, composé de deux mots tellement inséparables qu'on peut dire qu'ici la césure tombe au milieu d'un mot.

Minutant à tous coups quelque retraite honnête; (1)
Mais lui, pour le quitter, me voyant ébranlé :
Sortons, ce m'a-t-il dit, le monde est écoulé : (2)
Et, sortis de ce lieu, me la donnant plus sèche, (3)
Marquis, allons au Cours faire voir ma galèche, * (4)

VARIANTE. * Faire voir ma calèche.

---

(1) Regnier, d'après Horace, a fait une satire du *Fâcheux*, où Molière a évidemment pris le sujet de ce récit, et dont il a imité quelques détails. De même que le fâcheux de Regnier *parle de ses hauts-faits et de ses vaillantises*, celui de Molière *conte ses exploits, ses vertus non communes*. L'expression de ce vers :

Minutant à tous coups quelque retraite honnête,

appartient à Regnier qui dit, dans cette même satire du *Fâcheux* :

Minutant me sauver de cette tyrannie,

et dans une autre satire (la Xe) :

Avec un froid adieu je minute ma fuite.

(2)   Sortons, ce m'a-t-il dit, le monde est écoulé.

De même que *sortons, m'a-t-il dit*, est pour, *il m'a dit : sortons ; sortons, ce m'a-t-il dit*, est pour, *il m'a dit cela : sortons*. Mais *ce* est superflu et n'est plus d'usage.

(3) *Me la donnant plus sèche.* Suivant le dictionnaire de l'Académie, *la donner sèche*, c'est annoncer quelque nouvelle fâcheuse, donner quelque alarme sans précaution. Cette locution proverbiale n'est plus usitée et ne s'entendroit pas aujourd'hui. Je n'en ai pu découvrir l'origine.

(4)   Marquis, allons au Cours faire voir ma galèche.

Voir, sur le *Cours*, autrement, *le Cours-la-Reine, le Dépit amoureux*, tome I, page 183, note 2. — *Galèche*. C'est ainsi que ce mot est écrit dans toutes les premières éditions, y compris celle de 1682. Peut-être, par une prononciation molle et paresseuse dont il y a beaucoup d'exemples, les courtisans disoient-ils *galèche*, au lieu de *calèche*. Peut-être aussi falloit-il dire, *galèche*, en faisant venir ce mot de l'ancien mot françois *galée*, signifiant navire, à cause d'une certaine ressemblance qui existe entre la coupe d'une *calèche* et celle d'un bâtiment de mer. Ménage tire le mot *calèche*, de *carrus* : cette étymologie est peu vraisemblable.

ACTE I, SCÈNE I.

Elle est bien entendue, et plus d'un duc et pair
En fait à mon faiseur faire une du même air. (1)
Moi, de lui rendre grace, et, pour mieux m'en défendre,
De dire que j'avois certain repas à rendre.
— Ah! parbleu! j'en veux être, étant de tes amis,
Et manque au maréchal à qui j'avois promis. (2)
De la chère, ai-je fait *, la dose est trop peu forte (3)
Pour oser y prier des gens de votre sorte.
Non, m'a-t-il répondu, je suis sans compliment,
Et j'y vais pour causer avec toi seulement;
Je suis des grands repas fatigué, je te jure.
Mais si l'on vous attend, ai-je dit, c'est injure.
— Tu te moques, marquis ; nous nous connoissons tous,
Et je trouve avec toi des passe-temps plus doux.
Je pestois contre moi, l'ame triste et confuse

VARIANTE. * *De la chère, ai-je dit.*

---

(1) *En fait à mon faiseur faire une du même air.*

Ces trois mots, *fait, faiseur* et *faire*, dans un même vers, sont une petite négligence fort excusable dans un vers de comédie.

(2) Autre imitation de la satire du *Fâcheux* de Regnier :

    Lui, de m'offrir la croupe.
Moi, pour m'en dépêtrer, lui dire tout exprès :
Je vous baise les mains, je m'en vais ici près,
Chez mon oncle dîner. — O dieu! le galant homme!
J'en suis.

(3)   *De la chère, ai-je fait, la dose est trop peu forte.*

Ai-je fait, pour, *ai-je dit*. Anciennement, on se servoit souvent du verbe *faire*, à la place du verbe *dire*, surtout dans ces façons de parler, *dis-je, dit-il, disons-nous*. On lit dans *l'Étourdi* :

Monsieur, au nom de Dieu, lui *fais-je* assez souvent,
Cessez de vous laisser conduire au moindre vent.

Les paysans ont long-temps conservé cet usage, et les poëtes comiques qui les ont fait parler, s'y sont conformés.

Du funeste succès qu'avoit eu mon excuse,
Et ne savois à quoi je devois recourir,
Pour sortir d'une peine à me faire mourir ;
Lorsqu'un carrosse fait de superbe manière,
Et comblé de laquais et devant et derrière,
S'est, avec un grand bruit, devant nous arrêté,
D'où sautant un jeune homme amplement ajusté,
Mon importun et lui, courant à l'embrassade,
Ont surpris les passans de leur brusque incartade ;
Et tandis que tous deux étoient précipités
Dans les convulsions de leurs civilités,
Je me suis doucement esquivé sans rien dire ; (1)
Non sans avoir long-temps gémi d'un tel martyre,
Et maudit le fâcheux, dont le zèle obstiné
M'ôtoit au rendez-vous qui m'est ici donné. (2)

---

(1) Encore imité de Regnier :

> J'esquive doucement, et m'en vais à grands pas,
> La queue en loup qui fuit, et les yeux contre bas.

(2) M'ôtoit au rendez-vous qui m'est ici donné.

Le verbe *ôter* n'a pour régime une personne que dans ces phrases : *ôtez-vous de là*, *ôtez-moi de peine*. Partout ailleurs, il ne régit que des choses. *M'enlevoit au rendez-vous* étoit l'expression propre.

On a trouvé qu'Éraste faisoit un peu trop d'honneur à son valet, en lui racontant si longuement et avec tant de détails la contrariété qu'il venoit d'éprouver. Cette critique est peu fondée à l'égard d'une pièce à tiroir où tout est sacrifié au dessein de montrer, soit en récit, soit en action, le plus qu'il se peut d'originaux de différente espèce. Éraste, n'ayant pour interlocuteurs, outre son valet, que des fâcheux dont il ne se débarrasse jamais assez vite, et sa maîtresse qu'il ne peut jamais rejoindre que pour des instans fort courts, c'est à ce valet seul qu'il pouvoit conter sa chance. Du reste, Molière a pris soin de motiver cette narration d'Éraste, en lui faisant dire :

> Il faut que je te fasse un récit de l'affaire ;
> Car je m'en sens encor tout ému de colère.

LA MONTAGNE.

Ce sont chagrins mêlés aux plaisirs de la vie.
Tout ne va pas, monsieur, au gré de notre envie.
Le ciel veut qu'ici-bas chacun ait ses fâcheux,
Et les hommes seroient sans cela trop heureux.

ÉRASTE.

Mais de tous mes fâcheux*, le plus fâcheux encore
C'est Damis, le tuteur de celle que j'adore,
Qui rompt ce qu'à mes vœux elle donne d'espoir, (1)
Et fait qu'en sa présence elle n'ose me voir.**
Je crains d'avoir déja passé l'heure promise,
Et c'est dans cette allée où devoit être Orphise. (2)

LA MONTAGNE.

L'heure d'un rendez-vous d'ordinaire s'étend,
Et n'est pas resserrée aux bornes d'un instant.

ÉRASTE.

Il est vrai; mais je tremble, et mon amour extrême
D'un rien se fait un crime envers celle que j'aime.

VARIANTES. * *Mais de tous les fâcheux.*
— ** *Et malgré ses bontés lui défend de me voir.*

---

(1) Qui rompt ce qu'à mes vœux elle donne d'espoir.
Rompre est un verbe dont Molière fait un usage très-fréquent qui n'est pas toujours très-heureux. On le trouveroit plus de dix fois dans la seule pièce de *l'Étourdi*; on y voit *rompre un cours, une chance, une destinée, une attente*, etc. On dit mieux, *détruire, renverser*, que *rompre un espoir*.

(2) Et c'est dans cette allée où devoit être Orphise.
Il y a ici une faute de langue. *Où* étant pour *dans laquelle*, le vers dit exactement ceci : *c'est dans cette allée dans laquelle Orphise devoit être*. La faute est de la même espèce que dans ce vers tant de fois critiqué de Boileau, où la préposition se trouve également répétée, contre la règle et l'usage :

C'est à vous, mon esprit, à qui je veux parler.

LA MONTAGNE.

Si ce parfait amour, que vous prouvez si bien,
Se fait vers votre objet un grand crime de rien, (1)
Ce que son cœur pour vous sent de feux légitimes,
En revanche, lui fait un rien de tous vos crimes.

ÉRASTE.

Mais, tout de bon, crois-tu que je sois d'elle aimé?

LA MONTAGNE.

Quoi! vous doutez encor d'un amour confirmé?

ÉRASTE.

Ah! c'est mal-aisément qu'en pareille matière
Un cœur bien enflammé prend assurance entière;
Il craint de se flatter; et, dans ses divers soins,
Ce que plus il souhaite est ce qu'il croit le moins; (2)
Mais songeons à trouver une beauté si rare.

LA MONTAGNE.

Monsieur, votre rabat par-devant se sépare. (3)

---

(1)   Se fait vers votre objet un grand crime de rien.

Au lieu de *vers*, il faudroit, *envers*, comme Molière lui-même l'a mis deux vers plus haut : *envers celle que j'aime.* — *Votre objet*, pour, *l'objet de votre amour*, est devenu une locution triviale et ridicule. Elle étoit fort usitée autrefois. Corneille a dit, dans sa comédie de *la Veuve*, à propos d'une incivilité :

> Vous la pardonnerez à cette ardeur trop forte
> Qui, sans vous dire adieu, vers *son objet* l'emporte.

(2)   Ce que plus il souhaite est ce qu'il croit le moins.

La règle veut, *ce qu'il souhaite le plus*. S'il étoit exact de dire, *ce que plus il souhaite*, ou *ce qu'il souhaite plus*, il faudroit, à l'hémistiche suivant, *ce qu'il croit moins*.

(3)   Monsieur, votre rabat par-devant se sépare.

À cette époque, en 1661, les hommes du monde n'avoient pas encore remplacé le *rabat* par la cravatte. Voir ce qui a été dit des rabats, *Précieuses ridicules*, page 23, note 2.

ACTE I, SCÈNE I.

ÉRASTE.

N'importe.

LA MONTAGNE.

Laissez-moi l'ajuster, s'il vous plaît.

ÉRASTE.

Ouf! tu m'étrangles; fat, laisse-le comme il est.

LA MONTAGNE.

Souffrez qu'on peigne un peu...

ÉRASTE.

Sottise sans pareille!
Tu m'as d'un coup de dent presque emporté l'oreille. (1)

LA MONTAGNE.

Vos canons...

ÉRASTE.

Laisse-les, tu prends trop de souci.

LA MONTAGNE.

Ils sont tout chiffonnés.

ÉRASTE.

Je veux qu'ils soient ainsi.

LA MONTAGNE.

Accordez-moi du moins, pour grace singulière, *

VARIANTE. * *Par grace singulière.*

---

(1) Non seulement les valets portoient sur eux un peigne pour rajuster la perruque de leurs maîtres, mais les maîtres eux-mêmes en avoient toujours un en poche, et s'en servoient fréquemment : cela étoit du bon air. Molière qui, dans son *Remerciement au Roi*, conseille à sa Muse de se travestir en marquis, lui dit, entre autres instructions :

> Et, vous peignant galamment,
> Portez de tous côtés vos regards brusquement.

Les courtisans employoient encore le peigne à un autre usage. Molière dit dans la même pièce :

> Grattez du peigne à la porte
> De la chambre du Roi.

De frotter ce chapeau, qu'on voit plein de poussière.
ÉRASTE.
Frotte donc, puisqu'il faut que j'en passe par-là.
LA MONTAGNE.
Le voulez-vous porter fait comme le voilà ?
ÉRASTE.
Mon dieu! dépêche-toi.
LA MONTAGNE.
Ce seroit conscience.
ÉRASTE, *après avoir attendu.*
C'est assez.
LA MONTAGNE.
Donnez-vous un peu de patience.
ÉRASTE.
Il me tue.
LA MONTAGNE.
En quel lieu vous êtes-vous fourré ?
ÉRASTE.
T'es-tu de ce chapeau pour toujours emparé ?
LA MONTAGNE.
C'est fait.
ÉRASTE.
Donne-moi donc.
LA MONTAGNE, *laissant tomber le chapeau.*
Hai!
ÉRASTE.
Le voilà par terre!
Je suis fort avancé. Que la fièvre te serre!
LA MONTAGNE.
Permettez qu'en deux coups j'ôte...

ÉRASTE.

Il ne me plaît pas. (1)
Au diantre tout valet qui vous est sur les bras,
Qui fatigue son maître, et ne fait que déplaire
A force de vouloir trancher du nécessaire. (2)

SCÈNE II.

ORPHISE, ALCIDOR, ÉRASTE, LA MONTAGNE.

(*Orphise traverse le fond du théâtre, Alcidor lui donne la main.*)

ÉRASTE.

Mais vois-je pas Orphise (3)? Oui, c'est elle qui vient.

---

(1) *Il ne me plaît pas.* Il faut sous-entendre, *que tu fasses cela.* Autrement, *plaire* ne seroit pas ici verbe impersonnel, mais verbe neutre, et il seroit employé comme pronom personnel, signifiant *cela*, ce que notre langue n'admet point. On ne diroit pas, *il m'est désagréable*, pour, *cela m'est désagréable.*

(2) C'est une idée tout-à-fait comique que d'avoir donné au valet d'Éraste un zèle poussé jusqu'à l'importunité, qui fait de lui un des fâcheux les plus à charge à son maître. Voilà déja le titre de la pièce justifié deux fois dans cette première scène; voilà déja deux fâcheux mis en jeu, et cet étourdi dont Éraste raconte si vivement les incartades, et ce valet si gauchement, si maladroitement officieux. Un auteur comique ne peut pas mieux entrer dans son sujet.

(3) *Mais vois-je pas Orphise?* au lieu de, *ne vois-je pas Orphise?* Autrefois, les poëtes et même les prosateurs ne faisoient point scrupule de supprimer *ne* au commencement des phrases interrogatives. Molière a dit, dans la prose des *Précieuses ridicules*, où rien ne le contraignoit, *vous avois-je pas commandé?* Vaugelas préféroit *ont-ils pas fait?* à *n'ont-ils pas fait?* comme plus élégant. Mais d'autres grammairiens désapprouvoient déja la suppression de la négative: aujourd'hui on la regarde comme une licence, et on ne se la permettroit guère que dans la poésie marotique.

LES FACHEUX.

Où va-t-elle si vîte, et quel homme la tient?
(*Il la salue comme elle passe, et elle en passant détourne la tête.*) [1]

SCÈNE III.

ÉRASTE, LA MONTAGNE.

ÉRASTE.

Quoi! me voir en ces lieux devant elle paroître,
Et passer en feignant de ne me pas connoître!
Que croire? Qu'en dis-tu? Parle donc, si tu veux.

LA MONTAGNE.

Monsieur, je ne dis rien, de peur d'être fâcheux.

ÉRASTE.

Et c'est l'être en effet que de ne me rien dire
Dans les extrémités d'un si cruel martyre.
Fais donc quelque réponse à mon cœur abattu.
Que dois-je présumer? Parle, qu'en penses-tu?
Dis-moi ton sentiment.

LA MONTAGNE.

Monsieur, je veux me taire,
Et ne desire point trancher du nécessaire.

ÉRASTE.

Peste l'impertinent! Va-t'en suivre leurs pas,
Vois ce qu'ils deviendront, et ne les quitte pas.

LA MONTAGNE, *revenant sur ses pas.*

Il faut suivre de loin?

---

[1] Ce petit jeu de théâtre, qui est fort naturel dans une promenade, motive parfaitement, sans qu'il soit besoin d'une seule parole, la jalousie qu'Éraste va témoigner, et l'explication qu'elle doit produire plus tard.

ÉRASTE.
Oui.

LA MONTAGNE, *revenant sur ses pas.*

Sans que l'on me voie,
Ou faire aucun semblant qu'après eux on m'envoie?
ÉRASTE.
Non, tu feras bien mieux de leur donner avis
Que par mon ordre exprès ils sont de toi suivis.

LA MONTAGNE, *revenant sur ses pas.*
Vous trouverai-je ici?
ÉRASTE.
Que le ciel te confonde,
Homme, à mon sentiment, le plus fâcheux du monde! [1]

SCÈNE IV.

ÉRASTE, *seul.*

Ah! que je sens de trouble, et qu'il m'eût été doux
Qu'on me l'eût fait manquer, ce fatal rendez-vous!
Je pensois y trouver toutes choses propices,
Et mes yeux pour mon cœur y trouvent des supplices.

---

[1] Le valet est excellent dans cette scène. Son obstination à se taire, quand on veut qu'il parle, et ensuite ses impertinentes questions sur la commission dont on le charge, quand il devroit déja être parti pour l'exécuter, tout cela est d'un naturel parfait, et d'ailleurs est merveilleusement placé dans une comédie des *Fâcheux.*

SCÈNE V.

LISANDRE, ÉRASTE.

LISANDRE.
Sous ces arbres de loin mes yeux t'ont reconnu,
Cher marquis, et d'abord je suis à toi venu.
Comme à de mes amis, il faut que je te chante
Certain air que j'ai fait de petite courante, (1)
Qui de toute la cour contente les experts,
Et sur qui plus de vingt ont déja fait des vers.
J'ai le bien, la naissance, et quelque emploi passable,
Et fais figure en France assez considérable;
Mais je ne voudrois pas, pour tout ce que je suis,
N'avoir point fait cet air qu'ici je te produis.

(*Il prélude.*)

La, la, hem, hem, écoute avec soin, je te prie.

(*Il chante sa courante.*)

N'est-elle pas belle?

ÉRASTE.
Ah!

LISANDRE.
Cette fin est jolie.

(*Il rechante la fin quatre ou cinq fois de suite.*)

---

(1)   Comme à de mes amis, il faut que je te chante
        Certain air que j'ai fait de petite courante.

Il faut que je te chante comme à de mes amis, sembleroit vouloir dire, comme j'ai chanté à de mes amis. En prose, Molière eût mis, *comme à un de mes amis*. — *Courante* est une ancienne danse, purement françoise, dont le mouvement est lent, et par laquelle on commençoit les bals. A la courante, a succédé le menuet qu'on ne danse plus.

ACTE I, SCÈNE V.

Comment la trouves-tu?

ÉRASTE.

Fort belle, assurément.

LISANDRE.

Les pas que j'en ai faits, n'ont pas moins d'agrément,
Et surtout la figure a merveilleuse grace.

(*Il chante, parle et danse tout ensemble, et fait faire
à Eraste les figures de la femme.*)

Tiens, l'homme passe ainsi; puis la femme repasse:
Ensemble; puis on quitte, et la femme vient là.
Vois-tu ce petit trait de feinte que voilà?
Ce fleuret? ces coupés courant après la belle? [1]
Dos à dos, face à face, en se pressant sur elle.
Que t'en semble, marquis?

ÉRASTE.

Tous ces pas-là sont fins.

LISANDRE.

Je me moque, pour moi, des maîtres baladins. [2]

ÉRASTE.

On le voit.

LISANDRE.

Les pas donc?

ÉRASTE.

N'ont rien qui ne surprenne.

LISANDRE.

Veux-tu, par amitié, que je te les apprenne?

---

[1] Le *fleuret* et le *coupé* sont des pas de danse.

[2]   Je me moque, pour moi, des maîtres baladins.
Comme *baladin* signifioit alors danseur de théâtre, il est présumable que *maître baladin* répondoit à ce que nous nommons *maître des ballets*.

LES FACHEUX.

ÉRASTE.

Ma foi, pour le présent, j'ai certain embarras...

LISANDRE.

Hé bien donc! ce sera lorsque tu le voudras.
Si j'avois dessus moi ces paroles nouvelles, (1)
Nous les lirions ensemble, et verrions les plus belles.

ÉRASTE.

Une autre fois.

LISANDRE.

Adieu; Baptiste le très-cher
N'a point vu ma courante, et je le vais chercher : (2)
Nous avons pour les airs de grandes sympathies,

---

(1) Si j'avois dessus moi ces paroles nouvelles.

Dessus moi. Comme je l'ai déja remarqué plusieurs fois, les poëtes de cette époque employoient souvent *dessus, dessous, dedans*, pour, *sur, sous, dans*, prépositions. Aujourd'hui ce seroit une faute grossière de les employer autrement que comme adverbes : *êtes-vous dans la chambre? je suis dedans*.

(2) Adieu; Baptiste le très-cher
N'a point vu ma courante, et je le vais chercher.

Baptiste, c'est Lulli, dont le nom de baptême étoit Jean-Baptiste. Les princes et les grands seigneurs l'appeloient *Baptiste* par une sorte de familiarité amicale. Il obtint les bonnes graces de Louis XIV, et composa la musique de presque tous les ballets qui se donnèrent à sa cour. Il fit aussi celle de plusieurs des comédies-ballets de Molière; mais il ne paroît pas que les airs de danse des *Fâcheux* aient été composés par lui. — *Cher* et *chercher* ne riment pas bien. Au milieu d'un vers, l'*r* finale des infinitifs de la première conjugaison se fait sentir lorsqu'elle est suivie d'une voyelle, et que les deux lettres peuvent être liées par la prononciation; mais jamais, à la rime, on ne doit faire sonner cette *r*, puisque, dans le cas même où une voyelle commenceroit le vers suivant, le repos nécessaire de la voix entre les deux vers empêcheroit la liaison des deux lettres.

ACTE I, SCÈNE VII. 399

Et je veux le prier d'y faire des parties. (1)
(*Il s'en va toujours en chantant.*)

SCÈNE VI.

ÉRASTE, *seul*.

Ciel! faut-il que le rang dont on veut tout couvrir,
De cent sots tous les jours nous oblige à souffrir,
Et nous fasse abaisser jusques aux complaisances
D'applaudir bien souvent à leurs impertinences! (2)

SCÈNE VII.

ÉRASTE, LA MONTAGNE.

LA MONTAGNE.

Monsieur, Orphise est seule, et vient de ce côté.

ÉRASTE.

Ah! d'un trouble bien grand je me sens agité!
J'ai de l'amour encor pour la belle inhumaine,

---

(1) Ce Lisandre qui chante et danse à la fois la courante dont il a composé la musique et les pas, est un de ces marquis ridicules dont Molière nous a donné une copie à peine chargée dans le Mascarille des *Précieuses*, déclamant et chantant tour-à-tour le madrigal dont il a fait l'air et les paroles.

(2) Et nous fasse abaisser jusques aux complaisances
  D'applaudir bien souvent à leurs impertinences.

On ne dit pas bien, *le rang nous fait abaisser jusques aux complaisances de*, etc. Une chose peut *abaisser quelqu'un* ou *faire qu'il s'abaisse*; mais non *le faire abaisser*. — *Jusques aux complaisances d'applaudir*. On dit absolument, *avoir des complaisances pour quelqu'un*, mais non pas, *avoir les complaisances de faire une chose*. Il falloit le singulier. En tout, ces deux vers sont incorrects et mal écrits.

Et ma raison voudroit que j'eusse de la haine.
LA MONTAGNE.
Monsieur, votre raison ne sait ce qu'elle veut,
Ni ce que sur un cœur une maîtresse peut.
Bien que de s'emporter on ait de justes causes,
Une belle, d'un mot, rajuste bien des choses.
ÉRASTE.
Hélas! je te l'avoue, et déja cet aspect
A toute ma colère imprime le respect!

SCÈNE VIII.

ORPHISE, ÉRASTE, LA MONTAGNE.

ORPHISE.
Votre front à mes yeux montre peu d'allégresse;
Seroit-ce ma présence, Éraste, qui vous blesse?
Qu'est-ce donc? Qu'avez-vous? Et sur quels déplaisirs,
Lorsque vous me voyez, poussez-vous des soupirs?
ÉRASTE.
Hélas! pouvez-vous bien me demander, cruelle!
Ce qui fait de mon cœur la tristesse mortelle?
Et d'un esprit méchant n'est-ce pas un effet,
Que feindre d'ignorer ce que vous m'avez fait?
Celui dont l'entretien vous a fait à ma vue
Passer...
ORPHISE, *riant.*
C'est de cela que votre ame est émue?
ÉRASTE.
Insultez, inhumaine, encore à mon malheur;
Allez, il vous sied mal de railler ma douleur,
Et d'abuser, ingrate, à maltraiter ma flamme,

ACTE I, SCÈNE VIII.

Du foible que pour vous vous savez qu'a mon ame. (1)
ORPHISE.
Certes, il en faut rire, et confesser ici
Que vous êtes bien fou de vous troubler ainsi.
L'homme dont vous parlez, loin qu'il puisse me plaire,
Est un homme fâcheux dont j'ai su me défaire;
Un de ces importuns et sots officieux
Qui ne sauroient souffrir qu'on soit seule en des lieux,
Et viennent aussitôt, avec un doux langage,
Vous donner une main contre qui l'on enrage. (2)
J'ai feint de m'en aller pour cacher mon dessein,
Et jusqu'à mon carrosse il m'a prêté la main. (3)

---

(1)   Allez, il vous sied mal de railler ma douleur,
               Et d'abuser, ingrate, à maltraiter ma flamme,
               Du foible que pour vous vous savez qu'a mon ame.

Il est évident que, sans la gêne de la mesure, Molière eût mis, *pour maltraiter*, et non pas, *à maltraiter ma flamme*. Ici, la dernière de ces prépositions ne peut remplacer l'autre pour le sens. — Molière, dans le *Tartuffe* (acte IV, scène 5), a imité ces trois derniers vers; voici le passage :

               Sied-il bien de tenir une rigueur si grande,
               . . . .
               Et d'abuser ainsi, par vos efforts pressans,
               Du foible que pour vous vous voyez qu'ont les gens?

(2)   Vous donner une main contre qui l'on enrage.

C'est une règle, en grammaire, que le pronom relatif *qui* ne peut se rapporter aux choses, que quand il n'est précédé d'aucune préposition. Ainsi, l'on dit bien, *une main qui frappe*, mais on ne devroit pas dire, *une main de qui l'on tient, à qui l'on doit une chose*, ni par conséquent, *une main contre qui l'on enrage*. Il faudroit, *une main de laquelle, à laquelle, contre laquelle*. Cependant, ce pronom *lequel* étant inadmissible en vers, on doit permettre de l'y remplacer par *qui*, avec comme sans préposition.

(3)   Et jusqu'à mon carrosse il m'a prêté la main.

On *prête la main* à quelqu'un pour l'aider dans son travail, on *donne la*

Je m'en suis promptement défaite de la sorte ;
Et j'ai, pour vous trouver, rentré par l'autre porte. (1)
ÉRASTE.
A vos discours, Orphise, ajouterai-je foi,
Et votre cœur est-il tout sincère pour moi?
ORPHISE.
Je vous trouve fort bon de tenir ces paroles, (2)
Quand je me justifie à vos plaintes frivoles. (3)
Je suis bien simple encore, et ma sotte bonté...
ÉRASTE.
Ah! ne vous fâchez pas, trop sévère beauté,
Je veux croire en aveugle, étant sous votre empire,
Tout ce que vous aurez la bonté de me dire.
Trompez, si vous voulez, un malheureux amant;

---

main à une femme pour la conduire à sa voiture. Molière n'a mis ici *prêter la main*, que parce que, deux vers plus haut, il a mis *donner une main*, et qu'il auroit craint de choquer par la répétition.

(1)   Et j'ai, pour vous trouver, rentré par l'autre porte.

Les temps composés du verbe *rentrer* admettent l'auxiliaire *être*, et non l'auxiliaire *avoir* : *je suis rentré*; *j'étois rentré*, etc.

(2)   Je vous trouve fort bon de tenir ces paroles.

Dans ce sens, on dit, *tenir des discours*, et non pas, *tenir des paroles*. Cette dernière expression signifieroit plutôt, tenir des engagemens. Un homme diroit bien à plusieurs personnes liées envers lui par des promesses : songez à *tenir les paroles* que vous m'avez données. Quoi qu'il en soit, *tenir des paroles*, *des mots*, étoit une façon de parler usitée autrefois, s'il faut s'en rapporter à ce vers des *Ménechmes* de Rotrou :

Cesse de me tenir ces mots injurieux.

(3)   Quand je me justifie à vos plaintes frivoles.

On *se justifie d'une chose*, et non pas, *à une chose*. Comme on dit, *se justifier d'un reproche*, il semble qu'on peut dire, par analogie, *se justifier d'une plainte*, lorsque cette plainte renferme un reproche dont on veut démontrer l'injustice.

J'aurai pour vous respect jusques au monument... (1)
Maltraitez mon amour, refusez-moi le vôtre,
Exposez à mes yeux le triomphe d'un autre;
Oui, je souffrirai tout de vos divins appas.
J'en mourrai; mais enfin je ne m'en plaindrai pas.

ORPHISE.

Quand de tels sentimens régneront dans votre ame,
Je saurai de ma part... (2)

SCÈNE IX.

ALCANDRE, ORPHISE, ÉRASTE, LA MONTAGNE.

ALCANDRE.

(à Orphise.)

Marquis, un mot. Madame,
De grace, pardonnez si je suis indiscret,
En osant, devant vous, lui parler en secret.

(*Orphise sort.*)

---

(1) J'aurai pour vous respect jusques au monument.
On ne dit pas, *avoir respect*, mais, *avoir du respect.* — *Jusques au monument*, pour, *jusqu'au tombeau*, est d'un ton emphatique qui semble peu convenir au style de la comédie, même lorsqu'il s'agit de protestations amoureuses.

(2) Cette scène, quoique assez courte, paroît longue dans une pièce à épisodes, où l'amour ne peut inspirer aucun intérêt, parce qu'il n'y peut recevoir aucun développement, parce qu'il n'y sert qu'à former l'intrigue légère à laquelle doit mettre fin le mariage, dénouement obligé de nos comedies. On desireroit que le fâcheux qui vient troubler les deux amans, arrivât plus tôt, et interrompît au moins à moitié l'entretien assez froid qu'ils ont ensemble.

SCÈNE X.

ALCANDRE, ÉRASTE, LA MONTAGNE.

ALCANDRE.

Avec peine, marquis, je te fais la prière; (1)
Mais un homme vient là de me rompre en visière,
Et je souhaite fort, pour ne rien reculer,
Qu'à l'heure, de ma part, tu l'ailles appeler. (2)
Tu sais qu'en pareil cas ce seroit avec joie
Que je te le rendrois en la même monnoie. (3)

ÉRASTE, *après avoir été quelque temps sans parler.*

Je ne veux point ici faire le capitan;
Mais on m'a vu soldat avant que courtisan : (4)

---

(1)   Avec peine, marquis, je te fais la prière.

Faire la prière à quelqu'un, employé absolument, signifie, réciter tout haut des prières pour lui : *notre aumônier nous fait la prière le soir.* Il falloit, *je te fais une prière.*

(2)   Qu'à l'heure, de ma part, tu l'ailles appeler.

A l'heure, absolument, ne s'emploie que dans cette phrase : *prendre un ouvrier, une voiture à l'heure*, pour dire, à tant par heure. Dans le sens de, sur-le-champ, on dit, *sur l'heure, tout-à-l'heure, à l'heure même.*

La sévérité des ordonnances contre les duels ne permettant pas que la provocation se fît au moment de l'offense, quand celle-ci avoit des témoins, et la même cause rendant les cartels par écrit dangereux, on chargeoit celui qu'on prenoit pour second, d'appeler celui contre qui on vouloit se battre.

(3) *Monnoie* se prononçoit alors comme *joie*, et, par conséquent, ces deux mots rimoient ensemble. Ils ne riment plus aujourd'hui que *monnoie* se prononce et souvent même s'écrit comme *plaie, taie*, etc.

(4)   Mais on m'a vu soldat avant que courtisan.

Avant que courtisan, pour, *avant que l'on me vît*, ou *avant que je fusse courtisan.* Cette tournure elliptique a cessé d'être en usage; il est permis de la regretter.

J'ai servi quatorze ans, et je crois être en passe
De pouvoir d'un tel pas me tirer avec grace,
Et de ne craindre point qu'à quelque lâcheté
Le refus de mon bras me puisse être imputé. (1)
Un duel met les gens en mauvaise posture ;
Et notre roi n'est pas un monarque en peinture.
Il sait faire obéir les plus grands de l'État,
Et je trouve qu'il fait en digne potentat.
Quand il faut le servir, j'ai du cœur pour le faire ;
Mais je ne m'en sens point quand il faut lui déplaire.
Je me fais de son ordre une suprême loi ;
Pour lui désobéir, cherche un autre que moi.
Je te parle, vicomte, avec franchise entière,
Et suis ton serviteur en toute autre matière.
Adieu. (2)

---

(1)   Et de ne craindre point qu'à quelque lâcheté,
    Le refus de mon bras me puisse être imputé.

Pour bien entendre le sens de ces deux vers, il faut se rappeler qu'alors les seconds étoient dans l'usage de se battre l'un contre l'autre, en même temps que ceux entre qui existoit le défi. Brantôme raconte avec sa naïveté ordinaire comment cet usage s'établit. « En tels combats, dit-il, il y « avoit tousjours (ou le plus souvent) des appelans ou seconds, lesquels « voyans battre leurs compaignons, s'entre-disoient entre eux (bien qu'ils « n'eussent débat aucun ensemble, mais plutôt amitié que haine) : hé ! « que faisons-nous nous autres cependant que nos amis et compaignons « se battent ? Vraiment il nous faict beau voir, ne servir ici que de spec- « tateurs à les voir entretuer ! Battons-nous comme eux ; et sans autre « cérimonie se battoient et s'entretuoient bien souvent tous quatre : cela « estoit plus de gayeté de cœur, que de subject et d'animosite. » On ne se bornoit pas toujours à avoir des *seconds*, c'est-à-dire, chacun un seul *parrain*; on en prenoit souvent deux de part et d'autre, et le dernier choisi se nommoit *tiers*. Quelquefois le nombre de ces compagnons d'armes étoit si grand, qu'un duel devenoit une espèce de bataille. Aujourd'hui on n'a plus ordinairement que des seconds, et, comme ils ne se battent plus entre eux, on leur donne communément le nom de *témoins*, qui leur convient beaucoup mieux.

(2) Louis XIV s'occupa, pendant tout son règne, de l'abolition du

SCÈNE XI.

ÉRASTE, LA MONTAGNE.

ÉRASTE.

Cinquante fois au diable les fâcheux !
Où donc s'est retiré cet objet de mes vœux ?

LA MONTAGNE.

Je ne sais.

ÉRASTE.

Pour savoir où la belle est allée,
Va-t'en chercher partout : j'attends dans cette allée.

---

duel. Il publia contre cette funeste manie plusieurs édits et ordonnances où étoient portées les peines les plus sévères, et jamais il ne souffrit que le rang des coupables, quelque élevé qu'il fût, les mît à l'abri des poursuites et des rigueurs de la justice. S'il ne parvint pas à faire cesser entièrement les combats singuliers, du moins il les rendit moins fréquens, et il fit disparaître tout-à-fait l'usage où étoient les seconds de se battre entre eux, comme pour multiplier les meurtres, au lieu de chercher à les prévenir. Louis XIV dut être fort satisfait de cette scène où Molière montre un gentilhomme d'une bravoure non suspecte, que la seule crainte de lui désobéir et de lui déplaire élève au-dessus d'un préjugé, le plus impérieux de tous, puisque, parlant au nom de l'honneur, il fait taire jusqu'à l'amour de la vie. Par là, le poëte comique secondoit les desseins du monarque, et s'associoit, pour ainsi dire, à l'œuvre du législateur.

FIN DU PREMIER ACTE.

BALLET DU PREMIER ACTE.

PREMIÈRE ENTRÉE.

Des joueurs de mail, en criant gare, l'obligent à se retirer, et comme il veut revenir lorsqu'ils ont fait,

SECONDE ENTRÉE.

Des curieux viennent qui tournent autour de lui pour le connoître, et font qu'il se retire encore pour un moment.

ACTE II.

SCÈNE PREMIÈRE.

ÉRASTE.

Les fâcheux à la fin se sont-ils écartés ?
Je pense qu'il en pleut ici de tous côtés.
Je les fuis, et les trouve; et, pour second martyre,
Je ne saurois trouver celle que je desire. (1)
Le tonnerre et la pluie ont promptement passé,
Et n'ont point de ces lieux le beau monde chassé.
Plût au ciel, dans les dons que ses soins y prodiguent,
Qu'ils en eussent chassé tous les gens qui fatiguent !
Le soleil baisse fort, et je suis étonné
Que mon valet encor ne soit point retourné. (2)

---

(1) Ce vers ramène adroitement le souvenir d'Orphise que le spectateur pourroit bien perdre tout-à-fait de vue, occupé qu'il est de cette suite d'originaux que le poëte fait passer devant ses yeux.

(2)   Je suis étonné
    Que mon valet encor ne soit point retourné.

On dit, *l'aller et le retour;* mais on ne dit pas, *être retourné,* pour, *être de retour.* On *retourne* à l'endroit d'où l'on vient, et l'on *revient* à celui d'où l'on est parti; il falloit donc ici *revenu.*

SCÈNE II.

ALCIPPE, ÉRASTE.

ALCIPPE.

Bonjour.

ÉRASTE, *à part.*

Hé quoi! toujours ma flamme divertie! [1]

ALCIPPE.

Console-moi, marquis, d'une étrange partie
Qu'au piquet je perdis hier contre un Saint-Bouvain,
A qui je donnerois quinze points et la main. [2]

---

(1) .... Hé quoi! toujours ma flamme divertie!
Divertie dans le sens de *détournée.* Une *flamme toujours divertie* exprime avec plus de concision que de justesse et de netteté, les importunités continuelles qui empêchent l'amoureux Éraste de rejoindre sa belle ou de l'attendre en liberté.

(2) Avant d'entrer dans les détails de cette partie qui présente plus d'une difficulté à ceux mêmes qui connoissent le mieux les règles du piquet, il est bon de noter les différences qu'on remarque à la lecture de la scène, entre la manière dont le piquet se jouoit du temps de Molière, et celle dont il se joue maintenant. D'abord, chaque couleur avoit les six : ainsi on jouoit avec trente-six cartes, au lieu de trente-deux. Cependant chaque joueur n'en avoit que douze dans la main, puisqu'on va voir Saint-Bouvain arriver à la dernière carte de son jeu, après avoir joué sept carreaux et quatre piques. Douze cartes formoient donc le talon, et, par conséquent, on avoit douze cartes à écarter; le premier en écartoit huit et le dernier quatre : cela paroît du moins indiqué par l'écart d'Alcippe. On peut supposer toutefois que le premier n'en pouvoit écarter que sept; et, dès-lors, que le second en avoit cinq à écarter; et cette proportion même est plus naturelle; mais, dans toutes les suppositions, le premier avoit, comme aujourd'hui, le droit d'en écarter moins qu'il ne lui en revenoit; et Saint-Bouvain va bientôt user de ce droit. Telles sont les principales différences qui frappent à la simple lecture, et dont l'explication va faciliter celle de quelques endroits du récit.

C'est un coup enragé, qui depuis hier m'accable,
Et qui feroit donner tous les joueurs au diable ;
Un coup assurément à se pendre en public.
Il ne m'en faut que deux, l'autre a besoin d'un pic : [1]
Je donne, il en prend six, et demande à refaire ; [2]
Moi, me voyant de tout, je n'en voulus rien faire.
Je porte l'as de trèfle (admire mon malheur !)
L'as, le roi, le valet, le huit et dix de cœur,
Et quitte, comme au point alloit la politique, [3]
Dame et roi de carreau, dix et dame de pique.
Sur mes cinq cœurs portés la dame arrive encor,
Qui me fait justement une quinte major ;
Mais mon homme avec l'as, non sans surprise extrême,
Des bas carreaux sur table étale une sixième.
J'en avois écarté la dame avec le roi ;

---

(1) Il ne m'en faut que deux, l'autre a besoin d'un pic.

Il ne m'en faut que deux, pour, *il ne me faut que deux points*. De même, dans le vers suivant, *il en prend six*, signifie, il prend six cartes. Les momens étant précieux pour les joueurs, la langue du jeu a beaucoup de ces ellipses. — *L'autre a besoin d'un pic*, c'est-à-dire, a besoin de faire soixante points. On verra bientôt pourquoi je donne cette explication qui peut paroître superflue.

(2) Je donne, il en prend six, et demande à refaire.

Analysons tout ce vers. Alcippe est le dernier, c'est lui qui *donne*. Saint-Bouvain, comme premier, peut écarter huit cartes, ou du moins sept ; mais il en écarte six seulement, et, par conséquent, il n'en prend que six du talon : tel est le sens de ces mots, *il en prend six*, qui semblent d'abord un peu obscurs. Il *demande à refaire*; autrement, il propose d'autres cartes, bien entendu sans avoir regardé les six cartes qu'il vient de prendre. Voilà tout le vers expliqué.

(3) *Comme au point alloit la politique.* Manière peu naturelle de dire, comme l'important étoit d'avoir le point.

ACTE II, SCÈNE II.

Mais lui fallant un pic, je sortis hors d'effroi, [1]
Et croyois bien du moins faire deux points uniques. [2]
Avec les sept carreaux il avoit quatre piques,
Et, jetant le dernier, m'a mis dans l'embarras
De ne savoir lequel garder de mes deux as.
J'ai jeté l'as de cœur, avec raison, me semble;
Mais il avoit quitté quatre trèfles ensemble,
Et par un six de cœur je me suis vu capot, [3]

---

(1) Mais lui fallant un pic, je sortis hors d'effroi.
Lui fallant un pic, au lieu de, *comme il lui falloit un pic*. Beaucoup de grammairiens refusent à l'impersonnel *falloir* le gérondif présent et le gérondif passé, *fallant* et *ayant fallu*; d'autres lui accordent seulement le gérondif passé; d'autres enfin les lui accordent tous deux: j'oserois être de l'avis de ces derniers. — *Je sortis hors d'effroi*. Hors étant une préposition exclusive dont le sens est renfermé dans le verbe *sortir*, ne doit pas être exprimé concurremment avec ce verbe. On *est hors d'un lieu*, on est *sorti d'un lieu*; mais on n'est pas *sorti hors d'un lieu*.

(2) Et croyois bien du moins faire deux points uniques.
Il sembleroit qu'*unique*, dans le sens de *seul*, ne dût jamais être qu'au singulier, puisqu'il exprime l'unité absolue, et semble exclure toute idée de pluralité; mais ici *uniques*, joint au mot *points*, est l'équivalent de l'adverbe *seulement*. Alcippe avoit à faire deux points seulement, et il croyoit les faire.

(3) Et par un six de cœur je me suis vu capot.
Tout ce qui précède s'entend, et ce vers lui-même est très-facile à comprendre. Il n'est personne qui, sachant un peu le piquet, ne conçoive à merveille, d'après ce qui a été dit du jeu et de l'écart d'Alcippe, comment le *six de cœur* a pu le faire capot: et toutefois, il y a ici bien des remarques à faire, et surtout une assez grande difficulté à résoudre. Il est dit dans le récit, et il est même dit deux fois; qu'il falloit à Saint-Bouvain un pic pour gagner; et l'on voit que c'est par un capot qu'il gagne. Rien, au reste, ne seroit plus simple, car c'est 60 points dont il avoit besoin, comme nous l'avons observé; et le capot, avec le point en carreau et la sixième, les lui procure tout aussi bien qu'auroit pu faire le pic; mais puisqu'enfin c'est ce capot et le fatal *six de cœur* qui ont décidé la partie, il faut donc en conclure que Saint-Bouvain n'a pas fait pic, sans quoi le capot ne lui fût pas devenu nécessaire. Or, pourtant,

Sans pouvoir, de dépit, proférer un seul mot.
Morbleu ! fais-moi raison de ce coup effroyable ;
A moins que l'avoir vu, peut-il être croyable ? (1)

d'après la manière actuelle de compter, il est évident que Saint-Bouvain a fait pic. Il a compté, en effet, 7 pour son point en carreau, puis 16 pour la sixième au valet : le voilà à 23, avant d'avoir joué. Il joue ensuite les sept carreaux : le septième le conduit à 30 ; et dès-lors, il compte 60, puisque Alcippe n'a eu rien à compter : voilà le *pic*, et tout doit être fini. Comment se fait-il donc que la partie reste encore suspendue jusqu'à ce que le six de cœur décide le capot ? Cette objection est si forte qu'elle seroit démontrée insoluble, si, du temps de Molière, toutes les cartes que l'on joue au piquet avoient compté comme elles comptent aujourd'hui ; mais l'évidence même de l'objection montre clairement que cela n'étoit pas. De son temps, chaque levée que l'on faisoit ne comptoit pour *un*, que lorsqu'on jouoit une des cinq cartes supérieures, l'as, le roi, la dame, le valet, et le dix : quant aux inférieures, elles pouvoient faire des levées ; mais ces levées ne comptoient pas. Ce n'est pas ici une pure supposition : cela se trouve positivement énoncé dans les plus anciennes règles de piquet imprimées que j'aie pu consulter. Quelques personnes pensent que la levée du dix ne comptoit pas non plus : elles se fondent sur l'usage existant encore dans plus d'une province où une certaine partie de piquet se joue de la sorte. Au surplus, dans l'un et dans l'autre cas, tout s'éclaircit également, et il ne reste plus ombre de difficulté. Voici comment :

Saint-Bouvain avoit sept carreaux : il compta 7 de point ; la sixième au valet lui valoit 16 : il compta donc 23 avant de jouer. Il joua les sept carreaux qui tous firent des levées ; mais les trois premiers seuls, je veux dire l'as, le valet, et le dix comptèrent : le voilà arrivé à 26 points. Avec les sept carreaux, est-il dit dans le récit, il avoit quatre piques : c'étoient probablement l'as, le roi, le valet et un petit pique. Les trois premiers seuls comptèrent en jouant : il eut alors 29 ; et comme ni le petit pique, ni le six de cœur, par où il finit, ne comptoient, il resta à 29, et, par conséquent, il ne put faire pic ; mais il fit capot ; et les 40 points que le capot lui valut, joints à ces 29 points, lui donnèrent plus que le pic : voilà comment il gagna. Ceux qui supposent que le dix de carreau ne comptoit pas plus que les autres bas carreaux, trouveront que Saint-Bouvain s'arrêta à 28, au lieu de 29 ; et cela ne change rien à l'explication.

(1)   A moins que l'avoir vu, peut-il être croyable ?

Nous dirions aujourd'hui, *à moins que de l'avoir vu*, ou plus simplement, *à moins de l'avoir vu*, en retranchant le *que*, au lieu du *de* qu'on

ÉRASTE.

C'est dans le jeu qu'on voit les plus grands coups du sort. (1)

ALCIPPE.

Parbleu! tu jugeras toi-même si j'ai tort,
Et si c'est sans raison que ce coup me transporte;
Car voici nos deux jeux, qu'exprès sur moi je porte.
Tiens, c'est ici mon port, comme je te l'ai dit, (2)
Et voici...

ÉRASTE.

J'ai compris le tout par ton récit,
Et vois de la justice au transport qui t'agite;
Mais pour certaine affaire il faut que je te quitte.
Adieu. Console-toi pourtant de ton malheur.

ALCIPPE.

Qui, moi? J'aurai toujours ce coup-là sur le cœur;

---

retranchoit de préférence du temps de Molière. On disoit, *avant que partir*, pour, *avant de*, ou, *que de partir*.

Tout ce couplet d'Alcippe est un modèle de l'art d'exprimer en vers des détails techniques. La prose n'eût pas rendu, avec plus de précision et de clarté, les circonstances nombreuses et assez compliquées dont ce *coup* est composé. S'il existe, pour les lecteurs d'aujourd'hui, quelque obscurité dans le récit, elle tient uniquement à l'ignorance où ils sont de certaines règles qui étoient pratiquées du temps de Molière, et qu'on a changées depuis.

(1)   C'est dans le jeu qu'on voit les plus grands coups du sort.

Ce vers est passé en proverbe, et on le répète tous les jours, en y faisant ce léger changement qui en rend le tour plus moderne : *C'est au jeu que l'on voit*, etc.; mais il est à remarquer que la plupart de ceux qui le citent, croient qu'il appartient au *Joueur*, de Regnard.

(2)   Tiens, c'est ici mon port, comme je te l'ai dit.

Port se dit des cartes qu'on a réservées, après avoir fait son écart, pour les joindre à celles qui doivent venir du talon, et non de celles qu'on porte avant d'écarter, comme quelques joueurs l'entendent.

Et c'est, pour ma raison, pis qu'un coup de tonnerre. [1]
Je le veux faire, moi, voir à toute la terre. [2]

(*Il s'en va, et rentre en disant :*)

Un six de cœur! Deux points!

ÉRASTE.

En quel lieu sommes-nous?
De quelque part qu'on tourne, on ne voit que des fous.

SCÈNE III.

ÉRASTE, LA MONTAGNE.

ÉRASTE.

Ah! que tu fais languir ma juste impatience!

LA MONTAGNE.

Monsieur, je n'ai pu faire une autre diligence. [3]

---

(1)   ... J'aurai toujours ce coup-là sur le cœur;
      Et c'est, pour ma raison, pis qu'un coup de tonnerre.

Un goût sévère pourroit désapprouver, comme un quolibet indigne de Molière, ce *coup* d'une partie de cartes, qui est pire qu'un *coup* de tonnerre; mais il est juste d'observer que ce n'est point ici une froide équivoque, arrangée à dessein : c'est le propos d'un homme que la passion fait déraisonner, et qui répète, comme au hasard, un terme dont il vient de se servir, sans s'apercevoir qu'il en abuse. L'humeur n'est guère moins sujette aux jeux de mots que l'esprit de subtilité, témoin celui d'Alceste sur la *chûte* du sonnet d'Oronte, admirée par Philinte :

      La peste de ta chûte, empoisonneur au diable!
      En eusses-tu fait une à te casser le nez!

(2) Cet Alcippe qui porte sur lui son jeu pour *le faire voir à toute la terre*, rappelle cette anecdote assez connue d'un homme qui, ayant perdu toute sa fortune sur un brelan d'as contre un brelan carré, demandoit l'aumône, en montrant ses trois as et en disant : *N'auriez-vous pas fait va-tout avec cela?*

(3)   Monsieur, je n'ai pu faire une autre diligence.

On ne dit pas, *faire une diligence*, mais, *faire diligence* : c'est une locu-

ÉRASTE.

Mais me rapportes-tu quelque nouvelle, enfin?

LA MONTAGNE.

Sans doute; et de l'objet qui fait votre destin,
J'ai, par un ordre exprès, quelque chose à vous dire.*

ÉRASTE.

Et quoi? Déja mon cœur après ce mot soupire.
Parle.

LA MONTAGNE.

Souhaitez-vous de savoir ce que c'est?

ÉRASTE.

Oui, dis vîte.

LA MONTAGNE.

Monsieur, attendez, s'il vous plaît.
Je me suis, à courir, presque mis hors d'haleine.

ÉRASTE.

Prends-tu quelque plaisir à me tenir en peine?

LA MONTAGNE.

Puisque vous desirez de savoir promptement
L'ordre que j'ai reçu de cet objet charmant,
Je vous dirai... Ma foi! sans vous vanter mon zèle,
J'ai bien fait du chemin pour trouver cette belle;
Et si...

VARIANTE. * *Sans doute, et de l'objet qui fait votre destin.*
J'ai par son ordre exprès quelque chose à vous dire.

---

tion consacrée, une espèce de verbe composé où le substantif doit être employé sans article défini ni indéfini, bien qu'on puisse le modifier par un adjectif, qui alors tient, en quelque sorte, lieu d'adverbe. Molière devoit dire, *je n'ai pu faire autre diligence*, ou mieux, *je n'ai pu faire plus grande diligence.*

ÉRASTE.
Peste soit fait de tes digressions ! * (1)

LA MONTAGNE.
Ah ! il faut modérer un peu ses passions ;
Et Sénèque... (2)

ÉRASTE.
Sénèque est un sot dans ta bouche,
Puisqu'il ne me dit rien de tout ce qui me touche.
Dis-moi ton ordre, tôt.

LA MONTAGNE.
Pour contenter vos vœux,
Votre Orphise... Une bête est là dans vos cheveux.

ÉRASTE.
Laisse.

LA MONTAGNE.
Cette beauté, de sa part, vous fait dire...

ÉRASTE.
Quoi ?

LA MONTAGNE.
Devinez. (3)

VARIANTE. * *Peste soit, fat, de tes digressions !*

---

(1) Toutes les anciennes éditions, celle de 1682 comprise, portent: *Peste soit fait de tes digressions !* ce qui semble peu correct ou du moins peu conforme à l'usage : on dit, *peste soit de l'homme !* et non, *peste soit fait de l'homme !* On ne peut nier que l'édition de 1734 n'ait fait une heureuse correction, en proposant de lire : *Peste soit, fat, de tes digressions !* mais Molière avoit-il écrit ainsi ? Il est permis d'en douter.

(2) Il est un peu extraordinaire qu'un valet connoisse Sénèque, et en parle à propos. J'aime mieux, je l'avoue, l'Hector du *Joueur*, qui demande si Sénèque étoit de Paris. Regnard est ici plus vrai que Molière ; il n'a pas souvent cet avantage.

(3) Il semble qu'en cet endroit Molière force un peu l'excellente idée

ACTE II, SCÈNE III.

ÉRASTE.

Sais-tu que je ne veux pas rire?

LA MONTAGNE.

Son ordre est qu'en ce lieu vous devez vous tenir,
Assuré que dans peu vous l'y verrez venir,
Lorsqu'elle aura quitté quelques provinciales,
Aux personnes de cour fâcheuses animales. (1)

ÉRASTE.

Tenons-nous donc au lieu qu'elle a voulu choisir.
Mais, puisque l'ordre ici m'offre quelque loisir, (2)
Laisse-moi méditer.   (*La Montagne sort.*)
           J'ai dessein de lui faire
Quelques vers sur un air où je la vois se plaire. (3)

           (*Il rêve.*)

---

qu'il a eue de faire du valet même d'Éraste un des fâcheux qui excitent le plus sa mauvaise humeur. Ne pouvant ignorer combien son maître est impatient d'apprendre ce qu'Orphise lui mande, il est allé déjà bien loin en lui disant: *Souhaitez-vous de savoir ce que c'est?* Mais lorsqu'après l'avoir encore fatigué de quelques autres discours non moins sangrenus, il lui propose de *deviner* ce que sa maîtresse lui fait dire, ne pousse-t-il pas l'impertinence et l'importunité un peu au-delà des bornes de la vraisemblance? On sent que je n'élève de pareils doutes qu'avec une extrême défiance de moi-même.

(1)   Aux personnes de cour fâcheuses animales.

Animal, substantif, n'a point de féminin; il convient aux deux genres, ou, pour mieux dire, aux deux sexes; ainsi l'on diroit, *ces femmes sont d'ennuyeux animaux.*

(2)   Mais, puisque l'ordre ici m'offre quelque loisir, etc.

Ce qui signifie, puisque, d'après son ordre, je dois l'attendre ici et que cela me donne quelque loisir. Ce vers n'est pas d'une concision très-heureuse.

(3)   J'ai dessein de lui faire
           Quelques vers sur un air où je la vois se plaire.

Un air où je la vois se plaire, pour, *auquel je la vois se plaire. Où*, qui

SCÈNE IV.

ORANTE, CLIMÈNE, ÉRASTE, *dans un coin du théâtre, sans être aperçu.*

ORANTE.

Tout le monde sera de mon opinion.

CLIMÈNE.

Croyez-vous l'emporter par obstination ?

ORANTE.

Je pense mes raisons meilleures que les vôtres. (1)

CLIMÈNE.

Je voudrois qu'on ouït les unes et les autres.

ORANTE, *apercevant Éraste.*

J'avise un homme ici qui n'est pas ignorant ;
Il pourra nous juger sur notre différent.

---

est proprement un adverbe de lieu, remplace parfaitement *dans lequel*, parce que *dans* est une préposition de celles que les grammairiens appellent *locales*. D'après le même principe, *où* remplace convenablement *auquel*, lorsque la préposition *à*, qui entre dans la composition de ce pronom, exprime une tendance quelconque, et, par conséquent, renferme une idée de but, de lieu ; ainsi, l'on dit très-bien, *l'hymen où j'aspire, le rang où je me suis élevé, le trépas où je cours*, etc. Mais, dans tous les autres cas, *où*, à la place d'*auquel*, ne peut être toléré qu'en raison de l'impossibilité où l'on est de faire entrer ce dernier mot dans un vers. Pour revenir à l'exemple de Molière, dans cette phrase, *l'air où je la vois se plaire*, *où* seroit exact, s'il s'agissoit de l'air qu'on respire, parce que alors il signifieroit *dans lequel* ; mais, comme il s'agit d'un air qu'on chante, il manque d'exactitude, parce qu'il signifie, *auquel*, sans idée de tendance et de but. La phrase isolée ne présenteroit même que le premier des deux sens.

(1) Je pense mes raisons meilleures que les vôtres.
Il faudroit, *je pense que mes raisons sont meilleures*, ou plutôt, *je crois mes raisons meilleures que les vôtres*.

Marquis, de grace, un mot, souffrez qu'on vous appelle
Pour être entre nous deux juge d'une querelle,
D'un débat qu'ont ému nos divers sentimens
Sur ce qui peut marquer les plus parfaits amans.

ÉRASTE.

C'est une question à vider difficile,
Et vous devez chercher un juge plus habile.

ORANTE.

Non : vous nous dites-là d'inutiles chansons.
Votre esprit fait du bruit, et nous vous connoissons ;
Nous savons que chacun vous donne à juste titre...

ÉRASTE.

Hé ! de grace...

ORANTE.

En un mot, vous serez notre arbitre,
Et ce sont deux momens qu'il vous faut nous donner.

CLIMÈNE, *à Orante.*

Vous retenez ici qui vous doit condamner ;
Car enfin, s'il est vrai ce que j'en ose croire, (1)
Monsieur à mes raisons donnera la victoire.

ÉRASTE, *à part.*

Que ne puis-je à mon traître inspirer le souci
D'inventer quelque chose à me tirer d'ici ! (2)

---

(1) Car enfin, s'il est vrai ce que j'en ose croire.
On dit bien impersonnellement, *s'il est vrai que telle chose soit*, mais non pas, *s'il est vrai ce que vous dites.* Cette dernière locution pèche contre la règle qui veut que *il*, signifiant *ce* ou *cela*, ne puisse être employé comme pronom personnel. Il auroit fallu dire, *si ce que j'en ose croire est vrai.*

(2) Que ne puis-je à mon traître inspirer le souci
D'inventer quelque chose à me tirer d'ici !
Il faudroit, *d'inventer quelque chose pour me tirer d'ici.* Voici la troisième

LES FACHEUX.

ORANTE, *à Clinène.*

Pour moi, de son esprit j'ai trop bon témoignage,
Pour craindre qu'il prononce à mon désavantage. (1)

(*à Éraste.*)

Enfin, ce grand débat qui s'allume entre nous,
Est de savoir s'il faut qu'un amant soit jaloux.

CLIMÈNE.

Ou, pour mieux expliquer ma pensée et la vôtre,
Lequel doit plaire plus d'un jaloux ou d'un autre. (2)

ORANTE.

Pour moi, sans contredit, je suis pour le dernier.

CLIMÈNE.

Et, dans mon sentiment, je tiens pour le premier.

---

fois que, dans cette pièce, Molière se sert de la préposition *à* pour quelque autre qui conviendroit mieux, et toutes les fois parce que la mesure l'y contraint. — Ces deux vers, péniblement écrits, ont de plus le tort d'être obscurs : on peut ne pas comprendre tout de suite qu'il s'agit de La Montagne.

(1)   Pour moi, de son esprit j'ai trop bon témoignage,
       Pour craindre qu'il prononce à mon désavantage.

Il est de règle que *craindre*, quand il n'est pas précédé de la négative, doit en être suivi. Ici, la négative n'est pas exprimée avant *craindre*; mais elle est dans le sens, et cela suffit pour qu'elle ne doive pas accompagner le second verbe. La phrase équivaut à celle-ci : *ayant bon témoignage de son esprit, je ne crains pas qu'il prononce à mon désavantage.* Je ne fais cette remarque que pour donner une idée de cette logique secrète qui a présidé à la formation des langues, et qui presque toujours fournit une explication satisfaisante des anomalies grammaticales.

(2)   Lequel doit plaire plus d'un jaloux ou d'un autre.

La grande pureté grammaticale exigeroit ici le superlatif relatif au lieu du comparatif. La règle à cet égard n'étoit sûrement pas aussi formelle du temps de Molière qu'elle l'est aujourd'hui ; car il lui étoit bien facile de mettre : *qui doit plaire le plus*, etc.

ORANTE.

Je crois que notre cœur doit donner son suffrage
A qui fait éclater du respect davantage. (1)

CLIMÈNE.

Et moi, que si nos vœux doivent paroître au jour,
C'est pour celui qui fait éclater plus d'amour.

ORANTE.

Oui; mais on voit l'ardeur dont une ame est saisie,
Bien mieux dans le respect* que dans la jalousie.

CLIMÈNE.

Et c'est mon sentiment, que qui s'attache à nous,
Nous aime d'autant plus, qu'il se montre jaloux.

ORANTE.

Fi! ne me parlez point, pour être amans, Climène,
De ces gens dont l'amour est fait comme la haine, (2)
Et qui, pour tous respects et toute offre de vœux,
Ne s'appliquent jamais qu'à se rendre fâcheux;

VARIANTE. * Bien mieux dans les respects.

---

(1)   A qui fait éclater du respect davantage.

Davantage ne signifiant que *plus*, c'est la même faute que je viens de remarquer. Il faudroit, *à qui fait éclater le plus de respect*. Du reste, on n'emploie *davantage* qu'avec un verbe neutre ou un verbe actif qui n'a pas un substantif pour régime direct : *cela me plaît davantage, ne tardez pas davantage, je l'en respecte davantage*, etc. Dans le cas contraire, c'est au substantif et non pas au verbe que s'attache le signe de la comparaison; ainsi l'on dit, *cela me fait plus de plaisir, ne mettez pas plus de retard, j'en ai pour lui plus de respect*, etc. *Faire éclater davantage de respect*, seroit une faute plus grave encore que, *faire éclater du respect davantage.*

(2)   De ces gens dont l'amour est fait comme la haine.
Orosmane dit, dans *Zaïre :*

Moi, que je puisse aimer comme l'on sait haïr!

Dont l'ame que sans cesse un noir transport anime,
Des moindres actions cherche à nous faire un crime,
En soumet l'innocence à son aveuglement,
Et veut sur un coup-d'œil un éclaircissement ;
Qui, de quelque chagrin nous voyant l'apparence,
Se plaignent aussitôt qu'il naît de leur présence,
Et, lorsque dans nos yeux brille un peu d'enjouement,
Veulent que leurs rivaux en soient le fondement ;
Enfin, qui, prenant droit des fureurs de leur zèle,
Ne nous parlent jamais que pour faire querelle,
Osent défendre à tous l'approche de nos cœurs,
Et se font les tyrans de leurs propres vainqueurs.
Moi, je veux des amans que le respect inspire,
Et leur soumission marque mieux notre empire.

CLIMÈNE.

Fi ! ne me parlez point, pour être vrais amans,
De ces gens qui pour nous n'ont nuls emportemens ; [1]
De ces tièdes galans, de qui les cœurs paisibles
Tiennent déja pour eux les choses infaillibles,
N'ont point peur de nous perdre, et laissent, chaque jour,
Sur trop de confiance, endormir leur amour ;
Sont avec leurs rivaux en bonne intelligence,
Et laissent un champ libre à leur persévérance.
Un amour si tranquille excite mon courroux.

---

(1) *De ces gens qui pour nous n'ont nuls emportemens.*

Nul a un pluriel, quand il signifie, *de nulle valeur : vos titres sont nuls, vos raisons sont nulles ;* mais il n'a que le singulier dans le sens d'*aucun,* qui suit la même règle. *Nul* et *aucun* étant les équivalens de *pas un,* on conçoit que l'idée de pluralité ne peut s'attacher à une chose dont on dit qu'il n'y en a *pas une. Aucun* admet un pluriel quand on l'emploie en style marotique pour *quelques-uns,* parce qu'alors il y a pluralité : *aucuns pensent, aucuns m'ont dit.*

C'est aimer froidement, que n'être point jaloux ;
Et je veux qu'un amant, pour me prouver sa flamme,
Sur d'éternels soupçons laisse flotter son ame, (1)
Et, par de prompts transports, donne un signe éclatant
De l'estime qu'il fait de celle qu'il prétend. (2)
On s'applaudit alors de son inquiétude ;
Et, s'il nous fait parfois un traitement trop rude,
Le plaisir de le voir, soumis à nos genoux,
S'excuser de l'éclat qu'il a fait contre nous,
Ses pleurs, son désespoir d'avoir pu nous déplaire,
Est un charme à calmer* toute notre colère.

ORANTE.

Si, pour vous plaire, il faut beaucoup d'emportement,

VARIANTE. * Sont un charme à calmer.

---

(1)   Sur d'éternels soupçons laisse flotter son ame.

On trouve, dans *Don Sanche d'Arragon*, comédie héroïque de Corneille, ces deux vers qui rappellent celui de Molière, et dont Molière lui-même s'est peut-être souvenu pour faire le sien :

    L'ame d'un tel amant, tristement balancée,
    Sur d'éternels soucis voit flotter sa pensée.

C'est absolument la même figure, et ce sont presque les mêmes expressions. Du reste, dans les deux passages, la métaphore ne semble pas avoir toute la justesse desirable : on ne se figure pas bien des *soupçons* ou des *soucis* comme une mer agitée sur laquelle flotte l'*ame* ou la *pensée*.

(2)   De l'estime qu'il fait de celle qu'il prétend.

On prétend une chose, et *l'on prétend à une chose*. L'un se dit de ce qu'on regarde comme son droit, comme sa prérogative ; l'autre de ce à quoi l'on ne fait qu'aspirer. Ainsi, *on prétend le pas sur quelqu'un*, *on prétend un dixième dans les profits d'une affaire*, parce qu'on croit cette prétention fondée sur un titre légitime ; mais *on prétend à une charge, à la main d'une femme*, etc., parce qu'on ne peut les obtenir que de la volonté de ceux qui ont le droit d'en disposer. *Prétendre à une femme* se dit, par une sorte d'ellipse, pour, *prétendre à sa main*.

Je sais qui vous pourroit donner contentement ;
Et je connois des gens dans Paris plus de quatre,
Qui, comme ils le font voir, aiment jusques à battre.

CLIMÈNE.

Si, pour vous plaire, il faut n'être jamais jaloux,
Je sais certaines gens fort commodes pour vous ;
Des hommes en amour d'une humeur si souffrante,
Qu'ils vous verroient sans peine entre les bras de trente.

ORANTE.

Enfin, par votre arrêt, vous devez déclarer
Celui de qui l'amour vous semble à préférer.

(*Orphise paroît dans le fond du théâtre, et voit Éraste entre Orante et Climène.*)

ÉRASTE.

Puisqu'à moins d'un arrêt je ne m'en puis défaire,
Toutes deux à la fois je vous veux satisfaire ;
Et, pour ne point blâmer ce qui plaît à vos yeux,
Le jaloux aime plus, et l'autre aime bien mieux.

CLIMÈNE.

L'arrêt est plein d'esprit ; mais...

ÉRASTE.

                        Suffit. J'en suis quitte.
Après ce que j'ai dit, souffrez que je vous quitte. [1]

---

[1] La question traitée contradictoirement devant Éraste, pris pour juge, ressemble un peu, pour le fond du moins, à ces thèses d'amour que l'on soutenoit à l'hôtel de Rambouillet et dans les autres ruelles, avec une pédanterie et une subtilité qui ne rappeloient que trop les thèses de la scolastique dont ces galans exercices étoient la parodie. On ne peut pas faire ce reproche à la contestation dont Éraste est l'arbitre ; le sujet n'en a rien de trop raffiné, et il est débattu de part et d'autre avec beaucoup d'art. L'avocat de la jalousie et celui de la confiance en amour font valoir habilement toutes les raisons pour et contre ; à la vivacité qu'y

SCÈNE V.

ORPHISE, ÉRASTE.

ÉRASTE, *apercevant Orphise, et allant au-devant d'elle.*
Que vous tardez, madame, et que j'éprouve bien...
ORPHISE.
Non, non, ne quittez pas un si doux entretien.
A tort vous m'accusez d'être trop tard venue,
   (*montrant Orante et Climène, qui viennent de sortir.*)
Et vous avez de quoi vous passer de ma vue. (1)
ÉRASTE.
Sans sujet contre moi voulez-vous vous aigrir,
Et me reprochez-vous ce qu'on me fait souffrir ?
Ah ! de grace, attendez...
ORPHISE.
      Laissez-moi, je vous prie,
Et courez vous rejoindre à votre compagnie. (2)

---

mettent ces dames, on voit bien que leurs argumens sont l'expression de leurs vrais sentimens ; que ce n'est pas un pur jeu d'esprit, et que chacune d'elles plaide en faveur de la manière dont elle aime et dont elle est aimée. Quant à l'arrêt rendu par Éraste, il faut souscrire à ce qu'en dit Climène, *il est plein d'esprit.*

(1) Ce petit mouvement de jalousie est encore un lien par lequel Molière rattache habilement à la scène précédente et en général au sujet de la pièce, les amours d'Éraste et d'Orphise, qui ne peuvent tenir qu'une fort petite place dans l'action, et qui doivent pourtant s'y montrer de temps en temps pour n'être pas entièrement oubliés.

(2)   Et courez vous rejoindre à votre compagnie.
On ne dit pas, *se rejoindre à sa compagnie*, mais, *la rejoindre*, bien que la première manière d'employer ce verbe soit plus conforme que l'autre à sa vraie signification. Il est impossible d'en donner une autre raison que le caprice de l'usage.

SCÈNE VI.

ÉRASTE, seul.

Ciel! faut-il qu'aujourd'hui fâcheuses et fâcheux
Conspirent à troubler les plus chers de mes vœux!
Mais allons sur ses pas, malgré sa résistance,
Et faisons à ses yeux briller notre innocence.

SCÈNE VII.

DORANTE, ÉRASTE.

DORANTE.

Ah! marquis! que l'on voit de fâcheux tous les jours
Venir de nos plaisirs interrompre le cours! [1]
Tu me vois enragé d'une assez belle chasse
Qu'un fat... C'est un récit qu'il faut que je te fasse.

ÉRASTE.

Je cherche ici quelqu'un, et ne puis m'arrêter.

DORANTE.

Parbleu! chemin faisant, je te le veux conter.
Nous étions une troupe assez bien assortie,
Qui, pour courir un cerf, avions hier fait partie;
Et nous fûmes coucher sur le pays exprès, [2]

---

[1] Excellent début d'un fâcheux, qui se plaint des fâcheux qu'il rencontre, et qui s'en plaint à l'homme même qu'il va le plus importuner!

[2]   Et nous fûmes coucher sur le pays exprès.

J'ai déjà eu occasion de remarquer que le verbe *être*, qui s'emploie souvent au lieu du verbe *aller* dans les temps composés, *j'ai été, j'avois été, j'aurois été,* etc., ne peut le remplacer dans les temps simples, et

ACTE II, SCÈNE VII.

C'est-à-dire, mon cher, en fin fond de forêts.
Comme cet exercice est mon plaisir suprême,
Je voulus, pour bien faire, aller au bois moi-même,
Et nous conclûmes tous d'attacher nos efforts
Sur un cerf, qu'un chacun nous disoit cerf dix-cors;
Mais, moi, mon jugement, sans qu'aux marques j'arrête, (1)
Fut qu'il n'étoit que cerf à sa seconde tête.
Nous avions, comme il faut, séparé nos relais,
Et déjeûnions en hâte, avec quelques œufs frais,
Lorsqu'un franc campagnard, avec longue rapière,
Montant superbement sa jument poulinière,
Qu'il honoroit du nom de sa bonne jument,
S'en est venu nous faire un mauvais compliment,
Nous présentant aussi, pour surcroît de colère,
Un grand benêt de fils aussi sot que son père.
Il s'est dit grand chasseur, et nous a priés tous
Qu'il pût avoir le bien de courir avec nous.
Dieu préserve, en chassant, toute sage personne
D'un porteur de huchet (2), qui mal à propos sonne;

---

qu'ainsi on ne dit pas, *je suis, j'étois, je serai*, pour, *je vais, j'allois, j'irai.* Beaucoup de personnes exceptent de cette règle le prétérit indéfini et disent, *je fus*, pour, *j'allai* : ceux qui s'attachent à la grande exactitude du langage, les désapprouvent.

(1) Mais moi, mon jugement, sans qu'aux marques j'arrête, etc.

On ne dit pas, *arrêter*, mais *s'arrêter à une chose*, dans le sens, d'avoir égard, de faire attention. *Arrêter* ne s'emploie neutralement que dans cette façon de parler, *arrêter à un endroit*, laquelle signifie, cesser de marcher et demeurer en un lieu pour quelque temps. On a imaginé sans doute cette locution, pour ne pas confondre les séjours qu'on fait en route, avec les autres causes diverses qui interrompent la marche : *nous nous sommes arrêtés vingt fois en route; nous avons arrêté à tel endroit.*

(2) *Huchet*, cornet avec lequel on appelle les chiens à la chasse.

LES FACHEUX.

De ces gens qui, suivis de dix hourets [1] galeux,
Disent, ma meute, et font les chasseurs merveilleux!
Sa demande reçue, et ses vertus prisées,
Nous avons été tous frapper à nos brisées. [2]
A trois longueurs de trait [3], tayaut! voilà d'abord
Le cerf donné aux chiens [4]. J'appuie, et sonne fort.
Mon cerf débuche [5], et passe une assez longue plaine,
Et mes chiens après lui, mais si bien en haleine,
Qu'on les auroit couverts tous d'un seul justaucorps. [6]

---

[1] *Houret*, nom donné aux mauvais petits chiens de chasse.

[2] *Brisées.* Ce sont les branches que les chasseurs rompent aux arbres, pour marquer la voie de la bête. *Briser haut*, c'est rompre les branches à hauteur d'homme, et les laisser pendre à l'arbre. *Briser bas*, c'est les détacher et les répandre sur les voies: la pointe des branches indique d'où la bête vient, et le gros bout où elle va. *Frapper aux brisées*, c'est faire du bruit pour lancer la bête, la faire partir du lieu où elle est à la reposée. On fait quelquefois de *fausses brisées* pour tromper ses compagnons. L'expression proverbiale, *aller sur les brisées de quelqu'un*, pour dire, entrer en concurrence avec lui, est tirée du langage de la vénerie, qui a fourni au langage usuel un grand nombre de métaphores semblables, comme il convenoit chez un peuple chasseur.

[3] Le *trait* est la longe à laquelle est attaché le chien de chasse. On dit, *laisser aller un limier de la longueur du trait*.

[4] *Donner le cerf aux chiens*, c'est *le lancer*; on dit aussi, *donner les chiens au cerf*. Dans cet hémistiche, *le cerf donné aux chiens*, il y a un hiatus; c'est une de ces locutions consacrées, de ces phrases faites, qu'il faut employer comme elles sont ou ne pas employer du tout, parce que le moindre changement les dénatureroit. Molière, qui s'attachoit à une grande vérité d'imitation, a mieux aimé ici violer une règle de versification qu'on ne pouvoit l'accuser d'ignorer, que de négliger un seul des moyens propres à caractériser le langage de l'original qu'il mettoit en scène.

[5] *Débucher*, sortir du bois; ce verbe n'est usité qu'en vénerie, et ne s'applique qu'à la bête.

[6]   Qu'on les auroit couverts tous d'un seul justaucorps.
Quand les chiens ont la même vitesse et la même haleine, ils sont ras-

Il vient à la forêt. Nous lui donnons alors
La vieille meute (1); et moi, je prends en diligence
Mon cheval alezan. Tu l'as vu?

ÉRASTE.

Non, je pense.

DORANTE.

Comment! C'est un cheval aussi bon qu'il est beau,
Et que, ces jours passés, j'achetai de Gaveau. (2)
Je te laisse à penser si, sur cette matière,
Il voudroit me tromper, lui qui me considère :
Aussi je m'en contente (3); et jamais, en effet,
Il n'a vendu cheval, ni meilleur, ni mieux fait.
Une tête de barbe, avec l'étoile nette,
L'encolure d'un cygne, effilée et bien droite; (4)
Point d'épaules non plus qu'un lièvre, court-jointé,

---

semblés en courant de manière à ne former qu'un groupe de peu d'étendue. Les chasseurs qui veulent louer leur meute sous ce rapport, disent qu'*on la couvriroit d'un drap*. On dit la même chose pour signifier que plusieurs pièces de terre, appartenant à un seul propriétaire, sont contiguës et forment un tout à-peu-près de même dimension en tout sens.

(1) La *vieille meute* est le second relais, formé des chiens *devenus sages*, c'est-à-dire, qui ont perdu de leur jeunesse et de leur vigueur.

(2) *Gaveau*, marchand de chevaux, célèbre à la cour. (*Note de Molière.*)

(3) *Je m'en contente*, ne signifie pas, j'en suis content, qui est ce que Molière a voulu dire. On *est content* par sentiment d'une chose qui a pleinement de quoi satisfaire; on *se contente* par raison d'une chose qui pourroit être plus satisfaisante. La distinction est dans l'expression même. Celui qui se contente, n'est pas content; il se rend, il se fait content; il prend sur soi pour le devenir.

(4) Déja du temps de Molière, les gens de la cour prononçoient, comme ils faisoient encore, il y a trente ans, *dret, drette, je crais,* il fait *fraid*, etc. au lieu de, *droit, droite, je crois,* il fait *froid*, etc. Suivant cette pronon-

LES FACHEUX.

Et qui fait, dans son port, voir sa vivacité;
Des pieds, morbleu! des pieds! le rein double: à vrai dire,
J'ai trouvé le moyen, moi seul, de le réduire;
Et sur lui, quoique aux yeux il montrât beau semblant,
Petit-Jean de Gaveau [1] ne montoit qu'en tremblant.
Une croupe, en largeur à nulle autre pareille,
Et des gigots, dieu sait! Bref, c'est une merveille;
Et j'en ai refusé cent pistoles, crois-moi,
Au retour d'un cheval amené pour le roi. [2]
Je monte donc dessus, et ma joie étoit pleine,
De voir filer de loin les coupeurs [3] dans la plaine;
Je pousse, et je me trouve en un fort à l'écart,
A la queue de nos chiens, moi seul avec Drécar. [4]

---

ciation, *droite* et *nette* riment ensemble. La Fontaine a souvent employé, comme Molière, cette espèce de rime:

Damoiselle Belette, au corps long et *fluet*,
Entra dans un grenier par un trou fort *étroit*.

Livre III, fable 17.

(1) *Petit-Jean de Gaveau* est vraisemblablement pour, *Petit-Jean de chez Gaveau*: c'étoit sans doute le nom de quelque *casse-cou* fameux, employé chez ce maquignon.

(2) Les lecteurs que frappe la vérité dans la peinture des ridicules, n'auront pas manqué sans doute de remarquer cette digression de près d'une vingtaine de vers sur son cheval, dont notre chasseur allonge son récit, comme si déjà il ne devoit pas être assez long. Quelle plus fidèle imitation de ces parleurs fatigans, qui sans cesse intercalent une narration dans une autre, et trouvent ainsi le moyen d'étendre indéfiniment leur bavardage!

(3) Les *coupeurs* sont les chiens qui, se séparant des autres, quittent la voie de la bête qu'ils chassent, et *coupent* pour gagner les devants sur elle.

(4) A la queue de nos chiens moi seul avec Drécar.

On a déjà vu, dans ce récit, un hiatus, *le cerf donné aux chiens*; voici

Une heure là-dedans notre cerf se fait battre.
J'appuie alors mes chiens, et fais le diable à quatre;
Enfin jamais chasseur ne se vit plus joyeux.
Je le relance seul, et tout alloit des mieux,
Lorsque d'un jeune cerf s'accompagne le nôtre;
Une part de mes chiens se sépare de l'autre;
Et je les vois, marquis, comme tu peux penser,
Chasser tous avec crainte, et Finaut balancer :
Il se rabat soudain, dont j'eus l'ame ravie;
Il empaume la voie; et moi, je sonne et crie :
A Finaut! à Finaut! j'en revois à plaisir
Sur une taupinière [1], et re-sonne à loisir.
Quelques chiens revenoient à moi, quand, pour disgrace,
Le jeune cerf, marquis, à mon campagnard passe.
Mon étourdi se met à sonner comme il faut,
Et crie à pleine voix : tayaut! tayaut! tayaut!
Mes chiens me quittent tous, et vont à ma pécore;
J'y pousse, et j'en revois dans le chemin encore;
Mais à terre, mon cher, je n'eus pas jeté l'œil,
Que je connus le change [2] et sentis un grand deuil.

---

maintenant une faute de mesure, *à la queue de nos chiens*. Cette dernière faute a la même excuse que la première, c'est-à-dire la nécessité d'employer les phrases techniques, telles que l'usage les a faites, sans les altérer pour les soumettre aux lois de la versification. — *Drécar*, piqueur renommé. (*Note de Molière*).

[1] *J'en revois à plaisir sur une taupinière. En revoir*, c'est prendre connoissance de la force du cerf par la trace des pieds, les *fumées* ou fientes, et autres indices.

[2] La bête *donne le change*, quand elle fait lever une autre bête pour que les chiens la poursuivent à sa place, et les chiens *prennent le change*, quand ils quittent la première bête pour chasser l'autre. Le langage ordinaire s'est emparé de ces deux expressions qu'il emploie figurément.

LES FACHEUX.

J'ai beau lui faire voir toutes les différences
Des pinces de mon cerf et de ses connoissances,
Il me soutient toujours, en chasseur ignorant,
Que c'est le cerf de meute; et, par ce différent,
Il donne temps aux chiens d'aller loin. J'en enrage,
Et, pestant de bon cœur contre le personnage,
Je pousse mon cheval et par haut et par bas,
Qui plioit des gaulis [1] aussi gros que les bras : *
Je ramène les chiens à ma première voie,
Qui vont, en me donnant une excessive joie,
Requérir notre cerf, comme s'ils l'eussent vu.
Ils le relancent; mais ce coup est-il prévu?
A te dire le vrai, cher marquis, il m'assomme;
Notre cerf relancé va passer à notre homme,
Qui, croyant faire un trait ** de chasseur fort vanté,
D'un pistolet d'arçon qu'il avoit apporté,
Lui donne justement au milieu de la tête,
Et de fort loin me crie : Ah! j'ai mis bas la bête!
A-t-on jamais parlé de pistolets, bon dieu!
Pour courre un cerf[2]? Pour moi, venant dessus le lieu,
J'ai trouvé l'action tellement hors d'usage,
Que j'ai donné des deux à mon cheval, de rage,
Et m'en suis revenu chez moi toujours courant,
Sans vouloir dire un mot à ce sot ignorant.

ÉRASTE.

Tu ne pouvois mieux faire, et ta prudence est rare :

VARIANTES. * *Aussi gros que le bras.* — ** *Qui, croyant faire un coup.*

---

(1) Les *gaulis* sont les branches d'un taillis qu'on a laissé croître. *Gaulis* vient de *gaule*.

(2) *Pour courre un cerf. Courre,* pour, *courir,* ne s'emploie qu'à propos de chasse ou de jeu de bague.

C'est ainsi des fâcheux qu'il faut qu'on se sépare.
Adieu.

DORANTE.

Quand tu voudras nous irons quelque part,
Où nous ne craindrons point de chasseur campagnard. (1)

ÉRASTE, *seul.*

Fort bien. Je crois qu'enfin je perdrai patience.
Cherchons à m'excuser avecque diligence. (2)

---

(1) Dorante a quelque chose qui le distingue des autres fâcheux que nous avons vus jusqu'ici; c'est, comme je l'ai déja remarqué, de se plaindre beaucoup des fâcheux lui-même; et ce trait ajoute au comique de son travers particulier. Il ne se doute pas que les chasseurs courtisans ne sont guère moins *à craindre* que les *chasseurs campagnards*, et que, s'ils ne font pas comme ceux-ci l'énorme faute d'abattre un cerf à coups de pistolet, ils ont aussi-bien qu'eux le ridicule d'assommer les gens du récit de leurs prouesses ou de leurs mésaventures.

(2) Cette scène égale au moins celle du coup de piquet, pour l'aisance avec laquelle y sont rendus des détails fort rebelles à la versification. Tous les termes du récit appartiennent au dictionnaire de la vénerie, et ils sont employés avec une justesse qui prouve, de la part de Molière, une merveilleuse aptitude à saisir ce qu'il y avoit de plus étranger à ses études habituelles. L'art de narrer étoit aussi une partie brillante de son talent, et cet art, il le déploie tout entier dans le récit de Dorante, où les connoisseurs auront admiré l'emploi des tours vifs et précis, des coupes et des suspensions pittoresques, ressources que fournit le langage à un esprit prompt et flexible, pour animer, soutenir, varier et embellir une narration.

FIN DU SECOND ACTE.

BALLET DU SECOND ACTE.

PREMIÈRE ENTRÉE.

Des joueurs de boule l'arrêtent pour mesurer un coup dont ils sont en dispute. Il se défait d'eux avec peine, et leur laisse danser un pas composé de toutes les postures qui sont ordinaires à ce jeu.

SECONDE ENTRÉE.

De petits frondeurs les viennent interrompre, qui sont chassés ensuite

TROISIÈME ENTRÉE.

Par des savetiers et des savetières, leurs pères, et autres qui sont aussi chassés à leur tour

QUATRIÈME ENTRÉE.

Par un jardinier qui danse seul, et se retire pour faire place au troisième acte.

ACTE III.

SCÈNE PREMIÈRE.

ÉRASTE, LA MONTAGNE.

ÉRASTE.

Il est vrai, d'un côté, mes soins ont réussi,
Cet adorable objet enfin s'est adouci;
Mais, d'un autre, on m'accable, et les astres sévères
Ont contre mon amour redoublé leurs colères. (1)
Oui, Damis son tuteur, mon plus rude fâcheux,
Tout de nouveau s'oppose au plus doux de mes vœux,
A son aimable nièce a défendu ma vue,
Et veut d'un autre époux la voir demain pourvue. (2)

---

(1) Ont contre mon amour redoublé leurs colères.

Colères au pluriel est un latinisme. Virgile a dit: *attollentem iras*, et *tantæne animis cœlestibus iræ!* En françois, *colère* ne s'emploie qu'au singulier; on ne diroit pas plus *des colères* que *des courroux*. On dit pourtant quelquefois, dans le langage familier, *je l'ai vu dans ses colères, dans des colères affreuses*: c'est qu'ici *colère* est pour *accès de colère*, et qu'on peut avoir plusieurs *accès*. Du reste, les écrivains dans le genre noble, poëtes et même prosateurs, ont quelquefois employé des pluriels pour des singuliers, afin de rendre aux mots, par ce changement de nombre, quelque chose de la force que l'usage ordinaire leur avoit fait perdre avec le temps: ainsi Corneille a dit, *des courages*; Pascal, *des ignorances*; Bossuet, *des ambitions*, etc.

(2) *Damis s'oppose... a défendu... et veut.* Il y a un manque de régu-

28.

Orphise toutefois, malgré son désaveu,
Daigne accorder ce soir une grace à mon feu; (1)
Et j'ai fait consentir l'esprit de cette belle
A souffrir qu'en secret je la visse chez elle.
L'amour aime surtout les secrètes faveurs.
Dans l'obstacle qu'on force il trouve des douceurs;
Et le moindre entretien de la beauté qu'on aime,
Lorsqu'il est défendu, devient grace suprême.
Je vais au rendez-vous; c'en est l'heure à peu près.
Puis je veux m'y trouver plutôt avant qu'après.

LA MONTAGNE.

Suivrai-je vos pas?

ÉRASTE.

Non. Je craindrois que peut-être
A quelques yeux suspects tu me fisses connoître. (2)

LA MONTAGNE.

Mais...

---

larité dans cette phrase où, de trois verbes qui n'ont qu'un seul sujet, un est au passé, quand les deux autres sont au présent. Molière pouvait éviter facilement cette faute en faisant de l'avant-dernier vers le commencement d'une nouvelle phrase ayant un pronom pour sujet : *à son aimable nièce il interdit ma vue, et veut*, etc.

(1) Orphise toutefois, malgré son désaveu,
Daigne accorder ce soir une grace à mon feu.

Malgré son désaveu. Son se rapportant grammaticalement à Orphise, et pour le sens à Damis, il y a ici une légère amphibologie. — *Désaveu* manque de propriété; *défense* étoit le mot nécessaire. — *Une grace à mon feu.* On ne dit guère absolument, *mon feu*, comme on dit, *mes feux*, pour signifier, *mon amour*: la dernière de ces expressions est consacrée et ne peut donner lieu à aucune équivoque; l'autre est susceptible de plusieurs interprétations.

(2) Je craindrois que peut-être
A quelques yeux suspects tu me fisses connoître.

Il faudroit, *tu ne me fisses connoître.* Voir *l'Étourdi*, page 20, note 1.

ÉRASTE.

Je ne le veux pas.

LA MONTAGNE.

Je dois suivre vos lois :
Mais au moins si de loin...

ÉRASTE.

Te tairas-tu, vingt fois ? [1]
Et ne veux-tu jamais quitter cette méthode,
De te rendre à toute heure un valet incommode ?

SCÈNE II.

CARITIDÈS, ÉRASTE.

CARITIDÈS.

Monsieur, le temps répugne à l'honneur de vous voir, [2]
Le matin est plus propre à rendre un tel devoir ;
Mais de vous rencontrer il n'est pas bien facile,
Car vous dormez toujours, ou vous êtes en ville :
Au moins, messieurs vos gens me l'assurent ainsi ; [3]

---

(1) *Te tairas-tu, vingt fois ?* c'est-à-dire, te tairas-tu à la vingtième fois que je te l'ordonne ?

(2) *Monsieur, le temps répugne à l'honneur de vous voir.*
Le temps répugne, pour dire, le temps n'est pas celui qui convient. Ce n'est pas sûrement sans dessein que Molière a mis cette expression pédantesque dans la bouche de Caritidès, dès le début de son discours.

(3) *Au moins, messieurs vos gens me l'assurent ainsi.*
Messieurs vos gens. Autre trait de vérité, plus profond et plus énergique que le premier. Un pédant comme Caritidès, qui est à la fois vain et bas, et qui fait sa cour aux valets pour arriver à leurs maîtres, doit se laisser imposer par le faste des livrées, et ne parler de ceux qui les portent qu'avec un certain respect.

Et j'ai, pour vous trouver, pris l'heure que voici.
Encore est-ce un grand heur dont le destin m'honore, (1)
Car, deux momens plus tard, je vous manquois encore.

ÉRASTE.

Monsieur, souhaitez-vous quelque chose de moi?

CARITIDÈS.

Je m'acquitte, monsieur, de ce que je vous doi;
Et vous viens... Excusez l'audace qui m'inspire,
Si...

ÉRASTE.

Sans tant de façons, qu'avez-vous à me dire?

CARITIDÈS.

Comme le rang, l'esprit, la générosité,
Que chacun vante en vous...

ÉRASTE.

Oui, je suis fort vanté.
Passons, monsieur. (2)

CARITIDÈS.

Monsieur, c'est une peine extrême
Lorsqu'il faut à quelqu'un se produire soi-même;
Et toujours près des grands on doit être introduit
Par des gens qui de nous fassent un peu de bruit,
Dont la bouche écoutée avecque poids débite (3)

---

(1) Encore est-ce un grand heur dont le destin m'honore.
Heur, pour, *bonheur*. Il y a *heure* dans le vers précédent. Ces deux mots, si pareils et si rapprochés, forment une assonnance désagréable.

(2) Il y a bien du mépris dans ces paroles d'Éraste pour qui les louanges de Caritidès sont si peu de conséquence, qu'il ne daigne pas seulement les repousser par quelque mot de modestie, et qu'il les accepte pour en finir plus tôt : *Oui, je suis fort vanté. Passons, monsieur.*

(3) Dont la bouche écoutée avecque poids débite, etc.
Une *bouche écoutée* est une hardiesse d'expression qu'on admireroit peut-

ACTE III, SCÈNE II.

Ce qui peut faire voir notre petit mérite.
Enfin, j'aurois voulu * que des gens bien instruits
Vous eussent pu, monsieur, dire ce que je suis.

ÉRASTE.

Je vois assez, monsieur, ce que vous pouvez être,
Et votre seul abord le peut faire connoître.

CARITIDÈS.

Oui, je suis un savant charmé de vos vertus,
Non pas de ces savans dont le nom n'est qu'en *us*,
Il n'est rien si commun qu'un nom à la latine : (1)
Ceux qu'on habille en grec ont bien meilleure mine;
Et, pour en avoir un qui se termine en *ès*,
Je me fais appeler monsieur Caritidès. (2)

ÉRASTE.

Monsieur Caritidès soit. Qu'avez-vous à dire?

CARITIDÈS.

C'est un placet, monsieur, que je voudrois vous lire,
Et que, dans la posture où vous met votre emploi,
J'ose vous conjurer de présenter au roi.

VARIANTE. * *Pour moi, j'aurois voulu.*

être dans Racine, et qu'il est juste de remarquer au moins dans Molière, bien qu'il la prête à un personnage ridicule. — *Avecque*, pour, *avec*. Ce reste de l'ancien usage commence à se montrer beaucoup moins fréquemment que dans les premières pièces.

(1) Il n'est rien si commun qu'un nom à la latine.
Il faudroit, *il n'est rien de si commun*, ou, *rien n'est si commun*, etc. Voir *l'Étourdi*, page 104, note 2.

(2) *Caritidès* est formé de χαρισ, grace, et de la terminaison patronymique *idès*. Il signifie, *enfant* ou *fils des Graces*, dénomination qui, par antiphrase, convient fort bien à un pédant ridicule. Il faudroit, par respect pour l'étymologie, écrire *Charitidès*.

ÉRASTE.

Hé! monsieur, vous pouvez le présenter vous-même.

CARITIDÈS.

Il est vrai que le roi fait cette grace extrême; (1)
Mais par ce même excès de ses rares bontés,
Tant de méchans placets, monsieur, sont présentés,
Qu'ils étouffent les bons; et l'espoir où je fonde, (2)
Est qu'on donne le mien quand le prince est sans monde.

ÉRASTE.

Hé bien! vous le pouvez, et prendre votre temps. (3)

CARITIDÈS.

Ah! monsieur, les huissiers sont de terribles gens! (4)
Ils traitent les savans de faquins à nasardes,
Et je n'en puis venir qu'à la salle des gardes.
Les mauvais traitemens qu'il me faut endurer,
Pour jamais de la cour me feroient retirer,
Si je n'avois conçu l'espérance certaine,

---

(1) On se feroit une très-fausse idée de Louis XIV, si l'on croyait que ce fût un prince inaccessible. Ce que Molière dit ici de la facilité qu'on avoit à l'approcher et à lui présenter des placets, est confirmé par l'histoire. Le témoignage que Molière rend ici de son affabilité, dut lui être agréable.

(2) *L'espoir où je fonde. Fonder* ne peut s'employer absolument, en manière de verbe neutre; c'est un verbe actif dont le régime direct doit toujours être exprimé. Quand on l'emploie comme verbe pronominal réfléchi, *se fonder*, le pronom *se* tient la place de ce régime : *fonder sur*. Molière devoit dire, *l'espoir où je me fonde*.

(3) Hé bien! vous le pouvez, et prendre votre temps.
Cette construction est au moins négligée. *Pouvez* ne peut régir à la fois le pronom relatif *le* qui le précède, et l'infinitif *prendre* qui le suit.

(4) Ah! monsieur, les huissiers sont de terribles gens!
Regnard a pris ce vers tout entier, pour le mettre dans ses *Ménechmes* :
Ah! monsieur, les commis sont de terribles gens!

ACTE III, SCÈNE II.

Qu'auprès de notre roi vous serez mon Mécène.
Oui, votre crédit m'est un moyen assuré...

ÉRASTE.

Hé bien! donnez-moi donc, je le présenterai.

CARITIDÉS.

Le voici. Mais au moins oyez-en la lecture.

ÉRASTE.

Non...

CARITIDÉS.

C'est pour être instruit, monsieur, je vous conjure.

AU ROI.

SIRE,

Votre très-humble, très-obéissant, très-fidele et très-savant sujet et serviteur, Caritidés, François de nation, Grec de profession, ayant considéré les grands et notables abus qui se commettent aux inscriptions des enseignes des maisons, boutiques, cabarets, jeux de boule, et autres lieux de votre bonne ville de Paris, en ce que certains ignorans, compositeurs desdites inscriptions, renversent, par une barbare, pernicieuse et détestable orthographe, toute sorte de sens et raison*, sans aucun égard d'étymologie, analogie, énergie, ni allégorie quelconque, au grand scandale de la république des lettres, et de la nation françoise, qui se décrie et déshonore** par lesdits abus et fautes grossières, envers les étrangers, et notamment envers les Allemands, curieux lecteurs et inspectateurs desdites inscriptions....*** (1)

VARIANTES. * Toute sorte de sens et de raison. — ** Qui se décrie et se déshonore. — *** Et spectateurs desdites inscriptions.

(1) Envers les Allemands, curieux lecteurs et inspectateurs desdites

ÉRASTE.

Ce placet est fort long, et pourroit bien fâcher...

CARITIDÈS.

Ah! monsieur, pas un mot ne s'en peut retrancher.

ÉRASTE.

Achevez promptement. *

CARITIDÈS, *continue.*

Supplie humblement VOTRE MAJESTÉ *de créer, pour le bien de son État et la gloire de son empire, une charge de contrôleur, intendant, correcteur, réviseur, et restaurateur général desdites inscriptions, et d'icelle honorer le suppliant, tant en considération de son rare et éminent savoir, que des grands et signalés services qu'il a rendus à l'État et à* VOTRE MAJESTÉ, *en faisant l'anagramme de* VOTRE DITE MAJESTÉ, *en françois, latin, grec, hébreu, syriaque, chaldéen, arabe...* (1)

VARIANTE. * Cet hémistiche, qui n'est pas dans l'édition de 1682, a été omis dans toutes les éditions suivantes.

---

inscriptions. — C'étoit assez la mode dans ce temps-là de se moquer des Allemands, que l'on traitoit de gens lourds et épais. Le jésuite Bouhours poussa l'impertinence jusqu'à mettre en question si un Allemand pouvoit avoir de l'esprit. Du moins, le léger ridicule que leur prête ici Molière, d'être *curieux lecteurs et inspectateurs d'inscriptions,* est plus gai qu'offensant. — Le mot *inspectateur,* que l'édition de 1682 et les suivantes ont mal à propos remplacé par celui de *spectateur,* est un mot latin francisé qui convient parfaitement à la pédanterie de Caritidès, et qui rend son idée mieux qu'aucun autre. *Spectare,* d'où vient *spectateur,* veut dire simplement, regarder, au lieu qu'*inspectare* signifie, regarder avec attention.

(1) La demande de Caritidès est extrêmement ridicule par la forme; mais on ne peut nier qu'elle ne soit raisonnable au fond, et notre nouvelle police en a jugé ainsi, puisqu'elle a chargé un de ses bureaux de surveiller l'orthographe des inscriptions que l'on place en-dehors des boutiques. Un des motifs de cette mesure a été sans doute d'empêcher

ÉRASTE, *l'interrompant.*

Fort bien. Donnez-le vîte, et faites la retraite : (1)
Il sera vu du roi; c'est une affaire faite.

CARITIDÈS.

Hélas! monsieur, c'est tout que montrer mon placet.
Si le roi le peut voir, je suis sûr de mon fait;
Car, comme sa justice en toute chose est grande,
Il ne pourra jamais refuser ma demande.
Au reste, pour porter au ciel votre renom,
Donnez-moi par écrit votre nom et surnom,
J'en veux faire un poëme en forme d'acrostiche
Dans les deux bouts du vers et dans chaque hémistiche. (2)

ÉRASTE.

Oui, vous l'aurez demain, monsieur Caritidès.

(seul.)

Ma foi! de tels savans sont des ânes bien faits.

---

que nous n'eussions à rougir aux yeux des étrangers, *Allemands* ou autres, et ce motif, c'est Caritidès lui-même qui l'a fourni.

Le *Spectateur anglois* a imité cette scène, en publiant la lettre d'un faiseur de projets qui sollicite, à son profit, la création d'un nouvel office, dont l'objet seroit d'exercer sur les enseignes de Londres la même critique, la même surveillance que Caritidès demande à exercer sur les inscriptions de Paris.

(1)   Fort bien. Donnez-le vîte, et faites la retraite.

On ne dit pas, *faire la retraite*, mais, *faire sa retraite*, et plus ordinairement, *faire retraite*.

(2) Si l'acrostiche doit être en vers françois, ainsi que cela est présumable, on a peine à concevoir qu'il puisse offrir les lettres du nom donné, au commencement et à la fin des vers ou, comme dit Molière, *dans les deux bouts*, puisque alors il ne pourroit pas y avoir de rimes. Peut-être faut-il entendre que le dernier mot de chaque vers doit commencer par une des lettres du nom. Ce qu'il y a de certain, c'est que d'anciens poëtes françois ont fait ce qu'ils appeloient des *pentacrostiches*, c'est-à-dire, des acrostiches où le nom pris pour sujet étoit employé cinq fois.

J'aurois dans d'autres temps bien ri de sa sottise.

SCÈNE III.

ORMIN, ÉRASTE.

ORMIN.
Bien qu'une grande affaire en ce lieu me conduise,
J'ai voulu qu'il sortît avant que vous parler. (1)
ÉRASTE.
Fort bien. Mais dépêchons; car je veux m'en aller.
ORMIN.
Je me doute à peu près que l'homme qui vous quitte
Vous a fort ennuyé, monsieur, par sa visite.
C'est un vieux importun, qui n'a pas l'esprit sain,
Et pour qui j'ai toujours quelque défaite en main.
Au Mail, à Luxembourg * et dans les Tuileries, (2)
Il fatigue le monde avec ses rêveries. (3)

VARIANTE. * Au Mail, au Luxembourg.

---

(1)   J'ai voulu qu'il sortît avant que vous parler.
Avant que vous parler, pourroit signifier, avant qu'il vous parlât; mais ici la force du sens lève l'équivoque grammaticale.

(2)   Au Mail, à Luxembourg et dans les Tuileries.
Le jeu de mail étoit fort en vogue autrefois. Il y a encore, dans beaucoup de villes de France, une partie de la promenade publique, qui s'appelle le Mail. J'ignore où étoit situé *le Mail*, à Paris; peut-être l'étoit-il sur l'emplacement de la rue qui en porte le nom. Du temps de Molière, on appeloit *Luxembourg*, sans article, le palais et le jardin que nous nommons aujourd'hui *le Luxembourg* : dans beaucoup d'écrits de cette époque, on trouve, *aller à Luxembourg*.

(3) Ce début est excellent. Le nouvel importun, qui parle avec un si juste mépris de l'extravagance de celui qu'il remplace, va tout-à-l'heure

Et des gens comme vous doivent fuir l'entretien
De tous ces savantas qui ne sont bons à rien. (1)
Pour moi, je ne crains pas que je vous importune, (2)
Puisque je viens, monsieur, faire votre fortune.

ÉRASTE, *bas, à part.*

Voici quelque souffleur, de ces gens qui n'ont rien,
Et vous viennent toujours * promettre tant de bien.

VARIANTE. * *Et nous viennent toujours.*

---

se montrer dix fois plus extravagant que lui. Parmi les fous, c'est le signe de la plus haute folie, que de se croire le seul raisonnable, et de se moquer de tous les autres.

(1)   De tous ces savantas qui ne sont bons à rien.

Molière et quelques autres ont écrit *savantas* pour *savantasse;* et même, dans l'édition du dictionnaire de l'Académie, de 1694, il n'est écrit que de cette manière. C'est une faute que l'Académie a corrigée depuis. *Asse* est une désinence qui se joint à plusieurs noms, pour y ajouter une idée de mépris : parmi les substantifs, *lavasse, paperasse, milliasse, savantasse,* etc., et, parmi les adjectifs, *bonasse, molasse,* etc. Je remarquerai toutefois que dans la première édition des *Fâcheux,* de 1662, on lit :

De tous ces savans qui ne sont bons à rien,

ce qui faisoit une faute de mesure, et que, dans une édition subséquente de 1673, on trouve :

De tous ces savans-là qui ne sont bons à rien,

comme si l'adverbe *là* avoit été oublié dans la première édition. Ce sont les éditeurs de 1682 qui ont mis les premiers, *savantas.* Ainsi, il ne seroit point impossible que cette manière d'écrire le mot, qu'on a attribuée à Molière, et que d'autres, sans en excepter l'Académie elle-même, ont peut-être répétée d'après lui, ne lui appartînt pas du tout.

(2)   Pour moi, je ne crains pas que je vous importune.

Quand le verbe *craindre* et le verbe qu'il régit ont le même sujet, le second verbe se met à l'infinitif : *je crains de vous importuner.* Dans le cas contraire, il se met au subjonctif : *je crains qu'il ne vous importune.*

(*haut.*)
Vous avez fait, monsieur, cette bénite pierre, (1)
Qui peut seule enrichir tous les rois de la terre?

ORMIN.

La plaisante pensée, hélas! où vous voilà!
Dieu me garde, monsieur, d'être de ces fous-là!
Je ne me repais point de visions frivoles,
Et je vous porte ici les solides paroles
D'un avis que par vous je veux donner au roi,
Et que tout cacheté je conserve sur moi :
Non de ces sots projets, de ces chimères vaines,
Dont les surintendans ont les oreilles pleines : (2)
Non de ces gueux d'avis, dont les prétentions
Ne parlent que de vingt ou trente millions;
Mais un qui, tous les ans, à si peu qu'on le monte, (3)
En peut donner au roi quatre cents de bon compte,
Avec facilité, sans risque, ni soupçon,
Et sans fouler le peuple en aucune façon;
Enfin c'est un avis d'un gain inconcevable,
Et que du premier mot on trouvera faisable.
Oui, pourvu que par vous je puisse être poussé...

ÉRASTE.

Soit; nous en parlerons. Je suis un peu pressé.

---

(1) *Cette bénite pierre*, c'est-à-dire, la pierre philosophale. *Bénite* est là pour bienheureuse, précieuse, etc.

(2) Ce vers étoit une petite allusion au maître de la maison, au *surintendant* Fouquet, qui avoit demandé cette comédie à Molière pour sa fête de Vaux.

(3)   Mais un qui, tous les ans, à si peu qu'on le monte.
Une chose *monte* ou *se monte à tant*, mais on ne dit pas, *la monter à tant*, dans le sens d'évaluer; on diroit tout au plus, *la faire monter* : *à combien faites-vous monter cette maison?*

ACTE III, SCÈNE III.   447

ORMIN.
Si vous me promettiez de garder le silence,
Je vous découvrirois cet avis d'importance.
ÉRASTE.
Non, non, je ne veux point savoir votre secret.
ORMIN.
Monsieur, pour le trahir, je vous crois trop discret,
Et veux, avec franchise, en deux mots vous l'apprendre.
Il faut voir si quelqu'un ne peut point nous entendre.
(*Après avoir regardé si personne ne l'écoute, il s'approche de l'oreille d'Éraste.*)
Cet avis merveilleux dont je suis l'inventeur,
Est que...

ÉRASTE.
D'un peu plus loin, et pour cause, monsieur. (1)
ORMIN.
Vous voyez le grand gain, sans qu'il faille le dire,
Que de ses ports de mer le roi tous les ans tire.
Or l'avis, dont encor nul ne s'est avisé, (2)
Est qu'il faut de la France, et c'est un coup aisé,
En fameux ports de mer mettre toutes les côtes. (3)

---

(1) *Et pour cause*, s'entend de reste. Je ne sais si, au théâtre, maintenant, on trouveroit bon qu'un personnage dît à un autre de se reculer, pour cette cause, excepté dans le cas d'ivresse de la part du dernier. Ce qu'il y a de certain, c'est que, dans le monde, on ne peut pas dire une plus grande impertinence.

(2)   Or l'avis, dont encor nul ne s'est avisé.
Ou Molière a voulu jouer sur les mots, ou, dans la précipitation de son travail, il n'a pas aperçu la petite négligence d'*avis* et *avisé*, si près l'un de l'autre.

(3)   En fameux ports de mer mettre toutes les côtes.
Fameux est de trop; il affoiblit le sens, au lieu de le fortifier. Cette épi-

Ce seroit pour monter à des sommes très-hautes,
Et si...

ÉRASTE.

L'avis est bon, et plaira fort au roi.
Adieu. Nous nous verrons.

ORMIN.

Au moins, appuyez-moi
Pour en avoir ouvert les premières paroles.

ÉRASTE.

Oui, oui.

ORMIN.

Si vous vouliez me prêter deux pistoles,
Que vous reprendriez sur le droit de l'avis, [1]
Monsieur...

ÉRASTE.

(*Il donne de l'argent à Ormin.*) (*seul.*)
Oui, volontiers. Plût à dieu qu'à ce prix
De tous les importuns je pusse me voir quitte !
Voyez quel contre-temps prend ici leur visite !
Je pense qu'à la fin je pourrai bien sortir.
Viendra-t-il point quelqu'un encor me divertir ? [2]

---

thète est même plus qu'oiseuse ; elle est fausse : comment ces ports de mer, du moment qu'ils existeroient, seroient-ils des ports *fameux*, c'est-à-dire célèbres ?

(1) ... Si vous vouliez me prêter deux pistoles,
Que vous reprendriez sur le droit de l'avis.

Cet excellent trait de comique a été imité par beaucoup d'auteurs, et notamment par Regnard. Dans *le Joueur*, Tout-à-bas, le maître de trictrac, qui propose à Géronte de lui apprendre des secrets infaillibles pour s'enrichir à jamais, lui dit, en s'en allant :

...Vous plairoit-il de m'avancer le mois ?

(2) Viendra-t-il point quelqu'un encor me divertir ?
Divertir, pour, *détourner, distraire, importuner*. Cette acception est tel-

SCÈNE IV.

FILINTE, ÉRASTE.

FILINTE.
Marquis, je viens d'apprendre une étrange nouvelle.
ÉRASTE.
Quoi?
FILINTE.
Qu'un homme tantôt t'a fait une querelle.
ÉRASTE.
A moi?
FILINTE.
Que te sert-il de le dissimuler?
Je sais de bonne part qu'on t'a fait appeler;
Et comme ton ami, quoi qu'il en réussisse, [1]
Je te viens contre tous faire offre de service.
ÉRASTE.
Je te suis obligé; mais crois que tu me fais...
FILINTE.
Tu ne l'avoueras pas : mais tu sors sans valets.

---

lement hors d'usage maintenant, que beaucoup de spectateurs pourroient croire qu'Éraste, en se servant du mot *divertir*, use de la figure qu'on nomme antiphrase, et que la vraie signification du vers est celle-ci : *ne viendra-t-il pas encore quelqu'un m'ennuyer?*

(1)   Et comme ton ami, quoi qu'il en réussisse, etc.
Quoi qu'il en réussisse, pour, *quoi qu'il en arrive*. Autrefois, *réussir* et *succéder*, *réussite* et *succès* avoient un sens indéterminé; il falloit un adverbe ou un adjectif pour en fixer la signification bonne ou mauvaise. Aujourd'hui, employés absolument, ils se prennent ordinairement en bonne part; mais on peut toujours leur donner un sens défavorable au moyen d'un modificatif.

Demeure dans la ville, ou gagne la campagne,
Tu n'iras nulle part que je ne t'accompagne.

ÉRASTE, *à part.*

Ah! j'enrage!

FILINTE.

A quoi bon de te cacher de moi? (1)

ÉRASTE.

Je te jure, marquis, qu'on s'est moqué de toi.

FILINTE.

En vain tu t'en défends.

ÉRASTE.

Que le ciel me foudroie,
Si d'aucun démêlé...

FILINTE.

Tu penses qu'on te croie? (2)

ÉRASTE.

Hé! mon dieu! je te dis, et ne déguise point
Que...

FILINTE.

Ne me crois pas dupe, et crédule à ce point.

ÉRASTE.

Veux-tu m'obliger?

---

(1) *A quoi bon de te cacher de moi?* L'usage veut, *à quoi bon te cacher de moi?* La particule *de* ne seroit nécessaire que si le verbe sous-entendu étoit exprimé: *à quoi est-il bon, à quoi sert-il de te cacher de moi?*

(2) *Tu penses qu'on te croie?* Penser, employé affirmativement, veut après lui l'indicatif et non le subjonctif; c'est le contraire, quand il est employé négativement ou interrogativement: *tu penses qu'on te croit; ne penses pas qu'on te croie; penses-tu qu'on te croie?* Dans la phrase de Molière, le sens est interrogatif; mais la forme ne l'est pas, et elle devroit l'être; il lui étoit facile de mettre: *penses-tu qu'on te croie?*

ACTE III, SCÈNE IV.

FILINTE.

Non.

ÉRASTE.

Laisse-moi, je te prie.

FILINTE.

Point d'affaire, marquis.

ÉRASTE.

Une galanterie
En certain lieu ce soir...

FILINTE.

Je ne te quitte pas.
En quel lieu que ce soit, je veux suivre tes pas. (1)

ÉRASTE.

Parbleu! puisque tu veux que j'aie une querelle,
Je consens à l'avoir pour contenter ton zèle ;
Ce sera contre toi, qui me fais enrager,
Et dont je ne me puis par douceur dégager.

FILINTE.

C'est fort mal d'un ami recevoir le service ;
Mais puisque je vous rends un si mauvais office,
Adieu. Videz sans moi tout ce que vous aurez. (2)

ÉRASTE.

Vous serez mon ami quand vous me quitterez.

---

(1)   En quel lieu que ce soit, je veux suivre tes pas.
En quel lieu que ce soit, pour, *en quelque lieu que ce soit*, est un barbarisme. *Quelque part que ce soit* auroit exprimé correctement l'idée, et rempli la mesure de l'hémistiche.

(2)   Adieu. Videz sans moi tout ce que vous aurez.
Tout ce que vous aurez, c'est-à-dire, toutes les querelles que vous aurez. L'expression manque entièrement d'élégance, et elle ne seroit pas intelligible ailleurs.

29.

(*seul.*)
Mais voyez quels malheurs suivent ma destinée!
Ils m'auront fait passer l'heure qu'on m'a donnée. (1)

SCÈNE V.

DAMIS, L'ÉPINE, ÉRASTE, LA RIVIÈRE,
ET SES COMPAGNONS.

DAMIS, *à part.*

Quoi! malgré moi le traître espère l'obtenir!
Ah! mon juste courroux le saura prévenir.

ÉRASTE, *à part.*

J'entrevois-là quelqu'un sur la porte d'Orphise.
Quoi! toujours quelque obstacle aux feux qu'elle autorise!

DAMIS, *à l'Épine.*

Oui, j'ai su que ma nièce, en dépit de mes soins,
Doit voir ce soir chez elle Éraste sans témoins.

LA RIVIÈRE, *à ses compagnons.*

Qu'entends-je à ces gens-là dire de notre maître?
Approchons doucement, sans nous faire connoître.

DAMIS, *à l'Épine.*

Mais avant qu'il ait lieu d'achever son dessein,
Il faut de mille coups percer son traître sein.

---

(1) Dans la plupart des autres scènes, Éraste essuie, presque sans mot dire, toutes les balivernes dont on l'assomme, et chaque fâcheux, qui n'étoit guère venu que pour parler, s'en va lorsqu'il n'a plus rien à dire. Ici, Éraste est réellement mis en jeu; il y a dialogue entre lui et son fâcheux, et le dénouement de leur altercation est fort comique. Sous ce rapport, cette scène est la mieux faite et la meilleure de tout l'ouvrage, quoique plusieurs aient des sujets peut-être encore plus plaisans.

ACTE III, SCÈNE V.

Va-t'en faire venir ceux que je viens de dire
Pour les mettre en embûche aux lieux que je desire,(1)
Afin qu'au nom d'Éraste on soit prêt à venger
Mon honneur que ses feux ont l'orgueil d'outrager,
A rompre un rendez-vous qui dans ce lieu l'appelle,
Et noyer dans son sang sa flamme criminelle.

LA RIVIÈRE, *attaquant Damis avec ses compagnons.*

Avant qu'à tes fureurs on puisse l'immoler,
Traître! tu trouveras en nous à qui parler.

ÉRASTE.

Bien qu'il m'ait voulu perdre, un point d'honneur me presse
De secourir ici l'oncle de ma maîtresse.

(*à Damis.*)

Je suis à vous, monsieur.

(*Il met l'épée à la main contre La Rivière et ses compagnons qu'il met en fuite.*)

DAMIS.

O ciel! par quel secours,
D'un trépas assuré vois-je sauver mes jours?
A qui suis-je obligé d'un si rare service?

ÉRASTE, *revenant.*

Je n'ai fait, vous servant, qu'un acte de justice.

DAMIS.

Ciel! puis-je à mon oreille ajouter quelque foi?
Est-ce la main d'Éraste?...

---

(1) Pour les mettre en embûche aux lieux que je desire.
On dit, *se mettre* ou *mettre quelqu'un en embuscade*, mais non pas, *en embûche*. Cependant les deux mots *embûche* et *embuscade* ont la même racine (le mot italien *bosco*, bois), et ont eu originairement la même signification; mais aujourd'hui, *embuscade* se dit seul au propre, et *embûche* ne s'emploie plus qu'au figuré.

LES FACHEUX.

ÉRASTE.

Oui, oui, monsieur, c'est moi.
Trop heureux que ma main vous ait tiré de peine,
Trop malheureux d'avoir mérité votre haine.

DAMIS.

Quoi! celui dont j'avois résolu le trépas,
Est celui qui pour moi vient d'employer son bras!
Ah! c'en est trop; mon cœur est contraint de se rendre;
Et, quoi que votre amour ce soir ait pu prétendre,
Ce trait si surprenant de générosité
Doit étouffer en moi toute animosité.
Je rougis de ma faute, et blâme mon caprice.
Ma haine trop long-temps vous a fait injustice;
Et, pour la condamner par un éclat fameux, (1)
Je vous joins dès ce soir à l'objet de vos vœux. (2)

---

(1)   Et, pour la condamner par un éclat fameux.
Fameux est trop fort. Un souverain qui voudroit réparer hautement une grande injustice, ne parleroit pas différemment.

(2) Quelque indulgence qu'il faille avoir pour le dénouement d'une pièce à scènes détachées, dont l'intrigue est nulle, on doit reconnoître que celui des *Fâcheux* est un des moins heureux que Molière pût imaginer. Sans parler de ce qu'il a de brusque et de romanesque, la fureur de Damis contre Éraste, fureur qui va jusqu'à vouloir lui arracher la vie, est loin d'être suffisamment motivée, et le moyen qu'il médite pour la satisfaire, est aussi vil qu'atroce. C'est attrister la fin d'une comédie où de légers travers ont été tournés si gaiment en ridicule, que d'introduire un personnage qui veut en faire assassiner un autre par des coupe-jarrets.

SCÈNE VI.

ORPHISE, DAMIS, ÉRASTE.

ORPHISE, *sortant de chez elle avec un flambeau.*
Monsieur, quelle aventure a d'un trouble effroyable...
DAMIS.
Ma nièce, elle n'a rien que de très-agréable,
Puisqu'après tant de vœux que j'ai blâmés en vous,
C'est elle qui vous donne Éraste pour époux.
Son bras a repoussé le trépas que j'évite,
Et je veux envers lui que votre main m'acquitte.
ORPHISE.
Si c'est pour lui payer ce que vous lui devez,
J'y consens, devant tout aux jours qu'il a sauvés.
ÉRASTE.
Mon cœur est si surpris d'une telle merveille,
Qu'en ce ravissement je doute si je veille.
DAMIS.
Célébrons l'heureux sort dont vous allez jouir,
Et que nos violons viennent nous réjouir.
(*On frappe à la porte de Damis.*)
ÉRASTE.
Qui frappe là si fort?

SCÈNE VII.

DAMIS, ORPHISE, ÉRASTE, L'ÉPINE.

L'ÉPINE.
Monsieur, ce sont des masques,

Qui portent des crin-crins et des tambours de basques.

(*Les masques entrent qui occupent toute la place.*)

ÉRASTE.

Quoi ! toujours des fâcheux ! Holà ! Suisses, ici ;
Qu'on me fasse sortir ces gredins que voici. [1]

---

[1] Il est plaisant qu'Éraste, même après le dénouement, soit encore poursuivi par des fâcheux. C'est ne pas abandonner un instant son sujet et le pousser aussi loin qu'il peut aller.

FIN DU TROISIÈME ACTE.

BALLET DU TROISIÈME ACTE.

PREMIÈRE ENTRÉE.

Des Suisses, avec des hallebardes, chassent tous les masques fâcheux, et se retirent ensuite pour laisser danser à leur aise

DERNIÈRE ENTRÉE.

Quatre bergers et une bergère, qui, au sentiment de tous ceux qui l'ont vue, fermé le divertissement d'assez bonne grace.

FIN DES FACHEUX.

NOTICE
HISTORIQUE ET LITTÉRAIRE
SUR LES FACHEUX.

Tout le monde sait que Nicolas Fouquet, dernier surintendant des finances, reçut Louis XIV dans sa belle maison de Vaux, peu de jours avant d'être enfermé pour le reste de sa vie, comme criminel d'état. Peu s'en fallut que ce malheur ne fondît sur lui dans le lieu et dans le moment même où il jouissoit avec sécurité d'un honneur qui lui attiroit l'envie de tous les autres courtisans. Louis XIV alloit le faire arrêter dans Vaux, et, pour ainsi dire, sous ses yeux. Heureusement il confia son projet à la reine, sa mère. *Quoi!* lui dit-elle, *au milieu d'une fête qu'il vous donne?* Cette simple réflexion le fit tout-à-coup changer de résolution. Mais comment ne l'avoit-il pas faite lui-même? ou comment n'en avoit-il pas senti d'abord toute la force?

C'est pour cette fête, donnée, sous de si tristes auspices, le 17 août 1661, que Molière avoit composé la comédie des *Fâcheux*, *conçue, faite, apprise, et représentée en quinze jours* (1). Tant de précipitation ne nuisit point à son succès, qui fut complet. Après la représentation, le Roi dit à Molière, en lui montrant le marquis de Soyecourt : *Voilà un grand original que tu n'as pas encore copié.* M. de Soye-

---

(1) Ce sont les propres termes de l'avertissement mis en tête de la pièce par Molière.

court, grand-veneur de France, étoit passionné pour la chasse, et fatiguoit la cour du récit de ses prouesses en ce genre (1). C'est à lui-même, dit-on, que Molière s'adressa pour savoir les termes de vénerie qu'il devoit employer. Quelques personnes ont révoqué en doute cette partie de l'anecdote, comme peu conforme au caractère d'honnêteté et de bienséance qui marquoit toutes les actions et toutes les paroles de Molière. C'est traiter la chose bien sérieusement. M. de Soyecourt, possédé d'une manie qu'il n'avoit pas seul et que sûrement il ne croyoit pas avoir, ne dut pas se reconnoître plus qu'un autre dans le portrait du chasseur ridicule; et si quelque chose étoit propre à éloigner de lui l'idée que Molière l'eût choisi pour modèle, c'étoit sans doute le soin qu'il avoit eu de le prendre pour auxiliaire de son travail. Quoi qu'il en soit, la scène du chasseur fut faite et apprise en moins de vingt-quatre heures, et le Roi eut le plaisir de la voir dans son cadre à la seconde représentation, qui fut donné à Fontainebleau huit jours après la première. Le 4 novembre suivant, *les Fâcheux* furent joués, à Paris, sur le théâtre du Palais-Royal, et la ville joignit ses applaudissemens à ceux de la cour. La pièce eut quarante-quatre représentations de suite, et fut imprimée en février 1662.

Cette comédie est d'un genre dont il n'existoit pas encore de modèle. Voltaire a commis une erreur que d'autres ont répétée, en disant que Desmarets, avant Molière, avoit fait paroître sur notre théâtre *un ouvrage en scènes absolument*

---

(1) Il avoit peu d'esprit et étoit fort distrait. Un jour il demandoit au duc de Vivonne, général des galères : *Quand est-ce que le Roi ira à la chasse?* Vivonne, étonné qu'un grand-veneur lui fît cette question, répondit brusquement: *Quand est-ce que les galères partiront?* Étant couché dans une même chambre avec trois de ses amis, la fantaisie lui prit, pendant la nuit, de parler très-haut à l'un d'eux; un autre, impatienté, s'écrie : *Eh! morbleu! tais-toi, tu m'empêches de dormir. — Est-ce que je parle à toi?* lui répondit-il. Madame de Sévigné, dans ses lettres, fait quelquefois allusion à cette plaisante réponse.

détachées. Les scènes de la comédie des *Visionnaires* ne sont point détachées. Elles ont entre elles une espèce de liaison et d'enchaînement; de leur ensemble résulte une intrigue, légère à la vérité, mais à laquelle toutefois chaque scène concourt de manière à ne pouvoir être supprimée ou changée de place, sans que l'économie de la pièce en soit dérangée. Les divers originaux mis en jeu dans l'ouvrage, au lieu de passer l'un après l'autre sur la scène, pour n'y plus reparoître, dialoguent entre eux, se montrent à plusieurs reprises et participent tous au dénouement. Le seul rapport qui existe entre *les Visionnaires* et *les Fâcheux*, c'est que les deux comédies ont pour objet de représenter un certain nombre de personnages, atteints chacun de quelque folie particulière; mais, sans parler de la prodigieuse distance où elles sont l'une de l'autre pour le mérite, il y a entre elles cette grande différence que les Visionnaires semblent des fous échappés des Petites-Maisons, tandis que les Fâcheux sont des extravagans tels qu'on en rencontre dans le monde.

Molière est donc le premier qui ait fait parmi nous une pièce à scènes détachées. Ce n'est point un titre de gloire que j'ai voulu revendiquer pour lui, c'est un point d'histoire littéraire que j'ai cru devoir établir. L'invention des pièces à tiroir n'est pas de celles qui étendent ou enrichissent le domaine des arts. Loin d'en tirer vanité, Molière s'en excuse : s'il n'a fait que des portraits au lieu d'un tableau, des scènes au lieu d'une comédie, ce ne fut pas par choix, mais par nécessité, c'est parce qu'il fut obligé de composer et de faire jouer une pièce en moins de temps qu'il ne lui en eût fallu seulement pour imaginer le sujet d'une véritable action dramatique. Ce genre, enfin, s'il n'étoit justifié par l'impossibilité de faire autrement, sembleroit prouver l'impuissance de faire mieux. C'est ce que n'ont pas senti ceux qui ont cru voir dans *les Fâcheux* un modèle à imiter. Comme, avec tout le loisir qui avoit manqué à Molière, ils n'avoient rien du génie par lequel il y a suppléé, leurs froides imitations, après avoir amusé un moment la malignité contemporaine par la peinture de quelques ridicules fugitifs, sont tombés dans le plus profond oubli. Il est juste toutefois d'excepter *le Procureur arbitre*, de P. Poisson, surtout *le Mercure galant*, et les deux *Ésope* (1), de Boursault, auteur dont le talent naturel et facile, incapable peut-être de s'élever avec succès jusqu'au développement d'une intrigue ou d'un caractère, brilla dans des scènes détachées, d'une invention heureuse et d'une exécution piquante.

Les Fâcheux ne furent pas seulement la première pièce à tiroir; ils furent aussi la première comédie-ballet. Molière, dans son Avertissement, explique comment l'idée vint de mêler et même de lier la danse à l'action dramatique, de manière qu'elle en remplît les intervalles, sans en rompre le fil. Cette espèce d'invention, née du hasard et de la nécessité, eut beaucoup de succès, et Molière, par la suite, en fit usage toutes les fois qu'il reçut du Roi l'ordre d'embellir, par quelque production nouvelle, les fêtes que donnoit ce prince, ami des plaisirs magnifiques (2).

Si j'avois besoin de prouver à quel excès de ridicule un critique peut se laisser entraîner par la manie de trouver des imitations, je citerois l'opinion de Riccoboni relativement aux *Fâcheux*. Cet écrivain, sincère admirateur du génie de Molière, mais plaisamment dominé par l'idée que ce grand homme a emprunté au théâtre italien la plupart des créations dont il a enrichi le nôtre, veut absolument voir le sujet des *Fâcheux* dans une méchante farce intitulée, *le Case svaliggiate*, ou *gli Interrompimenti di Pantalone*. C'est une pure

---

(1) L'un, intitulé *Ésope à la ville*, l'autre, *Ésope à la cour*. Ce dernier est seul resté au théâtre.

(2) Les comédies-ballets, données par Molière, sont au nombre de dix, en y comprenant *les Fâcheux*. Ordinairement, pour représenter ces pièces à Paris, on en retranchoit les intermèdes.

vision qui ne mérite pas qu'on s'y arrête. Aucun rapport entre les personnages des deux pièces, aucune ressemblance de détail ne caractérise l'emprunt. La rencontre, si même c'en est une, est à peine digne de remarque : le sujet des *Fâcheux* n'est rien, et il se trouve partout, puisque chaque pas que nous faisons dans le monde nous fait rencontrer des importuns qui nous détournent de nos affaires ou de nos plaisirs. Riccoboni a beaucoup mieux fait que de contester sans raison à Molière ce qu'il appelle *l'idée et le motif de l'action* des *Fâcheux*; il a justifié cette action même, en prouvant très-bien que, dans le dessein de l'auteur, elle ne devoit être ni plus forte, ni plus soutenue, ni plus développée qu'elle l'est.

Molière, qui n'avoit eu besoin de personne pour imaginer la fable légère qui sert de cadre aux différens portraits qu'il vouloit faire passer sous les yeux des spectateurs, craignit du moins que sa pièce ne fût pas achevée à temps, s'il n'avoit recours à quelqu'un pour l'aider dans le travail de la versification. Chapelle, dont la plume étoit ingénieuse et facile, sembloit propre à lui rendre ce service. Il lui confia donc la scène de Caritidès; mais Chapelle l'exécuta si froidement que Molière n'en put conserver un seul mot et fut obligé de la refaire en entier. Cependant le bruit courut, par la suite, que Chapelle avoit une grande part dans la composition des pièces de son ami; et Chapelle ne s'en défendoit pas assez bien. Moliere, justement impatienté, lui fit dire par Boileau, leur ami commun, qu'il eût à démentir un peu plus sérieusement cette opinion fausse et ridicule, s'il ne vouloit que Molière lui-même entreprît de la détruire, en montrant cette misérable scène de Caritidès, où il n'y avoit pas un seul trait de bonne plaisanterie (1).

---

(1) Le fait est ainsi raconté par l'auteur du *Bolœana*, qui prétend avoir appris de la bouche même de Boileau les anecdotes dont se compose son recueil, et, en particulier, celle dont il s'agit ici. Plusieurs personnes m'ont témoigné de la répugnance à croire cette anecdote, peu

SUR LES FACHEUX.

La Fontaine, qui paya d'une si tendre et si noble reconnoissance les bienfaits du généreux Fouquet, assistoit à la fête de Vaux, dont il nous a laissé une description en prose mêlée de vers, pleine à-la-fois de négligence et de charme. On peut croire que, dans le récit de toutes les merveilles et de tous les plaisirs qui composèrent cette fameuse fête, la comédie des *Fâcheux* n'est point oubliée. Je ne crains pas qu'on me blâme de rapporter ici en entier le jugement que La Fontaine porte sur la pièce et sur son auteur. On y verra, sans étonnement, mais non pas sans plaisir peut-être, que La Fontaine avoit été des premiers à sentir et à reconnoître le talent de Molière. Ces deux génies étoient de même trempe : c'est pour avoir été tous deux également vrais et originaux, c'est surtout pour avoir excellé l'un et l'autre dans l'imitation de la nature, qu'ils ont tous deux mérité le surnom d'inimitable qui les distingue au milieu de tous les grands écrivains de leur siècle. Ils ont dû être appréciés l'un par l'autre mieux qu'ils ne pouvoient l'être par leurs plus illustres contemporains. On se rappelle ce que Molière disoit en parlant de Racine et de Boileau qui accabloient La Fontaine de leurs railleries : *Nos beaux-esprits ont beau se trémousser, ils n'effaceront pas le bonhomme.* On va voir maintenant ce que La Fontaine disoit de Molière à une époque où les meilleurs juges ne le considéroient peut-être encore que comme un auteur de farces, un peu plus divertissant que les autres.

---

honorable pour la mémoire de Chapelle et même pour celle de Molière. Elles fondent leur incrédulité sur ce qu'il existoit une amitié sincère entre ces deux hommes célèbres, et que Chapelle s'est montré l'admirateur de Molière jusqu'à lui donner, dans une lettre qu'il lui écrivoit, le nom de *grand homme*, titre que reçoivent rarement de leur vivant ceux qui en sont jugés le plus dignes après leur mort. Je desire, pour l'honneur des lettres, que ces personnes aient raison, et même je penche à le croire ; mais je n'ai pas cru pouvoir me dispenser de rapporter un fait qui est cité dans vingt ouvrages, n'est démenti dans aucun, et, après tout, n'a rien d'absolument invraisemblable.

« Tout cela, dit La Fontaine, fait place à la comédie, dont
« le sujet est un homme arrêté par toutes sortes de gens, sur
« le point d'aller à une assignation amoureuse. »

>C'est un ouvrage de Molière.
>Cet écrivain, par sa manière,
>Charme à présent toute la cour.
>De la façon que son nom court,
>Il doit être par-delà Rome :
>J'en suis ravi, car c'est mon homme.
>Te souvient-il bien qu'autrefois
>Nous avons conclu d'une voix,
>Qu'il alloit ramener en France
>Le bon goût et l'air de Térence.
>Plaute n'est plus qu'un plat bouffon,
>Et jamais il ne fit si bon
>Se trouver à la comédie ;
>Car ne pense pas qu'on y rie
>De maint trait jadis admiré
>Et bon *in illo tempore* ;
>Nous avons changé de méthode ;
>Jodelet n'est plus à la mode,
>Et maintenant il ne faut pas
>Quitter la nature d'un pas.

FIN DU TOME SECOND.

TABLE

DES PIÈCES CONTENUES DANS LE TOME SECOND.

Les Précieuses ridicules, comédie.
 Préface.
 Notice historique et littéraire sur les Précieuses ridicules.
Sganarelle, ou le Cocu imaginaire, comédie.
 Notice historique et littéraire sur le Cocu imaginaire.
Don Garcie de Navarre, comédie.
 Notice historique et littéraire sur Don Garcie de Navarre.
L'École des Maris, comédie.
 Épître dédicatoire.
 Notice historique et littéraire sur l'École des Maris.
Les Fâcheux, comédie.
 Épître dédicatoire.
 Avertissement.
 Prologue.
 Notice historique et littéraire sur les Fâcheux.

www.ingramcontent.com/pod-product-compliance
Lightning Source LLC
Chambersburg PA
CBHW050253230426
43664CB00012B/1930